维护共同基础　积极应对挑战

全国台湾研究会2016年学术研讨会论文选编

主　编　周志怀

副主编　杨幽燕

　　　　严　峻

九州出版社　全国百佳图书出版单位

JIUZHOUPRESS

图书在版编目（CIP）数据

维护共同基础 积极应对挑战：全国台湾研究会
2016年学术研讨会论文选编 / 周志怀主编. -- 北京：
九州出版社，2017.12
ISBN 978-7-5108-6469-8

Ⅰ．①维… Ⅱ．①周… Ⅲ．①海峡两岸－关系－学术
会议－文集 Ⅳ．①D618-53

中国版本图书馆CIP数据核字(2017)第331194号

维护共同基础 积极应对挑战
——全国台湾研究会2016年学术研讨会论文选编

作　　者	周志怀　主编
出版发行	九州出版社
地　　址	北京市西城区阜外大街甲35号（100037）
发行电话	(010)68992190/3/5/6
网　　址	www.jiuzhoupress.com
电子信箱	jiuzhou@jiuzhoupress.com
印　　刷	北京九州迅驰传媒文化有限公司
开　　本	720毫米×1020毫米　16开
印　　张	26.75
字　　数	466千字
版　　次	2018年4月第1版
印　　次	2018年4月第1次印刷
书　　号	ISBN 978-7-5108-6469-8
定　　价	108.00元

目　录

台湾政党再轮替对两岸关系的影响

厦门大学台湾研究院　刘国深

　　尽管两岸有许多人对马克思主义理论和立场、观点和方法都早已如数家珍，但在具体分析两岸关系中遇到的现实问题时，又有多少人能够做到从辩证唯物主义和历史唯物主义出发，有多少人真的能够超越个人情感喜好和对事物表象的认知，对我们所面对的两岸问题进行历史的、发展的、全面的、辩证的分析和思考？台湾内部政治现象和我们面对的两岸关系是如此复杂多元，专业研究人员要真正做到"理性、客观、科学、中立"实际上是极其困难的。

　　由于知识的不足与观察视角的局限性，本人难免仍然带着某些特定的情感和价值偏好，只能希望对当前两岸关系发展面临的新形势和新问题进行趋近"纯学理"的研究探讨。2016 年 5 月 20 日，民进党在台湾重新取得执政权，这一新变局对两岸关系来说，尤其是对大陆来说又是一次重大挑战。但是，基于辩证唯物主义和历史唯物主义的视角，本人认为民进党重新上台也不失为一个新的机遇，关键在于我们要如何面对、如何把握机遇以及能否化挑战为机遇。

一、民进党与大陆之间的核心政治障碍

　　长期以来，民进党与大陆之间不仅缺乏政治互信，而且给人毫无政治交集的感觉。民进党内有些人不仅否定自己"中国人"的身份，甚至连自己的华人属性也不愿承认。每每遇到这样的场面，更多的大陆民众就进一步强化了"放弃与民进党人接触对话"的意志。其实，民进党与中共之间并没有多少直接交往的经验，也没有直接的选票冲突，为什么国共关系都已实现和解，而共民关系却仍然显得如此困难重重呢？

　　作为近百年中国内战的两造双方，中共与国民党在政治立场和意识形态主

张方面存在着深刻的分歧，有些较年长的中共党员与中国国民党党员之间还有着直接的"血海深仇"。但是，今天国共之间已整体上走出了恩怨情仇，双方在"九二共识"的基础上，已经搁置政治争议，展开政党良性互动。国共和解的结果，不仅为两岸人民赢得了8年的两岸关系和平稳定与发展的黄金时期，而且实现了两岸领导人的会面。正是因为国共和解和政治互信的增长，两岸经济合作、文化交流、社会融合以及公权力合作突飞猛进，两岸民众成为和平发展实实在在的受益者。即使没有得到直接的利益，但两岸和平稳定的局面是谁也不能否定的，双方公权力部门节省了大量的政治、经济和军事资源，两岸民众的自由活动空间得到了明显的扩张。

反观民进党与中共之间，更准确地说是民进党与绝大多数大陆人民之间，虽然没有直接的恩怨情仇，却始终找不到和解共生之道，从形式上看，双方至今没有找到政治交集。在台湾内外的压力之下，台湾当局新领导人在2016年就职时的"5·20演说"重申了"中华民国宪法"和"两岸人民关系条例"，两岸关系暂时避免了立即摊牌的厄运，避免了政治军事上的全面对抗，但两岸政治互信已陷入"迷航"状态，两岸公权力部门和两岸两会之间的互动已然"停摆"。由于民进党方面拒不接受"九二共识"，从"量变"上观察，"5·20"以来的两岸关系已呈现"断崖式"滑坡，共民政治不互信的负面影响已经出现。我们担心的是，由于民进党内"台独"和"去中国化"言行的惯性，两岸公权力部门间的政治猜忌已在重新累积，两岸社会舆情的对立也在增长，两岸关系的"火险等级"正在上升，当前极其脆弱的两岸政治平衡局面，很可能因为一件微小事件的叠加而在一夕之间垮塌。

民进党是"天然独"的集合体吗？尽管最近台湾舆论界反对出现"日本殖民阴谋说"："台独基本教义派"当中有不少人其实是"潜伏"下来的日本人[1]，这股势力甚至超过200万人之多。但这样的说法至今为止并没有太多有力的证据支撑，我们也不能完全将个人出身与政治立场画等号。进一步说，那些将民进党支持者与"台独"人士画等号的指控也可能是过于简化的观点，因为我们都相信台湾绝大多数人是汉族移民后代，当年的多次"民调"显示，台湾绝大多数人曾经公开表示认同自己是中国人。因此，本人更倾向于民进党的"台独"色彩是一种十足的"加工独"，是在特殊时空环境下被塑造出来的政治产品。同样的，今天的民进党人对大陆的负面印象，基本上是国共内战时空背景下相互丑化的政治加工品。时至今日，台湾媒体对中国共产党的报道仍以负面为主，除了少数有机会全面了解大陆现状的群体，大部分的台湾民众——不论是国民党的支持者还是民进党的支持者，他们所受的政治社会化内容大体上是一样的，许多台湾人对大陆的敌意可想而知。基于对战后40年台湾政治的研究结论，本人认为民进党人与国民党人的差别更多的是"大中国"与"大一统"话语体系在台湾内部政争的工具性选择差异：国民党在台湾统治合法性、道德性和正当性长期依赖"大中国"与"大一统"；恰恰相反，对于民进党来说"大中国"与"大一统"正是他们为夺取政权所要破解的"政治魔咒"。

对于大陆来说，并没有要刻意与台湾某一特定政党对抗的理由，大陆方面的原则立场是十分清晰的。尽管有着政权之争的矛盾关系，但国民党承认两岸之间有法理上和政治上的领土、人民关系，因此，国共双方有"两岸同属一个国家"的共同政治基础。而民进党至今不愿承认、至少是不愿公开面对两岸之间存在着"同属一国"的政治联结，这种情况与国共关系存在着本质上的区别。民进党人要么主张"台湾已经独立"，本来就与大陆"没有领土、人民的关系"，要么倡言台湾"从中国独立出来"，成为一个"新而独立的国家"，共民双方缺乏最基本的共同政治基础。因此，虽然中国国民党和中国共产党的政权之争尚未完结，但在法理上同属一个国家的共同认知下，双方可以并且已经求同存异了。大陆与民进党之间则不然，双方不仅仅是政权之争的问题，双方首先要处理的是更加深刻的国土与人民关系问题。对于大陆来说，共民关系现状已超出一国内部的政权之争问题，而是中国作为一个国家是否分裂的问题。

现在的民进党内也已很少有人从思想自由、言论自由的角度为"台独"主张辩护。"台独"主张已经越来越成为民进党的"神主牌"，"台独"主张在民进党内已越来越成为一种不容讨论的"政治正确"。10多年前，民进党内的重要成员还一再强调"台湾独立"的主张只是民进党内一部分人的观点，或者说"台独"只是工具性的政治主张，他们一再宣称不能简单地把民进党说成"台独党"，但现在民进党内这种声音已经"静默"了，说这些话的人现在还在民进党内，但他们已不再出声。笔者承认民进党内不同派系和不同的政治人物之间，至今在主张"台独"的动机、出发点、强度上还是有所不同，甚至对"台独"的内涵理解也有所不同，但由于民进党内大多数人在大多数的场合公开主张"台湾独立"已成为事实，民进党就是"台独"党的认知几乎已成为两岸社会舆论共识。随着民进党"台独"党形象的固化，大陆方面越来越不愿与民进党建立党际政治关系的政策立场也就越发坚定了。对于大陆来说，维护国家统一与追求"法理台独"不可能有任何政治交集。**这就是共民之间难以开启对话的核心政治障碍。**

二、台湾政党再轮替对两岸关系的挑战

多年来，民进党曾经高分贝主张分裂中国国土和人民关系，8年后这个政党在台湾重新取得执政地位，对于大陆方面来说当然又是一场深刻的挑战。个人认为，这场新的挑战不仅来自民进党政权，也间接地来自美国、日本，来自民进党的竞争对手中国国民党，甚至也来自中国大陆内部的民意压力。

首先，民进党在野期间不仅旗帜鲜明地主张"台湾独立"，而且一直在言论和行动上杯葛国民党当局与大陆的交流合作，民进党甚至在文化上支持推动"去中国化"活动。如今民进党再度在台执政，人们普遍关注民进党当局在多大程度上将他们的政治口号和主张落实到现实的政策措施当中。民进党新当局教育部门负责人上台第一件事，就是宣布废止"微调课纲"，此外，民进党新当局还公开挑战国民党执政时作出的"冲之鸟是礁不是岛"[2]、台湾新领导人出访巴拿马时署名"President of Taiwan"等，都引起两岸各界更多的疑虑，对于中国大陆来说这些行动或多或少都累积了对民进党政权的不信任乃至敌意。或许民进党人感受不到，或许他们认为是理所当然的事情，但这些已千真万确地让大陆民众对民进党的反感度进一步上升，两岸关系已经出现新的不稳定的态势。因此，说大陆方面从台湾新政权一上台就受到新的政治挑战并不为过。

其次，作为美国所谓"西太平洋岛链"重要一环的台湾，历来是美国防堵中华人民共和国力量进入西太平洋的重要一环。在美国启动所谓"重返亚洲"战略当口，在中美摩擦加剧的时刻，一个对大陆很不友好的台湾当局的出现，多少可以降低美国"围堵中国"的成本。尽管不是所有美国人都这么想，但至少美国某些势力会这么看，中国大陆也有不少人有这样的疑虑。但是，让大陆更加忧心的可能还不是美国，而是对台湾有着特殊历史情结的日本因素。近年来中日关系已颇为紧张，一个似乎更"亲日"的台湾当局的出现，无疑让部分日本政客和有心人士喜出望外，对中国大陆来说却是极为郁闷的事情。日本某些势力长期与台湾"独派"势力相互勾联，民进党内有些政客更是大刺刺地表现出讨好日本的做派，这些动作比美国因素更能直接挑战中国大陆在台湾问题上敏感的政治神经。

第三，民进党重新上台对大陆的挑战还来自中国国民党的压力。国民党人正在观察着大陆方面如何处理与民进党当局的关系，从政党政治的角度来看，国民党的担心有其合理性。因此，大陆方面也不得不考虑国民党朋友们的感受。

如果公开主张"台独"的民进党上台执政，大陆对台政策却一如既往不做调整，国民党人自然会觉得大陆方面是"不讲原则地放水"，国民党人的挫折感不难理解。早在2000年民进党第一次上台执政时，就有国民党高级干部抱怨大陆学者专家与民进党人的接触，并以威胁的口吻警告说："如果你们与主张分裂国土的民进党往来，国民党只好与民进党进行台独比赛。"也许这样的"威胁"有点夸张，但长期以来，国共双方开展各领域的交流合作，为两岸关系和平发展奠定了良好的基础，大陆方面在与民进党交往时，不可能不在意国民党人的感受。

最后，对于大陆来说，更大的挑战可能来自大陆内部民意的压力，透过各种媒体的影响，大陆各界对"台独"政党在台湾重新执政的忧虑一直在滋长。对于大陆民众来说，两岸关系和平发展背景下大陆对台释出的善意一波接一波，其中不少是片面的"让利"，不能不说有些台湾企业因此得到了好处。但是，媒体报道的情况却是，台湾内部"认同自己是中国人的比率一直下降"、"支持台独的比率明显上升"，两岸关系和平发展几乎成为"和平分裂"的代名词。最直接的冲击就是国民党在2014年底"九合一选举"中的大败和2016年1月台湾当局领导人及"立委"选举的惨败。这样的结果使大陆一般民众感到沮丧。对于专业的研究人员来说，或许事情并不是媒体所渲染的那么简单，实际上两岸关系和平发展成果显著。但又有多少人会听信专家的意见呢？不久前大陆《环球时报》公布对"武力统一"态度的民意调查结果，再次显示大陆民众的某种情绪，"武统"情绪高涨对大陆方面来说同样是一股强大的政治压力。

近年来，大陆民众对台湾问题的忧患意识明显上升，主要原因就是台湾方面一再公布所谓"台湾人认同与中国人认同"的"民意"调查结果。从表面上看，这些看似"科学"的"民意"调查"证实"了和平统一已"越来越不可能"。如今，"台湾问题夜长梦多，晚打不如早打，小打不如大打"的断言已不仅是网上愤青的言论，而且是出自知名教授口中。对于关心台湾问题的大陆民众来说，民进党人长期推动的"去中国化"工作已在台湾形成某种政治亚文化气候，台湾人自外于"中国"已成为某种"政治时髦"，台湾人面对大陆和大陆人时，言必称"中国""中国人"的越来越普遍，民进党人的"去中国化"政策已开始触碰大陆人容忍的底线。许多大陆人私下表示，每次听到某些台湾人以"你们中国"相称时，心中顿时升腾起莫名的愤怒，只是出于礼节不便立即表露出自己的情绪。遗憾的是，绝大多数的民进党人对此可能还体会不到，这也是一种缺乏同理心的必然反映，当然其中也有不少"故意"的成分。对于大多数大陆民众来说，民进党的再度上台执政，挑战才刚刚开始。

三、民进党再度执政的潜在机遇

上述关于民进党再度执政对两岸关系可能带来的挑战的分析，是基于民进党延续在野时期政治立场和主张的线性推论，两岸关系完全有可能朝对抗的方向发展，无论多么悲观的估计都有所本。当然，世界上万事万物无时无刻不在发展和变化之中，我们对重新取得在台执政权的民进党的分析，也应该从历史的、发展的、全面的、辩证的眼光，去做其他可能性的分析和推理。对于两岸关系当事的另一方，民进党当局也必须面对政权轮替后的改弦更张可能造成政治不稳定的挑战。我们暂且不论民进党新当局会面临来自台湾内部反对党的挑战和来自国际社会的挑战，面对大陆的挑战，民进党人也清楚地知道，台湾民进党当局如果不承认与大陆之间有"九二共识"的政治基础，台湾即将受的挑战可能是全面的，大陆完全可能从政治关系、经济关系、社会关系、文化关系，甚至军事安全关系等领域入手，调整对台政策，民进党政权将因为两岸之间缺乏"九二共识"的政治基础，而受到大陆一波未平一波又起的挑战。

从民进党成立 30 年的历史来看，民进党分裂中国领土和主权完整的"台独党"形象是鲜明的，对于这样的立场，大陆方面绝无接受的可能。民进党不改弦更张的话，两岸对抗与冲突不可避免。由于民进党鲜明的"台独"立场，民进党与大陆之间甚至没有足够的时间和空间进行政治上的转圜折冲。因此，民进党内多数人也清楚，大陆不可能在没有"九二共识"的情况下维持过去 8 年的对台政策，两岸关系短期之内受到冲击难以避免。

但我们也不能坐视这种局面持续下去，我认为双方之间理论上仍有改善关系的可为空间。尽管我们不能期待改变会发生在短期之内，但长期来说民进党政党路线调整的"发夹弯"现象却是有可能的，或者说已经发生了。从理论上说，"台湾意识"是特定历史环境下的产物，随着内外环境的改变，民进党人对"台独"内涵的理解也有可能发生变化。从蔡英文的"5·20 演说"来看，明显是与民进党传统的政治话语有所区别的，我们不能不正面肯定蔡英文女士的两岸政策宣示还是有所调整的，尽管这种调整与大陆的期待还有较大落差。我们不能用僵化的、静止的眼光来看待民进党的两岸政策调整，我们要看到民进党新当局与民进党传统立场是有所不同的。

台湾与大陆方面已不是同一个数量级别的，这种严重不对称的竞争结构下，台湾的选择是相当有限的。民进党人也不能闭起眼睛说他们想干什么就可干什么，民进党当局不仅要考虑大陆方面的反应，还要考虑美国和日本等国际社会的态度。虽然这些国家战术上会利用台湾政党轮替的有利条件，但毕竟这些国家不可能为了"台湾独立"牺牲他们自己的国家利益。民进党人也清楚，台湾只是这些国家手中的一张牌而已，这些国家与中国大陆之间的利益联结远超过与台湾的利益联结。更加直接的政治现实是，民进党当局首先遵守他们宣示效忠的"中华民国宪法"，台湾内部的政治规则和法律规定已经对民进党当局产生着足够大的拘束力。所以，除了言语上的挑衅和战术层面的扰乱外，民进党并不能真正对大陆构成颠覆性的挑战。

目前的大陆无论是硬实力还是软实力都突飞猛进发展，"法理台独"已变得更加不可行，如果进行无谓的政治冲撞，民进党当局只能让台湾付出无法挽回的代价，最终受害的还是台湾民众。对于民进党来说，四年后能否保住执政权才是核心利益，如果不能维持台湾的经济发展、政治稳定、社会安宁，台湾选民很可能会用选票让民进党成为第一个无法连续执政8年的政党。因此，民进党内部存在着强大的内生动力，必须处理好与大陆的关系，这也就是两岸关系存在新机遇的最大依据。

与第一次上台执政相比，现在的民进党当局在台湾内部的自信心和定力已有较大程度的增长，民进党在台湾已实现了真正意义上的全面执政，民进党人如果愿意调整两岸政治立场的话，此时他们是有能力适度调整并获得成功的。一年来，民进党从在野党到执政党的角色转换本身就是一个新的机遇。在这次领导人选举竞选过程中，蔡英文已流露出希望站在更高的高度上处理两岸政策的意愿，她在《蔡英文——从谈判桌到"总统府"》一书的序言中说："台湾正走到一个历史的关键转捩点，民主政治必须进一步改革和深化，以理性和包容化解激情对立；两岸关系也必须走出国共关系的框架，以广泛的民意为基础，建立可长可久的互动架构；经济及社会发展更是到了必须全面翻转的时候，要下定决心，用耐心和毅力，打造出全新的发展模式。"[3] 基于这样的视野和高度，我们很难理解她会选择继续与大陆进行毫无胜算的"统独大战"，相反，她应该设法引领民进党打开大陆之门，才有可能成功实现"翻转"。她在同一书中说："什么事情都不能不考虑代价，而且这个代价是不是能够负担得起。"[4] 在她自己的著作《英派——点亮台湾的这一里路》中说："如果政治不能使人民的生活获得改善，那从政又有什么用？"[5] 我们宁可相信她是真的体会到广大基层民众的苦难，了解人民对美好生活的向往才是执政党的奋斗目标，果真如此，这也可以说是巩固和深化两岸关系和平发展新的机遇。

蔡英文选前向美国人承诺："只有一个稳定的台海局面，才能让我们在未来的四年或八年当中，有足够的能量和时间去壮大台湾，去充实民生、创新经济、建立公义。"[6]

我们注意到蔡英文赴美"面试"以来对大陆的称呼确实开始改变了，她已开始小心翼翼地称呼海峡对岸为"中国大陆"，基本上做到不在这些言语上刺激大陆民众敏感的神经。这种表现对于多年浸淫于民进党"去中国化"大染缸的她来说应该是相当不容易的。真正的善意是不需要刻意的。我们希望在蔡英文的带动下，民进党内的政治文化开始调整和改变，民进党人要更多地以同理心感受大陆民众的情感，不再轻易地用自外于中国的话语刺激大陆民众。当然，我们也期待大陆民众越来越多地用同理心理解台湾同胞的喜怒哀乐。共民和谐关系的建构尽管不容易，但我们不应放弃，因为一个和平稳定的两岸关系对于两岸人民是最高利益，国民党也不应把自己的利益建立在共民冲突的基础上。我们高兴地看到，国民党"立委"许淑桦公开表示："国民党立场很清楚，如果蔡不承认九二共识，蔡跟北京找到属于自己的共识，只要对两岸的和平和经济成长有帮助，国民党一定接受。"[7]希望这样的认识是国民党的主流意见，如果国民党的朋友们是从两岸关系和平稳定大局的角度看待民进党的转型，他们也会真心欢迎共民关系的破冰。

今天的大陆已有更强大的定力和更坚定的自信心处理好两岸关系问题，如大陆领导人所宣示的，大陆不会因台湾政局改变而改变两岸关系大政方针。国共双方8年来为两岸关系和平发展打下的经济、社会、文化和思想基础不可轻言放弃，也放弃不了。笔者相信，只要双方要足够的耐心、智慧和情商，共民之间一定可以就两岸关系同属一个国家的深刻意涵问题找到共同的表述方式，无论是叫"九二共识"还是其他什么词汇，对于民进党人来说只是一念之间的事情，事实上他们已绕着圈子把海峡两岸在法理上同属一个国家的意涵以拆零的方式模糊地表达出来了，只是由于这样的表达太过抽象模糊，予人留有"后门"、说变就变的不确定性。简单说，民进党当局在两岸关系政治定位问题上就差概括出一个明确的、可操作的政治词汇。我们期待民进党直接承认"九二共识"，或者与大陆之间尽快形成新的"法理一国"共识，为两岸关系和平发展提供新的动力，以造福两岸人民。

注释：

[1] 台湾网络文章，杨振明：《混在台湾岛内的日本人》。

[2] http://www.CRNTT.com，2016-05-23 15:38:27。

[3] 张潇文：《蔡英文——从谈判桌到"总统府"》，城邦文化事业股份有限公司，商业周刊，2015年11月初版，第5页。

[4] 同上，第18页。

[5] 蔡英文：《英派——点亮台湾的这一里路》，圆神出版社有限公司，2015年10月，第31页。

[6] 同上，第195页。

[7] http://www.CRNTT.com，2016-06-28 00:41:47。

当前两岸关系面临的主要挑战剖析

中国社会科学院台湾研究所　修春萍

蔡英文当局上台执政仅 4 个月有余，两岸关系便被拖入全面僵冷之局，不仅前景不明，各种风险亦时隐时现。蔡英文当局取得执政权后，表面上刻意做出不挑衅、不冲撞的姿态，而在实际运作中，却拒不承认"九二共识"，并有计划、有步骤地将其"台独"理念在不同领域转化为施政措施，以所谓柔性手法大搞事实"台独"。两岸关系的政治基础因此遭到破坏，两岸关系前景充满了不确定性，风险系数随之陡然倍增……凡此种种对两岸关系未来发展构成了一系列严峻的挑战。

挑战一：陷于僵局的两岸关系将何去何从

1949 年由于中国内战原因以及外部因素的介入、干扰，海峡两岸被人为分隔了半个多世纪。其间，两岸经历了军事对峙、相互隔绝、接触往来、紧张对抗之后，在几代中共领导人和全中国人民的共同努力下，在大多数台湾民众的支持下，终于走上了和平发展道路，打开了实现国家和平统一的通道。正如习近平总书记在庆祝中国共产党成立 95 周年大会上发表的重要讲话中明确指出的，"两岸关系和平发展是维护两岸和平、促进共同发展、造福两岸胞的正确道路，也是通向和平统一的光明大道。" [1] 但是，2016 年年中，岛内政局发生重大变化，蔡英文代表的民进党取代国民党上台执政。由于蔡英文当局顽固坚持"台独"立场，拒不承认"九二共识"，致使在和平发展轨道上平稳前行达 8 年之久的两岸关系受到严重冲击，两岸间原本热络的交流、交往骤冷，官方的沟通机制停摆，正在展开的各项互利合作也处于停顿状态。

和平发展的政治基础遭到破坏。两岸关系由热变冷，由活转僵，盖因蔡英文当局不承认两岸曾于 1992 年在香港就一个中国问题达成的共识，而这个后来被称为"九二共识"的核心意涵是："两岸同属一个中国"。正由于"九二共识"的核心意涵界定了两岸关系的基本属性，规定了两岸关系的根本性质，所以它自然成为两岸关系和平发展的政治基础，失去了这个政治基础，两岸关系不要说和平发展，就连常态稳定都难以维持。马英九当局执政 8 年间，两岸双方在共同坚持"九二共识"的基础上建立起一定程度的政治互信，两岸关系由良性互动逐步进入了和平发展的轨道。这期间，两岸公权力机构建立了机制性的沟通协商管道，两岸各领域交流互动频密开展，经贸合作全面深化，民间社会交往不断扩大，就连最为棘手的台湾参与国际活动问题也在协商的基础上部分得到妥善安排。而在坚持"台独"理念的民进党再次上台后，蔡英文当局拒不承认"九二共识"，结果造成国台办与台湾陆委会的沟通机制、海协会与海基会的协商机制应声停摆；随着蔡当局取消"微调课纲"及在历史、文化领域进行"去中国化"等"柔性台独"政策的推行，两岸关系整体氛围由好转差，民间交流互动的热度也明显降温；在蔡英文当局大肆叫嚷要"摆脱对中国的经济依赖"，推行"新南向政策"的同时，两岸间若干经贸互利项目以及通过协商对话让台湾以适当方式参与政府间国际组织活动的相关安排也都无法延续……蔡英文当局以其所做所为把两岸关系从和平发展的主航道引向了对峙甚至对抗的激流险滩，致使未来的两岸关系充满了变数和风险，这是两岸关系目前面临的最为严重的挑战。

制约"台独"的力量仍然强大。当然，影响两岸关系向好或向坏的因素比较复杂，两岸关系状况是多因素综合反应的结果。这些因素有大陆，有岛内当局，也有两岸民间力量，还包括若干国际因素；就时间而言，有中、长期的，也有短期的。在这些交织在一起又不时变化着的因素共同作用下，两岸关系的态势在不同时期、不同阶段的表现也不尽相同。当下，虽然蔡英文当局在"台独"理念的促动下，否认"九二共识"，不惜从根本上动摇两岸关系和平发展的政治基础，试图改变过去 8 年间各种因素共同促成的两岸和平发展的整体态势。但细究影响两岸关系的各方面因素变化不难发现，除了执政当局两岸政策的消极作用日益显现外，其他支持与维护两岸关系和平发展的力量仍相当稳定。大陆继续以坚定意志、坚强决心反对"台独"、维护来之不易的两岸关系和平、稳定局面与发展成果。国际社会希望台海局势稳定仍是主流。更重要的是，台湾岛内的支持和平发展的社会基础不仅依然存在，而且相当坚实。从岛内民意看，主流民意支持两岸关系和平发展的态势并未因民进党当局上台而发生改变，各民调机构的调查数据均显示，赞成与支持两岸关系和平发展占大多数，这也是蔡英文当局一再表示要维持两岸关系现状的主要原因。《联合报》2016 年 9 月公布的民调数据显示，不满意蔡英文当局上台以来处理两岸关系表现的民众达到 48%，满意的只有 31%。[2] 同一民调还显示，有三分之一的受访者本身或有亲友与大陆人士结婚，三分之一的人愿意让自己的孩子到大陆念书，30% 的人愿意到大陆工作，超过 20% 的人愿意到大陆创业。这些数据从一个侧面反映出岛内民众对两岸关系的基本态度。从现实看，近几个月来，先有深受两岸关系趋冷影响的台湾旅游业者走向街头抗议蔡英文当局的两岸政策，后有 8 个台湾县市长组团访问大陆，寻求双方互动合作机会，显示了岛内基层社会存在的与大陆加强交流合作的需求与愿望。从岛内政治力量方面看，9 月初，最大在野党国民党举行第 19 次全代会第 4 次会议，会上通过的政策纲领中强调，要"促进两岸交流，追求台海和平"；"积极探讨以和平协议结束两岸敌对状态可能性，扮演推动两岸和平制度化角色，确保台湾人民福祉"。[3] 这些事实足以说明，数十年来逐渐积累起来的推动两岸关系发展的社会基础，并未因两岸关系和平发展政治基础的丧失而弱化。

确保两岸关系发展不脱离和平统一的大方向。 目前，两岸关系毫无疑问面临着脱离和平发展轨道、偏离和平统一方向的风险，但同时规定两岸关系走向的力量也十分强大。回首两岸关系历程，大陆提出和平发展的思想，正值台湾岛内"台独"活动猖獗、两岸关系高度紧张之际，正是因为走和平发展道路符合中华民族根本利益，符合两岸同胞利益，所以得到岛内大多数民众的支持。在两岸同胞的共同努力以及国际社会的普遍肯定下，两岸关系和平发展最终成为现实。"反独遏独"、发展两岸关系的过程既是在岛内构建支持两岸关系和平发展的社会基础的过程，也是为形成和平发展政治基础创造条件的过程。而2008 年以来两岸关系和平发展的实践表明，有了政治基础，两岸关系才可能出现突破性深入发展，两岸关系的日益密切反过来又进一步巩固岛内支持和平发展的社会基础。正因为此，针对民进党再次上台所引起的台湾岛内政局变化以及两岸关系面临的不确定性和风险，国台办主任张志军表示："今年以来，我们党和国家领导人多次发表演重要讲话，强调我们的对台大政方针是明确的、一贯的，不会因为台湾局势的变化而改变宣示了我们党和政府以及全国人民反对'台独'、维护国家主权和领土完整的意志和决心。"张志军强调："我们将继续坚持体现一中原则的政治基础，维护和推进两岸有关系和平发展，争取国家和平统一的前景。"[4] 只要我们坚信有能力克服当前困难，将两岸关系再导入和平发展的轨道，并向和平统一方向继续迈进，那么未来一段时间需要认真面对以下几个课题：一是更有力地"反独遏独"，确保两岸关系在一个中国的框架内运行；二是在民进党当局不承认"九二共识"，两岸关系和平发展失去政治基础的情况下，进一步扩大岛内支持和平发展的社会基础；三是团结岛内一切可能团结的力量，共同努力重建和平发展的政治基础，将被民进党当局偏离了航向的两岸关系之轮，导正回和平发展的主航道上来。

挑战二：对"柔性、事实台独"的应对与反制

秉持"台独"立场的民进党再次取得执政权，不可避免地会对两岸关系造成冲击，而其政策推行方式甚至领导人风格都会对两岸关系的发展前景带来极大的不确定性。在当前情势下，民进党当局重走陈水扁时期的冲撞式激进"台独"路线的空间受到外部环境的限制，遭到极大压缩，以另一种方式推行"台独"分裂政策不仅是蔡英文个人行事风格所致，也是其不得不的选择。事实上，蔡英文代表民进党竞选台湾地区领导人职位以来所做出的政策宣示以及执政以来推出的涉及两岸关系的政策措施已清楚表明，她谋求走所谓柔性"台独"路线，试图以不硬性冲撞和不直接挑衅的方式，渐进式地逐一落实"台独"政策、接近台湾"事实独立"的目标。

蔡英文当局以所谓"温和柔性"方式落实事实"台独"。蔡英文当局接受陈水扁走"台独"冒险路线失败的教训，改以表象温和、不直接冲撞的方式推行"台湾事实独立"，她不仅再三表示要维持两岸关系现状、维护台海和平稳定，在言语上、在行动上也保持一定克制，进行适度收缩，避免冲撞大陆政策容忍底线。而与此同时，蔡英文当局则有计划、有步骤地着手全面切断台湾与大陆历史的、文化的、内在的与现实的联系，企图从根本上摆脱对大陆的依赖，从内在和外在，全方位地谋求台湾的"事实独立"。在思想、文化领域，蔡英文当局任用深绿人士出任文化、教育机构负责人，废除马英九时期出台的"微调课纲"，取消遥祭黄帝陵纪念惯例，处心积虑地"去中国化"；在经济领域，积极寻求加入美国主导的TPP，大力推动"新南向政策"，发展与东南亚、南亚国家关系，意图借此两个渠道，摆脱对大陆的经济依赖，提升台湾的"经济自主性"；在岛内政治领域，通过推动所谓"促进转型正义""处理不当党产"，借清算国民党，斩断两岸历史联系；在涉外领域，使用"台湾总统""台湾代表"等称号，推动宣传台湾特色的"公共外交"等，企图凸显台湾作为"不隶属于

中国"的"独立国家"的事实存在。

柔性"台独"的危害与危险。蔡英文当局推行"柔性台独",对两岸关系稳定发展造成的危害不可低估。这种形式的"台独",着重从思想、文化、教育、社会领域入手,建构"台湾民族主义",强化"台湾国家认同",对内达到夯实"台独"社会基础的目的,对外谋求台湾作为"独立政治实体"的存在。它所谋求的是彻底斩断两岸的历史、文化的血脉联结,削弱在岛内占据主流、主导地位的中华文化体系和认同,从根系上破坏、瓦解台湾与大陆同属一个中国的社会基础。蔡英文当局的如此作为对两岸关系正向发展危害极大,它对两岸关系造成的是内伤、隐患,伤及的是根系主脉,是对中华民族根本利益的挑战和伤害。值得一提的是,蔡英文当局推行的"柔性台独"并不仅仅只对两岸关系发展造成危害,也同时对台海安全构成了巨大的现实威胁。在中华民族走向复兴的历史节点上,蔡英文当局为达"台独"之目的,不惜制造民族分裂和族群冲突,刻意拉升两岸民众的对立情绪,从近期网上两岸部分青年人相互对斥以及两岸互联网上都不同程度地出现某种民粹倾向便可略窥一斑。如果这种民粹情绪不断受到政治人物的鼓动与操弄,进而形成较大的政治压力,台海的和平稳定将不可避免地受到威胁。此外,蔡英文当局推行的分裂路线,由于损害了各方的现实和长远利益,所以自然而然地会在岛内和国际社会遭到抵制和反对,其自身也难免陷入执政窘境,近期岛内多个民调机构进行的调查都显示蔡英文当局满意度出现较大幅度下滑的趋势,未来在特定时空环境下,诸如执政地位受到挑战、在国际上谋求"事实台独"受挫、岛内"激进台独"势力绑架、国际势力的怂恿等,不排除蔡英文当局转而进行"台独"冒险、撞击一个中国政策底线的可能性,如是,台海安全危矣。

有效应对柔性"台独"、有力管控危机。无论是"激进台独"还是"柔性台独",都以分裂国家为目标,在性质上是相同的,区别仅在于以何种方式达成目标。寻求"独立建国""法理台独"等,采取的是公开、直接的方式挑战一个中国政策底线,而"柔性台独"则是采取渐进的、温和的方式,逐步接近目标。"激进台独"的挑衅性是显性的,危险性是即时的,形成的是两岸直接对抗、冲突,而"柔性台独"的挑衅性是隐性的,危险性是相对滞后的。由于"柔性台独"在表现形式上呈多元化,而且更多是间接的、渐进的,相对而言较具隐蔽性,所以实质的危害性更大。蔡英文当局时下正是以阴柔而非激进的方式,不断添加"台独"筹码,企图使两岸关系的天秤一步步朝着分裂的方向大幅倾斜,以期达到和平走向分裂的目的。对此,大陆已公开表明:反对一切形式的"台独"分裂图谋与行径,这是底线。不同的是,针对不同形式的'台独'与分裂行径,采取的方式与手法也会有所不同。对所谓"柔性""渐进""非冲撞的对抗",加压、缩限、挤迫、遏制便成了重要的应对手段,通过对"台独"生存空间的挤压和对分裂行径的设限,使得其分裂政策难以实施或落实。在蔡英文当局图谋以在天秤一端不断加放"台独"筹码的方法,让两岸天秤向"台独"分裂方向倾斜时,大陆方面则要在天秤的另一端不断加大反独促统的力道,迫使彻底倒向统一一端。这种挤压、遏制包括在国际上杜绝"台独"的生存空间,在岛内遏制其发展空间,在两岸规范其行为方式,用一个中国框架限定其活动范围。在与"柔性台独"的较量过程中,软实力的比拼是重要的一环,在岛内占据绝对主导地位的中华文化是大陆应对"柔性台独",施展软实力的重要基础,在强化硬实力限制"台独"冒险的同时,善用软实力将会使对"柔性台独"的反制更具感召力、吸引力,也更易将反"台独"的力度延伸到岛内社会,从而使对"柔性台独"的反制更加有效。

挑战三:强化台湾民众特别是青年一代的中国认同

最终解决台湾问题、实现祖国和平统一,需要包括台湾同胞在内的全体中国人的共同努力。然而,两岸经过了长时间的分隔,部分岛内民众难免会对祖国大陆产生某种程度的疏离感,再加上特殊的历史及外部因素,岛内一些人士特别是部分青年,在情感、观念、乡土意识等方面都呈现出了某种特殊性。20世纪90年代以后,台湾岛内政治生态丕变,李登辉、陈水扁等岛内分裂势力在台湾相继执政长达20年。掌握执政权后,他们不遗余力地推动"去中国化",将台湾民众的"台湾意识""本土意识",引向"台湾主体意识""台独"意识,造成了部分台湾民众尤其是年轻一代人群的身份认同混乱,国家认同弱化,分离意识趋浓。这无疑是发展两岸关系,进而实现国家和平统一必须克服的重要障碍之一。

台湾社会分离意识将进一步增加。如上所述,造成台湾社会的分离意识增大的原因是多方面的,但最直接、最重要的原因是分裂势力掌握执政权,运用行政资源进行全面'台独'意识灌输和"台独"思想教育。近几年来,台湾岛内民调对各年龄段人群关于国家认同的调查数据显示,20至30岁年轻人群自认为是中国人的比例,低于其他年龄层,这在很大程度上显示了李登辉、陈水扁主政20年进行"台独"意识灌输所产生的恶果。马英九主政8年,虽然终止了自上而下的"台独"意识灌输，但是台湾社会出现的国家认同弱化、分离意识增强的趋势并未得到扭转。蔡英文当局推行"事实台独"路线，"文化台独""教育台独"就是其"柔性台独"政策的核心内容。蔡英文上台伊始便开始文化、教育等领域着手落实其"一边一国""中华民国是台湾""大陆文化只是台湾多元文化的一个组成部分"等"台独"理念。可以预见的是，"文化台独"理念日后在蔡英文当局刻意操弄以及在当局行政权力的加持下会加速蔓延，并进一步催化台湾社会的分离意识，影响越来越多年代世代的国家认同。

"两岸同属一个中国"是台湾社会的现实认知。虽然，台湾岛内的分离意识增强，中国国家认同弱化，但是，台湾社会对于"两岸同属一个中国"的认知，却囿于历史与现实的因素并未发生大幅度的位移。"台独"分裂势力长期以来一直企图通过各种方式割断台湾与大陆的历史、文化联结，改变台湾民众的两岸同属一个中国的认知。李登辉、陈水扁主政时期，利用行政资源大力推动"去中国化"，对于弱化年轻一代的中国国家认同起到一定作用，在"台独"教育和灌输下，部分年轻人开始倾向"台湾是台湾，中国是中国"，"两岸一边一国"。但是，同根同源、同文同种、同祖同宗等渗透于台湾社会的内在文化因子，对于民众关于"两岸同属一中"的认知产生了难以去除的深层影响。大陆对于"两岸同属一个国家"的坚定态度，两岸间的密切关系和频繁交流往来，国际社会对于一个中国原则的普遍认同以及坚持在一个中国框架内处理涉台事务等外在现实，则以另一种方式固化着台湾民众对于"两岸同属一中"的认知。台湾"中研院"2015年底在岛内进行的一项民调显示，有49.7%的民众预期两岸未来将走向"被统一"[5]，这也从一个侧面说明了台湾民众对于两岸关系的基本认知。当然，必须承认的是，对于"两岸同属一个中国"的认知，对"两岸同属一个中国"的认同以及对和平统一的支持之间存在距离。但是，对于大陆与台湾关系基本认知的普遍存在，则是扩大岛内民众国家认同的重要基础。

强化岛内民众的中国国家认同需要更多元、更有效的方式方法。一种社会意识的形成需要经过一段时间，改变更不可能在一朝一夕之间。过去8年，两岸关系和平发展为增进双方的了解与信任、拉近两岸的心理距离、推动两岸社会融合、形成"命运共同体"提供了条件，也有助于化解台湾社会的分离意识，导正民众的国家认同。在民进党执政、两岸关系持续僵冷的态势下，如何争取台湾民意、强化岛内民众的中国国家认同是未来的重要课题之一。就目前情况看，未来应可在两个方向上同时着力，一方面继续做好两岸民间交流互动，促进社会融合，争取岛内更多民众对于"两岸同属一个中国"的认同；另一方面，在国际上严格依据一个中国原则安排的台湾涉外活动，坚决挤压"台独"的活动空间，继续强化岛内民众关于"两岸同属一个中国"的认知。

结　语

如果以辩证思维观察当前两岸关系，在看到挑战的同时也必然看到机会。其实，在应对挑战的同时，即是在为未来两岸关系发展积累能量，也是在创造发展的机会。纵观两岸关系半个多世纪的发展历程，何尝不是在危机中发现机会、积蓄能量，进而实现大步迈进的过程。在迈向和平统一的进程中，两岸关系和平发展遭遇困难、出现波折难以避免，关键是如何采取有效办法应对挑战、排除障碍，并在此过程中积蓄新能量，为两岸关系发展迈上新台阶做好准备。在国家综合实力不断提升、两岸力量对比日益悬殊的现状下，大陆在应对"台独"分裂活动、争取岛内民意方面具有越来越多的方法和手段，重要的是如何更精准、更有效地运用这些方法和手段。

注释：

[1] 习近平，《在庆祝中国共产党成立95周年大会上的讲话（2016年7月1日）》第26页，人民出版社2015年7月第一版。
[2] 《蔡"总统"两岸表现4成8不满意》，（台湾）《联合报》2016年9月19日。
[3] 《国民党通过政纲：以和平协议结束两岸敌对》，《中国评论》2016年9月4日。
[4] 张志军，《背离一中险象环生》，中评社2016年7月17日。
[5] 《如何走出"被统一"的焦虑》，（台湾）《联合报》2015年11月3日。

民进党上台后两岸关系发展面临挑战

军事科学院台海军事研究中心　白光炜

民进党时隔八年重新上台执政，台海局势趋于严峻复杂，两岸同胞高度关注两岸关系发展前景。[1] 当前和今后一个时期，从两岸关系看，呈现大陆坚决反对"台独"、民进党玩弄"柔性台独"、国民党无力抗击"台独"的基本态势。从外部环境看，我台美三方战略博弈也将进入新阶段，岛内"台独"势力与外部遏制围堵中国的敌对势力有合流之势，两岸关系和台海局势面临重大挑战。

一、台湾传统政治格局丕变，岛内政治力量对比"利绿不利蓝"趋势明显

台湾岛内传统政治格局呈现蓝绿二元对立特征，并且长期维持蓝大于绿的基本态势。经过多年角力，蓝消绿长，以最近两场重要选举国民党惨败为标志，传统蓝大于绿的政治格局发生了质变。

蓝大绿小政治版图被翻转，"台独"势力回潮。2014 年 11 月举行的"九合一"地方选举是国民党 65 年来在地方选举中遭受的最大挫败，执政县市从上届 15 个减至 6 个，浊水溪作为蓝绿势力的南北分界线被绿营全面突破，台湾政治版图"蓝天变绿地"。从选举结果看，国民党不仅在执政县市数量上落后于民进党，而且地方民意代表比例也大幅下降；不仅北部传统优势选区多个重镇"沦陷"、南部唯一"据点"嘉义市被"拔除"，而且获胜县市得票数与民进党差距大幅缩小、失利县市差距进一步扩大。[2]2016 年 1 月台湾"大选"，蔡英文当选台湾地区领导人，民进党成为台立法机构第一大党，选举结果一改陈水扁当政时"朝小野大"局面，实现了民进党首次行政、立法完全执政。从领导人选举看，蔡英文获得 689 万票，大赢朱立伦 300 多万票；从民意代表选举看，民进

党囊括 113 个立法机构席次中的 68 席，单独过半，而国民党则从 64 席大幅缩减为 35 席。民进党不仅在浊水溪以南的传统优势选区实现"一统天下"，而且在国民党传统票仓台北、新北、基隆和桃园也实现了逆转，将国民党原有的 24 席压缩至 9 席。[3] 这两场选举的结果不仅改变了台湾传统蓝大绿小的政治格局，也意味着反"台独"力量受到重挫，"台独"势力重新得势，"台独"再度回潮。

民进党不断打压政治对手，"利绿不利蓝"格局将持续。国民党连遭两次重大选举失败，元气大伤，士气低迷，面临全面重组与改革，与民进党抗衡的能力大幅削弱。未来其理念选择是否正确、全党力量能否团结、后继人才能否接续，将是考验国民党能否东山再起的关键因素。民进党赢得执政权后，利用行政立法资源，进一步压缩国民党生存空间。民进党声称接受"中华民国现行宪政体制"，刻意割裂"中华民国"与中国国民党的联结，极力挤压国民党政策论述空间。民进党提出"促进转型正义条例草案"，在"行政院"下设"促进转型正义委员会"，两年内推动"开放政治档案""清除威权象征及保存不义遗址""平复司法不法、还原历史真相并促进社会和解"及"处理不当党产"等四大任务，[4] 借势塑造国民党独裁政治、外来政权形象，清算围剿国民党。7月 25 日，民进党在立法机构通过"政党及其附随组织不当取得财产处理条例"，决定"行政院"下设"不当党产处理委员会"，加大追讨国民党党产力度，清算国民党"原罪"，清除国民党经济基础。[5] 中国国民党副主席郝龙斌痛批民进党，"就是在用莫须有的罪名，一刀一刀凌迟国民党"。[6] 未来一个时期，岛内"利绿不利蓝"局面将进一步加剧，蓝绿斗争正进入一个新的历史阶段。

岛内新型政治力量兴起，新兴"台独"运动应运而生。岛内民众对于长期蓝绿对立和政治恶斗心生厌倦，超越蓝绿的呼声不绝于耳，新型政治力量借机寻找生存发展空间。"九合一"地方选举中，主张"超越蓝绿"的无党籍人士柯文哲当选台北市市长，标志着以绿营选民为主、融合部分蓝营选民、吸引多数中间选民的"白色力量"走上政治舞台。[7]2015 年 1 月成立的"时代力量"异军突起，它以追求"台湾地位正常化"为核心理念，打着民主自由幌子，依托网络媒体大肆宣传，借反服贸社会运动上位。"时代力量"通过 2016 年"大选"在立法机构获得 5 个席次，成为岛内第三大政党，[8] 而且据台湾民意基金会 7月 27 日发布的台民众对政党偏好度的民调显示，"时代力量"以 14.9% 的喜好度直追国民党（16%）。[9] 这些政治力量表面上超越蓝绿，但是在统"独"问题上各有主张，不仅冲击岛内传统蓝绿二元政治格局，而且使岛内统"独"政治光谱更加丰富，尤其是"时代力量""反中挺独"立场明显，不时以"台独"急先锋的面目出现，一种新兴"台独"运动悄然而生。

二、岛内民意持续绿化，"利独不利统"的岛内民意小气候逐渐形成

近年来，尽管台湾民意出现一些变化，维护两岸关系和平发展仍为民众普遍接受，但受"台独"势力"去中国化"影响，岛内部分民众特别是青年人对于中华民族的身份认同逐渐淡漠，加之两岸信息交流不对称，一些民众不了解两岸关系的真相，"台湾主体意识"的民意基础不断扩大。

"维持现状"民意选择体现普遍求稳的民心取向。自20世纪90年代中期以来，岛内倾向统一的民众明显减少，选择维持现状的民众数量持续上升，"维持现状"逐渐成为台湾主流民意。台湾《联合报》2016年3月14日的民调显示，1998年希望永远维持现状的民众占18%，2003年为35%，2004年上升到四成以上，2010年突破五成，2015年则创下55%的新高。此次民调主张永远维持现状的人为46%，较前一年减少9个百分点，但主张"急独"或"缓独"的人较前一年增加了8个百分点。同时对台湾民众愿为宣布"台湾独立"付出何种代价进行的调查结果显示，只有20%的民众愿为"台独"而战，16%可承受经济封锁，21%可接受失去多数"邦交国"。[10] 可以看到，在决定台湾前途的选择面前，岛内民意既惧怕"急独"带来战争，又害怕"急统"带来生活巨变，多数民众求稳，希望"维持现状"。

"台湾主体意识"膨胀反映社会分离的民意倾向。受长期反共和李登辉、陈水扁"去中国化"教育影响，"两岸互不隶属"的"两国论"思维和"台湾前途由台湾2300万人民决定"的思想泛滥，台湾民众特别是年轻一代"中国意识"不断弱化、"台湾主体意识"持续增强。台湾民调显示，台湾民众支持"独立"(包括希望尽快"独立"和维持现状后再"独立")的比例升至36%，自认是台湾人的比例由20年前的44%大幅升至目前的73%，双双创下民调数据新高，而觉得自己是中国人的比例则由20年前的31%降到11%，创历次调查新低。从年龄层次看，20至29岁的年轻人自认是台湾人的比例最高，达85%，而且主张"急独"(29%)及"缓独"(25%)的比例也都高于30岁以上族群。[11] 台湾指标民调则就台民众对两岸关系现状和未来看法进行抽样调查，结果显示69.3%选择"一边一国"，64.8%选择"一中一台"，16.2%选择"两岸都属一个中国"，10.5%选择"终极统一"。[12] 岛内民众错误的国家认同，使岛内利于

"台独"思潮的小气候逐渐形成。尽管岛内倾向"独立"的民众明显多于倾向"统一"的民众，但更多的人已经认识到，由于大陆坚决反对"台独"，"台独"目标很难实现。台湾"中研院"社会所所做的统"独"调查发现，民众"对当下统独意愿选择"与"预期未来统独走向"出现明显落差，46.4% 主张"独立"者虽为当前强势民意，16.1% 主张统一者最少，但更多民众却预期未来走向是"被统一"，凸显当下不愿统但未来又不得不接受统的矛盾心态。[13]

青年人群体对岛内民意走向影响上升。近年来，岛内贫富差距扩大，民众普遍对经济发展"无感"，渴望"超越蓝绿"、结束"蓝绿恶斗"，岛内民意结构呈现出社会矛盾叠加、利益诉求多元的特点，主流民意的构成基础呈现出复杂性。在民进党的诱导煽动下，许多民众对"台独"是政治选择的错误理念习以为常，认为"两岸和平红利多为国民党权贵和大财团把持"。"反服贸"学生运动后，年轻族群成为一个特殊政治群体，崇尚"小确幸"，反权威、重感受，极力追求民主自由公平，成为各党派竞相争取的重要力量。根据台湾选举机构公布的数据显示，2016 年台湾地区领导人选举总投票人口约 1881 万人，较上届约增 73 万人，其中，20—29 岁年轻人约 400 万人，占全体选民的 2 成，首投族约 129 万人，比上届约增 10 万人。[14]

三、蔡当局企图谋"独"做大，两岸围绕"台独"
   与反"台独"的斗争再趋尖锐

民进党实现完全执政，蔡当局拒不承认"九二共识"，持续推动"去中国化"，两岸"台独"与反"台独"的矛盾再次凸显。

谋求实现长期执政。民进党全面执政，且地方执政明显占优，一党独大地位使得其可以利用行政、立法资源谋求更多政治资本，可以进一步扩张势力。一方面，民进党当局在岛内经济民生难有起色的情况下，借推行"转型正义"之名，围剿裂解国民党、压制政治对手，企图将一党独大地位长期化；另一方面，全面整合岛内"台独"势力，在诸多议题上与"时代力量"等政治势力相互配合，进一步掌控岛内政局主导权。

将"台独"路线战略化。从蔡英文一系列言行看，其始终不肯承认"九二共识"核心内涵，不愿完成"答卷"，而以"中华民国现行宪政体制""民主民意""双方求同存异的共同认知"做挡箭牌，妄图以"既有政治基础""维持现状""承认一九九二年两岸两会会谈的历史实事""两岸过去 20 多年来协商和交流互动的成果"等模糊表态蒙混过关。[15] 同时蔡英文高举民意幌子，推行"台独"路线战略化。一是"台独"手法柔性化。吸取陈水扁时期"激进台独""法理台独"失败教训，将"台独"手法柔性化，展现所谓"善意"，减少冲撞大陆，降低战争风险，便于将破坏两岸关系的责任转嫁给大陆、欺骗岛内民众。二是民意工具化。以民主、民意为工具，将"台独""反中"内容法律化、机制化，对岛内占据话语制高点，赢得民众特别是青年人的支持；对大陆则把民主民意作为挡箭牌，甚至借助民粹力量对抗大陆；对美日则把民主当作选边站队的敲门砖，寻求外部势力的支持与帮助。三是"中华民国"空心化。在难以直接宣布台湾"独立"的情况下，重新回归"台湾前途决议文"的基本价值取向，接受"中华民国现行宪政体制"，接受所谓"中华民国宪法"，利用在立法机构占大多数的优势，将"立法院"变为推动"台独"的主战场，借助维持"中华民国"现状之名，行"法理台独"之实。蔡英文就职以来，从其到巴拿马访问的签名、废除"课纲微调"、限制马英九访问香港、否决缩短陆配取得身份证年限、清算国民党、对待大陆游客大巴事故态度等一列做法可以看出，其在两岸关系问题上"已不是空心，一系列实际举动已经不是要维持现状"。[16] 总的看，"柔性台独"手法身段软、姿态低、欺骗性强，看似短期无大碍，实则长期有大害，极易引发两岸摩擦对抗，甚至冲突动荡。

寻求更多"国际空间"。蔡当局将"新南向政策"作为对外战略重点之一。蔡当局"南向政策"之所以谓之"新"，有别于李登辉时期的"南向政策"，不是简单复制，而是有所升级。蔡当局为此专门设立"新南向政策办公室"，它以强化经济合作、人文交流等为抓手，谋求全面发展与东南亚、南亚国家关系，试图实现"一石三鸟"目的，不仅谋求为台湾经济寻找转型出路，还力争降低对大陆经贸依赖，更妄图能够拓展所谓"国际活动空间"。[17]

军事战略攻势意味上升。9月5日，蔡英文在参加台军活动时指出，必须构建新的军事战略，拟定建军目标，不只是文书作业，而是确认方向、改变文化的行动。根据民进党规划，[18] 未来台湾军事战略构想将回归"有效吓阻、持久固守"，"攻势"意味增强，军事冒险性增大。战略判断上，视大陆为"最大安全威胁"，并进一步渲染威胁程度。认为，大陆军事能力大幅提升，2020年大陆将形成对台大规模作战决战决胜能力，台湾再拒绝接受大陆统一条件，则大陆将断然采取"以战逼降"手段实现统一。军事战略上，突出"吓阻"地位作用，丰富台澎防卫作战理念内涵。这不是扁时期"攻势防卫""决战境外"思想的简单回归，而是在新的时代背景下赋予其"新的内涵"，更加强调吓阻手段的不对称性、防卫作战战法的创新性和对美日等"联盟力量"介入的依赖性。作战能力上，发展加强抗登陆能力建设，积极发展地面机动支援、防御能力和远程打击火力网。建军理念上，突出"质量建军"乃至"全面建军"，继续强化"自主防卫"，进一步强调要建设"具有台湾特色的国防"，提出重点强化网络、制海、制空三种战力，包括成立第四军种（"通资电军"），加强与美日信息安全合作，2025 年前第一艘自制潜艇下水等。

四、美"以台制华"意愿再度凸显，民进党当局联手美日制衡大陆的倾向明显

美国是台湾问题的最大外部干扰因素。随着美加快推进亚太"再平衡"战略，美日台联手对中国大陆的威胁在上升。

维持台海稳定、两岸分离符合美国利益。美国一直视台湾为"不沉的航空母舰"，无论中美关系如何变化，美国从未放弃"以台制华"。美国为维护自身利益，防止与中国发生军事冲突，也曾明确反对岛内"急独"活动。在两岸关系方面，美既不希望因"台独"引发冲突，更不愿看到两岸出现"趋统"态势，维持两岸"和而不统、分而不独"状态仍最符合美国利益。民进党选举获胜后，美国先后派出前副国务卿等赴台了解情况，加大对民进党的工作力度，防止民进党的两岸政策出现严重背离美国利益的情况，力促其两岸政策朝向符合美国利益的方向调整，保持台海局势相对稳定。2016 年 3 月 31 日，中国国家主席习近平与美国总统奥巴马在华盛顿会晤，中美元首向国际社会传送了清晰而强烈的政治信息：中美均坚持"一个中国"政策，希望两岸关系继续和平地发展下去，"台独"在国际上毫无生存空间。[19] 4 月 4 日，美国国务院负责东亚事务的助理国务卿拉塞尔接受媒体采访时表示，美国珍视台海两岸推进沟通和理解的严肃真诚的努力，期待着台湾新领导人就职后，两岸能够保持良好的沟通，并持续努力建设共同地带。[20]

美"以台制华"意愿明显上升。随着美国加紧推进"亚太再平衡"，不断拓展深化与亚太国家的军事同盟关系，遏制和围堵我的力度明显加大，急于寻找新的棋子。尽管美对"台独"不放心，但预判民进党可能长期执政，乐见两岸统"独"对立上升对我安全稳定与发展形成有力牵制。不仅个别美国前官员向台湾政治人物游说，建议台湾积极向美国表达加入"亚太再平衡"战略的意向，而且美国国会也积极推动美台军事交流公开化、持续售台武器、助台参与国际

组织活动，甚至将"六项保证"法案化。2015 年 6 月 18 日，美参议院通过法案，邀请台湾参与"红旗"演习，同时增修双方高阶将领交流的相关条文，并重申美国应依据"与台湾关系法"持续对台军售。[21] 与此同时，美方还将以往可做不可说的美台军事交流公开化，例如公布台军"参谋总长"参加美国太平洋司令交接，台陆战队旅长出席美军太平洋司令部举办的有关两栖作战的座谈会，等等。[22] 在售台武器方面，2015 年 12 月 16 日，美国政府通知国会，决定向台湾出售包括导弹护卫舰在内的武器装备，总额约 18.3 亿美元。[23]2016 年 3 月，美国领导人批准国会参众两院议案，要求国务卿制定行动计划，以使台湾获得国际刑警组织观察员地位。[24]2016 年 5 月 16 日，美众议院通过"共同决议案"，除提到"与台湾关系法"，也首度将"六项保证"诉诸文字，强调两者是美台关系的基石。[25] 这些举动不但凸显出美"以台制华"的决心和自身在台湾问题上的影响力，也反映了美将台海问题视为推进亚太"再平衡"重要一环的战略意图。

台谋求纳入美日安全体系。为迎合美"亚太再平衡"战略，蔡英文当局坚持"从世界走向两岸"的对外政策主轴，亲美媚日，疏远大陆，对美日宣示"民主价值观"，希望全面投靠美日反华势力，甚至谋求纳入美日安保体系，充当美日围堵中国同盟中的"马前卒"。在蔡当局积极配合下，美积极强化美台关系，谋求实现两岸政治、经济、军事关系"再平衡"。日本紧随美国积极介入台湾问题，妄图推动日版"与台湾关系法"，加强日台经济、安保领域合作。未来一个时期，美日台三方互动将增多，引发地区危机事态风险将上升。

结 语

民进党重新上台给两岸关系带来巨大挑战，未来两岸关系发展前景不确定性增加。但同时也应看到，经过 30 多年的快速发展，祖国大陆综合实力不断增强，陆强台弱基本格局持续强化，限缩了"台独"逆流而动空间。尽管民进党胜选增加了未来两岸关系和平发展进程中的不确定因素，但近 8 年来两岸所建立的制度性框架和融合性交流已成为不可或缺的"公共必需品"，大多数台湾民众也担心两岸关系"和平红利"得而复失。任何企图颠覆两岸和平发展进程的行为，都必将损害两岸同胞特别是岛内民众切身利益，都是背离中华民族复兴和两岸和平发展大势的不义之举。同时，台湾社会对"台独"势力及其活动仍有制约。如果民进党始终坚持"台独"主张不变，持续与大陆敌对，当民众在饱尝经济萧条的苦头之后，民意势必反弹，定会反思和怀念和平发展的好处，届时其不但不可能其长期执政，甚至可能长期下野。[26] 因此，我须保持战略定力和信心，坚持党的对台大政方针不动摇。特别是 2008 年以来，基于"九二共识"这一政治基础，大陆与台湾当局以及各政党交往日益密切，大陆对台政策的清晰性、稳定性和可持续性、可预期性不断增强，两岸在互有妥协中加强沟通、在相互认同中增进互信、在应对问题中构建机制，形成了两岸关系稳中有进的良好态势。台湾地区的政党轮替是一个客观现实，两岸同属一个中国的事实也是一个客观现实。大陆与台湾当局及各政党交往的基础，始终是以承认"九二共识"的历史事实、认同其核心意涵为基线。在这个根本问题上，大陆从未有过任何模糊，更不会妥协或做交易。大陆方面坚持推进两岸和平发展进程的意志不会动摇，坚决遏制任何形式"台独"分裂行径的意志不会动摇，坚定维护国家主权和领土完整的意志不会动摇。在中华民族伟大复兴的历史进程中，两岸同胞有责任有决心不再让国家分裂的历史悲剧重演。

注释：

[1] 中共中央台办、国务院台办负责人就当前两岸关系发表谈话，新华网，2016 年 5 月 20 日。

[2] 台湾地区"九合一"选举，华夏经纬网，2014 年 12 月 19 日。

[3] 2016 年台湾地区领导人及民意代表选举出炉，《两岸关系》，2016 年第 2 期，第 7 页。

[4] 民进党拼转型正义 提出设"促转会"两年拼四大任务，华夏经纬网，2016 年 3 月 18 日。

[5] 台湾："不当党产处理条例"台立法机构三读通过，人民电视网，2016 年 7 月 27 日。

[6] "党产条例"通过 郝龙斌批：用莫须有罪名一刀刀凌迟国民党，人民网，2016 年 7 月 26 日。

[7] 台湾"九合一"选举结果：柯文哲击败连胜文当选台北市市长，观察者网，2014 年 11 月 29 日。

[8] "时代力量"异军突起或第三大政党，星岛环球网，2016 年 1 月 17 日。

[9] 台湾最新民调：政党喜好度"时代力量"直追国民党，观察者网，2016 年 7 月 27 日。

[10] 台媒民调：仅 11% 自认是中国人 20 年来新低，观察者网，2016 年 3 月 15 日。

[11] 台媒民调：仅 11% 自认是中国人 20 年来新低，观察者网，2016 年 3 月 15 日。

[12] "台湾民心动态调查、新政府与两岸关系"民调新闻稿，台湾指标民调新闻发布，2016 年 5 月 30 日。

[13] "台湾被中国统一是主流民意？"华夏经纬网，2015 年 10 月 22 日。

[14] 台湾"大选"正式开跑 "首投族"人数上升，凤凰网，2015 年 9 月 16 日。

[15] 蔡英文 520 就职演说全文，联合早报，2016 年 5 月 20 日。

[16] 中国社科院台研所所长周志怀就两岸关系发展提出四点建议，中国评论新闻网，2016 年 7 月 28 日。

[17] 新南向政策，百度百科。

[18] 风云变幻：民进党炮制"国防政策蓝皮书"系列报告为执政做准备，华夏经纬网，2015 年 6 月 8 日。

[19] 今年首次"习奥会",当面讲清6件事,新浪网,2016年4月2日。

[20] 美助卿答中评:冀台海两岸保持沟通持续求同,中国评论新闻网,2016年4月4日。

[21] 一致同意把促使美国防部派遣美军将级军官及美国防部助理总长层级以上官员访台的修正案纳入法案,法案还提到美国应持续支持台湾在整合创新与不对称作战能力的努力,包括取得适合台海海峡防卫的潜艇。

[22] 美国国会邀请台湾参与军演 中国军方:坚决反对,观察者网,2016年6月26日。

[23] 美售台武器后忙对华示好 宣称坚持"一个中国",环球网,2015年12月17日。

[24] 美国声称支持台湾加入国际刑警组织 中方反应,中国新闻网,2016年3月22日。

[25] 美国众议院通过对台"六项保证",网易新闻频道,2016年5月18日。

[26] 社论:《从容应对台湾政治变局》,《中国评论》,2016年第2期,第1页。

遇冷期两岸关系的基本特征与发展走向

厦门大学台湾研究院　李　鹏

自从蔡英文就任台湾地区领导人以来，两岸关系形势出现了一些复杂的变化，这些变化不仅表现在两岸沟通机制的停摆，也反映在两岸交流交往的很多方面。对于当前的两岸关系形势，有的学者用"冷和平"来形容，有的学者则认为是"冷对抗"。无论是哪一种用词，有一个不争的事实是，两岸关系已经进入遇冷期。这一时期将要延续多久，是否会回温，抑或迈向冰冻，目前不得而知。但是，深入分析遇冷期两岸关系的基本特征，探寻导致遇冷的成因，客观看待现实挑战与潜在危机，对于维护两岸关系和平发展和台海地区和平稳定都有重要的意义。

遇冷期两岸关系的基本特征

之所以说两岸关系进入"遇冷期"，是相对于2008年以来两岸关系的热络发展而言的。众所周知。在马英九当政的八年期间，和平发展成为两岸关系的主题，不仅台海地区的和平稳定得以实现，两岸在各个领域还不断取得突破性进展。两岸恢复了中断十年的两会协商谈判，签署了23项协议，两岸全面"三通"得以实现，大陆居民赴台旅游人数不断扩大。国台办和陆委会开始了两岸事务部门的沟通对话机制，两岸领导人也实现了历史性见面。但是，自从2014年台湾岛内发生"反服贸运动"以来，伴随着"九合一"选举和台湾地区领导人选举的展开，两岸关系也受到波及，发展进入相对缓慢和停滞的时期。蔡英文当选和就任台湾地区领导人前后，两岸关系进入遇冷期特征更为明显，主要表现在以下几个方面：

第一，两岸学者对形势的判断趋向谨慎和保守。

2014年以后，面对台湾岛内政局可能发生的变化，大陆对台海形势的判断就开始趋于谨慎，"复杂""挑战""不确定性""变数"等词汇频频出现在大陆涉台部门领导的讲话中。2015年8月，国台办主任张志军在两岸关系研讨会上表示："去年以来，台海局势出现一些新情况，引起了两岸各界的广泛关注……当前，台湾社会深刻变化、政治纷争不休、两岸关系屡遭干扰，再次处于重要节点。"他在2016年新年贺词中也表示，"展望2016年，台海局势出现复杂变化，两岸关系面临新挑战"。1月21日，张主任在会见美国常务副国务卿布林肯时强调，"当前岛内局势变化给两岸关系发展带来不确定性，台海和平稳定面临挑战"。2月5日，他在与台湾方面陆委会主委夏立言的热线中再次表示，"当前两岸关系十分敏感复杂，未来不确定性增加"。民进党胜选以后，国台办发言人多次对两岸关系形势的复杂性发表了看法。5月11日，国台办发言人马晓光表示，如果两岸出现僵局或者危机，责任由改变现状者承担。从中可以看出，其隐含的意思包括，如果民进党当局在两岸关系性质问题上不清晰表态，未来两岸关系不排除出现"僵局"和"危机"的可能性。

第二，两岸既有的协商谈判和联系沟通机制中断。

马英九当政时期，两岸之间的沟通顺畅，在很多问题上都能够在第一时间实现信息传递，并得到及时处理。随着两岸联系沟通机制的停摆，两岸之间再次回到"隔空喊话""有沟无通""已读不回"的时代。蔡英文就职当天，国台办负责人在声明中就明确表示，国台办与陆委会的联系沟通机制和海协会与台湾海基会的协商谈判机制，均建立在"九二共识"政治基础之上。只有确认体现一个中国原则的政治基础，两岸制度化交往才能得以延续。6月25日，国台办发言人安峰山在应询时表示，5月20日后，因台湾方面未能确认"九二共识"这一体现一个中国原则的共同政治基础，两岸联系沟通机制已经停摆。6月29日，他进一步表示，台湾新执政当局迄今未承认"九二共识"、认同其核心意涵，动摇了两岸互动的政治基础，导致了国台办与陆委会的联系沟通机制、海协会与海基会的协商谈判机制的停摆，责任完全在台湾一方。由此可见，虽然蔡英文当局一再混淆视听，企图以"沟通、沟通、再沟通"的幌子来掩盖两岸沟通机制已经暂停的事实，但"电信诈骗案""导弹误射"等一系列事件的后续处理已经证明，两岸之间过去八年所建立起来的常态性、机制化和便捷的沟通管道已经不再有效运作。

第三，两岸民间社会疑虑、忧虑和焦虑情绪增加。

过去八年，两岸民间交往也进入了一个快速发展的时期，两岸经济社会已经出现了融和发展的势头。蔡英文上台后，大陆并不希望两岸民间交流交往受到政治冷却的影响。中共中央政治局常委、全国政协主席俞正声在海峡论坛上表示："维护两岸关系和平发展与台海和平稳定，需要持续扩大深化两岸民众交流。两岸关系和平发展的根基在基层，动力在民间。过去两岸隔绝对峙，两岸同胞率先冲破藩篱，开启民间交流大门。两岸关系得以和平发展，民间交流功不可没。现在两岸各界人士和民众交流基础很好、潜力很大。两岸关系形势越复杂，越需要两岸民众加强交流，展现两岸关系和平发展的坚定意志和强大力量。"国台办在2016年5月20日的声明中也表示："我们将进一步扩大两岸同胞交流往来，推进各领域交流合作，深化两岸经济社会融合发展，增进同胞福祉和亲情，共同构建两岸命运共同体。"但是，由于两岸关系发展前景面临不确定性，不少民众担心政治的对立会波及经济社会交流；同时，大陆民众由于对民进党和蔡英文当局的不信任，对台湾岛内政治氛围的忌惮，也可能会降低赴台湾交流和旅游的意愿，这些都可能在客观上影响到两岸民间的交流交往。蔡英文上台以来，两岸民众对形势走向的疑虑、忧虑和焦虑感都在上升，这不仅体现在网络言论上，也越来越明显地反映在两岸的交流交往中。

第四，两岸对外部势力的介入或影响更为敏感。

在马英九当政时期，两岸关系的改善和缓和得到了国际社会的普遍肯定，外部因素对台湾问题的影响和介入力度降低。即便美国在亚太地区大力推行"亚太再平衡"的战略时，也非常谨慎地处理台湾的角色，更希望台湾是一个"沉默的贡献者"和"沉默的受益者"。但是，随着蔡英文的上台，外部势力对台湾的介入越来越引起大陆的关注。蔡英文当局面对大陆本来就缺乏所谓的"安全感"和"信任感"，她希望借助美国和日本，甚至是东南亚国家的力量来平衡大陆的影响，降低大陆对台湾的所谓"威胁"。在此背景下，蔡英文当局与美国、日本及其他国家或地区采取任何举动，都有可能与当前东亚地区紧张的局势联系起来。大陆已经有不少学者对东海、台海、南海的"三海联动"可能会给中国的国家安全带来的影响提出警告。

总而言之，遇冷期的两岸关系脆弱性、敏感性和不确定性大大增强，马英九时期的两岸关系"现状"已经改变。蔡英文当局虽然声称不会挑起矛盾冲突和对立，但却掩盖不了大陆和民进党当局长期以来就在一些原则性问题上存在矛盾和对立的事实。如何减轻或化解矛盾和对立，避免发展成为冲突，是摆在两岸同胞面前的重要议题。

导致两岸关系遇冷的根本原因

蔡英文上台后，两岸关系遇冷已经成为现实。但是，对于两岸关系进入遇冷期的原因，各方的看法并不一致。只有找到真正的原因，才有可能探寻解决问题之道。美国有学者认为，两岸关系之所以倒退，是因为北京未能展现足够的灵活性和务实精神，是大陆对蔡英文在"九二共识"问题上的模糊设定了与马英九不一样的双重标准。这些学者之所以有这样的看法，要不是因为对两岸关系的核心问题缺乏深入的了解，要不就是被蔡英文的言论所蒙蔽。事实上，两岸关系之所以发生变化，其中最根本的原因在于蔡英文当局在"两岸同属一个中国"和两岸关系性质这个核心问题上没有做出明确表态，依然抱有模棱两可、蒙混过关的侥幸心理。

事实上，在"九二共识"核心意涵和两岸关系性质的问题上，大陆从来都没有对蔡英文当局设定不同的或者是过高的标准，而是一视同仁。大陆与马英九当局在"两岸同属一个中国""两岸不是国与国关系"这个原则性问题上并不存在模糊的空间，双方有着相同的论述和认知，存异的是"一个中国"的政治含义。而蔡英文所提到的"求同存异"，是希望在"一个中国"的核心问题上存异，在细枝末节和程序性问题上求同，这是大陆不可能接受的。深入分析，我们可以发现，蔡英文的两岸论述与马英九的政策存在着明显的差异：

第一，对 1992 年香港会谈的成果认知差异。

1992 年得到两岸授权的海协会和海基会在香港就协商对话的政治基础问题进行协商，最终达成了各自以口头方式表述坚持一个中国原则，致力于国家统一的共识。这一共识后来被苏起概况为"九二共识"。"九二共识"的核心意涵在于"两岸同属一个中国"。但民进党长期以来刻意混淆视听，纠结于当年并没有"九二共识"这四个字，其目的在于否定、回避和模糊"九二共识"背后"两岸同属一个中国"的核心意涵。蔡英文表示对 1992 年香港会谈的历史事实表示尊重，也表示达成了若干共同谅解，但对这个谅解是什么，却故意避而不谈，这并非"欲言又止"，而是根本不想言。正因为如此，国台办发言人安峰山在 6 月 29 日的记者会上质问道："一段时间以来，两岸同胞都在问，台湾方面称，尊重1992年两岸两会沟通协商达成的若干共同认知与谅解，所谓的'共同认知'到底是指哪些内容？所谓这一历史事实的重点在于求同存异，'求同存异'的'同'又是什么？台湾方面应该把这些讲清楚，说明白。只有对两岸关系的根本性质、对两岸关系发展的基础作出明确的、正确的表述，两岸的制度化交往才能得以延续。"

第二，对两岸关系根本性质的看法存在差异。

马英九多次非常清晰地表明，两岸不是国与国的关系，两岸之间并非主权之争。因此，当马英九谈及"中华民国宪法架构"时，他对"疆域"和"主权"的解读非常清晰，两岸是一个国家的两个地区关系。而蔡英文并没有直面两岸关系性质的问题，在其就职讲话中，虽然提到依据"中华民国宪法"与"两岸人民关系条例"来推动两岸关系，但对这两个规定和条例是如何定位两岸关系性质的，蔡英文的态度依然是"你们自己去体会"。事实上，民进党长期以来对所谓的"中华民国宪法"就有着自己不同的解读，甚至不少人将"中华民国宪法"作为合理化"台独"的借口，企图借"中华民国宪法"的"壳"上"台独"的"市"。在这种情况下，如果蔡英文不讲清楚台湾方面相关规定和条例对两岸关系性质的定位是什么，就很难消除两岸同胞对其"台独"意图的疑虑。

第三，看待大陆的角度和发展两岸关系的动机存在差异。

马英九认为大陆对台湾来说既是机会也是挑战，台湾应该想办法将机会最大化、威胁最小化，在大陆的发展中寻找机会。马英九希望透过两岸关系的改善，为台湾的发展营造一个和平稳定的安全环境，并解决台湾的经济社会和国际参与等问题。蔡英文和民进党则更多的是从威胁的角度来看待大陆，他们将大陆视为台湾最大的"威胁"，认为台湾对大陆的经济依存会损害台湾的安全，让台湾丧失自主性。因此，台湾可以跟大陆"做生意、捞好处"，但是不能"交朋友"。蔡英文当局更多的是从疑虑和防范的角度来发展与大陆的关系，他们将发展两岸关系作为稳定其执政地位、发展台湾经济的一种手段，而非出于推动两岸关系和平发展，最终解决两岸问题的目的。因此，蔡英文当局的动机更多的是求"稳"而非求"进"。

第四，对两岸政策的路径和方向的把握存在差异。

蔡英文和马英九虽然都表示希望看到两岸关系和平稳定发展。但是，对于如何才能够实现这样的目标，他们所设定的路径是不一样的，所指出的方向也是不同的。从蔡英文的多次讲话来看，她认为台湾对外关系高于两岸关系，甚至某些讲话中将两岸关系作为对外关系或区域关系的一部分，她因此提出要"从世界走向中国""与世界一起走向中国"的路径，其实质就是要"脱离中国、远离大陆"。蔡英文的政策方向分离的意味更为明显。无论是蔡英文提出的"新南向政策"，还是加入美国主导的 TPP，以及发展与日本的密切关系，其方向都不是走向、走近、走进大陆，而是希望以上分析表明，大陆并非无缘无故地认为蔡英文的答卷"没有完成"，也并非没有理由地不信任蔡英文。海协会副会长孙亚夫表示："她回答了一些问题，但没有完成答卷，既然没完成，那就继续去完成。她现有的回答中，就两岸关系作出一些表述，但就是没有回答两岸关系性质这一根本问题。"事实上，民进党无法赢得大陆的信任，从根本上说源于其"台独"政治主张和过去 20 多年的政治表现，他们应该为两岸关系停滞负最大的责任。因此，现在球依然在蔡英文一边。其实这不是一份新的答卷，也不是专门针对蔡英文的答卷，答卷的题目其实也并不难。过去 20 多年两岸关系发展的历史，其实早就给出了正确答案，现在的问题是蔡英文有没有意愿填上这个答案。

当前两岸关系的现实挑战与潜在危机

从上面的分析可以看出，如果两岸之间持续无法建立起共同的政治基础，蔡英文当局不在涉及两岸关系性质的"九二共识"的问题上做出清晰明确的表态，两岸关系就很难走出遇冷期，甚至不排除向更为寒冷的冰冻期过渡的可能性。两岸关系未来不仅会面临着各种现实的挑战，也隐藏着不少潜在的危机。

首先，两岸关系的现实挑战会增加，两岸民间交流过程中的一些现实问题无法得到及时处理。

两岸关系进入遇冷期，两岸关系的主题从过去八年共同维护两岸关系和平发展，会转向"要不要维护两岸关系和平发展""如何维护两岸关系和平发展"的较量。大陆已经多次表达继续推进两岸关系和平发展的坚定决心，但面对无法和不愿意讲清楚两岸关系性质的民进党当局，大陆维护和推进两岸关系和平发展的策略和路径都面临新的调整。两岸关系所要面临的不仅仅是机制化协商对话中断的问题，而是协商对话中断后在政治、经济、社会、对外关系等诸多领域造成的影响的问题。两岸在过去八年在诸多问题上的默契将会被打破，摩擦和矛盾将不可避免地增加，各方面的挑战会接踵而至。两岸民间经济社会领域的交流交往理应不要受到政治关系的干扰，但是由于两岸两会协商机制的中断，国台办和陆委会联系沟通机制的停摆，两岸若干个工作小组的暂停，一些涉及两岸交流的一些事务性工作将不可避免地受到影响。

其次，民进党当局任何"台独"分裂言行都会加深大陆对"柔性台独""渐进台独"的疑虑。

大陆对民进党当局最大的疑虑还是其"台独"分裂活动。民进党和蔡英文为了能够上台执政，在"台独"问题上进行了冷处理，但这并不意味着民进党已经改变了"台独"分裂立场，民进党人士各种改头换面的"台独"分裂言行依然层出不穷。孙亚夫副会长就一针见血地指出，民进党没有放弃"台独"立场，但为了上台执政，不得不面对大陆坚决反对"台独"、美国不支持"台独"、两岸关系改善发展的现实，也会表示他们有保持两岸关系和平稳定发展的意愿和能力，也会调整某些对两岸关系的政策和论述。这不是他们想这样做，而是不得不这样做。这是民进党对两岸关系政策演进中的一个特征。孙亚夫的判断就解释了即使在党内、岛内、大陆，甚至是美国的压力下，民进党也没有冻结"台独"党纲的根本原因。事实上，民进党当局上台以来的种种作为，已经加深了大陆对其推动"隐忔台独""柔性台独""渐进台独"的疑虑。习近平总书记在建党九十五周年纪念大会上表示，我们坚决反对"台独"分裂势力，对任何人、任何时候、以任何形式进行的分裂国家活动，13亿多中国人民、整个中华民族都决不会答应！这展现了大陆反对任何形势"台独"分裂活动的决心，民进党当局任何"台独"分裂行径都会引起大陆的高度警惕，并可能引发两岸关系的紧张。

最后，在缺乏沟通和民意非理性对立的背景下，不能排除两岸之间出现误判而导致危机发生的可能性。

蔡英文已经多次表示，她上台后"不会挑起矛盾、冲突和对立"，她会与大陆进行"沟通、沟通再沟通"，但实际上她越是强调沟通，越说明两岸沟通的欠缺，而沟通的欠缺容易导致出现误判。特别是在蔡英文继续以所谓"民意"来要挟大陆的背景下，缺乏沟通加上民意的对立，导致僵局和危机的可能忱更大。"导弹误射"的事件后，大家越来越感受到有效沟通机制的重要性。美国学者葛来仪也表示："这个事件强调了两岸军方之间建立热线和其他信任建设措施的必要性。"不仅如此，过去20多年，民进党的所作所为，传递给两岸民众的一直是负能量。民进党在岛内煽动民粹的实际后果，一方面是要求台湾同胞不要与大陆保持友好的关系，要充满疑虑和对立；另一方面，他们也在间接地告诉大陆民众，大陆对台湾的善意是没用的，对台湾的让利是无效的。这在两岸已经引起民意的反弹，两岸民间都出现了一些非理性的声音，而民进党却并未警觉，还在继续煽动台湾的民意与大陆的对决，这是非常危险的举动，会导致危机的不期而至。对此，无论是两岸同胞，还是国际社会，都应该保持警惕，未雨绸缪，而不能盲目乐观，否则到时措手不及。

影响两岸关系走向的差异性因素探析

闽南师范大学闽南文化研究院　安拴虎

过去，在涉台研究中，多强调两岸同文同种、血浓于水，强调两岸文化的共同性、两岸传统文化的精神纽带作用以及根植于传统文化的共同精神家园，而对两岸文化的差异性及其破坏性影响则鲜有论及，然而两岸差异性及其影响越来越成为无法回避的话题。赛缪尔·亨廷顿在《文明的起源与世界秩序的重建》中指出，"冲突是差异的产物"。[1]正是认识到两岸差异性所导致的文化冲突，陈孔立先生撰文提醒："在两岸文化交流过程中，应当注意由于两岸文化差异而导致的文化冲突。"[2]笔者受此启发与鼓舞，谨从传播学的角度就两岸差异性因素及其对两岸关系走向的影响谈点粗浅看法。

一、"共通意义空间"理论在两岸关系研究中的现实意义

传播学中，"共通意义空间"理论占有极为突出的位置。从传播学的角度来说，人与人之间交流是通过传递象征符和意义而相互作用和相互影响的过程。而意义交换有个前提，即交换的双方必须有共通的意义空间，否则传而不通，导致误解。共通的意义空间有两层含义，一是对传播中所使用的语言、文字等符号含义的理解；二是大体一致或接近的生活经验和文化背景。因为社会生活的多样性，每个社会成员的意义空间是不可能完全相同的，也就是说在传播过程中，传受双方之间的共同的意义空间不可能是完整契合的，但意义的交换或互动只能通过共通的部分来进行。共通意义空间是个人与社会相互作用的纽带。

一般而言，随着意义交换的活跃化和持续进行，共通意义空间则有不断扩大的趋势，共通意义空间越大，传受双方的了解程度和相互理解能力就越强，

更有利于传播的实现。因此，作为社会互动过程的传播（即所谓交流沟通），其重要功能之一就是扩大传播双方的共通意义空间，加深双方的了解和相互理解。然而有时候，文化的频繁接触与意义交换的活跃化也会引发敌意的产生，这在本文后面部分会有进一步阐释。

两岸关系就其实质来说，属于互动传播的范畴。就目前而言，一方面两岸间拥有巨大化的"共通意义空间"：双方同文同种，同属于中华民族，使用同一种语言符号——汉语，有着大致相同的生活方式、生活习俗、经验范围、文化背景、思维方式、价值体系、民族心理等；另一方面本已存在的诸多差异有不断扩大的趋势。[3] 由于从晚清以来，两岸经历不同的历史遭际和不同的命运，使得两岸在历史记忆上出现不小的落差；长期的隔绝对峙，区隔出毫无瓜葛的集体记忆，使得双方缺乏感同身受的情感脉动；意识形态与社会制度乃至于社会发展模式上的不同，育成不同的政治文明和社会文化，也育成各异的社会价值观，公民素质也因此而文野互现，常有"圆凿方枘""牛头马嘴"之惑；文化政策之不同造成繁体简体之分野，方言的困扰又为沟通平添一道障碍。

由此看来，对两岸"共通意义空间"的变化情况进行分析，尤其是对两岸差异性因素进行分析，以便对症下药实属必要。

二、两岸差异因素探析

两岸文化差异表现在诸如传播符号、价值观、生活方式、民众素质、意识形态和政治文化、历史记忆、国家认同等多个面向。下面谨按对两岸关系影响的强弱程度胪列分析。

（一）意识形态及制度文化差异

国共内战奠定了两岸不同的政治制度以及不同的政治文化现实。大陆实行的是"具有中国特色的社会主义制度"，而台湾实行的是"资本主义制度"，双方社会制度不同，意识形态也存在巨大的差异，由于这种制度与意识形态差异是一种本质差异，属于绝对"异己"元素，因而成为陆台乃至于陆港之间最大的区隔因素。无论我们承认与否，它始终是影响两岸民意与政治的至为关键的因素，近年来港台两地"反中意识"的集中释放，其背后因素无不与意识形态和政治制度差异有关。需要提示的是，意识形态与政治制度因素，也是中国内地许多问题的渊薮，因为话题敏感许多人避之唯恐不及。

正是认识到两岸政治制度与意识形态方面的分歧之难解，邓小平同志才高屋建瓴地创造性地提出著名的"和平统一，一国两制"的伟大构想。的确，"一国两制"这一创造性伟大构想，一直以来都被奉为中国政府在台湾问题上的主要方针，也恰恰是在这一方针指引下成功解决了香港、澳门问题。

一个国家的统一需要许多的"黏合剂"，比如"车同轨，书同文"以及度量衡的统一等等，但最大的"黏合剂"是政治制度的一体化。不同的制度会沿着制度的边墙制造出迥异其趣的政治文明，也会制造和强化不同的文化认同。虽然如前所言，随着两岸联系的不断深入，随着意义交换的活跃化和持续进行，共通意义空间有不断扩大的趋势；但是当两地大异其趣的文化频繁接触时也"可能导致文化中心主义和文化间敌意的出现"。"一旦文化间的敌意形成，冲突就会随着跨文化接触的增多而逐渐增多，特别是当人们不断遭到炮轰、死亡情景反复出现（死亡提醒），并在这种环境下被提醒要誓死忠于自己的群体时更是如此。"[4] 很多人对和平发展情势下的港台分离倾向的反向强化大惑不解，剖析得知，它的背后正是基于不同政治文明的"敌意"能量的核聚变效应。

（二）中国梦与"台湾梦"的割裂

习近平总书记提出的中国梦，其核心是民族梦，是包括台湾同胞在内的中华民族伟大复兴之梦。它是中华民族近代以来最伟大的梦想，凝聚了几代中国人的共同夙愿。因此，实现中国梦，需要台湾同胞的共同参与，共同努力、共同分享。

然而我们也要看到，在台湾，长期"去中国化"的恶果，使得中国梦在台湾主流社会越来越失去声气相求的舆论环境，"台独"势力所倡导的以"台独"为终极诉求的"台湾梦"，具有迷惑性，他们标榜台湾"主权"、安全、民主、人权的政治价值，追求"台湾认同"，这与大陆倡导的包括两岸同胞在内共同实现中华民族复兴、实现国家统一的中国梦相斥相悖，有着非常大的思想差距，从而自然割裂"中国梦"与"台湾梦"的关系。这种危险的"台湾梦"将台湾利益摆在与中华民族的整体利益相冲突的位置，是台湾的噩梦，也是整个中华民族的噩梦。

（三）价值观与生活方式差异

两岸长期隔绝对峙以及不同的政治制度，造成两岸价值观与生活方式的巨大差异。大陆经过几代人积淀总结，形成以"富强、民主、文明、和谐、自由、平等、公正、法治、爱国、敬业、诚信、友善"为内容的社会主义核心价值体系；而台湾则逐渐形成以"民主、自由、多元、人权"等普世价值为核心的社会共识，并且创造了引以为傲的所谓"民主成就"。大陆人看台湾，多放大其"民主乱象"而否定之；台湾人看大陆，多以"威权"名之。八年前，马英九在就职演说中说："两岸问题最终解决的关键不在主权争议，而在生活方式与核心价值。"[5]龙应台也曾说："海峡两岸，哪里是统一与独立的对决？对大部分的台湾人而言，其实是生活方式的选择。"[6]如今时移势易，台湾社会的统"独"结构已发生显著变化，但台湾人对自己价值观与生活方式的选择与坚持却是笃定的。无论如何，两岸因价值观与生活方式的差异而起的敌意与冲突是实实在在的，必须正视。

（四）传播符号差异

语言和文字是最基本的传播符号。在台湾，除了所谓"国语"（相当于"普通话"）之外，人们使用最多的莫过于闽南语。闽南语是中国汉语众多方言之一，也是该方言区之外的中国人最难懂、最难学、最难掌握的方言之一。由于闽南语方言的存在，两岸民众交流多了一条管道，也多了一道沟通障碍。

方言的差异已造成鸡同鸭讲，汉字繁简的区别更增添新的隔阂。大陆在1956年正式告别繁体字推行简体字，而台湾及海外传统华人社会继续使用繁体字。同一个民族所使用的语言符号无法划一，自然不过地分成"繁体族群"与"简体族群"，[7]从而人为造成两者之间传播和沟通的障碍。[8]"我们"与"他们"——沿着汉字繁简界线，不管你承认与否，一道文化心理的边墙森然高耸，成为阻碍汉民族认同的一道人为屏障。[9]

（五）国民素质差异

国民素质是现代化的基石。国民素质是综合概念，包括思想、修养、礼仪、文化、政治、体能、道德、教育、民族向心力凝聚力等等。多年来，中国国民素质堪忧差不多已是一个世人皆知的社会共识。2015年联合国公布的《全球国民素质排行》中，中国厕身于后十位名单当中，与阿富汗、刚果、东帝汶等为贫穷落后所困扰的国家同列。[10]见诸国际媒体的有关中国人国民素质的报道时有发生，大多是令国人汗颜为人不堪的桥段和故事。在两岸交流交往越来越密切的时代大背景下，台湾媒体对于大陆人的素质的报道也逐渐多起来，形诸耳目的差不多都是"不守规矩""服务态度恶劣""乱丢垃圾""大声喧哗""随笔涂鸦"等。去过台湾的大陆人对此都有正面的认知。总体而言，台湾地区人民素质整体上的确要高于大陆，对此不必讳莫如深。两岸民众素质的落差，也是对两岸民意产生影响的重要因素。

除了以上这些因素之外，历史记忆差异与认同的差异也是极为重要的因素，陈孔立先生以及台湾不少学者对此都有大量的阐述，本文不再赘述。

三、结论

毋庸讳言，差异性，尤其是根本性差异是造成两岸分歧与隔阂的结构性因素。在相当长的时间内，作为一种传播情境，[10]"共通意义空间"与差异性的消长，在一定程度上决定两岸关系的民意走向，也决定岛内"台独意识"与"中国意识"的消长。两岸的共通意义空间越大、差异性越小，双方的联结纽带就越紧密，双方的沟通越顺畅，相互理解能力就越强，越有利于传播的实现，心灵的交融才会生生不息，融合的基础就厚实牢固，"台独意识"的发展空间就会被限定；反之，两岸的共通意义空间越小、差异性越大，连结纽带就会疏松乏力，沟通的障碍就越多，心灵的交融就渐付阙如，融合的基础就会逐渐被销蚀，"台独意识"就会转而高涨、"中国意识"则可能渐失空间。

差异性因素的固定化与长期化，必然成为影响两岸关系走向的破坏性因素，也是困扰中国国家发展与实现祖国统一的根本性因素。当这些差异遇到"互联网+"的时代，在新媒体的加持下，两岸民意很容易失脚跌入"恶意毁伤模式"，并且毋庸置疑地进而对两岸民众心理层面和认同产生重要影响。

注释：

[1] 赛缪尔·亨廷顿：《文明的冲突与世界秩序的重建》（修订版），北京：新华出版社，2010 年，第 187 页。

[2] 陈孔立：《两岸之间的文化冲突》，《台湾研究集刊》2014 年第 1 期，第 1 页。

[3] 此处所谓的差异，指的是能够引起感官和精神产生不适感觉的"异己"的元素，而不是"特色"的元素。特色的元素属于"适度的差异"，不会引起不适感，反而会产生好奇与悬念，推动传播的顺利进行，促进传播效果的达成；而太大的差异会造成传播障碍，影响传播效果。观念差异、意识形态差异、制度差异、生活方式差异以及文化素质差异，是影响传播的最主要因素，往往最易引发冲突。被热炒的大陆与港台之间民间情绪的对抗多是因此而起。

[4] 赵志裕等：《文化社会心理学》，北京：中国人民大学出版社，2011 年，第 285 页，第 328 页。

[5] 《马英九就职演说》，2008 年 5 月 20 日，https://www.douban.com/group/topic/3236117/

[6] "繁体族群"与"简体族群"是笔者为了行文方便所做的创新，分别用来指代用繁体字书写和

简体字书写的华人，没有政治含义。

[7] 《圣经·旧约·创世记》第 11 章记载：洪水过后，诺亚的子孙越来越多，他们都讲一样的语言和口音，后来他们迁移到示拿平原并且开始建造通天塔。为了阻止人类的计划，上帝变乱他们的语言，于是，建造通天塔——这一人类史上最为宏伟的计划因为无法用统一的语言沟通而归于失败。通天塔的故事给我们诸多启示。

[8] 参见拙文《"大陆形象"的塑造与对台传播论纲》，《河北师范大学学报》（哲社版）2013 年第 1 期，第 137 页。

[9] 《联合国全球国民素质排行》，http://news.qq.com/a/20151020/011165.htm。

[10] 传播情境，是对特定的传播行为直接或者间接产生影响的外部事物、条件或因素的总称，包括具体的传播活动进行的场景，如什么时间、什么地点、有无他人在场等等；广义上则包括传播行为的参与人所处的群体、组织、制度、规范、语言、文化等较大的环境。意义不仅存在于符号本身，而是存在于人类传播的全部过程和环节当中。两岸差异最终助成"台独"意识，而"台独"活动又推动岛内不利于两岸传播的障碍性情境沛然成势。

两岸经济关系的政治经济学分析

20世纪30年代以来，两岸关系整体缓和并呈现和平发展的良好态势，两岸经济关系与政治关系构成两岸关系的互动主轴，其中两岸经济合作与交流为两岸关系和平发展奠定比较扎实的经济基础，是两岸关系的主推动力，在"九二共识"这一政治基础上形成的两岸各层级政治与行政事务性交流机制为两岸经济交流与合作提供政治与制度性保障。现阶段，新执政的蔡英文当局至今拒不承认"九二共识"及其核心意涵，两岸关系和平发展的政治基础受到动摇。两岸政治与经济关系的互动处于微妙的盘整节点，在当前全球经济增长动能不稳、贸易需求持续疲软背景下，两岸均各自面临经济结构调整与发展新兴产业的诸多问题，缺乏稳固政治互信的两岸经济关系如何应对新形势下的系列挑战，是两岸双方特别是台湾方面必须考虑的现实课题。

一、全球化下的两岸经济合作与权力转移

台湾是典型的海岛外向型经济体，岛内资源与（人口）市场有限，经济发展的动能与规模扩展需要大量外部资源与市场支撑。20世纪60年代国民党当局的产业政策模式开始由进口替代转为出口导向工业化，并依经济发展阶段演变接续推动第二次进口替代、外销（重化工）工业、高科技产业，逐步升级的产业政策均秉持出口导向策略。由出口统计可以看到自20世纪60年代中期以后，台湾出口占GDP的比例就远高于世界平均比例（见图1），是贸易开放程度非常高的经济体，出口是台湾经济成长的主要动力。

台湾在20世纪50年以前是被美国的经济、政治与安全的全球体系所笼罩，美国在国民党败退台湾初期除提供经济与军事援助外，后面还提供出口市

场，并在较长时段内容忍台湾当局保护内部市场、抵拒外资控制与补贴出口等做法，[1] 台湾经济"脱亚入美"的特性明显。因此，在两岸经贸关系全面展开之前，直到 2004 年美国一直是台湾最大的（单一）出口商品外销市场，台湾出口导向的成长奇迹在很大程度上是根植于对美国的全面贸易依赖。

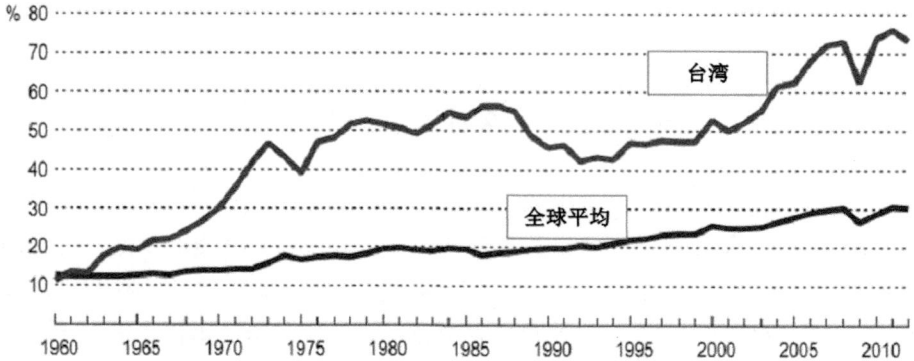

图 1　台湾出口占 GDP 的比例

图表与数据来源：吴聪敏：《贸易自由化的利与弊》，http://homepage.ntu.edu.tw/%7Entut019/edu/TradeDeal-v2.pdf.

在 20 世纪 60 年代，随着技术进步、本国劳动力成本的上升，美、日等国家向资本与技术密集型工业的转型，产业落差使得这些先进工业国将原有产业与技术向韩国、台湾地区、香港地区等低劳动力成本国家、地区转移，台湾逐渐成为全球出口加工的重要基地。至 20 世纪 80 年代中期，台湾劳动力、土地价格大幅上升，对外贸易保护主义盛行，美国要求台湾汇率升值并全面开放市场，台湾劳动密集型产业失去原有优势急需转移，同时期台湾的技术密集型工业在技术与生产层次上与欧美日等发达工业国有相当差距，[2] 恰逢 20 世纪 80年代末两岸逐渐恢复经贸交流，国际政治经济形势也发生剧烈变化，原本较为稳定的对美经贸依赖关系、台湾产业结构及其生产布局，也随着冷战结束、大陆崛起、全球分工网络有所改变。

台湾与大陆地区资源禀赋不同，两岸在比较利益条件基础上极易形成高度互补关系，台湾具有资金、技术与国际联系的优势，具备良好工业基础的大陆可为台湾厂商提供丰富的自然资源、充沛劳动力与广阔市场。由于两岸之间生产技术水平在一段时间内有着明显阶梯差距，加之外部性经济规模效益，各种不同产品和要素市场的扭曲因素使得两岸早期间接贸易与台商赴大陆投资两者之间互补。[3] 台湾对大陆的出口遵循"投资带动贸易"模式，通过发展贸易扩大生产规模是台湾出口经济成长的重要模式。由于 20 世纪八九十年代大陆的土地与劳动薪资价格低廉，以及 1985 年美国主导签订广场协定（Plaza Accord）后台币对美元汇率大幅升值，台湾以外销为主生产企业失去竞争力，[4] 1988 年大陆出台《关于鼓励台湾同胞投资的规定》，1990 年台湾当局允许台商赴大陆间接投资，两岸经贸关系开始热络，出口类台商大量投资大陆，后由于产业链的带动，原供应大陆下游台商的岛内中上游协力台商逐渐也转移大陆投资生产，并从台湾采购原物料、机器与中间零组件。[5] 台商开拓大陆市场有助于不确定国际局势下台湾出口与经济的持续成长，劳动力密集产业转移大陆也加速了台湾内部产业的转型升级。

2000 年后两岸加入 WTO，台湾厂商在大陆的布局与产业集聚越趋成熟，促成"台湾接单、大陆当地加工生产出口"的区域产业分工格局与互补贸易模式，大陆逐渐成为台湾最大的投资地（见图 2）与海外生产基地，台商对大陆投资占台湾对外投资比例在 2010 年最高到 85.2%，2015 年该比例虽下降至 52.8%，但依旧超过半数。台湾借由对大陆投资带动两岸贸易获得庞大顺差（见图 3），另一方面通过"台湾—大陆—欧美日"的三角贸易创造可观的服务贸易盈利。自 20 世纪 90 年代至今，台湾外贸对美国的依存度逐渐降低，对大陆的出口依存度逐年升高（见图 4），至 2010 年达到最高的 41.8%，由于最近大陆产业结构调整以及全球性金融海啸等影响，有些微下降，但 2015 年仍高达 39.4%。

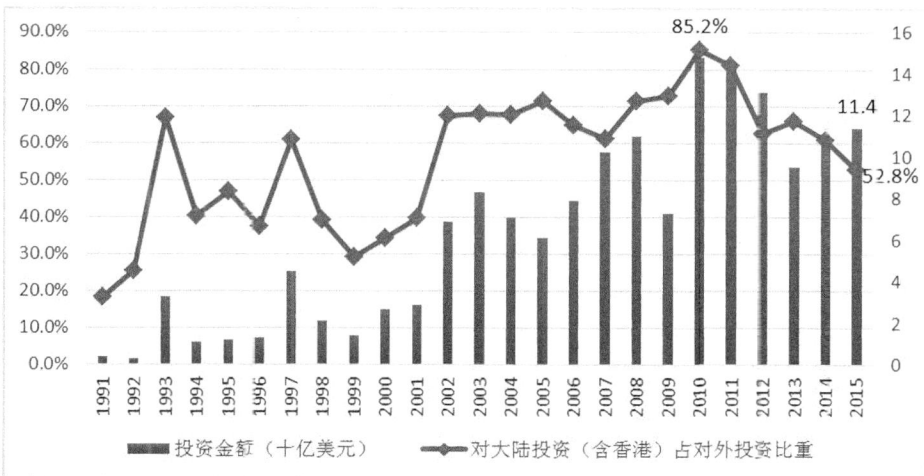

图 2　对大陆投资（含香港）占台湾海外投资比重变化

资料来源：台湾地区"经济部投资审议委员会"。[6]

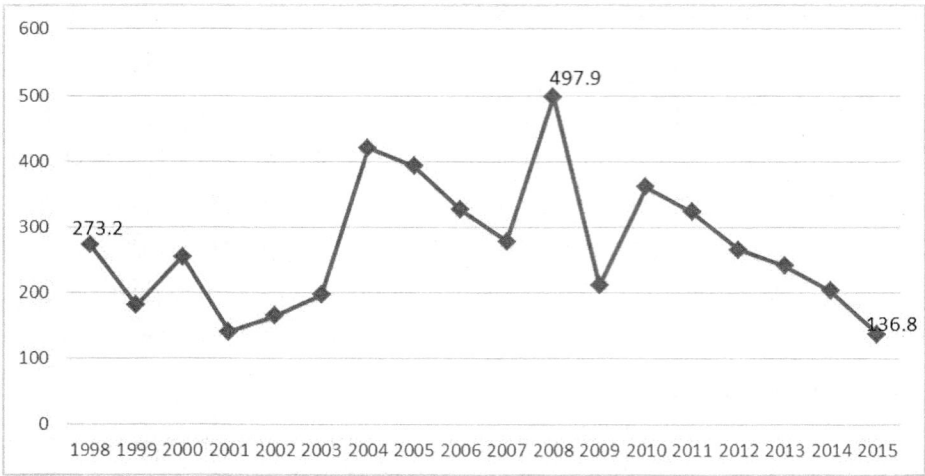

图3 台湾对大陆与香港顺差占台湾对全球顺差的比例（%）

资料来源：台湾"陆委会"，"两岸经济统计月报"。

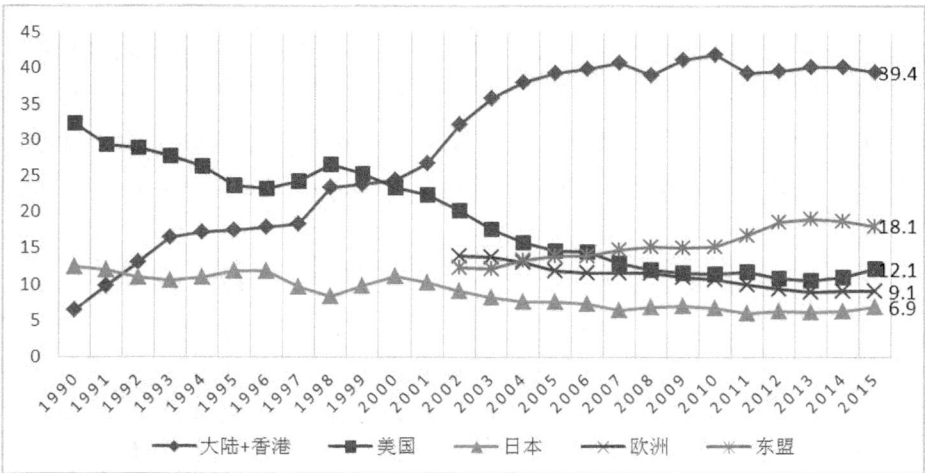

图4 台湾对各国/地区出口比例（%）

资料来源：台湾地区"行政院主计处""经济部国贸局"。[7]

两岸经贸关系经历近30年的发展，与两岸关系开展初期虽然有一些持续性的趋势，但在全球化经济贸易与两岸内政变迁影响下，两岸经贸关系内容已有很大转变。两岸经贸投资是全球产业分工下的产物，两岸经贸合作深刻改变了原有的台湾外贸权力结构，大陆对台湾经济的影响力变得更为全面与深刻，相较于2000年以来台湾陷入经济低迷期，大陆持续高速经济增长，两岸经济总量的差距越来越大，大陆在台湾所仰赖的经济领域已拥有压倒性的优势，台湾的经济繁荣已然脱离不了大陆，台湾当局陷入"追求繁荣还是自主的困境"，[8] 而大陆正逐步实现在与美日竞争台湾经济优势上的区域性权力转移（power-transition）。

二、民进党当局的经济困局与两岸产业竞合

长期以来，台湾的经济发展与产业结构演进基本遵循动态比较优势原则进行，台湾通过对大陆贸易与投资途径，实现了两岸间的产业转移，两岸的贸易金额、生产能力与技术水平的逐步提升也推动了两岸经济关系的实质性发展。[9] 台湾数十年的经济成长历程，产业结构历经变迁，主导产业不断更替，代工模式的重要性则始终如一，[10] 并形成代工模式的"路径依赖"，此代工依赖也是大陆台商经营的重要特征。

台湾在高科技产业发展方面具有明显的后进追赶（late catching up）特征。台商由于缺乏尖端科技的后进性格，主要通过代工成熟产品，卡进高科技产业生产链的制造位阶，找出利润空间后专注于累积计划执行、生产工程及细部设计技术，逐渐建立后进者的优势。[11] 在结构限制与竞争环境下，[12] 台商在国际分工中的产业形态越发走向以 OEM、ODM 为主。因此，随着生产全球化发展，赴大陆投资的台商与初期劳动力密集型台商有所差别，台湾的五大资讯电子主力企业相继将高技术含量的生产环节转移至大陆，这些新台商朝向高科技、大规模、全球经营模式迈进，赴大陆投资逐步以更多元化、全球化的形态进行，与跨国企业形成密不可分的相互依赖模式。

与台商代工模式路径依赖及比较利益导向产业转移密切相关的是，台湾岛内产业发展与升级自 20 世纪 90 年代末期开始出现困境，朝向产业价值链高附加值端的产业升级成效并不显著，如 2002 年台湾选择面板与 D-ram 的"两兆双星"作为新扶植产业，但在技术与资金上与韩国出现激烈竞争并被韩国超越，自有品牌战略发展成效也不彰。目前，台湾的产业发展困境在于既无法与大陆、东南亚各国竞争劳动密集型产业，在与美、日等先进国家竞争技术密集型产业，也处于劣势。由于台湾的研发偏重防御性专利，生产技术只能跟随在国际大厂的产品之后，出口毛利率相当低的产品，以致经济表现受到这些国际大厂订单的牵制，[13] 台湾至今尚无法克服提升自身整体技术与产品附加值的现实课题。

随着大陆经济快速发展，资本积累与技术提升，大陆不断吸收全球生产要

素,完善自身产业链的组合,而同时期台湾产业发展颇有停滞,台湾的优势产业与大陆同类产业之间的技术差距不断减少,两岸在部分产业领域已出现重复投资的同质竞争,特别是在新兴产业领域,两岸同步切入发展的产业领域增多,[14] 两岸原有的产业关系正变成"竞争替代合作"或"竞争大于合作",[15]若两岸难以通过产业合作形成合理分工与布局,两岸企业在诸多产业的竞争性势必继续增强。无论是善用大陆生产要素以升级岛内产业,还是避免产业过度竞争的两岸产业合作协商角度,均需要两岸政经界的较高程度互信。

台湾作为"浅碟型"开放经济体极易受快速变动的全球经济形势的影响,2008 年全球金融危机爆发,全球性经济不景气,大陆也在经历长期经济快速发展后进入结构性减速的经济转型"新常态"。[16] 大陆投资力道不足、对外出口进入换挡期,以外贸为主并倚重大陆的台湾经济受到极大影响,虽得益于马当局与大陆政治关系的改善,而使得台湾得到大陆在某种程度的经济"纾困",马英九时期的经济数据并非很难看,但马当局的两岸新政策无法扭转台湾的结构性经济问题,台湾现当局所面临的现实处境是,旧有累积性问题尚未纾解,而新挑战纷至沓来。

依照台湾现阶段收入所得、服务业在产业结构 / 就业结构所占比重以及就业者相对技术水平,台湾社会整体向后工业社会转型,与产业外移及后工业内部社会转型密切相连的,是台湾内部贫富差距的扩大与阶级政治的逐步显现。[17]20 世纪 90 年代初开始,台湾地区经济成长率逐渐下滑,过去由于经济持续的高成长、快速的社会流动、极低失业率与相对均匀的所得分配不复存在,依赖出口的"岛内接单、海外生产"模式压低了制造成本,同期所得分配不均情况加速扩大,经济成长难以有效提升岛内中低受雇者报酬。

岛内产业升级力不从心而无法跟上全球产业供应链调整,吸引外资不如人意,[18] 薪资停滞消费不振,面对经济全球化,台湾本土的确需要新一轮的新兴产业培植与转型。民进党现当局在内部经济发展方面的主要政策是发展新产业,目前选定绿色能源、亚洲硅谷、生物科技、防务、智能机械五大创新研发计划,但有论者指出这些产业都是中长期才能看到结果,难在落实,且面临与区域内大陆、日本、韩国等的激烈竞争,而台湾当局的财政困难基本不允许凯恩斯主义的大规模公共投资刺激,对蔡英文当局而言没有选后"蜜月期"。[19]

三、台湾参与区域经济整合的大陆因素

民进党对大陆经贸的决策往往混杂高度政治考量，在陈水扁时期旦制定诸多管控性措施，但台商依旧发展出独特的生存之道，官民殊途，当局的政策工具失灵。在马英九时期，民进党意图降低台湾对大陆的经济依赖，积极反对ECFA及服贸协议。蔡英文在其5·20就职演说中提出其替代策略，表示要积极参与多方及双方经济合作与自由贸易谈判，包括TPP、RCEP等，推动"新南向政策"，提升对外经济的格局与多元性，防止过于依赖单一（大陆）市场。

在2001年WTO多哈回合多边协议停滞不前情况下，区域贸易协定成为各国、各地区突破贸易壁垒的重要途径，近年来多国共建FTA的趋势逐渐形成，其中TPP与RCEP对以出口贸易为主的台湾经济有着极大的利益价值，而台湾在区域FTA的洽签方面远落后于竞争对手。台湾与主要竞争对手韩国的前五大出口市场高度重叠，分别为大陆（含香港）、东盟、美国、欧盟、日本，两者在出口产品方面也呈现高度竞争关系。韩国在2005年后即大力推动区域经济整合，与东盟、欧盟、美国、大陆的FTA分别于2007、2011、2012、2015年生效，近期中日韩FTA谈判也取得新进展，[20]韩国在主要出口市场均获得降税优惠，这严重侵蚀了台湾在出口市场的竞争力。有研究指出，中（大陆）韩FTA完成后会使台湾实质GDP减少0.5%、出口减少1.34%、产值减少0.93%，其中制造业中的塑化、电机与机械设备、纺织等高关税或与韩国替代性较高的产业在出口与生产部分受到排挤最为严重。台湾对大陆出口的非零关税项目约占对大陆出口的4成（2013年数值为624亿美元），其中有高达99.45%的产品属于台韩竞争产品，陆韩FTA或中日韩FTA比ECFA早生效，则台湾在大陆的87%的高关税产品项目（如光学、精密仪器、塑胶、机械设备及零件）受到全面冲击。[21]

大陆对台湾参与区域经济合作的立场非常明确，即"两岸可以适时务实探讨经济共同发展、区域经济合作进程相衔接的适当方式和可行途径"。大陆历来坚决反对建交国"同台湾发展任何形式的官方往来"，这意味着台湾要参加只有主权国家才能参与的国际或区域经济安排，必须与大陆沟通，必须与大陆有基础的政治互信。2008年之前，台湾仅与中美洲等"邦交"小国构建FTA，2008年后马英九当局坚持'九二共识'的"一中"原则，两岸经过多次协商，即于2010年6月签署ECFA，并在大陆许可情况下，台湾在2013年先后与新西兰、新加坡签署 FTA 并生效。

台湾内需市场不大，其他国家和地区与台湾签署 FTA 的诱因不足，[22] 而大陆在台湾主要出口地区比台湾有着不成比例的经贸影响力（见图 5），两岸经贸关系正常发展应该是台湾参与区域经济整合的起点，而非终点，民进党不应无视国际政治现实，忽视两岸区域整合的既有路径与成果。世界各主要国家基于大陆日渐强大的政经影响力及大陆开放市场的机会，均以大陆的意见为重要，必然包括考量作为大陆核心利益的"两岸一中"。何况，在现阶段台湾内部无法通过服贸协议的情况下，大陆会更有动机阻止其他国家与台湾签署自由贸易协定。[23]

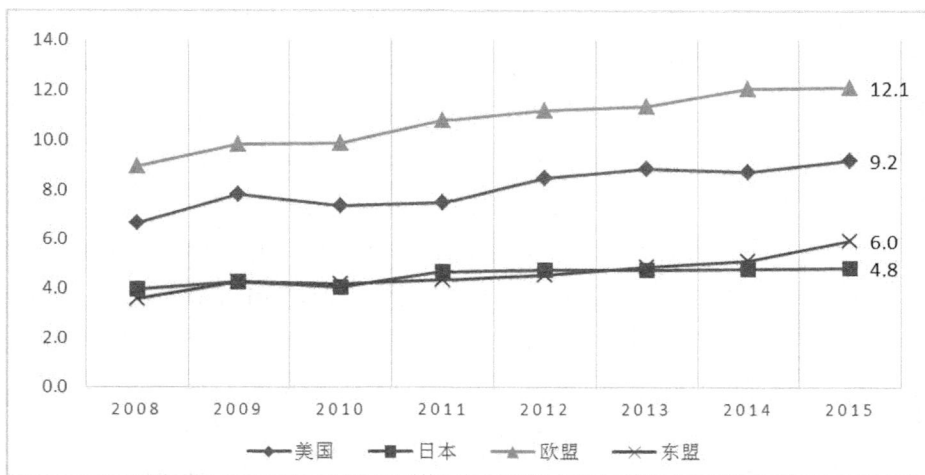

图 5　大陆与台湾在美、日、欧、东南亚贸易总额的比值（大陆 / 台湾）

资料来源：台湾"陆委会"，"两岸经济统计月报"。

四、结语

2008 年以来，两岸双方在"九二共识"的政治基础上，基本实现了两岸各项交流的正常化、制度化，两岸两会恢复制度性协商，并洽签 20 多项合作协议，在众多领域搭建了合作交流的制度化平台，两岸不论是在官方还是民间层级的交往均取得半个多世纪以来最好的局面，上至"习马会"实现两岸领导人历史性握手，下至两岸普通民众交流热络程度前所未有。但新执政的蔡英文当局拒不承认"九二共识"及其核心意涵的情况下，由于没有"九二共识"这一政治基础，两岸既有的制度化合作机制首当其冲地受到冲击，两岸政经两界无法有效推进下阶段的产业合作与协调，两岸经济合作的深层问题会进一步放大，两岸解决现阶段产业竞合等重要问题的基础受到严重削弱，台湾在产业转型升级、服务业市场拓展等领域遭遇包括大陆在内的制造业强国的竞争冲击。台湾无从发挥其临近大陆的地缘优势，且台湾参与区域性经济整合的难度将大大提高，台湾岛内经济会因两岸经济关系动能的减弱而遭遇更大的困境。

注释：

[1] 瞿宛文：《台湾经验：民主转型与经济发展》，载朱云汉等著，《台湾民主转型的经验与启示》，北京：社会科学文献出版社，第 8—9 页。

[2] 朱磊：《两岸经贸往来对台湾产业结构的影响——基于比较利益视角的分析》，《台湾研究》，2007 年第 4 期，第 1 页。

[3] 高长、蔡慧美：《海峡两岸投资与贸易关系研究》，载黄中天等编，《两岸关系与大陆政策》，台北：五南图书公司，1993 年版，第 344 页。

[4] 最开始的部分在台湾生产不具比较利益的台商第一波对外投资地是以东南亚为主，后 1987 年台湾开放赴大陆探亲，大陆廉价与充沛劳动力与土地、语言与文化等因素相较东南亚具有极大优势。

[5] 参见吴荣义，《台湾：中国经贸关系的回顾与展望》，2009 年 6 月，第 7—9 页，http://www.taiwanthinktank.org/page/chinese_attachment_1/2135/_.pdf.

[6] 由于部分台商赴大陆投资未向台湾"经济部投审会"申报，许多台商是透过第三地到大陆投资，因此"投审会"统计数值可能会存在偏低情况。

[7] 由于台湾对香港出口中大部分为经香港转口大陆，1991—1997 年台湾对大陆出口数据系"陆委会"综合估算值，1997 香港回归后数值为台湾出口大陆与出口香港的比例叠加。

[8] 小笠原欣幸，《面对中国的台湾：权力结构激变中的两岸关系》，（原）载《Waseda Asia Review》（早稻田亚洲评论），2014 年第 16 期，http://tufs.ac.jp/ts/personal/ogasawara/big5/wasedahowtaiwanfaceschina.pdf.

[9] 朱磊：《台湾产业结构演进及对两岸经济关系的影响》，《台湾研究》，2006 年第 4 期，第 25 页。

[10] 瞿宛文：《台湾后起者能借自创品牌升级吗？》，《台湾社会研究季刊》，2006 年（总）第 63 期，第 24 页。

[11] 徐秀琴、刘维新：《"代工"的困境：台湾产业转型的迷思》，2006 年台湾社会学年会会议论文，第 29 页。

[12] 有台湾学者指出，台湾电子产业厂商以扩充产能的方式竞争市场占有率，国际品牌大厂透过分散订单方式促进代工厂的价格竞争，代工厂为获得订单，会进一步扩大生产投资，进而形成闭锁（Lock-in effect）效应关系，代工产品向高阶移动，但对国外零组件与设备依赖加深，此造成代工价格竞争的微利化。参见陈信宏、刘孟俊：《产业发展模式与经济产出：检视"高科技高附加值"》，《科技发展政策导读》，SR9409 期，第 1—20 页。

[13] 陈博志：《台湾产业竞争力决定因素的变迁与展望》，http://www.coss.ntu.edu.tw/zh_tw/announce-ment/5/- 颐贤讲座 - 台湾竞争力决定因素的变迁与展望 -337618.

[14] 两岸产业竞争的典型案例是面板产业，两岸面板产业曾错过合作时机，随着大陆面板产业产能

的迅速扩张，台湾相关产业严重受损。两岸在新兴产业规划上有不少重合之处，相关对比可见张冠华，《两岸产业合作的回顾与展望》，载童振源编，《两岸经贸关系的机遇与挑战》，第147页。

[15] 见商务部长高虎城在APEC会议上发言，《两岸产业竞争加剧，台湾需求变化》，http://www.chinatimes.com/newspaper/20140523001121-260310.

[16] 中国社科院宏观经济运行与政策模拟实验室的预测结果显示，在2011～2015年、2016～2020年和2021～2030年三个时间段内，中国潜在增长率区间分别为7.8%～8.7%、5.7%～6.6%和5.4%～6.3%，增速递减的趋势甚为明显。参见李扬：《中国经济新常态与改革创新》，http://www.npc.gov.cn/npc/xinwen/2015-07/10/content_1941431.htm

[17] 有关台湾贫富差距与阶级政治的论述，可参见林宗弘：《台湾的后工业化：阶级结构的转型与社会不平等，1992—2007》，《台湾社会学刊》，2009年（总）第43期，第132—133页；林宗弘：《台湾阶级不平等扩大的原因与后果》，《台湾经济预测与政策》，2015年第2期，第45—68页；ZhenqingZheng,"Taiwan'sWealthGapandtheEvolutionofElectoral Politics Afterthe2008 Global Financial Crisis," Asian Survey,2013,Vol.53(5).pp.825—853.

[18] 台湾的全球竞争力排名由2012年的第12位下降至2015年的第15位，在商业运营的问题依分值排列前几位分别是政策不稳定性（17.3）、政府低效能（17.1）、创新不足（16.3）以及多重限制的劳动法规（10），参见《全球竞争力报告：2015—2016》，世界经济论坛。

[19] 蔡婷贻：《蔡英文面临经济大考》，《财经》，http://www.magazine.caijing.com.cn/20160125/406040.shtml；"TsaiIng-wen has a delicate balancing act, both at home and with China"，The Economist,2016.5.14,http://www.economist.com/news/asia/21698707.

[20] 中日韩自贸区谈判于2012年11月启动，至今已进行十轮谈判，中国大陆是日、韩的第一大贸易伙伴，日、韩分别是中国的第二、三大贸易伙伴。可参见中国新闻网，http://www.chinanews.com/cj/2016/07-07/7931241.shtml.

[21] 杨书菲、黄士真、高君逸：《韩国FTA对台湾出口之冲击》，载陈添枝等编，《由ECFA到TPP：台湾区域经济整合之路》，第234—245页。

[22] 习近平博鳌会见萧万长一行谈话，新华每日电讯，http://news.xinhuanet.com/mrdx/2013-04/09/c_132293472.htm.

[23] 台湾加入TPP困难重重，TPP是深度经贸自由化协议，除了需要得到大陆首肯外，还需要应对类似"美牛""美猪"之类的内部政治与社会争议阻力及其带来的国际信用伤害，并且因"太阳花学运"使台湾的贸易政治走入更难回转的胡同，增加了贸易谈判的障碍。

[24] 何思因，《台湾的贸易政治》，载载陈添枝等编，《由ECFA到TPP：台湾区域经济整合之路》，第276页。

两岸经济关系发展前景及影响因素

中国社会科学院台湾研究所　熊俊莉

一、引言

近年来，在两岸关系和平发展基础上，两岸经济交流与合作持续深化发展。但经济联系愈密切，内在的机制问题和矛盾就愈凸显，对政治、社会的影响也愈大，这是符合区域经济发展的客观规律的。当前在两岸关系新形势下，两岸经济关系发展呈现某些新特点，形成两岸学者讨论与研究的主要对象。主要议题例如：一是两岸经济关系发展是否进入"深水区"，在"先易后难"原则下推进的制度化过程如何在"难"的部分有所突破；二是 2008 年以来两岸经济合作取得明显历史性突破，但统计数字来看两岸经济相互依存关系并无明显提升，如何解释该现象；三是两岸经济联系越来越密切，但台湾对大陆出口依存度在到达 40% 后出现停滞甚至回调，两岸经济关联性是否到达"天花板"；四是台湾民众对两岸经济关系发展的满意度和支持度有所下降，主因是认为国民党、大财团、大企业等利益团体是主要受益者，但两岸经济与岛内基层民众之利益关联事实如何；五是 2016 年民进党执政后，其经济及两岸政策的变化，将怎样影响两岸经济关系发展等。

研究和讨论的基础，是要先弄清楚两岸经济关系发展的现状。由于历史的政治的因素，传统的两岸经济关系主要包括两个方面，即两岸贸易和台商投资，这两个指标既突出又易计算，在相当长的一段时间内还具有充分的代表性。现阶段这两个指标在两岸经济关系中的比重有所下降，但仍是最重要的指标，同时其内涵和形式都有新内容 [1]。以此来看，当前两岸经济关系发展确实面临相当大的挑战。一是贸易方面。两岸贸易特别是台湾对大陆出口由过去 10% 左右的高增长迅速下滑，近几年甚至出现负增长，两岸贸易相互依存关系停滞甚至下调。根据商务部统计，2014 年台湾对大陆出口金额下降了 2.8%，2015 年又下降了 5.5%。2015 年两岸贸易总额 1885.6 亿美元，也同比下降 4.9%[2]。二是投资方面。大陆是台商对外投资的最主要地区，但约 20 年持续增长的势头出现停滞。据商务部统计，2015 年大陆实际使用台资金额 15.4 亿美元，同比下降 23.8%。按实际使用外资统计，台资占大陆累计实际吸收境外投资总额的比重由 2010 年的 5% 下降至 2015 年的 3.8%。而根据台湾"投审会"的统计，核准台商对大陆投资额由 2010 年的 146.2 亿美元下降至 2015 年的 104 亿美元，占台对外投资总额的比重从 2010 年历史最高 83.8% 降至 2015 年 49.2%。

需要指出的是，随着两岸经贸关系的深化发展，贸易和投资总体规模发展已不能完全代表两岸经济关系，一些新的非显性的特征在两岸经济关系中生根发芽，虽然不容易计算、形式分散，并且所占权重尚轻，但其发展趋势对两岸关系和平发展有积极作用。令人担忧的是，这些在全球及两岸经济发展新常态背景下发展起来的、符合两岸经济共同繁荣与发展要求的新经济联系，可能受到岛内政治因素特别是 2016 年执政党更替后政策调整的严重冲击，这使我们对未来两岸经济关系的前景，以及台湾地区经济发展难以持乐观态度。

二、两岸经济关系的非显性特征

除了传统的贸易和投资关系，两岸经济关系在更广泛领域、以更分散的内容和更间接的方式在重构，其主要特点是"非显性""难量化"。2008 年以来的两岸经济在这些非显性联系上缓慢而持续发展着，有望对两岸长期经济社会融合产生深远影响。

（一）传统台商与大陆的深度联结

过去 20 多年来台商在大陆的投资规模不断扩大，但以代工为主、以欧美为最终市场的模式使台商与大陆的实质经济联系并不如统计数字所表现。近年来台商在大陆虽面临经营困难，投资有所缩减，但却在某些方面与大陆形成更深度的经济联结。

1. 对大陆由生产向市场的转型。近年大陆台商转型升级已略有成绩，大致可分为以下两种：一是产业间转移，由于所处行业的衰退，发展前景黯淡，企业不得不主动或者被动地放弃该行业并寻找新的增长点。台商中这种转型并不少见，主要是传统制造业领域，如塑胶、制鞋业。二是产业内转型，对于行业仍具发展潜力，只是企业竞争力（优势）下降的情况，多数台商选择的是产业内转型，包括销售市场转型、生产区域转移、经营管理转型等。其中，推动销售市场"外销转内销"已经小有成效。过去台资企业在大陆投资基本是100%外销，2005年以后一些较具前瞻性的台商逐步推动向内销的转型，例如深圳的艾美特（小家电）、久裕（自行车配件）等，部分厂商的产品近年来在大陆市场市占率上升很快，内销比重已提升至25%—50%左右[3]。

2. 与大陆企业合作由供应商扩展至品牌商。代工出口在大陆台商中的权重和地位有所下降，一些新的产业链、企业合作方式出现。特别是大陆一批本土科技品牌在巨大的内需及创新性的商业模式支持下迅速发展起来，对欧美产品产生一定的替代效应。两岸之间逐渐发展出"出口大陆—台湾接单—大陆生产"（两头在大陆）的新贸易与产业链模式，两岸企业间也形成更为紧密的供应链模式[4]。以通讯产业为例，大陆本土品牌手机华为、小米等已成为全球最大的手机品牌商，小米出货量由2011年的30万台增长至2015年超过7000万台[5]，对上中下游厂商的带动效应十分明显。小米的供应链体系，从提供零组件到组装都与台商建立密切的分工合作关系，大陆品牌厂商开始成为台商的订单来源厂商。这种模式将促成两岸产业的深度合作，其与欧美企业下单的最大区别在于，大陆企业虽然开始向台湾代工厂商下单采购，但台湾厂商仍具有设计和技术优势，与大陆企业合作中具有话语权。

表1　小米手机产业链的台湾供应商

厂商名称	供应链地位
鸿海	代工厂，组装
英业达（英华达）	代工厂，组装
友达	面板
联发科	手机芯片
介面、厓华、TPK宸鸿	触控面板
新钜科	手机镜头
光宝科	手机零件
华通、欣兴	PCB
正崴	连接器
联咏、敦泰	IC
昂宝	手机充电器的AC/DC芯片
天宇	手机电池
嘉联益、臻鼎、毅嘉	柔性电路板
中华电信、远传电信	渠道商

资料来源：根据新闻媒体资料整理。

（二）以旅游业为核心建立的多层面经济联系

旅游经济是近几年两岸经济联系中的新突破，它的特殊之处在于对两岸特别是台湾地区消费、投资、产业、民众收入及就业影响广泛，因而以旅游业为中心形成一种两岸全面的经济联系。

对即将在 2016 年执政的以"台独"为理念的民进党而言，旅游经济建立起的两岸经济联系是"甜蜜而可怕"的，因为旅游经济已成为台湾经济的重要支柱之一，而两岸旅游贡献非常巨大。这也是即使蔡英文强调与大陆贸易投资都应分散，但"陆客不会少"的重要原因。旅游经济联系涉及消费、投资、就业等诸多层面，因此台前"经建会"副主委叶万安估算，"若陆客暂停赴台一年，将会造成台湾 GDP 减少 3000 亿台币，增加 26 万失业人口"。

一是两岸旅游规模扩大，旅游业的关联性增大。大陆游客赴台游实施 7 年多来，由 2008 年的 32.9 万人次增长至 2015 年的 415 万人次 [6]，占台湾入境旅游总人次数比重同期由 8.6% 提升至 40%，比赴台旅游第 2 大规模的日本游客数量高 1 倍多。

二是成为拉动消费的重要动力。据台"交通部观光局"估算，大陆游客平均每人每日在台消费约 232 美元，2015 年预计为台湾创汇 2300 亿元新台币（约 70 亿美元），占台旅游外汇总收入比重约为 49%（2014 年）。而外汇收入与岛内民众旅游收入此涨彼消，由 2003 年的 3 : 7 转变为 2014 年 6 : 4。总体估算，大陆游客在台实际消费最高，大陆游客对台旅游业总收入的贡献高达 30%。

三是拉动投资，影响的产业面广。因对大陆赴台旅游快速扩张的预期，台湾许多行业都加大投资，包括服务业的住宿业、餐饮业、零售批发业、交通运输业以及制造业的（旅游）装备制造业、工艺品制造业、食品制造业等。以旅游住宿业为例，近几年台民宿家数、房间数年增长率接近 20%。

四是拉动中下阶层民众就业。台湾近年来失业率不断下降，以旅游业为代表的服务业吸纳就业明显增加。为满足大陆游客大幅增长所需，台导游人数由 2007 年的 9000 人左右增加至目前 30000 多人，其中九成是华语导游。旅游创造的就业主要在餐饮、住宿等服务业，对文化素质和年龄的门槛低，个体私营者、社会弱势群体等获得大量就业机会。

五是旅游经济比重大的区域经济联系最密切。相对于中北部工业和现代服务业发达，台南部和东部经济基础薄弱，其经济发展受大陆赴台旅游扩张的利好更加明显。据估计，影响最明显的地区为花莲、台东、屏东，其次是高雄、台南。

（三）大陆与台湾基层民众越来越紧密的经济联系

与岛内舆论宣称的"两岸经济合作使大财团获利，反而加大岛内贫富差距"不同，事实上近年来两岸经济关系发展的过程中，与台湾基层民众的利益联系越来越紧密，除了上述旅游经济外，与农民、中小企业、自由职业者等都建立了相应的经济联系，但这些利益关联不像出口、投资以及对台商的联系那样"显而易见"，因此往往被岛内民众忽视。

1. 与岛内农民及相关业者经济利益的联系

农业是台湾的弱势产业，台湾当局一直将保护农业、维护农民利益作为重要策略之一。但由于土地资源紧缺、农业成本较高等因素，台湾农业及农产品的国际竞争力并不高，这使台湾农产品出口不易，存在大额逆差。美国、巴西等是台湾农产品逆差的主要地区，而大陆则逐渐变成主要顺差来源地，为台湾平衡农产品贸易、保护农民利益做出了巨大贡献。近年来，大陆兴办两岸农业合作实验区、两岸农产品展会以及 ECFA 早收清单项目大陆对台农产品免税等举措，使两岸农业经济联系日益紧密。2013 年台湾对大陆出口农产品占对外出口市场比重达 18.1%，首次超过日本跃居首位。2015 年台湾对大陆农产品出口达 10 亿美元，约占出口市场的 20.5%[7]。

2. 与中小企业、自由职业者以及消费者的利益联系

近年来，服务业如餐饮、物流、航空、旅游、金融等产业方面的合作在两岸经济关系中的比重上升。2015 年台商投资大陆服务业金额达 44.1 亿美元，占对大陆投资总额的 40.2%[8]；大陆企业对台湾的投资中服务业也占 54%，其中批发零售业占 31%。服务业多为劳力密集型，包括批发零售、餐饮住宿、物流等在内许多服务业的投资和就业人员都集中在中小企业、自由职业者等基层民众，两岸服务业合作无疑已经使两岸基层民众的利益紧紧绑在一起。互联网平台在促进两岸基层民众利益共享上发挥了重要作用。以淘宝为例，其自 2010 年进入台湾市场，目前已成为台湾民众最受欢迎的网购平台。据淘宝网统计，截至 2013 年底台湾已经有 50 万注册会员，年交易额近 500 亿元新台币，相当于台湾 GDP（14 万亿）的 0.3%。每天大概有超过 1 万件淘宝包裹从大陆送到台湾同胞手中，有 1/4 的台湾网络卖家直接从淘宝网进货。2013 年淘宝"双 11"期间，总交易额突破 571 亿，台湾成交额排名第四[9]，仅次于香港地区、俄罗斯和美国。

(四)两岸关系和平发展大局与台湾经济稳定的关联性

区域间形成一定经济关联性,对政治稳定十分重要。比如,中美之间在政治体制、全球治理理念等方面都存在不少分歧,但由于经济相互依存关系不断提升,双方对贸易冲突所可能造成的损失都估计甚高,因此往往最终还是在政治、军事以及国际事务上达成妥协。反之,不稳定的政治局面将造成"双输"的贸易冲突和经济损失。直接的经济联系并不能简单用于计算可能造成的负面经济冲击。一方面,相较于正面的积极的因素,负面作用一般被明显放大;另一方面,直接经济联系都是反映当前情况,而负面因素将使未来相当时间内的消极看法和不作为都集中爆发出来,因此若用"已有"估算"损失",将造成明显低估。王磊[10]等人的研究认为,"政治稳定性"指标下滑的国家如科特迪瓦、老挝、津巴布韦、吉尔吉斯斯坦等,多数增长速度较低,并且在很多年份经历了负增长,政治稳定性被定义为"当权政府被非法或暴力手段所破坏或颠覆的感知可能性",如恐怖主义、战争冲突等。

由此可见,两岸关系稳定是台湾经济持续稳定发展的重要基础。台湾是外向型经济体,任何政治因素的波动都将对贸易、投资、旅游等方面形成影响。这些经济联系在政治局势稳定时期,民众未必会有很深的感受,但只要不稳定的因素出现造成的后果将是指数倍的。首先受影响的是投资,外资企业投资最重视政治的安定、政策的连续性、自由化程度,逐利和规避风险是他们的两大原则,因此任何政治上的风吹草动都会影响企业的投资意愿,投资也将间接作用于贸易、民众收入、消费、税收以及经济社会生活的各个层面。

三、两岸经济关系发展的影响因素变动

国际金融危机后全球经济及产业格局发生了重大调整,这些新常态是两岸经济关系深化发展的基础。但民进党上台执政后,两岸经济合作可能面临产业、区域、政策等多个层面的挑战,受益的台湾经济及刚刚萌芽的两岸利益关联链发展前景不乐观。

(一)产业发展新常态对两岸经济合作传统模式的挑战

当前两岸经济合作仍主要集中在实体经济,特别是制造业领域。自20世纪80年代末台商"西进"投资大陆以来,流水线生产、规模经济、代工出口就成为两岸经济合作的主要特征。但近年来,全球产业发展出现新常态,这对两岸经济合作传统模式提出诸多挑战。一是第三次工业革命[11]的推进，使劳动力、资本在经济活动中的作用下降，而强调创新贡献，这是以代工合作为主的两岸经济合作的薄弱环节。二是实体经济和虚拟经济正在迅速结合，服务与制造环节整合发展的趋势明显。两岸经济合作虽然服务领域逐年增长，如台商投资虽然近几年来服务业快速提升至四成，但金融业和房地产等是主体，为制造业加值服务的服务业，如技术服务业、支援服务业、资讯业等规模仍较小。2015年，金融业占台商投资大陆约25.4%，不动产投资约占2.9%。三是互联网技术、大数据、物联网等成为新的产业发展趋势。当前网络经济已成为全球经济新的增长点，Amazon 的股价从2009年的500亿左右翻倍至千亿，2015年谷歌母公司Alphabet 的股价涨幅接近50%，发展中国家和地区也是如此，2015年大陆地区网上零售额38773亿元，比上年增长33.3%[12]。与之相对应的是实体经济的疲软，全球油价大幅下跌至30美元左右，2015年31%的美国钢厂被迫闲置，美国钢铁价格降至九年低点。传统的制造业科技化形式是生产设备升级，以降低成本和提升生产效率来争取市场，但新型科技化的主要目标是提供定制化生产和服务，通过便利化平台扩大市场，更进一步则是创造消费需求。但两岸经济合作仍集中在传统的制造和服务领域，电子商务合作、大数据合作等受到两岸政治因素影响、经济关系非正常化以及资讯互换、金融安全等因素影响难以有效推进。

（二）区域发展新常态与台湾"降低对大陆经济依赖"的矛盾

国际金融危机后，全球经济格局发生了深刻变革。世界银行（WB）在2013年6月的"全球经济展望报告"就指出，"全球经济正迈入后危机时期的'新常态'"。从区域实力变化的角度看，一是大陆等发展中国家和地区的总体经济实力大幅提升。2014年中国大陆地区 GDP 总量超过日本成为仅次为美国的第二大经济体，2015年在全球经济不景气的背景下印度经济增长率全球最高达7.2%。随着经济发展，出现由制造业向服务业转型的需求，因此台商对大陆投资也顺应规律由制造领域向服务领域转移。十三五时期，大陆以服务业市场开放成为市场化改革的重头戏，但受政治因素影响两岸服务贸易协议受阻，相对于台湾的"保守"，韩国等台湾的竞争对手可能先于台湾进入大陆服务业市场。

二是欧美等发达国家消费需求萎缩，新兴发展中国家和地区在全球贸易和消费结构中的比重上升。据估计，未来5年中国消费仍将保持较快增长，预计年均增长8%—10%左右，消费总量大幅提升，预计将从2014年的32.8万亿元到 2020 年的 50 万亿元左右。大量的韩国商品涌入中国市场，包括食品、日用品、美容美发、餐饮、娱乐等，中国成为其重要海外市场。两岸经济合作以大陆为生产基地的模式发生变化，这形成台商积极经营内销市场的趋势。若台湾当局大陆经贸政策由积极开放转为排斥抗拒，对大陆台商能否持续转型至关重要。三是发展中国家和地区服务贸易迅速发展。旅游、运输和商业是服务贸易的主要内容。过去全球范围内旅游市场最发达的是欧美等经济实力强、民众富裕地区，但随着收入水平的提升，中国的旅游市场迅速扩大，境外旅游消费爆炸式成长。以旅游消费为例，2015 年中国游客在境外消费约 1.2 万亿元，据估算 2015 年中国消费者全球奢侈品消费达到 1168 亿美元，全年中国人买走全球 46% 的奢侈品。由此可见，两岸经济关系在旅游方面的发展是在全球趋势的一部分，若逆规律而变动对台湾经济是极为不利的。四是发展中国家和地区对外投资在国际投资中重要性上升，特别是中国已成为全球第二大对外投资国，2014 年中国对外直接投资 (OFDI) 超过 1000 亿美元，增长 14.1%，中国对外直接投资将超过吸引外资规模将成为常态。在全球对中国资本输出可能带来的生产与建设抱积极态度时，最需要提振投资的台湾却将其"拒之门外"。五是新兴发展中国家和地区在国际产业分工上的变化。从全球范围看，互联网、新能源、大数据、共享经济等有望成为各国或地区的新经济动力，在这些领域抢占话语权的主要途径是参与国际标准制定、参与游戏规则的制定、控制上游产业链、拥有核心技术知识产权、参与产业发展规则制定。目前，大陆在通信标准（4G、5G）、互联网标准上已经具有一定话语权，这些领域发展起来一批具国际竞争力的企业如华为、小米、淘宝等，正成为两岸经济合作的重要平台。若"降低对大陆经济依赖"，两岸新兴产业及企业间交流与合作也势必受影响，刚刚萌芽的两岸经济合作新动力难以持续发展。

（三）2016 年台湾当局经济政策变化将成为最主要制约因素

政治与政策因素是两岸经济关系发展最主要的制约因素。2016 年"大选"，民进党不仅赢得了选举，"立法委员"席次也由现在的 37 席提升至 68 席，即实现"完全执政"。这使民进党可能放开手脚，大胆推行"新政"。与 2000 年首次执政的民进党大为不同，由于两岸关系、岛内社会氛围的发展，民进党的大陆经贸政策可能在制约两岸经济关系发展方面出现前所未有的消极作用。

从即将上任的蔡英文对两岸经济合作的态度来看，总体是被动消极的。一是切割台湾经济与两岸关系。由于民进党不承认"九二共识"可能成为两岸经济合作的障碍，而两岸经济合作已成为台湾经济的重要动力之一，蔡英文为了日后推卸责任不断向民众灌输"台湾经济与两岸政策可分开"的观念。二是抹黑两岸经贸合作。蔡英文将岛内经济发展问题归咎于大陆并误导台湾民众，称"中国崛起并成为世界工厂，使台湾经济成长模式受到冲击，进而导致日益严重的贫富差距、工作机会外移及薪资成长停滞"。三是欲降低两岸经济相互关联性。蔡英文在美国多次提到"降低对单一市场的依赖，以增强台湾经济自主性"，虽未点名但明显指向大陆，未来蔡英文若执政即使不会主动收紧两岸经贸，但也必然会加快分散对大陆出口、鼓励台商"南向"投资东南亚等。

从当前蔡英文提出的经济政策上看，已经在逐步推出"亲美排中"的各项政策。一是提出新经济发展模式，以创新经济逐渐降低代工生产在经济中的比重，这将进一步削弱两岸在实体制造业领域的经济合作基础。二是提出"新南向政策"，将台商引向东南亚，转移台商对大陆市场经营。三是强调"高品质"旅游，对东盟免签，开拓大陆地区之外新的旅游市场，弱化受大陆旅游经济的影响。四是力图改变农产品依赖单一大陆市场局面，提出多管齐下、由政府协助打通国际通路，外销国际市场。新的民进党籍"立法院长"苏嘉全也呼吁农民不要担心大陆采购减少，强调将来要扩展日本、香港、新加坡市场，'利润比销大陆好，且民进党执政的13个县市会当农民的后盾"。此外，民进党不承认"九二共识"，不积极推进两岸协议监督条例和服务贸易协议的通过，也将对两岸经济关系的发展不利。

四、结论

综上所述，在全球及两岸经济新常态背景下，当前两岸经济关系发展中一些积极的更深层次的联系与合作关系出现苗头，但联结程度仍然很微弱，容易受政治政策等因素的干扰。2016年"大选"后的台湾政局，使两岸经济关系发展面临更多挑战。本文的主要结论如下：

第一，两岸经济传统的贸易投资关系出现弱化，但一些新的经济联系正在逐渐建立，如台商与大陆市场及企业间的深度联结，大陆经济与台湾基层民众的利益联系等。这些"非显性""难量化"的经济关系发展，有力地证明了两岸经济合作并不像民进党所宣称的"图利大财团"，但如何使台湾民众"有感"是两岸经济关系发展的难题。

第二，两岸经济关系发展特别是制度化合作需以"九二共识"为基础，若缺少这一政治基础，其后果并不像民进党所声称"最严重不过停摆两会、减少旅游"，而将真实影响包括农民、中小企业、自由职业者及消费者等在内的大量基层民众利益。再加上政治对经济负面影响具指数效应，其严重后果可能难以估算。但台湾民众对此是否"有感"，根本取决于大陆的总体对台工作战略，即是否将民进党上台与台民众理念支持等同来。

第三，2016 年后两岸经济关系的前景并不乐观，面临诸多方面挑战。一是传统的经济合作模式挑战增大，两岸在新兴的战略性产业方面合作基础薄弱；二是在全球经济格局发生变化、大陆经济全面崛起并在对外投资、内需消费、旅游、新兴产业发展等方面地位全面提升背景下，民进党执政后是否会顺应趋势对两岸经济关系发展持开放态度尤为关键；三是蔡英文的经济政策主张已经出现"亲美排中"倾向，各项具体举措均以"多元化"和降低对大陆经济依赖为目标，不利两岸经济关系进一步发展。

第四，民进党 2016 年"全面执政"，对两岸经济关系的影响是深远的。2000 年民进党第一次执政，主观上对两岸经济合作是"既爱又害怕"，同时客观上受到国民党在"立法院"的牵制。但 2016 年后，民进党对两岸经济合作将"害怕多于爱"，客观上在"立法院"也具全面抗拒和排斥大陆的主导权。但尽管蔡英文有计划、有策略地"去两岸经济化"，她也深知当前两岸经济紧密，短期内台湾难以摆脱大陆自行发展经济，因此希望暂时"接收两岸经济合作成果"，对台湾"经济独立"则是徐而图之。

注释：

[1] 熊俊莉：《现阶段两岸经济相互依存关系探析》，《台湾研究》，2015 年第 1 期。

[2] 商务部统计数据，http://www.mofcom.gov.cn。

[3] 实地调研和访谈所得。

[4] 熊俊莉：《2014 年两岸科技产业合作回顾与展望》，《海峡科技与产业》，2014 年 12 月。

[5] 新浪网：《2015 小米手机出货量 7000 万台 未达雷军 1 亿目标》，http://tech.sina.com.cn

[6] 台湾"交通部观光局"统计数据，http://www.motc.gov.tw。

[7] 台湾"农委会"统计数据，http://www.coa.gov.tw。

[8] 台湾"投审会"：《核准侨外投资、陆资来台投资、国外投资、对中国大陆投资统计速报》，2015 年 1 月 10 日。

[9] 根据淘宝统计，全球有 217 个订单成交的国家和地区。

[10] 王磊等：《经济发展与社会政治不稳定之间关系的实证研究》，《新华文摘》，2010 年 2 月。

[11] 第一次工业革命发生在 18 世纪末期，蒸汽机的发明和应用使机械生产代替了手工劳动，经济发展进入以工业和机械制造为特征的全新模式。英国引领并率先完成了第一次工业革命，成为

"世界工厂"，成为当时最富强的国家。第二次工业革命发生在 19 世纪末，电能的发现和应用使大批量的高效生产代替了单件流的低效生产，经济发展进入以机械化和自动化为特征的新模式。西欧、美国、日本等在第二次工业革命的科技创新中各有建树，这些国家的工业发展也得到了快速发展。第三次工业革命发生在当代，预计将以工业机器人代替流水线工人，经济发展进入以数字化和智能化为特征的新模式。

[12] 国家统计局：《2015 年国民经济运行稳中有进、稳中有好》，2016 年 1 月 19 日，http://www.stats.gov.cn。

两岸经贸关系转型方向与路径创新

——基于"一带一路"建设视角的分析

中国社会科学院台湾研究所　王　敏

一、问题的提出

2013 年 9 月及 10 月，国家主席习近平在访问哈萨克斯坦和印度尼西亚时，分别提出共建"丝绸之路经济带"和"21 世纪海上丝绸之路"（即"一带一路"）的倡议，此后亚洲基础设施投资银行（以下简称"亚投行"）等重要机制与平台陆续启动，标志着"一带一路"建设作为新时期中国大陆推动对外经济合作的重要战略举措，已步入全面落实阶段。2015 年 3 月 28 日，国家发改委、外交部、商务部联合发布了《推动共建丝绸之路经济带和 21 世纪海上丝绸之路的愿景和行动》（以下简称《愿景和行动[1]》)，从顶层设计的高度阐明了"一带一路"建设的时代背景、共建原则、框架思路、合作重点、合作机制等关键要素，擘画了"一带一路"建设的美好愿景和落实纲领。

作为台湾最大的贸易伙伴、出口市场、进口来源地及对外投资目的地，大陆自提出"一带一路"倡议之初就引发了台湾岛内工商界的高度关注，特别是大陆发起建立"亚洲基础设施投资银行"（以下简称"亚投行"）获得国际社会广泛支持以来，台湾当局态度日趋积极，并向大陆提出加入的申请。台湾产官学等各界人士多认为，"一带一路"建设作为大陆推动对外经济合作的重要平台，将创造巨大商机，台湾不能错过，必须通过参与的方式分享红利。众所周知，中国大陆对境外国家和地区参与"一带一路"建设始终抱持欢迎的态度，多次强调"一带一路"是开放、包容的发展规划，是"协作曲""交响乐"而非"独奏曲"[2]。《愿景和行动》也明确提出，"为台湾地区参与'一带一路'建设做出妥善安排"。国台办等大陆主管部门也在多个场合公开表示欢迎台湾以适当方式参与"亚投行"及"一带一路"建设。在备受海内外高度关注的两岸领导人首次会面上，马英九再次表达参与的意愿，习近平主席也给予积极的回应，公开表示"愿意首先与台湾同胞分享大陆发展的机遇，欢迎台湾同胞参与'一带一路'建设，也欢迎台湾以适当方式参与'亚投行'"[3]。由此可见，"一带一路"建设有望成为未来推动两岸经济合作乃至两岸关系深化发展的重要平台。

值得深思的是，虽然两岸对于台湾参与与否的大方向已达成高度共识，但对台湾如何参与、怎样参与等具体问题尚没有清晰的规划。尽管两岸学界对台湾参与"一带一路"的成果逐步增多，吴福成[4]（2015）、谭瑾瑜[5]（2015）、蔡宏明[6]（2015）等学者都认为台湾是"一带一路"建设不可或缺的重要支撑点，但对台湾的参与更多的是从对台湾经济利益的单方角度出发，对台湾的参与对两岸关系的意义以及参与方式等的研究也很少。本文认为，在当前两岸关系已发生大变局的背景下，在两岸关系发展过程中长期扮演"压舱石"角色的两岸经贸关系也正处于转型的"十字路口"，面临向上提升抑或向下沉沦的重要转折期，迫切需要构筑新的平台以注入新的动力。大陆主导的"一带一路"建设则有望成为两岸经贸关系迈向"升级版"的新路径，推动两岸经贸关系在发展理念、动力机制、合作方式等的创新升级。鉴于此，大陆应以"一带一路"建设为依托，确立两岸经贸关系转型方向，创新两岸经贸关系发展方式，为民进党执政后的两岸关系和平稳定扮演更积极的角色。

二、当前两岸经贸关系面临诸多瓶颈制约

自 20 世纪 70 年代末以来，在经济全球化与区域经济一体化潮流的深刻影响下，两岸经贸关系取得了长足的发展。历经 30 多年的发展，在全球及两岸政经形势发生深刻复杂变化的背景下，当前两岸经贸关系已步入转型升级的"十字路口"。

（一）两岸贸易与投资增速放缓，两岸经济依存度提升面临"天花板"

台商对大陆投资是过去 30 多年来两岸经贸关系发展的最主要动力。台商对大陆投资先后在 20 世纪 80 年代中后期、90 年代初及 21 世纪初两岸加入 WTO 等时期形成 3 波投资热潮，但近些年特别是 2005 年后，在大陆宏观经济环境变化等因素影响下，台商对大陆投资增速明显放缓，部分年份更连续下滑[7]。虽然根据台湾"投审会"统计，台商对大陆投资金额基本保持较平稳态势，但大陆在台湾对岛外投资的比重一度由最高的 70% 以上趋于下滑，部分年份比重不

足 5 成，但同期台湾对越南等东南亚国家和地区投资增速明显。从商务部统计看，大陆实际使用台资金额除 2008 年小幅增长 7% 外，2003—2009 年连续 6 年出现衰退，2010 年受两岸签订 ECFA 带动大幅增长 31.7% 外，2011—2014 年再次出现连续 5 年下滑。与此同时，由于过去台商对大陆投资是拉动两岸贸易的主要力量，台商对大陆投资增速放缓同时也造成两岸贸易增长日渐乏力。根据商务部统计，2000—2004 年，两岸贸易以年均近 30% 的速度快速增长，但2005 年后增速回落至 20% 以下。2011 年两岸贸易增速更下滑至 10% 以下，2012、2014 年增速分别只有 5.6% 和 0.6%。不少研究指出，这样的增速其实还包含了两岸间存在较大比重的套利等"虚假贸易"，若剔除这些水分，两岸实际贸易增速更低 [8]。台湾"国贸局"统计也显示，2000—2004 年，两岸贸易平均增速高达 25% 以上，但 2005 年后，两岸贸易平均增速明显放缓，2005—2012年平均增速不到 10%，特别是台湾对大陆出口增速明显下滑，2011 年后多为个位数的微幅增速，部分年份甚至出现负增长 [9]。

在两岸贸易与投资增速下滑的背景下，两岸经贸依存度也出现稳中略有下降的趋势。近年来台湾对大陆进口依存度有所增加，2003—2014 年由 10.1% 上升至 18.1%，自 2013 年起大陆（含香港）超过日本，成为台湾最大进口来源地，但台湾对大陆出口依存度却有所下滑，由 2009 年的 41.1% 滑至 2014 年的39.7%，而同期东盟的比重由 14.8% 升至 18.7%。自 2007 年后，大陆在台湾对外贸易的依存度始终在 29% 左右，在台湾出口版图中的份额也始终在 40% 左右（见图 1），这显示当前两岸经贸依存度特别是台湾对大陆经贸依存度似已面临"天花板"，若无新的动力注入，台湾对大陆经贸依存度可能将继续徘徊甚至出现下降势头。

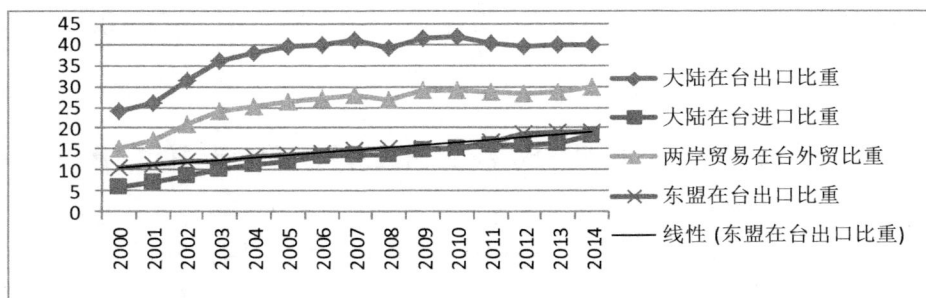

图 1　2000 年以来台湾对大陆经贸依存度变化

资料来源：作者根据台湾贸易统计年报绘制而成

（二）全球及两岸各自经济加快转型，既有的两岸经济合作方式面临挑战

两岸经贸关系是开放的经济体系，既是两岸各自经济系统互动演化的产物，也根植于全球经济和产业分工网络。过去两岸经贸关系得以快速发展，与两岸经济要素互补性强等因素密不可分，更与经济全球化与区域经济一体化潮流背景下世界经济体系深度调整的时代大背景息息相关。但近些年来，全球与两岸经济转型加快，使既有的两岸经济合作方式面临挑战：首先，两岸经济合作的最终市场欧美经济难以像过去那样快速扩张。两岸经贸关系作为以大陆为核心的东亚生产网络体系的重要组成部分，过去发展主要是台资利用大陆廉价劳动力、土地等生产要素加工出口欧美市场。虽然目前欧美占台湾对外出口市场的份额仅约 2 成左右，但若考虑到经大陆及东盟的间接出口，欧美占台湾对外出口的最终份额高达 6 成以上 [10]。当前，全球经济形势依然复杂多变，世界经济增长动力不足，其中发达国家经济分化态势明显，美国经济虽已迈上复苏轨道，但美国相继推动"出口倍增"等计划，竭力推动对外出口和贸易平衡，欧盟、日本等经济则继续陷入泥沼中。其次，在后国际金融危机的背景下，世界经济发生深刻变革，金融危机前以"美国搞金融、中国搞制造"为代表的世界产业分工格局步入重组期。欧美发达国家纷纷推动"先进制造伙伴（AMP）"、"工业 4.0"等计划以抢占未来高端制造业的制高点。过去两岸以电子信息等制造业为主体的产业合作结构面临更大挑战。再次，两岸各自经济也步入新一轮转型升级期，对两岸经贸关系产生深远影响。近年来台湾经济转型升级面临严峻挑战，陷入"闷经济"困境，台湾当局推出"生产力 4.0"的新战略。大陆经济也已步入"新常态"，经济增速放缓、产业结构加快升级以及推动实现包容性增长已将成为未来大陆经济发展的主要特征。大陆推出"中国制造 2025"等计划，客观上将加速提升大陆在全球产业链上的地位，但也造成两岸产业的竞争性趋于增强，给台湾产业造成不小的竞争压力。最近一段时期，"红色供应链"引发台湾岛内高度关注，对未来两岸经贸关系产生复杂影响。

（三）民进党上台后两岸制度性经济合作很可能将陷入停滞乃至倒退局面

自 2008 年两岸关系迈入和平发展的新时期后，两岸在坚持"九二共识"和反对"台独"的共同政治基础上重启会谈，先后举行 11 次会谈，签订 23 项协议，特别是两岸签订了具有重要里程碑意义的经济合作框架协议（ECFA），有

力推动了两岸经贸关系的正常化、制度化与机制化进程。当前，两岸关系正处于重要的十字路口，面临方向性的抉择：首先，民进党在 2016 年"大选"中大获全胜，不仅赢得地区领导人，同时也在台湾立法机构中占据主导地位。由于民进党顽固坚持"台独"、否认"九二共识"，民进党完全执政后，过去两岸建立在共同政治基础上的制度性经济合作很可能将停滞，两岸经贸合作也将面临倒退的巨大风险。其次，蔡英文在选前提出"经济发展新模式"的政见，宣称将降低对单一市场（暗指大陆）的依赖，推动"新南向政策"和加入跨太平洋伙伴关系协议（TPP），这显示蔡英文的经济合作路线充斥着强烈的"拒斥大陆、倒向美国"的色彩[11]。若这一政见在岛内实施，无疑将对两岸经贸关系产生严重冲击。再次，台湾民意对两岸经贸合作的态度也出现微妙复杂变化。过去深化两岸经贸合作始终获得岛内绝大多数民意的支持，但随着近年来台湾经济低迷、两岸经济竞争性增强及民进党的抹黑，当前两岸经贸合作却被污名化为"两岸政商集团""两岸买办获利"，导致两岸经贸关系面临着越来越大的民意挑战。

三、"一带一路"是两岸经贸关系突破发展瓶颈、迈向"升级版"的重要依托

面对深度变革中的两岸经贸关系，构建相应的制度平台注入活力显得尤为必要。当前大陆大力推动的"一带一路"建设有望为两岸经贸关系转型提供强大的动力，若两岸善用这一平台与机制，有望推动两岸经贸关系在发展理念、动力机制、合作模式等领域升级。

（一）发展理念升级：增量、协助、分享

2008 年以来，两岸经济合作虽然给台湾经济及民众带来了巨大的红利，但由于多种因素的制约，两岸经济红利未能公平分配至岛内各阶层，导致不少普通民众对两岸经济合作"无感"，少数民众在岛内绿营势力的蛊惑下更产生"两岸经济合作对其利益有害"的错误认知[12]。在此背景下，推动两岸经贸红利更公平分配对于未来两岸经贸关系健康长远发展无疑具有重要的现实意义。借助"一带一路"建设这一平台推动两岸经贸合作，将进一步丰富两岸经贸合作的理念，推动两岸经济合作协调持续发展。

首先，推动两岸经济发展方式由过去的以"存量"为主，即主要聚集于挖

掘两岸自身经济合作潜力的思维，向"增量"的思维方式转变，即两岸携手共同开拓"一带一路"沿线国家和地区市场。当前，两岸经济合作面临越来越大的阻力，继续沿用过去的"存量"的思维方式效果不彰，特别是若民进党2016年上台后，两岸既有的制度性经济合作方式无法推动。但若两岸经济合作的重心由过去的两岸逐渐转向第三地，即两岸通过加强产业合作，共同开拓第三地市场，不仅可以更大限度地实现资源优势互补，也可以在深化两岸经济合作前提下减少台湾岛内疑虑，增强两岸经济合作动力，推动两岸深化经济合作与携手共同开拓第三地市场的良性循环。

其次，推动两岸从过去的"单打独斗式"即"兄弟登山、各自努力"的第三地合作方式走向"母鸡带小鸡"，即大陆协助台湾，带领台湾走向国际市场。当前，在大陆以外的境外市场上，两岸企业间合作的广度和深度都不够，台湾不少企业在第三地市场经营时更愿意与美日等企业合作。如不少台湾企业选择与日本新干线合作进军东南亚市场抢占高铁订单，这客观上对大陆与日本的高铁竞争及两岸关系带来不利影响 [13]。当前中国大陆在"一带一路"建设沿线国家和地区推动建设许多工程项目，其中不少项目台湾企业均有相当大的比较优势，若两岸通过合作，发挥"CHAIWAN"（大陆加台湾）[14] 效应，无疑让两岸业者分享更大"蛋糕"，强化大陆对台湾企业发展的拉动效果，实现"两岸共同合作，共赚全球钱"的目标。

再次，推动两岸经济合作由"拒斥式"的思维向"共享式"的方向升级。"一带一路"建设是包容、共享的发展倡议，摒弃过去传统的"零和博弈"的冷战思维，强调兼容并蓄，互利共赢。过去受两岸政治互信不足的制约，大陆对台湾积极发展与其他国家和地区经济合作关系的抱持疑虑，担心台湾当局借机大做政治文章；台湾对自身经贸依赖大陆也高度忧虑，力图发展与其他经济体合作来分散所谓的经济与政治风险。这种拒斥式的经济思维不仅对两岸经贸关系发展产生不利影响，也在相当程度上损害两岸政治互信。台湾若积极参与大陆主导的"一带一路"建设，不仅能满足其对参与区域经济合作的愿望，同时也可与大陆分享商机，深化两岸经济合作，增进两岸政治互信，推动两岸经济合作思维迈向共享式。

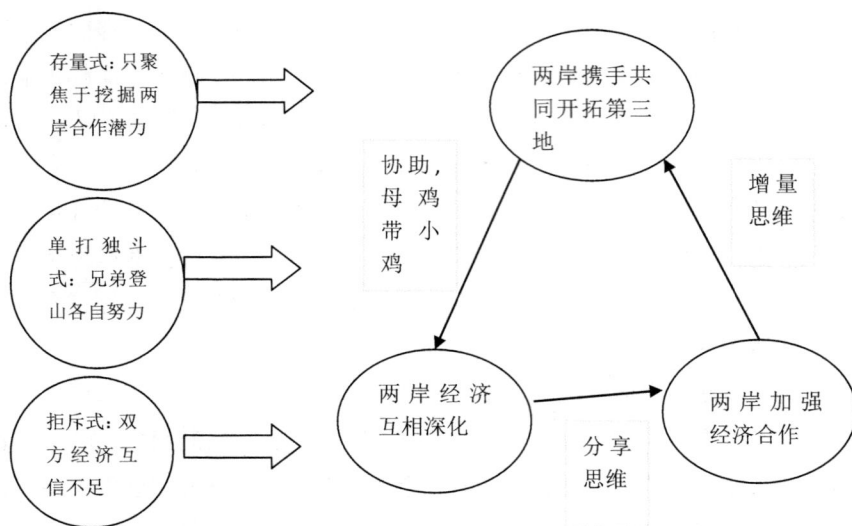

图2 "一带一路"促进两岸经贸关系发展理念升级

图片来源：作者根据设想绘制而成

（二）动力机制升级：由主要依赖欧美市场迈向更多元化的驱动机制

当前，虽然大陆已成为台湾最大的贸易伙伴、出口市场及进口来源地，但欧美市场仍是两岸经贸关系发展的最主要动力。大陆虽然在两岸经贸关系中扮演着越来越重要的角色，但与欧美相比仍存在不小的差距。2009年爆发的国际金融危机就是最典型的例证。2009年台湾对美国直接出口下滑23.5%，该年大陆在"4万亿"计划等刺激下，经济成功"保8"，然而当年台湾对大陆出口并未同步增长，相反大幅衰退16%[15]。这显示美国仍是台湾的最主要最终市场，美国经济下滑直接导致内需减弱，传导至两岸经贸关系，造成台湾对大陆出口大幅衰退。这种高度依赖于欧美的动力机制与过去欧美占主导的全球经济格局息息相关，有其存在的现实逻辑，但随着后国际金融危机时期世界经济的再平衡，这种高度依赖欧美市场的动力机制不仅难以为继，而且也具有较高的风险。"一带一路"建设有望为两岸经贸关系增加更多动力，促进两岸经贸合作的驱动机制更加多元化。

首先，"一带一路"沿线国家和地区多为新兴市场，将可为两岸经贸合作创造巨大经济红利。"一带一路"建设贯穿欧亚大陆，一头是活跃的东亚经济圈，另一头是发达的欧洲经济圈，中间广大腹地国家和地区经济发展潜力巨大。据初步统计，"一带一路"建设沿线65个国家和地区（"一带一路"是开放的，不限于这 65 个）多为发展中经济体，人口占全球的 63%，但经济总量只占全球的 29%，经济发展空间巨大[16]。这些经济体对发展对外经济合作意愿较强，在基础设施建设等领域资金需求很大。除东南亚、欧盟等地区外，"一带一路"沿线主要国家和地区不仅与大陆经济联系较少，与台湾的贸易、投资往来也很少，很多地区都是台商投资的"处女地"（见表 1）。若台湾通过参与亚投行及"一带一路"建设，可在大陆的协助下通过两岸合作的方式拓展这些地区商机，进一步密切台湾与这些地区经贸关系。

其次，提升大陆在两岸经贸关系发展中的"引擎"地位。过去两岸经贸关系之所以能快速发展，欧美经济扮演着十分重要的"火车头"角色。虽然大陆近年来在两岸经贸关系中的地位逐渐提升，但角色与作用还不能与欧美相提并论。"一带一路"建设不仅是大陆所实施的对外经济战略，也与大陆内部的长江经济带、京津冀协同发展、自贸区等区域发展战略充分对接，可谓内外联动、协调发展的规划。目前，大陆许多省市都明确提出以"一带一路"建设为依托，推动区域经济转型发展。台湾参与"一带一路"建设不仅可与大陆一起"走出去"，也能借此实现"走进去"，全面融入大陆区域发展战略与规划，增强大陆市场对两岸经贸关系的发展动力。

表 1　2014 年台湾与"一带一路"沿线主要国家地区的贸易暨投资概况

单位：亿美元，%

国家 / 地区	贸易额	占台湾外贸比重	台湾对其累计投资额	占台湾对海外投资（不含大陆）比重
东盟	936.4	15.9	241.43	26.8
南亚 5 国	85.75	1.46	2.39（印度，其他国家数据无）	0.3
波斯湾 8 国	441.77	7.51	/	/
中亚 5 国	1.4	0.02	/	/
南太平洋 7 国	133.82	2.3	35	3.9
欧 洲	509.4	8.7%	39.8	4 4

注：南亚包括印度、巴基斯坦、孟加拉、斯里兰卡、马尔代夫，波斯湾包括伊朗、伊拉克、科威特、阿曼、卡塔尔、沙特、阿联酋、巴林；中亚包括土库曼斯坦、哈萨克斯坦、乌兹别克斯坦、吉尔吉斯斯坦和阿富汗，南太平洋包括澳大利亚、新西兰、巴布亚新几内亚、斐济、汤加、萨摩亚、瓦努阿图
资料来源：台湾 2014 年对外经贸发展概况及投资统计年报

（三）合作方式的升级：多层次的合作体系的形成完善

自 20 世纪 70 年代末以来，两岸经济合作取得了令外界高度瞩目的成就，主要体现在市场与制度两大层面。在市场层面，两岸民间的经贸往来突破台湾岛内重重阻力，使两岸贸易、投资等领域的功能性合作达到前所未有的新高度。在制度层面，2008 年以后两岸在坚持"九二共识"、反对"台独"的共同政治基础上推动经济合作，签署了包括 ECFA 在内的 23 项协议，有力促进了两岸经贸关系制度化与机制化进程。台湾参与"一带一路"建设，有望进一步充实和完善目前两岸经济合作体系，并为未来岛内可能政治变局后深化两岸经济合作预留一定空间。

首先，丰富两岸"官官合作"层次与体系。2008 年以来，两岸"两会"重启会谈，同时根据 ECFA 规定，在"两会"框架下成立的两岸经济合作委员会也成为推动两岸经济合作的主要平台。台湾若参与"一带一路"建设，两岸可能在两岸经合会下成立专门的参与小组，推动台湾经济发展与大陆"一带一路"建设的对接合作，同时台湾若加入亚投行、丝路基金等相关机制，有望为两岸公权力部门更多的沟通交流搭建更多平台与机制。

其次，推动两岸"官民合作"与"民民合作"。"一带一路"建设以推动"五通"（政策沟通、设施联通、贸易畅通、资金融通、民心相通）为路径，重在促进大陆与境外地区的互联互通，合作主体不仅包括政府部门，也涵盖国企、民企等。若台湾深度参与"一带一路"建设，即使岛内发生政党轮替，两岸"官官合作"的管道被迫中断，两岸完全可以利用"一带一路"建设及相关机制培育新的合作方式，"官民合作"（大陆公权力机构与台湾民间的合作）、"民民合作"（两岸民间企业间合作）的新模式将不断涌现。这将为两岸经贸关系继续保持平稳发展、增进两岸民众福祉提供有效保障。

四、"一带一路"建设视阈下推动两岸经贸关系转型升级的路径选择

当前，在过去既有的两岸制度性经济合作平台很可能停摆等背景下，大陆应致力于利用好"一带一路"这一平台，稳步深化两岸经济合作，探索新路径，为两岸经贸关系转型升级及台湾同胞优先分享大陆改革红利创造更多条件。

（一）两岸应在公权力合作的基础上，将以"五通"为核心的两岸互联互通为未来两岸经贸关系"升级版"的标杆

"一带一路"建设作为大陆主导的对外经济合作战略，政府在其中扮演着十分重要的角色。台湾要真正参与"一带一路"建设，分享实质红利，两岸公权力部门的对接不可或缺。大陆明确提出，将以"五通"为核心推动"一带一路"建设，台湾若真正参与，应主动融入"一带一路"的总体规划[117]，特别是"21世纪海上丝绸之路"建设，这无论从地缘抑或是经济、文化等层面均具有很高的合理性。推动两岸"五通"建设，需要两岸公权力部门相向而行，加强沟通与协作。从"五通"的内容看（见表2），"五通"的标准与过去大陆所倡议的两岸"三通"不可同日而语。"三通"可谓两岸经贸关系的正常化水平，而"五通"可以说是两岸经贸关系制度化、机制化与自由化达到很高阶段的水平，应成为未来两岸经贸关系"升级版"的标杆。

表2 两岸"五通"建设主要内容

五通	政策沟通	短期内推动两岸产业政策、货币政策、贸易政策、对外经济政策等宏观经济政策协调；长期推动两岸经济发展总体规划的对接及共同经济治理机制的建立
	设施联通	促进两岸基础设施互联互通，加快京台及昆台高速建设，推动海峡隧道建设及两岸高铁等连接，加快两岸自来水、电力等基础设施对接，推进两岸港口、航空等资源整合与聚落的形成
	贸易畅通	推动两岸服务贸易协议的生效实施，适时签订两岸服贸协议补充协议，同时加快两岸货物贸易协议谈判，力争签订高水平协议，促进两岸人员、资金等无障碍流动及往来
	资金融通	推动两岸货币更便捷双向流通，利用人民币国际化的契机，推动台湾成为新的"人民币离岸中心"，长期则促进两岸货币融合，共推"中国元"或"中华元"等两岸统一货币符号的形成
	民心相通	推动两岸文化、社会等领域交流合作，共建"两岸命运共同体"，追求两岸同胞间心灵的契合

资料来源：作者根据构想绘制而成

（二）搭建多层次平台体系，为台商融入"一带一路"建设提供有力支撑

台湾参与"一带一路"建设需要两岸相关部门搭建相应的平台。鉴于岛内

可能发生政党轮替，大陆应从两岸关系大局出发，建立起为台湾民众谋福祉的相关机制与平台：一是两岸"两会"可在坚持"九二共识"、反对"台独"的共同政治基础上，在两岸经济合作委员会下设立两岸参与"一带一路"建设等小组，共商两岸合作方式与路径。二是若岛内发生政治变局，两岸既有的经济合作机制将很可能被迫中断，但大陆可单方面在相关的职能部门下设立小组，出台专门政策，欢迎台湾企业尤其是"三中一青"群体参与。三是大陆应善用自贸区等平台，特别是发挥好福建自贸区的优势。福建自贸区是新时期大陆倾力打造的首批自贸区，是"深化两岸经济合作的示范区和建设21世纪海上丝绸之路的核心区"。大陆应利用好福建自贸区，发挥好其作为制度创新试验田的作用，鼓励台商利用福建自贸区这一"跳板"参与"一带一路"建设。此外，"一带一路"沿线国家和地区基本均为中华人民共和国的建交国，我们的驻外使馆、贸促会等机构可专门建立相应的平台与机制，为台商在当地投资或两岸合作共同投资提供政策支持、涉外保护等"公共产品"。

（三）采取试点方式，加强两岸在境外基础设施建设、工业园区等领域合作

目前，大陆为推动"一带一路"建设，已明确提出将推进中蒙俄、新亚欧大陆桥、中国—中亚—西亚、中国—中南半岛、中巴（基斯坦）、孟中印（度）缅（甸）等6大经济合作走廊建设[18]。笔者认为，两岸可从发挥各自比较优势的角度出发，选择部分经济走廊，以试点方式推动两岸合作。在这6大经济走廊中，可率先推动两岸在中国—中南半岛及孟中印缅等两大经济走廊合作，主要原因在于东南亚及南亚地区与两岸地缘关系都较为密切，近年来经济发展较为迅速，且是台商极力拓展的新兴地区之一。两岸可率先在高铁、核电、能源等领域加强合作，如发挥台湾在高铁等工程服务、管理等方面的优势，推动两岸以投资联合体等形式联手争夺高铁订单，同时在大陆目前主导建设的境外工业园区中充分吸收部分有管理等优势的台企参与，特别是可吸收过去台商在东南亚部分国家和地区建设的工业园区营运和管理的经验，推动两岸在境外工业园区建设、管理等领域的交流合作，推动两岸在境外地区携手合作，共同开拓境外市场。

（四）积极应对两岸共同参与"一带一路"衍生的相关风险

毋庸讳言，大陆推动"一带一路"建设也面临着诸多的风险，这些风险既

有经济层面的，也涵盖地缘政治、民族、宗教文化等领域。对两岸共同参与"一带一路"建设而言，也存在更多的不确定性。首先，从经济层面看，台湾中小企业实力较强，在海外市场也很活跃，但若参与"一带一路"建设中的工程建造等基础设施建设又存在"先天性不足"，参与的能力不够、风险很高。其次，从政治风险看，民进党上台后，两岸关系很可能陷入"冷和平"的局面，马英九当局虽然提出加入亚投行的申请，但民进党上台后很可能出于"捍卫主权"等考虑放弃参加，这将极大增加台湾岛内业者参与"一带一路"的风险。此外，两岸在民进党上台后可能缺乏类似两岸经济合作委员会等的机制，两岸在参与"一带一路"建设等将也缺少沟通、对接的平台。如何规避这些风险、极大化参与"一带一路"建设的利益将成为考验两岸中国人智慧的重要课题。

注释：

[1] 商务部网站，推动共建丝绸之路经济带和21世纪海上丝绸之路的愿景和行动，http://www.mofcom.gov.cn/article/i/jyjl/l/201504/20150400933572.shtml，查询时间：2015年12月12日。

[2] 详见外交部部长王毅在国新办发布会上的讲话，《王毅："一带一路"不是中方"独奏曲"而是各国"交响乐"》，http://www.scio.gov.cn/ztk/wh/slxy/31200/document/1396107/1396107.htm，查询时间：2015年12月15日。

[3] 习近平同马英九会面，《人民日报》2015年11月8日，第1版。

[4] 吴福成：《细说"一带一路"》，台湾《产业》2015年第5期，《"一带一路"战略政策对台湾企业的机会与挑战》，详见台湾经济研究院网站，http://www.tier.org.tw。

[5] 谭瑾瑜：《一带一路与亚投行战略下台湾因应之道》，台湾"国家政策研究基金会"，http://www.npf.org.tw/3/15173。

[6] 蔡宏明：《台湾应耐心期待"一带一路"商机》，（香港）中国评论新闻，http://www.zhgpl.com。

[7] 商务部台港澳司：《大陆与台湾贸易、投资情况》，详见商务部台港澳司网站，http://tga.mofcom.gov.cn。

[8] 王敏：《2014年两岸经贸关系克难前行》，华广网，评论版块，www.cbcnet.com。

[9] 台湾"国贸局"：《2014年对外贸易发展概况》，www.trade.gov.tw。

[10] 王敏：《两岸服务业合作与两岸经贸关系转型升级》，《现代台湾研究》2014年第2期。

[11] 王敏：《蔡英文"经济发展新模式"将加剧台湾经济发展困境》，（香港）中国评论新闻，http://www.zhgpl.com。

[12] 王敏：《2014年两岸经贸关系回顾与展望》，《现代台湾研究》2015年第1期，第17頁。

[13] 《马英九抛新构想：台日合作高铁输出亚洲》，（香港）中国评论新闻，http://www.zhgpl.com.2015年09月30日。

[14] "Chaiwan"效应是两岸（大陆China和台湾Taiwan）英文的合称，最早由韩国媒体发明，意指两岸合作发挥巨大效应，给韩国产业造成很大压力。

[15] 台湾"国贸局"2010年对外贸易发展概况，台湾"国贸局"，www.trade.gov.tw，查询时间：

2015 年 12 月 1 日。

[16] 王义桅:《"一带一路"为何如此受欢迎?》:《人民日报》(海外版),2015 年 12 月 8 日,第 1 版。

[17] 王敏:《台湾参与 21 世纪海上丝绸之路的战略构想与可行路径》,《亚太经济》,2015 年第 1 期。

[18] 中华人民共和国中央政府网站,我国将推进"一带一路"六大经济合作走廊建设,http://www.gov.cn/xinwen/2015-09/23/content_2937361.htm,查询时间:2015 年 12 月 12 日。

"一带一路"建设背景下的两岸海外文化合作空间研究

中共浙江省委党校两岸文化研究中心　李　涛　王　宁

　　2015 年 3 月 28 日，国家发展改革委、外交部、商务部经国务院受权，联合发布了《推动共建丝绸之路经济带和 21 世纪海上丝绸之路的愿景与行动》。这份愿景与行动在阐述中国各地方开放态势中专门提到："为台湾地区参与'一带一路'建设作出妥善安排。"非常明显，大陆正在推行的"一带一路"战略，已将两岸经济关系、台湾经济发展考虑和纳入其中，将给台湾经济带来更多利好，将为两岸经济合作搭建新平台、注入新活力。而台湾参与'一带一路'建设，也具有不少现实的有利条件。早在 2014 年习近平总书记在其发表的"共圆中华民族伟大复兴的中国梦"讲话中，就真诚指出，我们愿意'首先同台湾同胞分享大陆发展的机遇"，"历史不能选择，但现在可以把握，未来可以开创"，"两岸同胞要携手同心，共圆中华民族伟大复兴的中国梦"，"中国梦是两岸共同的梦，需要大家一起来圆梦，'一带一路'是振兴中华，造福人类的宏伟事业"。总书记以"两岸一家亲""两岸命运共同体"新理念，把两岸同胞的命运紧紧联系起来，为"一带一路"战略下两岸经济合作指明了方向。

一、"一带一路"开辟两岸关系发展新空间

（一）"一带一路"战略对两岸关系发展的重要意义

　　"一带一路"战略对大陆西部的发展与稳定，对大陆毗邻地区的发展，对大陆坚持改革开放，继续融入全球化，有着重大的经济与战略价值。大陆始终积极推动两岸经济合作，让台湾同胞首先分享大陆的发展机遇，与台湾同胞共享大陆改革开放的成果。特别是中共"十八大"以来，大陆领导人一再表达了

这个意愿。2015年5月，中共中央总书记习近平在会见国民党主席朱立伦时，对朱立伦主席表示的台湾希望参加即将正式成立的亚投行的愿望，表示欢迎。可见，"一带一路"战略对两岸关系的发展也具有重要意义，台湾的参与，有利于两岸关系的和平发展，可产生共同的经济利益，也有利于两岸政治关系的松动。

在大陆这个全球化战略里面，台湾无法置身度外，因为两岸经贸关系的发展，长期以来就是全球经贸体系里的重要一环，否则台湾就会自外于国际经济体系，逐渐被国际经济社会边缘化。作为世界第二大经济体，中国大陆是亚太区域经济的领头羊；作为祖国，大陆一直张开善意温暖的怀抱，面向海峡对岸的台湾人民。不论在情还是在理，台湾经济的发展无法回避祖国大陆。关键是台湾要修改保守的两岸经贸合作制度，做出较大幅度的自由化安排，才能应对形势挑战。

虽然大陆与台湾处于"尚未统一状态"，岛内政治生态仍然复杂，但《愿景与行动》的涉台部分充分体现了"两岸一家亲"理念，表明大陆推进两岸关系和平发展进程的积极愿望，也愿意采取让台湾经济"共同受益"的实际举措。当然，它也是对两岸经济关系水平和双方经济合作需求的客观反映。自2010年签订ECFA协议以来，两岸经贸关系已经实现正常化和制度化，两岸经贸额接近2000亿美元的重要门槛，在某种程度上出现了相互依存的结构性关系。换言之，台湾经济与大陆经济已经成为一个不可分割的整体，两岸经济合作亦非人为因素和政治异数所能倒转。尽管大陆对台"经济让利"政策会有收缩式调整，但大陆对台的善意和两岸依存的现实，恰恰是台湾参与"一带一路"建设所必备的条件，台湾搭便车的条件更加充分。

（二）台湾参与"一带一路"战略建设的比较优势

海上丝绸之路是古代中国与海外交通贸易和文化交往的海上通道，发起于福建泉州，其中作为中国第一大海岛的台湾位处其起始的要冲地带，台湾海峡则是海上丝绸之路必经通道，发挥过巨大作用。从这个意义上讲，台湾属于海上丝绸之路的重要部分，天然具有海上丝绸之路基因。加之，台湾经济具有外向型的显著特征，也与大陆经济密不可分，在"一带一路"建设的推进中，其海上丝绸之路基因将被激活，且其兼顾海陆的地位更有推助之势。台湾参与"一带一路"计划的关键是如何发挥比较优势。台湾的优势至少在两个方面特别突出：

一方面,现代服务业比较优势。台湾的现代服务业优秀品牌有3000多家,在大陆目前仅有150家左右。台湾金融服务业比较成熟,大陆正在推动的亚投行、丝路基金和金砖国家发展银行的建设都需要进行金融服务布局,台湾可以利用其在金融体系、金融分工、金融产品、金融基础设施、金融人才培养体系方面的优势与大陆开展金融合作。现在香港正在积极研究加入亚投行,台湾也应该加入。

另一方面,国际产业转移经验。随着"一带一路"建设的推进,必然会有更多大陆优质产能"走出去"。台湾企业有丰富的海外投资经验和产业转移经验,熟悉国际法律、惯例,在发展中国家地区享有良好声誉。大陆企业在"走出去"的过程中可以与台湾企业合作,联合投资,学习台湾企业处理国际业务的经验,而台湾企业也可以抓住"一带一路"的机遇,深化在全球的产业布局,提高在全球产业链上的优势。

(三)台湾在"一带一路"战略中的作用和主要利益体现

对于台湾参加"一带一路"建设和加入亚投行问题,本着"两岸一家亲"理念,大陆完全持欢迎态度,并将对其做出妥善安排,这在《愿景与行动》文件中已有专门表述。但是,鉴于2014年"反服贸运动"的前例,大陆并不准备采取以往"经济让利"政策那样"剃头挑子一头热"的做法,而是既大度又客观地由台湾自己选择。特别是2016年1月台湾"大选"后,民进党主席蔡英文以压倒性胜利当选新一任台湾地区领导人,台湾地区的政局发生重大变化,两岸关系前景也变得更加复杂。因此,台湾是否加入和如何加入,靠的是"一带一路"和亚投行本身的吸引力。对于台湾加入方式、身份,国台办曾表示,亚投行是国际多边开发机构,是开放、包容的,欢迎台湾方面以适当名义参与。我们也注意到台湾方面就其参与的方式、名义等问题发表了看法。我们愿意继续听取各方面意见,以妥善解决台湾方面参与亚投行问题。相信有关各方在今后协商制定章程时,会正面考虑台湾参与亚投行问题,通过务实协商,为台湾方面以适当名义参与亚投行找到办法。

从台湾角度看,参与"一带一路"的利益主要体现在以下方面。中国古代丝绸之路是连接亚欧大陆东西南北的商贸道路,是不同国家、不同民族、不同宗教之间和平交往之路。台湾也是这一遗产的继承者,两岸应共同弘扬古代丝路精神。今天,两岸共建现代丝绸之路,从大陆看,一项重大战略考虑是促进西部地区的开放格局,进一步连接西亚、中亚、南亚;从台湾看,建设现代丝绸之路要形成多形式的互联互通网络，这一进程中的很多基础设施项目，除联通欧洲、中东及中亚的铁路、公路和航运线等项目外，还涉及信息、物流、互联网等许多台湾拥有优势的领域。又如，在地缘上，"一带一路"战略将在中国大陆和欧洲以及中亚地区之间，通过"沿路"上"合作科技园区"等项目的带动，在经济领域创造更多的共同利益。台湾资本可以凭借早期进入大陆所形成的在西部地区的开发优势，在"一带一路"推进的过程中，扩大投资，或者与大陆企业合作，进行科研和技术转化。海上方面，台湾有早年"南下政策"的经验，台商在东南亚耕耘多年，台湾资本至今仍然是影响东南亚经济的重要力量，在"一带一路"战略中具有广阔的空间，可发挥作用。

台湾虽未能成为亚投行的创始成员，但仍应积极争取成为亚投行的普通会员。在亚投行和"一带一路"上，两岸有互利合作的空间和可能；台湾有尊严、建设性和有意义的参与，甚至将"一带一路"拓展成"一带一路一岸"，对两岸关系的发展和进一步落实总书记"两岸一家亲"的理念，都有积极、重要的意义。未来在两岸的经济合作架构之下，台湾如何参与"一带一路"的建设，两岸应加强对话，寻求共识。

二、两岸共享"一带一路"机遇必须文化先行

（一）文化交流是"一带一路"不同文明交互发展的迫切要求。2014年11月，在加强互联互通伙伴关系对话会上，习近平主席发表题为《联通引领发展伙伴聚焦合作》的重要讲话，讲话中重点强调"以人文交流为纽带，加强一带一路务实合作，深化亚洲国家互联互通伙伴关系，共建发展和命运共同体。"由此可见，"一带一路"的战略构想必然无法脱离文化的根基，古丝绸之路不仅是一条商业发展之路，更是一条文化交流之路，更是一条文明对话之路，例如中国古代的科学发明以及文化艺术在经由丝绸之路传递到世界之后，对于西方的现代科学发展起到了重要的推动作用，而西方的先进文明传入我国之后也激发了我国社会的无限活力。"任何两个民族的文化之间都存在'同质性'或'异质性'的关系，不同的民族在文化价值观念、风俗习惯、语言文字和宗教信仰等方面存在的差异性即为'异质性'，相反则存在'同质性'。"

"一带一路"战略是倡导开放、包容、平等、互利的合作新理念，推动世界和平发展的客观需要。在这其中，文化交流机制的构建能够将不同民族文化的'异质性'转化为民族特色，将'同质性'进一步升华和优化，更能用开放、包

容的文化交流心态让形态不同、风格各异的文明成果能够通过"一带一路"这一发展平台得到继承和弘扬，使沿线各国的文化底蕴得到丰实和补充，使其拥有吸收、融汇外来文化的机会，从而促进不同文明的交互发展，为"一带一路"的政治与经济发展提供良好的条件。

"一带一路"沿线各国均有着自身的文化与智力优势，中亚地区在精密机械制造、航空航天技术等方面资源丰富，更在宗教文化、音乐、绘画等方面有着极高的造诣。然而，由于国家发展受限、市场需求以及产业结构等多方面的原因，这些先进的文化与科技成果并没有在广阔国际社会中发挥出充分的作用，世界各国还没有发现这些国家的巨大潜力。

（二）"一带一路"的战略实施要靠文化带路和文化搭台。"一带一路"计划是一个双向战略，不仅是一个向海外输出商品、资金、技术、服务标准、管理经验，甚至发展模式的过程，同时也是一个继续向海外学习、吸收、提升自我的过程。"丝绸之路"实际上代表了一种海纳百川、对外开放、相互借鉴、互通有无、相互促进、共同发展的精神和文化。国与国之间的交往从本质上而言即是人民与人民的交往，是社会与社会的交融，"一带一路"的发展涉及沿线的数十个国家，关系到友好邻邦千千万万群众的切身利益。"一带一路"能否顺利实现在很大程度上要依赖各国人民的信任与支持。文化是增进国际情感、联通各国人民的心灵之窗，正如音乐跨越语言的情感传递、正如舞蹈的肢体表达，文化的交流能够突破语言的障碍，使各国人民因为文化的交融而亲密无间、诚信友爱，这是"一带一路"得以成功的民意保障。只有如此才可使"一带一路"沿线国家的高层交往更加密切，民间文化交流更加频繁融洽，合作内容更加丰富多彩，群众情感更加紧密无间，从而夯实"一带一路"沿线国家合作的民心基础。

现在"一带一路"上的国家面临着大的经济形势——经济转型升级的迫切需要也成为中国文创进入其他国家非常重要的机会。包括像俄罗斯、哈萨克斯坦等国家，因为国际能源和原材价格的下滑，所以他们也要进行经济发展方式的转变。哈萨克斯坦宣布光明大道的新经济计划，明确提出文化领域的优先发展方向，推动本国文化产品服务市场的发展。这些机会机遇都是可以抓住，利用的。

"一带一路"要热起来，要让各国去接受，主要就靠文化的力量，用传播的力量去消除各个地区的文化鸿沟，让大家达到心灵的交通、理念的认同。而文化的交流在当代不可能简单的是事业型政府包办就行了，更多是带有产业型的文化交流形态，在当代文化交流最直接、最彻底、最广泛的方式还是文化消费、文化贸易、文化创意产业，我们通俗地来说就是一种市场化的方式进行文化交流。所以在某种意义上，"一带一路"的战略实施还得靠文化来带路，文化来搭台，过去叫文化搭台、经济唱戏，这样一个大理念在文化发展中也有其积极的意义。所以文化带路、文化搭台、文化搭车，这是"一带一路"中要考虑的重要思路。

（三）两岸需要经贸合作的"硬"支撑，更需要文化合作"软"助力。第一，两岸关系发展步入更宽领域、更深层次的合作发展格局离不开文化融入。在两岸社会关系上，文化交流早于经济交流，虽然自 1949 年之后两岸沿循不同的政治与经济轨迹而形成不同的社会发展面貌，但两岸植根于同一个文化母体则是无法抹除的历史和现实，中华民族的文化遗产、文化精神超越了政治分歧与经济差异仍然在今天深刻地作用于两岸社会的发展。自 20 世纪 80 年代以来两岸民间积极推动文化往来，至今已经积累了 30 多年的成熟经验和亲密关系，事实证明两岸文化交流的热络在推动两岸民众情感沟通、建立中华文化认同中发挥了深刻的作用，文化交流合作已成为两岸推动产业升级、优化经济结构和追求社会发展转型的重要着力点。大陆经济社会近 30 年来的快速发展所积累的作用力正在全面爆发，台湾经济通过与大陆的深度合作从而实现区域一体化发展，才能在 21 世纪新一轮的全球垄断与竞争中抢占先机。当前，中国提出基于"共商、共建、共享"的"一带一路"战略背景下，两岸关系发展步入更宽领域、更深层次的合作发展格局离不开文化融入。

第二，中华文化走出去需充分利用两岸文化产业互补性的关系格局。文化是一个国家核心竞争力的重要组成部分，在综合国力竞争中的地位和作用日益突出。我们要发挥文化潜移默化的影响作用，做好与"一带一路"沿线国家的文化交流与合作，讲好中国故事，传播好中国声音，把"中国梦"同周边各国人民过上美好生活的愿望、同地区发展的前景对接起来，促进中华文化走出去，提升中国的国际话语权和影响力。中华民族是一个历史悠久，具有灿烂文明的民族。台湾文化是中华文化不可或缺的一部分。台湾保留了完整而丰富的中华文化传统，从人文精神到生活美学，它融合古老的涵养与现代的创新，有非常多值得大陆借鉴的地方。而大陆独特的社会人文环境，新兴的文化艺术市场，也是值得台湾去开拓的新天地。2014 年 2 月 18 日，习近平总书记在会见国民党荣誉主席连战一行时指出："两岸同胞一家亲，谁也不能割断我们的血脉。""由于历史和现实的原因，两岸关系存在的很多问题一时不易解决，这也不要紧,我们共同努力解决,但不应让它们影响两岸同胞发展关系、合作交流。同时,两岸同胞是一家人,有着共同的血脉、共同的文化、共同的联结、共同的愿景,这是推动我们相互理解、携手同心、一起前进的重要力量。"

第三,中华文化在全球化时代话语权的提升有赖于两岸文化"共同体"的建立。在今天,随着欧美文化霸权的推进,复兴中华文化成为所有炎黄儿女的共同心愿,中华文化被视作两岸最大的社会"公约数",建立两岸文化"共同体"的观念在海峡两岸逐渐形成深刻共识,这无疑为两岸推动'一带一路'战略奠定坚实的基础。台湾地区应该看到大陆地区在文化发展方面的开放胸怀与庞大的文化合作国际网络,而且,台湾应深切地意识到,中华文化的整体复兴与繁荣将不仅关系到大陆的未来,而且特别关系到台湾地区的未来,台湾地区的文化发展在世界上的声誉很大程度上是依托于中华文化这一母体的。在文化全球化愈演愈烈的今天,台湾有责任与大陆一同推动中华文化在全球化时代话语权的提升——只有共担责任,共同促进,才能共同发展,共享荣光。

三、两岸海外文化合作推进"一带一路"战略的对策

从以上的分析与研究过程我们可以看出,总体有两个基本战略共识:第一,文化及其产业是"一带一路"建设格局中的重要突破口与抓手,其战略意义不低于基础设施在互联互通中的战略地位与作用;第二,文化资源是"一带一路"战略发展中极为宝贵的战略资源,只有两岸共同对丰富多元的中华文化资源进行系统的挖掘与整合,并使之能够有效地流动并充满活力,才能有效地激发不同文化力量参与文化产业发展战略的积极性,真正实现民族文化资源融合发展。

在"一带一路"战略的实施进程中,中国文化及其产业走向海外,落实到市场层面时才能真正发挥作用,其基础不是文化走出去,而是文化企业走出去,只不过产品是文化。面对新的世界经济科技竞争格局,两岸整合共同的资源,优化产业布局,以合作创新、共建标准、共打品牌等方式,共同开拓海外文化市场,提升两岸文化产业在国际分工中的地位和优势。而在这个过程中,除了大陆企业和台湾企业要以互利共赢的方式继续深化两岸合作,我们还要认识到,遍布世界各地的华商是一支可以依靠的重要力量,他们的参与非常重要,绝对不可缺席。华商与"一带一路"沿线国家当地经济联系密切,对于当地经济发展更有把握,有助于两岸在"一带一路"建设中融入当地经济并抢占先机提供机遇。总体而言,就是要形成陆商、台商和华商三支企业走出海外,形成共同

开拓海外文化市场的新格局。具体而言，要在以下几个方面有所新突破：

（一）加强文化贸易往来，全面建立"一带一路"的两岸文化合作新模式。加强文化贸易往来，依托国内文化贸易基地以及自贸区文化开放平台等，全面建立"一带一路"的文化交流新模式。要鼓励国有龙头文化企业提高跨国经营管理和贸易能力，吸纳广泛的民间力量投入到"一带一路"的发展之中。此外，还要根据沿线国家各自的文化特点与优势加强影视、音乐、绘画、武术、设计、舞蹈、陶艺等文化的交流与合作，以青年群体为核心，加强各国青年的互动，在我国各地开展动漫节、游戏展、交换学习、"创客"交流活动时，广泛邀请沿线国家的青年积极参与，使各国青年相互学习、取长补短。同时还可以利用近些年来火爆两岸荧屏的新型电视节目平台，在沿线国家广泛招募参赛者，加强与沿线国家青少年的技艺切磋和互帮互助。此外，要鼓励社会组织、各类文化集团主动承担文化交流项目，争取留学生、华人华侨的纽带力量，增进各国之间的情感交流，要更多地联合沿线国家的力量拍摄紧扣各地区风土民情的影视作品，使各国人民都能够在文化作品中感受到大陆文化和台湾文化交融的魅力，从而通过中华文化交流进一步扩大"一带一路"影响。

（二）大力建设两岸文化产业，提升海外文化产品的标准。两岸文化产业走向海外，文化产品的质量是关键之一。近十几年来，中国的文化产品质量不断提高，具有一定的国际竞争能力，但对于文化产品质量的标准，仍然是按中国市场的标准来定的，但这种标准与国际市场的标准有相当的差距，这种差距不是技术水平上的，而是指文化接受习惯上的，因此当提到文化产品的质量提升时，须按照海外当地的文化市场的标准。简单地说，就是文化产品为当地市场接受，并具有竞争能力，须改变现有的文化精品的概念，不能以在中国市场中的精品标准来作为提升海外文化产品的标准，文化传播的关键是内容，而不是形式，花木兰作为诗歌不可能在美国传播，但作为动画片的形式，则有成功的机会。

（三）布局"一带一路"沿线国家文化产业园建设。从事实上来看，"一带一路"的文创基础已经打下了，之前有一些文创企业已经做出了探索。中华民族历史发展的宝贵经验证明，弘扬国际主义精神、福泽友邦是实现民族繁荣与长久的重要途径，而文化产业的发展与其他新兴产业相同，都需要一定的基础设施和财政资金的扶持，同时还需要构建文化产业发展与交流的积极互动与良性循环机制，这是"一带一路"文化交流机制构建的关键之所在。为此，两岸海外文化合作还需要将自身文化产业发展过程中所积累的经验、教训以及成熟模式传递给"一带一路"沿线急需发展文化事业的国家，同时提供必要的财力、物力以及人力、智力的支持，切实帮助沿线国家实现文化与经济发展的同步，使我国的文化产业发展能够在帮助沿线国家文化产业园的建设中，获得更加宝贵的经验，使文化发展内容得到进一步的丰富。此外，还需要通过多种国际援助组织深入到"一带一路"沿线需要帮扶的国家和地区，要在国际国内广泛募集志愿团队和社会资金，在科教文卫等方方面面提供人力与物力的支持，发挥个人捐助、团体捐助以及名人效应的力量，为"一带一路"沿线国家基础设施的发展提供货真价实的帮助。

（四）鼓励文化企业参与，激发社会的文化创造活力。文化企业作为文化市场的主体，鼓励文化企业参与文化建设是彰显文化自信的现实载体。中华泱泱五千多年文明，对国际社会来说魅力无限，国外对我国的文化产品需求日增，有需求就有市场，目前这个市场还有很大潜力。我国应鼓励两岸文化企业和华商以更加积极的姿态参与文化建设，彰显文化自信。在"一带一路"战略推进中，文化企业必须充分熟悉和了解目标国家或者地区的政局状况、法律规章、社会风俗、人际关系等。在此基础上，我国文化企业还应提高产业层次和科技含量，注重打造文化品牌，将中国文化与目标国家文化相融合，形成可以彰显中国文化的文化产品。

（五）两岸共同开拓国际华文市场。现在两岸都把文化产业作为很重要的"旗舰产业"。两岸的文化创意产业是一个互补的结构——大陆有资金、土地、市场和明确的政策支持，台湾有创意、人才、文化底蕴和自由的创造环境等。在全球化，尤其是"一带一路"建设提出之后中国的崛起，全世界都更想重新了解中国，重新了解的不只是中国大陆，还要了解台湾，以及全球华人，全世界比过去任何时候都更想了解中国人的思维方式。在这种背景下，学习中文成为一股世界的潮流，正如同过去学英语一样，学一种语言，并不是为了学会讲话，而是为了了解它背后的思维方式，以便可以更好地跟中国人打交道，做生意，或进行文化的交流等。未来全球会有一个很大的华文市场，包括各种华文教材在内的出版品、音乐、电影等，都是这个华文市场的重要内容。但是，现在这个市场基本上还处于未开发状态。因此，未来两岸应该共同来开发世界华文市场。这个市场不只是语言的学习，还包括了文化内容。台湾可以提供在中华文化方面传统与创新的部分。比如同样是汉字，但汉字的学习除了语言之外，还有很多创新的，如云门舞集把书法发展成为舞蹈。书法这种美学形式，也是中华文化的一部分，是非常值得学习的，乃至于书法跟美学结合的陶瓷、艺术作品、服饰等等，都可能多元结合创新。

（六）构建服务两岸文化合作的海外文化交流服务平台。现在两岸各种文化交流已经很多，这些交流都可以继续做，因为文化本身是很多元的。比如，电影对电影，交流已经很多；流行音乐的交流也很多；广告业亦然。可是涉及文化创意产业的交流，因为台湾的产业规模比较小，如果有个平台，把台湾很多创意的设计、观念的创新，跟大陆的各种设计、开发公司结合起来，这些创意者可以帮大陆提供创意，再共同去开创国际市场。因此，两岸应尽快构建出一个涉及两岸文化交流的海外文化交流服务的平台，可以是民间性的，也可以政府指导的。

（七）推动两岸文化产业合作投融资的不断创新。丝绸之路经济带毫无疑问是文化带，但基础是经济带，资本的战略作用是关键。关于投融资路径问题，首先是有政府性基金的示范引导。政府引导是因为特色文化产业有巨大的外部效益化价值，不仅对产业有意义，对文化的传承、保护和发展也有意义，还有巨大的艺术价值，对区域经济的转型升级、带动发展有很大作用。李克强总理的政府工作报告提出"互联网+"，其实还可以有"文化+"。"文化+"意味着文化可以与很多产业结合发展，可以带动很多产业附加价值的提升。丝绸之路特色文化资源非常丰富，这些资源有些可以变成文化产权，可以注册公共知识产权变成特色文化产权，这些产权应放在产权交易所，同时也是寻求资本合作。此外，要推动文化金融创新，尝试开展基于特色文化资源收益的资产证券化。这也是国家在金融体系建设方面重点支持的方向，现在国内、国际都有这方面的尝试，但是特别有效的尝试现在不是很多。

（八）加强与海外华文媒体合作，协力打造"一带一路"信息带。海外华文媒体的传播力和影响力是地方走向世界的重要传播平台，在传播地方文化，宣传地方发展成就，引导海外侨胞和当地主流社会形成地方形象认知，乃至形成清晰的地方形象联想，促进所在国与地方友好交流与合作，为地方发展发挥了不可替代的作用。"一带一路"战略让中国声音更响亮，让地方走向世界，两岸必须与海外华文传媒建立全方位的合作关系，实现"形象先行，文化搭台，经贸唱戏"。海外华文媒体未来迎合"一带一路"发展方向，要与两岸主流媒体加强合作，打造技术内容共享和对外交流平台。两岸主流媒体要从内容、技术、渠道等各方面，为海外华文媒体提供全面支持。接力国内主流媒体，发力新媒体，实现对"一带一路"密集、不间断的连续报道，协力打造"一带一路"信息带。

台湾对外司法互助与两岸涉外共同司法事务

河南师范大学政治与公共管理学院　王鹤亭

在全球化的背景下，跨境人员流动和跨域犯罪行为变得日益普遍，国际司法互助也就成为解决民商事纠纷和打击防治犯罪的重要途径。然而两岸关系的特殊性使得在对外司法协助问题上两岸之间面临着司法管辖权竞合、司法权力与主权的复杂联结等问题。从中国大陆的立场而言，中华人民共和国政府是代表中国的唯一合法政府，拥有对台湾地区应然性的司法权力。而选择与中华人民共和国建交的各国政府也都秉持一个中国原则或政策，按照国际法的一般原则和惯例，该国司法机关理应尊重中华人民共和国的主权以及对涉台司法事务的关切。在台湾看来，其司法机关有效管辖自身司法事务并应独立处理对外司法协助事务。在此背景下，相关各方在处理司法互助事务上的意图、依据和逻辑并不相同，司法互助与外交承认、与一个中国原则及司法管辖权竞合的关系值得深究。而在两岸涉外司法竞合与互助的过程中，把握好坚持一个中国原则与保障台湾人民权益之间的关系，逐步寻求并维护处理两岸涉外司法互助事务的共同基础和一般模式，有助于从微观层面增进两岸福祉、维持台海稳定。

一、台湾对外司法互助的基本情况

台湾对外司法互助是国家尚未统一特殊状态下的衍生性问题，台湾是中国的一部分，并不能基于所谓"主权国家"权利而展开对外司法协助；对于给予中华人民共和国政府承认或撤销对"中华民国政府"承认的国家而言，与台湾的司法互助也仅基于所谓相互尊重、互惠和共同利益的原则而展开，具有特殊性和个案性的特点。台湾开展和寻求对外司法互助的动机和目标是多方面的，如民商事纠纷裁决、打击与防治跨境犯罪、公民涉外法律救济、合法权益保护等，当然也存在政治层面扩展所谓台湾的"国际活动空间"的企图，其中也包括一些涉及台湾人民切身福祉的合理现实需求。结合台湾自身相关的法规及实践，台湾对外司法协助的内容涉及诉讼程序转移、受刑人移管、狭义司法互助（如文书送达、调查取证、诉讼扶助、为作证或其他目的解送受拘禁人、执行搜查及扣押等）、犯罪所得扣押与没收以及对外国司法判决的承认与执行等多个类别[1]。

截至当前，台湾与四个国家签订了司法互助协定，即 2002 年 3 月 26 日签署的"驻美国台湾经济文化代表处与美国在台协会间之刑事司法互助协定"、2011 年 12 月 2 日生效的"驻越南台北经济文化办事处与驻台北越南经济文化办事处关于民事司法互助协议"，2013 年 7 月 14 日签署的"驻南非共和国台北联络代表处与南非联络办事处刑事司法互助协议"与 2013 年 9 月 12 日生效的"驻菲律宾台北经济文化办事处与马尼拉经济文化办事处刑事司法互助协议"，协议约定双方围绕民商事或是为顺利进行刑事程序及裁判而服务的事项而进行司法协助。与两个国家签订了移交受刑人协议，即 2013 年 11 月 6 日签署的"驻德国台北代表处与德国在台协会关于移交受刑人及合作执行刑罚协议"，2016 年 5 月 3 日签署的"大不列颠暨北爱尔兰联合王国主管机关与台湾司法主管机关间移交受刑人协议"。先后与 12 个"邦交国"之间以"中华民国"名义签订互助条约，并与英国于 2013 年 10 月 16 日签署"引渡林克颖了解备忘录"。

自 2002 年与美国等签订司法互助协议以来，台湾"法务部"与美国司法部、菲律宾司法机关等定期召开司法互助咨商会议或工作会谈。至 2015 年底，台方请求美方刑事司法协助 109 件，完成 88 件，美方请求 62 件，台方完成 61 件，其他非"邦交"国家请求的刑事司法互助案件 118 件，受请求 63 件。请求越南民事司法互助 2611 件，越南请求 1778 件。至 2016 年 4 月，已有 3 位德籍受刑人移交至德国；目前有 7 位英国受刑人在台服刑，将依协议陆续移交[2]。2014 年 6 月 11 日苏格兰地方法院宣判同意将林克颖移至台湾服刑，为台湾首例自境外移接通缉犯；而"友邦"国家多次向台湾请求移接罪犯，均被台湾方面所拒绝。除了依照协议发起或执行对外司法协助之外，还存在诸多无协议个案式的司法协助行动，曾向瑞士、加拿大、奥地利、新加坡、列支敦士登、菲律宾等国家请求司法互助，其中包括一些引起广泛关注的重大案件导致台湾与非协议国家之间进行的司法互助，例如"拉法叶军购弊案"中瑞士联邦法院、司法部在调查、审判过程中与台湾展开司法互助，以及 2012 年菲律宾遣返台湾电信诈骗犯案等。台湾还积极依照内部规定执行境外司法协助请求，甚至并不强调互惠原则，仅依照其"外国法院委托事件处理法""司法协助事件之处理程序""国际刑事司法互助法草案"等接受并执行来自境外法院的委托，目前已接受德国、比利时、韩国、瑞士、日本等多项司法协助请求。此外，台湾注重多渠道拓展对外司法互助，为了服务于"拓展国际空间""国际能见度"等目的，拓展与重要非"邦交国"之间的司法互助或合作，争取签订互助协议，参与"国际组织"及活动以突破政治现实的约束、透过调查机关建立"国际合作"关系等活动，例如参与国际检察官协会、亚太反洗钱组织、艾格蒙国际联盟、亚太区追讨犯罪所得网络、亚洲太平洋经济合作组织反贪及透明论坛及反贪腐执法合作网等。

二、台湾对外司法互助与一个中国原则

由于台湾地位的特殊性和司法互助本身的属性，各方的行为、意图和依据也各不相同，不同法系、不同国家、不同法庭对于司法互助、台湾司法管辖的解释与定性也存在差异，使得台湾对外司法互助协议及行为具有了不同解读的空间。如从台湾的自我定位来看，以"最高法院"判决为例，认为"刑事司法权之行使，乃为国家主权内容之一，维护司法权之完整，不受外国政府干涉，并系国家主权独立之重要表征"[3]。还有诸多国家将司法互助定义为具有主权意涵的行为，并且将其限定于有外交关系的国家之间，如自 2000 年起，针对台湾驻泰国代表处洽商签订"刑事判决执行合作合约"提议，泰国表示："依泰国法律（国与国间刑事判决执行合作程序法），上述条约系以国家为签约对象，泰国采'一中'政策，除非修改法律，现阶段签订该条约恐有困难"[4]；以日本为例，"一般认为司法互助是'基于国家间之合意……一国之机关为他国国内之裁判程序提供协助'，即'国家'系司法互助之行为主体"，"日本对中华民国或台湾并无'国家承认'或'政府承认'，则自日本之角度来看"，台湾法院在"解释上是否该当于'共助法'所谓之'外国法院'，不无疑问"，"此或将根本排除日本与其不承认国家间进行司法互助之可能性"，当然日本内部也有将私权保护与政治、外交问题切割的立场来论证应承认台湾法院判决的做法[5]。综合而言，虽然台湾单方面地视其司法事务独立于中华人民共和国之外、其对外司法互助也与大陆无关，但即便是在仅仅涉及台湾与其他国家与地区作为直接请求方及受请求方的司法互助行为中，在台湾方面的自我声张、相关国家的立场以及司法机构的判决等关涉到一个中国原则或政策时，中华人民共和国都是间

接的或不在场的相关方。在此拟以"拉法叶军购弊案"为例来简单剖析台湾对外司法互助与一个中国原则之间复杂的关系及相关影响。

瑞士联邦法院在 2014 年判决中支持台湾方面向瑞士司法部提出司法互助的请求,继续冻结汪传浦于瑞士账户的资产,瑞士联邦法院为瑞士的终审法院,本案业已基本确定 [6]。本文在此着重梳理瑞士在提供台湾司法协助过程中的相关考虑和依据。在 2001 年启动的调查中,瑞士检察官确认汪传浦收受佣金 5 亿美元,尽管台湾与瑞士之间并没有司法互助协议,瑞士方面仍请求并获得了台湾方面提供的文件,而后来台湾方面通过台北驻伯尔尼经济文化代表团向瑞士司法部请求司法协助,也获得瑞士同意。而汪传浦于 2004 年上诉至瑞士最高法院,认为瑞士不能给予台湾司法协助,因为它不为瑞士承认;而且这种协助与瑞士的一个中国政策相矛盾,进而会损害与中华人民共和国的外交关系;最后,他还认为台湾不具有公正审判的标准,不应给予司法协助。瑞士法院对这三个问题分别予以回应,支持本案中的瑞士与台湾的司法互助:(1)关于对未受承认的"国家"(state)的协助:瑞士与台湾没有司法互助协议,瑞士只能依赖于其对于刑事司法协助的国内法来移交文件等给请求方。此项法律并不能提供请求方获得协助的权利。但考虑到瑞士不能被视为或成为犯罪、脏钱的天堂,通过提供司法协助的方式反对犯罪及贪腐,符合瑞士的一般利益。逻辑上,瑞士与"中华民国"没有官方"外交"关系,瑞士只能向其承认的政权即中华人民共和国提供司法协助。但法院指出在涉及台湾的事务上,对于正式承认"中华民国"与否,这是一个属于政府行政部门的政治问题,而给予刑事司法协助并不等同于默示承认:"不能说同意对台湾的司法协助意味着含蓄地对'中华民国'的承认。因此也排除了给予台湾司法协助可能被视为是对中华人民共和国的敌对行为的可能性。瑞士与台湾之间缺乏承认和外交关系不意味着司法协助是被禁止的。"进一步解释认为,如果台北而不是北京能够在台湾上有效行使权威的话,司法协助只能给予前者"司法互助的请求与台湾当局的影响力相关,被告是从台湾来的中国人,当地制度包括司法制度的持续性功能发挥是有保证的。即便瑞士不承认'中华民国'是一个国家,可能没有与它签订协议,这并不阻碍两个当局之间如同当前一样不时地展开合作。"[7] 法院也判定台湾当局提交给瑞士司法部的保证刑事司法互惠的声明符合互惠声明的要求,台湾在瑞士没有官方代表的事实也被最高法院裁定与此案无关。(2)瑞士台湾司法协助不为瑞士与中华人民共和国外交关系的事实所阻碍:法院详尽地考虑了瑞士与台湾之间的商业贸易,法院通过司法部,参照了行政机关的自行决定权,预先咨询了联邦外交部关于对台湾的司法协助是否导致与中华人民共和国的外交问题，而外交部的观点则是给予协助并不会暗示瑞士承认它是一个国家。

此判决尝试对难题做出全面的回答，但其内容与逻辑充满矛盾，采用所谓"务实主义"方法，试图将司法互助与外交关系切割、将推定台湾的地位与权利与遵循"一个中国"相切割，主张提供司法协助前无须被条约所约束，可以依赖自己内部立法来提供司法协助，最重要的是请求方打击犯罪的实际能力，而不是外交或政治考虑。但是无论判决书如何解释，"要将刑事司法互助的诉讼程序与其所引发的政治和外交影响加以隔离几乎是不可能的"，"事实上，台湾的地位问题也被联邦法院重新考虑，而行政部门不得不考虑自从 1950 年就遵循的'一个中国'政策在最高法院判决支持与'中华民国'互助后能否维持"。同时也"不能忽视'中华民国'可以精准地利用请求司法协助过程在一定程度上获得某种承认"[8]。可以说，对台湾的司法协助不可避免地要触及台湾的名称与地位以及对"一个中国"政策的影响等敏感而复杂的议题。

因此，即便司法协助不如正式的"外交承认"等行为那么具有标志性，但也会不可避免地产生相应的法律效果和政治影响。况且在两岸关系"冷和平"或"冷对抗"以及台湾内部自我认知高涨的新形势下，并不能排除台湾内部一方面利用"人权""司法互助无涉于政治、外交"等理由来扩展对外司法互助、而另一方面又将所取得的"成果"解读为台湾"事实独立""司法主权"之"证明"的两面手法的风险。

三、两岸涉外司法事务的管辖权竞合

在直接涉及两岸双方的对外司法互助事务中，第三方以及两岸之间的管辖权竞合、两岸政治定位等问题则成为亟待解决的显性议题。规范意义上，对秉持"一个中国"政策或原则的国家而言，中华人民共和国政府代表中国拥有对台湾人民的管辖权，但在具体案例中，究竟选择与哪一方进行司法互助仍然是个难题。而外方的态度和立场也成为关键因素，在通常的案例中，台湾方面过于坚持从自己的立场出发，而忽视了第三方应如何看待台湾的司法声张。

就刑事司法管辖权而言，至少包括属地、属人与保护管辖权三大类，属人管辖权因涉案人具有某国护照或公民身份，属地管辖权指案件发生地的国家即拥有管辖权，保护管辖权则因案件被害人属某国公民。"管辖权的确定始终是国际法上的难题。从国际实践与惯例而言，跨国刑案之管辖权若发生冲突时，充竟系以何种管辖权之认定为先，事实上并无定论。进一步言，当跨国刑案的司法管辖权发生争议时，管辖权国家之一（尤其是当时拘留涉案人的国家）通常依照自身政治判断及其他重要主客观因素来决定"，而且"牵涉公共利益或重大犯行之案件，国际间多由单一法院管辖，而不以诸当事人之合意为最终管辖法院之选择标准"[9]。在中外刑事司法互助过程中涉及台湾人民的系列案例中，如 2011 年菲律宾遣返台湾诈骗犯至大陆、2012 年菲律宾遣返案、2016 年肯尼亚遣返案、马来西亚遣返案与柬埔寨遣返案等，作为第三方的国家或地区具有属地管辖权，且具有处分涉案人之权力，而台湾则认为依照自己的法制对涉案台湾嫌犯拥有属人管辖权，而大陆则可主张保护管辖权或属人管辖权。总体而言，两岸涉外司法事务的管辖权竞合大致存在三类情形。

第一类最为常见的情形是第三方坚持"一个中国"政策或原则，承认中华人民共和国的属人管辖权和保护管辖权，同时否认台湾的管辖权主张，以 2011 年菲律宾、2016 年肯尼亚、马来西亚和柬埔寨遣返台湾嫌犯至大陆案以及泰台商签司法互助案为典型代表。这种模式的实质意义在于，对于承认中华人民共和国的国家而言，其司法机关判定在涉及两岸司法事务上并不存在所谓的两岸管辖权竞合问题。2010 年 12 月 27 日，菲律宾与中国大陆破获诈骗案，大陆要求菲律宾将嫌犯全数遣送中国大陆，而台方基于"国籍管辖原则"要求台湾嫌犯回台受审，还申请了菲律宾上诉法院的"人身保护令"，但菲律宾的声明稿表示，将嫌犯遣返至中国大陆是基于"一中"原则。而后来肯尼亚、柬埔寨对于相关案件的处理也与此案如出一辙，坚持"一个中国"政策或原则，应由中华人民共和国代表包括台湾在内的中国处理国际司法互助事务。泰国对于拒绝台湾商签刑事判决执行合作合约的提议时，也更为清晰地从法理上解析了原因，"泰方坚持该受刑人移管协定其签约主体为国家，须依双边条约方式办理，除非泰国国会修法，否则无法突破此一限制"，况且，"由于台泰间并无外交关系，且泰国基于'一中政策'考量，除非中共同意，否则泰政府不便与台湾签署换囚协定"，但是同年泰国却与香港签订"合作执行刑事判决协定"，而这是中国政府同意并授权香港政府的结果[10]。然而这种符合国际法一般准则和惯例的裁决却遭到台湾内部的批判与质疑，认为这"无视台湾主权及管辖权"，"中华人民共和国无权代表台湾处理遣送事宜"，两岸在此类问题上存在着管辖权竞合，而"'中华民国'对于'国民'有属人原则的管辖权，任何'国民'在海外犯罪，理应押解回台受审"，等等。然而这些指责并不真实，也不符合国际法基本准则：首先，并不存在所谓的"无视台湾主权"的问题，台湾为中国的一部分，这不仅是基本政治事实，也是国际社会尤其是中华人民共和国建交国的共识，更为这些案例中的国外司法机关所坚持。其次，对于承认中华人民共和国的国家的司法机构而言，也并不存在所谓台湾对本案的管辖权问题，因为代表中国的合法政府是中华人民共和国政府，管辖权当然归于中华人民共和国，也就不存在所谓的两岸管辖权竞合问题；而相关国家撤销了对前"中华民国"的承认，当然也不会承认其所谓的管辖权等，在法律意义上，"中华民国"或作为管辖权主体的台湾是不存在的。第三，所谓"中华民国对于国民有属人原则的管辖权"也是不被认可的，即便台湾单方面的法令明确表明这一点，但如同国际法权威劳特派特所言，"在外国法院内，非被承认国或政府及其法令在法律上是不存在的"，对于肯尼亚、柬埔寨等法院而言，可以判定这种所谓的"属人管辖权"根本不存在，而试图越过"一个中国"政策寻求"司法互助机制与国际合作"就显得一厢情愿。

第二类是两岸将共同打击犯罪与司法互助从两岸间扩展到国际场合的情形，第三方的国家同时面对两岸的司法管辖权，也是台湾方面所言的海外嫌犯各自管辖、各自带回的"菲律宾模式"，即在2012年8月菲律宾逮捕300多名两岸电信诈骗嫌犯后两岸的处理方式，但这一案例并不能构成所谓的模式或惯例。首先，正如前述分析，这种处理方式是基于两岸存在"九二共识"而产生的，两岸之间对于"一个中国"达成了共识之后，合意的结果并不违背一个中国原则；其次，两岸共同协议规范了两岸间的司法互助行为，但对于涉外司法互助并无指导原则或详细约定，这种"各自带回"形式可以被视为双方基于善意与信任而采取的方案；最后，要考虑这种情形对于那些坚持"一个中国"与中华人民共和国属人管辖权的司法机关判决一致性所可能造成的影响。

第三类是台湾单方面主张属人管辖权而与第三方进行司法互助的情形，以2016年台湾方面对马来西亚羁押的台湾电信诈骗嫌犯的"抢人"事件为典型代表。因受岛内关于司法管辖问题炒作的影响，台湾方面"抢回"了遭马来西亚先期遣返出境的20名嫌犯，此事件严重影响了两岸之间在涉外司法互助事务上的善意与信任。而随后同案的32名嫌犯被遣送至大陆，台湾方面则责成驻马代表处向马来西亚提出抗议并加强沟通。在本案中，两岸涉外司法事务的三方互动呈现出了两种具有对立性色彩的处理方式，其法理逻辑和政治影响值得深思，而台湾应理性看待未来两岸涉外司法事务的管辖权竞合问题，不应固执于"台湾是事实主权独立国家"而无视国际社会及第三方司法机关对于"一个中国"的共识，正如台湾学者在评价2011年菲律宾遣返台湾嫌犯至大陆案中所言，台湾"应尊重菲律宾政府在本案的最终处分，也应该理解倘依照若干国际法的实践与惯例，中国大陆亦有权主张对于本案涉案人的管辖权"[11]。

四、两岸涉外司法互助事务展望

过去 8 年间，两岸关系在"九二共识"政治基础上取得了不少进展，两岸在涉外司法事务上也出现了良性互动。在国家尚未统一特殊情况下，基于住民福祉原则和便利原则，台湾对外司法协助具有一定程度的合理性。而未来两岸在共同涉外司法事务中的互助与管辖权竞合问题也将持续存在，如何在维护"一个中国"与保障台湾人民权益之间保持平衡对于两岸而言都是一个难题。两岸应全面总结过去成功的经验，维护共同基础，完善制度建设，探寻模式化的互助方式。

对于台湾而言，在对外司法协助过程中，不能无视"一个中国"的政治与法理，应避免以"台湾事实独立""一中一台"等逻辑来处理相关事务。而大陆也应对此加以关注，在未来国外法院尤其是中华人民共和国建交国的司法机关的涉台司法事务中，如果出现有悖于"一个中国"政治与法理事实的声张、判决等，或者利用司法互助的过程来凸显"台独"的企图，中华人民共和国政府应通过法律与政治渠道敦促相关国家司法机关遵循一个中国原则或政策，构建并强化在国际司法领域里"一个中国"的"司法共识"。

对于两岸涉外司法事务管辖权竞合问题，应以成功的案例或判例为鉴，构建中外司法互助与两岸司法互助之间的整合与衔接机制。如前述分析，对于承认中华人民共和国或取消对"中华民国政府"承认的国家而言，在国际层面理应由中华人民共和国代表"一个中国"进行中外司法合作，而台湾方面对此并无管辖权，如同第三方在两岸涉外共同司法事务中的第一类处理方式，认可并支持中华人民共和国对于台湾嫌犯的属人管辖权等，这种方式无论是从法理上和实践上都应该可以成为未来处理类似涉台中外司法互助事务的一般化模式。在国际层面或中外层面由中华人民共和国来代表台湾与相关国家处理司法互助事务，然后再透过《两岸共同打击犯罪和司法互助协议》共同处理两岸间的司法互助事务。同时，应尽量避免所谓两岸涉外共同司法事务各自管辖的"模式化"，这可能使得原本不承认"中华民国"或台湾管辖权的法院等机构要面对甚至认可其管辖效力，相关国家的法院及行政机构可能从坚持一个中国原则或政策过渡到不得不需要裁决或处理两岸政治争议，这使得原本简单而稳固的国际司法互助规则等受到冲击，也可能被曲解为"台湾事实独立""两岸对等""一中一台"的论据。

此外，长远来看，应从加强制度建设的角度入手，使得两岸涉外共同司法事务有章可循。中华人民共和国在推动中外司法互助以及加入国际公约的同时，应注意与国际社会协商完善中外司法互助事务涉台部分的规范，在签订中外司法互助协议（包括遣返条约等）、加入国际组织公约时，可以考虑以合适形式加入涉台的相关条款，表达对于一个中国原则的关切，声明相关互助协议可以适用于台湾人民的司法救济、权益保护等。而随着两岸关系的曲折发展，中外国际司法合作与两岸司法互助衔接的必要性将大大增加，应进一步细化和完善《海峡两岸共同打击犯罪及司法互助协议》在促进两岸间的司法事务合作上的重要功能，目前协议在"人员遣返"等部分，只是原则性地约定'双方同意依循人道、安全、迅速、便利原则，遣返刑事嫌犯，并于交接时移交有关卷证"，仅对于两岸间的司法互助事务做了原则性约定，但未对涉外司法互助事务管辖权等有明确规定，这表明协议本身仍有很大的深化空间。对于台湾而言，应务实理性地回到两岸协商的层面，一味指责大陆或一厢情愿地寻求国际司法合作都无助于两岸关系的和平发展，应在承认"九二共识"基础上，进一步与大陆协商，明确或完善两岸司法互助的效力范围与实施程序。

注释：

[1] 杨云桦：《刑事司法互助法之比较研究——以我国现况为中心》，（台）"法务部"年度委托研究计划研究报告，2013 年。

[2] 数据来源："法务部"网站，https://www.moj.gov.tw，访问日期：2016 年 6 月 12 日。

[3] 杨婉莉：《初探跨境案件之境外羁押折抵刑期——以最高法院裁判为中心（上）》，《月旦裁判时报》，第 43 期，2016.01。

[4] 江世雄：《国际刑事司法互助合作国际实践——以受刑人移管制度为例》，《涉外治法与政策学报》，创刊号，2012.05

[5] 王钦彦、中野俊一郎：《外交困境下之我国对外民事司法互助及判决承认之现状——兼论台日民事司法互助之可能》，《静宜法律》，2012 年第 1 期。

[6] 《"中华民国政府"对瑞士联邦法院支持其司法部就拉法叶舰佣金案给予"我国"司法互助事表示感谢》，2014 年 10 月 17 日，http://www.mofa.gov.tw/News_Content.aspx?n=8742DCE7A2A28761&s=936A917CD04-F22C

[7] Wang et consort c. Office des juges d'instruction federaux, Swiss Supreme Court, 1st Court of Public Law, 3 May 2004, No. 5.3.

[8] Marc Henzelin,Mutual Assistance in Criminal Matters between Switzerland and Taiwan, Journal of International Criminal Justice,3,2005,pp1-8.

[9] 黄奎博:《菲律宾遣送"我国"诈欺嫌疑犯至大陆事件评析》,《展望与探索》,第9卷第3期,2011.03。

[10] 江世雄:《国际刑事司法互助合作制国际实践——以受刑人移管制度为例》,《涉外治法与政策学报》,创刊号,2011.05

[11] 黄奎博:《菲律宾遣送"我国"诈欺嫌疑犯至大陆事件评析》,《展望与探索》,第9卷第3期,2011.03。

民进党当局推动"文化台独":成因与反制

全国台湾研究会　严　峻

现在讨论"文化台独"很有必要,正当其时。我们从政策研究的角度入手,首先要搞清楚,民进党为什么要在重新上台后推动"文化台独";其次,要分析什么是"文化台独",它主要有哪些表现形式;再次,要认识到反制"文化台独"的重要性,并且分析反制"文化台独"主要面临哪些困难;最后,应该如何反制"文化台独",应该进行什么样的路径选择才能达到较理想的效果?

一、民进党当局推动"文化台独"的原因

民进党重新上台后,人们比较关注两项重要的人事任命:一是任命郑丽君为台湾文化部门负责人,另外是任命潘文忠为台湾教育部门负责人。众所周知,郑丽君一直强力主张废除马英九当局的历史"课纲微调",而潘文忠曾聘请多位"独派"学者担任历史科的审查委员,其立场倾"独"也是十分清晰的。从这两项人事任命,人们可以看出了民进党的价值取向。

民进党,一个主张"台独"的政党在台湾主政后两岸关系会怎样发展,两岸关系会重新动荡吗?对此,人们对民进党执政团队是充满疑虑的。2000年5月,陈水扁上台时抛出"四不一没有",但两岸关系仍然经历了所谓"惊魂一百天"。蔡英文当局执政后也状况百出,从军中虐狗事件、"雄三"导弹"误射"事件、游览车着火伤亡事件等等,无不被舆论严厉批评。而"司法院"正副"院长"提名争议、处理"不当党产"争议等,进一步加剧了岛内政治斗争的激烈程度。民进党当局的施政可谓乏善可陈,台湾不分倾向蓝或者倾向绿的民意调查机构的民调都显示,台湾地区领导人蔡英文的民意支持度直线下降。尤其是两岸关系僵局一直不能解开,更让许多台湾民众感到失望。但是蔡英文却在

执政百日的记者会上说，她成功地"稳定"了两岸关系，并把这当作所谓"政绩"。但这也是因为蔡英文在就职仪式上讲了要以"中华民国宪法"和"两岸人民关系条例"来处理两岸关系，而"中华民国宪法"更多地展现为"一中宪法"，[1]"两岸人民关系条例"也有"一中"的含义。[2] 也可能正因如此，两岸关系才没有立刻"地动山摇"。当然，我们必须看到，蔡英文的就职演说尽管展示了一些调整面，但这主要是她的一种战术运用和策略设计，并非表明其改变了原有的政治立场。蔡英文在两岸关系性质这一根本问题上态度还是相对模糊的，她还没有明确承认"九二共识"，没有明确认同"两岸同属一个中国"。蔡英文虽然表示希望"维持现有的对话与沟通机制"，"持续推动两岸关系和平稳定发展"，但对于如何才能做到这一切，并没有提出具体可行的方法。所以，诚如国台办负责人在 2016 年 5 月 20 日发表的谈话中指出的那样，"这是一份没有完成的答卷"。

蔡英文会继续"答卷"吗？蔡英文对此没有回应，但对于在"指定期限内答卷"则明确拒绝，这点在蔡英文在接受《华盛顿邮报》专访时已经清楚显示。蔡英文拒绝的理由是"台湾民意不会同意"。蔡英文说："台湾已经是一个非常民主的地方，民意的走向其实非常重要，所以设定期限，要求台湾违反民意去承受一些对方的条件，其实可能性是不大的。"[3] 可以预见，如果今后蔡英文公开拒绝、否定"九二共识"，也将依据所谓"台湾民意"。而"台湾民意"从何而来？什么是影响"台湾民意"的因素？文化与教育无疑是其中非常重要的因素。因此，蔡英文当局现在不仅收割李、扁执政 20 年所培育的"台独意识"以对抗大陆，今后也将继续怂恿、支持、引导"文化台独"。

二、"文化台独"的主要表现形式

所谓"文化台独"是指在思想文化上主张台湾是一个"独立"的"主权国家"。"独立"于谁，自然是指"独立"于"中国"之外。这与"政治台独"在目标上是一致的，都是主张"台湾独立"及"一边一国"或者"两岸两国"。"政治台独"更多是指向制度层面，企图进行法理解构与建构，"文化台独"则主要指向心理层面，企图进行思想观念改造。归纳而言，"文化台独"的主要表现形式有：

1. "教育台独"。自 1993 年的"国小乡土教学活动"和 1994 年的"国中乡土艺术活动"，台湾当局开始正式实施"乡土教学"。1997 年台湾当局编纂《认识台湾》一书，在教程中大量增加"台湾历史""台湾地理""台湾文学"，删减有关中国大陆的历史文化的介绍内容。陈水扁上台执政后，台湾各级中小学普遍开设乡土语言课，2004 年台湾当局教育部门把中国文言文在中学课本中的占比下调 20%，前"教育部长"杜正胜更是提出所谓"同心圆理论"，把中国史变成"外国史"。本来，"台湾认同"是"中国认同"的一部分，正常、健康的对台湾的认同与中国认同并不抵触，[4]"教育本土化"本无可厚非，但在台湾却被赋予"浓厚的政治性格"，[5] 例如李登辉就宣称，"教育不改，人心也不会改变，过去教育都限制在大中华的观念范围中，台湾不需要大中华主义"。[6] 可以说，"教科书内容在 1995 年与 2005 年的课程改革中，已基本趋向述说台湾现况的国家认同，并逐渐确立台湾主体价值"。[7] 现在蔡英文启用的潘文忠，鼓吹所谓"文化多元主义"，今后台湾教育的"台独"化可想而知。

2. "媒体台独"。这主要表现在一些台湾媒体频繁使用含有指向两岸是"两个国家"或者台湾是个"国家"的用语，如把外出台湾去旅游称为"出国旅游"，把台湾与大陆并列称为"台湾与中国"等。还有就是媒体培养了一批鼓吹"台独"的所谓"名嘴"，他们成天在电视、电台上鼓动、挑拨台湾民众对大陆的仇恨与反感。再有，一些亲绿的民调机构不断炮制"身份认同""统独认同"的所谓"民意"调查以影响台湾民众心理，使这些年"统降独升"的民调频频出现在台湾各主要媒体。此外，有些亲绿的鼓吹"台独"的媒体还经常能得到当局财政支持，特别是台湾当局和绿营执政的县市政府把大量的公费宣传分额划拨给它们，这点在陈水扁主政时代非常明显，现在民进党当局会不会也这么做还有待进一步观察。

3. "学术台独"。即从学术研究的角度，鼓吹"台湾民族不是中华民族""台湾国际地位未定论"等。例如一些"台独"学者从国际法角度入手，论证"旧金山和约""合法性""日治"这个词比"日据"更符合学术规范、所谓"原民史观"具有生理学上的基因基础等。还有一些台湾政治学者企图从"国家"的定义入手强调"国家"是人民自由结合的产物，台湾住民有权"自决"自己的命运，民族国家作为"想象的共同体"是可以建构的等。

4. "名人言论台独"：主要指台湾一些指标性的"明星人物"利用群众集会等场合鼓吹"台独"，提出所谓"命运共同体""生命共同体"等。

三、反制"文化台独"的重要性

反制"文化台独"非常重要，这可以从"文化台独"的严重危害性反衬出来：

一方面，从长远看，"文化台独"直接威胁大陆方面"和平统一，一国两制"的对台基本方针政策。自1979年大陆方面在《告台湾同胞书》中提出"和平统一，一国两制"后，这一基本方针政策30年来一直未变。有学者认为，"和平统一"在台湾已经实现"民主化"的背景下，意味着"统一必须得到多数台湾人的同意"，否则就谈不上"和平"地"统一"。当然，如果统一的形式是多样的，那么统一就不一定需要多数台湾人的首肯。但从"和平统一"这个角度看，台湾民意仍然非常重要，甚至是大陆方面处理两岸关系中最重要的因素，这也是大陆方面一再强调要争取台湾民心，做台湾人民工作的原因。而所谓台湾民心民意，其形成离不开文化的滋养，如果大陆方面不能有效斩断至少是减弱"文化台独"对台湾民众心理的侵蚀，那么想实现"和平统一"将会是缘木求鱼。

另一方面，就现阶段而言，"文化台独"给两岸关系和平发展带来不少干扰甚至破坏，这主要体现在以下三点：一是"文化台独"压缩了台湾岛内统派的成长空间，使岛内主张两岸统一的力量受到压制，支持两岸和平发展的声音发不出来或很难发出来；二是受"文化台独"影响的台湾人，尤其是青年人成为破坏两岸良性互动的主力军，如"太阳花学运"直接否定了两岸两会签订的服贸协议，破坏两岸经贸关系进一步密切发展；三是"文化台独"滋养的所谓"求独拒统"的台湾"民意"，是台湾当局向外求援的重要借口和依凭，因为对许多西方国家而言，"尊重民意"是一种所谓"政治正确"，尤其是奉"民主"为"神主牌"的相关欧美国家，其国内亲台反华势力一向以所谓台湾"民意"为说辞，阻挠海峡两岸统一、庇护"台独"势力。

四、反制"文化台独"面临的主要挑战

依上分析，反制"文化台独"十分重要和必要，但大陆方面在反制"文化台独"上可能会遇上以下几方面的挑战：

第一，所谓"多元文化"与"全球化"的契合。"文化台独"主张台湾文化的多元性，否定中华文化的主体性，这与当前所谓"全球化"浪潮有一定的契合度。因为"全球化"虽说起源于经济的世界化，但如今已经进一步外溢到社会文化领域，特别是世界各地的年轻人主张文化要走向多元。对此，大陆方面除了强调台湾的文字是中文，风俗习惯是从大陆承接过去的，还有没有什么更能吸引台湾青年人的说法——尤其是在台湾所谓"新生代"对"传统"不太"感冒"的今天？

第二，"事实自三"的政治社会环境对"文化台独"的固化。台湾有人说台湾青年人是"天然独"（也有台湾学者认为应称为"自然独"比较贴切），并认为其有一定的依据，因为这些年轻人从小生长在一个所谓"台湾（中华民国）是一个主权国家"的环境中，从当局到民间，都感到台湾的政治和民生运行就和一个"国家"没有什么两样。年长的几辈人还有"大中国"的"法统"感觉，但年轻一代这种感觉就很淡了。随着时间拉长，这种"台湾其实就是一个国家"的认识会不会进一步固化？

第三，法理上"中华民国"与现实存在一定"违和感"。从法理上讲，"中华民国"的"领土"与现实严重脱节。一些绿营的"立法委员"故意在"立法院"质询台湾当局官员"中华民国首都在哪里？是南京还是台北？""吉尔吉斯斯坦是不是属于中华民国？"如果官员回答"南京"或"是"，这会引来一阵讥笑，这些场面再通过电视传播出去，会不会使台湾民众认为"大中国"定义荒诞不经？

第四，大陆宣传入岛在手段、渠道上都遇到较大困难。岛内主张和平统一的声音与主张"台独"的声音在文宣力度上相比，居于劣势的态势会不会改变？

五、对如何反制"文化台独"的几点看法

反制"文化台独"十分重要，但可以说，当前反制"文化台独"遇到了阻力，甚至是不小的困难，但仍应该以"前途是光明的，道路是曲折的"自勉，坚定信念，克难前行。

首先，要坚持继续开展两岸交流，不能因为现在出现了一些台湾民意的波动或逆流就认定台湾民众"不可救药"，就放弃两岸交流。大陆方面坚持举办"上海—台北双城论坛"等活动，就是秉持两岸交流不中断的想法。即使曾经是"台独"分子但现在改变了"台独"主张，大陆方面都可以与之交往。因为只有交流，我们才有反制"文化台独"的渠道，才可能找到反制"文化台独"的抓手。

　　其次，在以两岸交流反制"文化台独"上做法应该更细腻更到位。例如，可以发挥闽南语在两岸文化交流中的作用。语言是文化最重要的载体，也是拉近人与人情感的重要工具。李、扁执政时期大力推行的"本土语言"，主要就是指台湾的闽南语，它与福建闽南语在语音、语法上几乎一致。连横先生在《台湾语典》中指出："余以治事之暇，细为研究，乃知台湾之语，高尚优雅，有非庸俗之所能知，且有出于周秦之际……台湾之语，既有古音古义，又有中土正音"。[8] 这种有着"中土正音"的"高尚优雅"语言，应该在两岸文化交流中大力提倡。两岸民众在一起讲闽南语，也是"两岸一家亲"的一个体现。习近平总书记 2013 年 1 月在走访台盟中央时指出，涉台干部尤其是青年干部要学习闽南语，这样与台湾民众交流会更亲切。[9] 两岸不妨举办一些以闽南语作为会议语言的文化研讨会，以拉近双方情感、弘扬中华传统文化。再如，我们不应回避与台湾人特别是精英阶层交流对制度文化的看法。根据雷曼·威廉斯（Raymond Williams）的解释，文化有三个层次，其中之一就是指一个群体一定时期内某种特定的生活方式 [10]，这种生活方式的政治表征即政治社会制度。台湾"太阳花学运"爆发的原因之一是台湾青年人担心两岸服贸协议通过后两岸过快的经济交往会破坏他们"小确幸"的生活方式乃至现有社会制度。习近平总书记在 2014 年 9 月 26 日会见台湾统派团体时已经再次明确表示，"尊重台湾同胞自己选择的社会制度和生活方式"。[11] 此外，有些台湾学者希望与大陆学者谈大陆的政治制度改革问题，对此，大陆学者应该认识到，愿意谈这个问题，说明他们至少还关心大陆这块土地，哪怕他们谈到这个问题时可能带有某种居高临下的心态或者嘲讽的表情，但我们也不必认定所有想谈这个问题的台湾人都肯定出于恶意。大陆方面认为拥有"三个自信"（制度自信、理论自信、道路自信），就应该自信地与对方谈中国的发展道路，谈大陆政治、经济制度进一步改革的必要性与艰巨性，也可以谈东、西方政治学界对西方现行政治社会制度的反思。例如，可以探讨提出过"历史终结论"的美国学者弗朗西斯·福山近年提出的有关"美国政治制度的衰败"问题、新加坡学者郑永年有关东西方文化制度差异问题，还可以谈台湾社会制度的缺失问题等等。塞缪尔·亨廷顿认为，不同的社会有不同的政治经济发展模式，而其中起关键作用的变项就是文化。[12]

　　最后，两岸分隔 60 多年了，制度文化上存在差异是必然的，双方都应该看到自己和对方的长处与不足，学界精英应强调包容，强调两岸两制并存与良性互动，其实这也是中华文化的核心价值，即"和合文化"，"这是一种基于辩证哲学思想的以包容事物差异为前提的注重事物共存发展的双赢文化类型"。[13]

注释：

[1] 台湾"大法官释宪文"第 328 条对"中华民国宪法"第 4 条中有关"固有之疆域"的解释采取了回避的态度，所以无法答复其具体范围是什么，但法学界一般认为"固有之疆域"仍应按 1946 年"中华民国宪法"制定时界定的中国领土范围，即应该"包括大陆"。

[2] 该《条例》第 2 条第 2 款明确规定："大陆地区，指台湾地区以外之中华民国领土"，况且该《条例》第 1 条也表明制定条例的目的是为了处理"国家统一前"相关事宜，因而有"统一"指向。

[3] 《蔡英文接受华盛顿邮报专访问答全文》，中国评论新闻社 2016 年 7 月 22 日台北电。

[4] 葛永光：《文化多元主义与国家整合》，台北：中正书局 1991 年版，第 128 页。

[5] 蓝顺德：《教科书意识形态历史回顾与实证分析》，台北：华腾文化股份有限公司 2010 年版，第 190 页。

[6] 转引自《评台湾当局"文化台独"：荒诞不经，难以得逞》，新华网，2003 年 10 月 13 日。

[7] 郭丰荣：《高中公民领域教材中国家认同变迁之研究：1995 年至 2008 年为主》，台湾师范大学政治学研究所硕士论文，2008 年。

[8] 连横：《台湾语典》，转引自姚同发著：《台湾历史文化渊源》，北京：九州出版社 2002 年版，第 194 页。

[9] 《港报：习近平促青年学闽南语，"知台"思路务实》，中国新闻网，2013 年 1 月 9 日。

[10] [美] 雷曼·威廉斯著，李根芳、周素凤译：《文化理论与通俗文化导论》，台北：巨流图书公司 2003 年版，第 2 - 3 页。

[11] 《习近平总书记会见台湾和平统一团体联合参访团》，新华网，2014 年 9 月 26 日。

[12] 塞缪尔·亨廷顿：《发展的目标，现代化：理论与历史经验的再探讨》，上海：上海译文出版社 1993 年版，第 357 页。

[13] 邓遂：《论和合文化及其两岸之间功能》，《兰州学刊》2008 年第 6 期。

东亚形势演变与两岸民间文化互动

华中师范大学台湾与东亚研究中心　何卓恩

本文拟观察的是 1949 年以来两岸民间文化互动情况。之所以把民间文化作为议题，一是因为从文化的内涵说，固然它带有比较强烈的意识形态性质，但不能简单地将官方意识形态等同于一个社会的全部文化，在任何时候有异于官方文化的民间文化都可能存在，有时甚至会引起官方意识形态的调整。民间文化反映社会文化的真正脉动，是一个社会最真切的"地气"。所以对两岸民间文化走向的了解，可以导引国家统一文化战略的稳健推进。二是因为，在迄今为止的两岸政治格局下，官方文化之间的直接互动比较困难，维系和推动两岸文化往来的，主要靠民间。事实上，我们早就确定了"寄希望于台湾人民"的路线，而台湾民间文化就是台湾人民思想情感和社会意识的表达。同时，推动两岸民间文化交流，也会使大陆地区的民间文化动向影响到台湾。

两岸民间文化互动，受制于多种因素，除了两岸政治因素的直接作用外，国际因素，特别是东亚战略形势的演变，也至关重要。可以说，东亚形势的每一次大的变动，都影响了两岸民间文化互动的性质和状态。因此，本文试图将两岸民间文化互动置于东亚形势演变的大框架之下。

一、东亚冷战格局的形成与两岸民间文化关系的断裂

第二次世界大战以后，世界很快进入苏美主导的冷战时期。但对东亚而言，冷战的真正开始是 1949 年中华人民共和国的成立。这个重大政治变局，不仅使得美国痛感自己"丢失了中国"，[1]而且使得共产主义世界的版图扩张到东亚大部，美国不得不将战后对日本的政策由原来"以非军事化和民主化为中心的改革"转变为"积极扶植日本复兴"，并在朝鲜战争爆发后迅速发展出"第一岛

链""第二岛链"的遏制战略。在这一遏制战略中，台湾居于"第一岛链"的中心，被称为所谓"不沉的航空母舰"。[2]

东亚冷战以中国大陆、朝鲜为一方，以韩国、日本、台湾地区为另一方而展开。其中对于中国来说，实际表现为国共两党内战的延续。随着国共政治对峙格局的形成，在很长时间内不仅官方文化互动无从谈起，两岸民间文化也处于隔绝状态。在那样一个彼此高度敌对的环境下，与对方文化人士进行直接互动的任何企图，都会被视为"特务"或"匪谍"而受到严惩，谁也不能越雷池一步。

当然，在隔绝状态中，两岸学人之间由于过往的情分，亦偶有隔空喊话。

一个有趣的例子，是历史学家陈垣对胡适的批判和胡适对陈垣处境的评论。1949年5月11日陈垣在《人民日报》发表给胡适的公开信，自称面前的现实让自己接受了新的思想，希望追随蒋介石离开大陆的胡适从"反人民的集团"回到"新青年的行列中来"。[3]受蒋介石委派赴美的胡适看到这封信，在台湾自由知识分子刊物《自由中国》上发表答书，叹息"可怜我的老朋友陈垣先生，现在已没有不说话的自由了！"坚称陈垣此举非出本意，而是所谓"没有自由"的表征。[4]

这个例子最近经常被提到。还有比较不常被注意的例证，比如牟宗三对金岳霖的批评和殷海光对金岳霖的同情。牟宗三和殷海光都曾经是金岳霖的学生，1949年先后离开南京到台湾。大陆疾风骤雨般的思想改造运动中，金岳霖在学术刊物发表自我检讨文章，承认自己的理论属于"形而上学的体系"，离开了阶级分析的方法，阻挡了"时代的进步"，是"反动"的思想。[5]他的学生牟宗三和殷海光读到这篇文章，各有不同见解。牟宗三在一个偶然的机会得见此文，对尊师极其失望，认为"这是知识分子的可悲，亦是中国的可悲，亦是中国文化的可悲"，在香港刊物发表评论，分析认为金岳霖先生之所以守不住自由，是因为他的哲学陷于"纯技术的观点"而丧失了文化价值的根基。[6]殷海光则认为金岳霖先生的处境，应该给予同情与厚道，而不能"幸灾乐祸"。[7]

这些个例，都不能算作真正的两岸民间文化互动。因为这种隔空喊话不是直接的、正面的、善意的沟通。这一时期，国民党权力空隙中残存的台湾民间文化人主要是通过批评大陆民间文化的消失来巩固自身文化信念，而大陆学界正接受"左倾"色彩浓厚的思想改造，总体上对台湾民间文化的新动向，很难具备独立的批评能力。这种情形持续到20世纪70年代末期。另一方面，那些批评大陆文化人士的台湾学者实际上都是新近来自大陆的"外省人"，不一定能完整代表台湾本省文化人士的声音。

二、东亚冷战的缓和与两岸民间文化的接触

苏美两大阵营冷战过程中，各自阵营内部均曾发生裂变，其中包括中苏冲突的出现。进入20世纪70年代，美国为了更有力抑制苏联的攻势，试图打"中国牌"，即搁置意识形态对立，在国家利益层面寻求与中华人民共和国政府的和解与合作，默认中华人民共和国政府取代台湾当局在联合国的会员席位，默认它支持下的日本政府与台湾当局断交而与中华人民共和国政府建交，接着美国自己也实现这种邦交关系转换。这就使得东亚冷战形势发生重大改变。

东亚冷战缓和，影响到中国，海峡两岸的冷冻和对峙局面出现了解冻的机会。1978年大陆结束了以往的意识形态狂热的"左倾"做法，实行改革开放，并随即向台湾发出和平统一呼吁；台湾当局面对基于"反共抗俄""反攻大陆"旗号的政治合法性已经丧失的现实，20世纪70年代也开始着力于"革新保台"，实现一些务实的政治经济政策，对于大陆的和平统一呼吁虽以"三不"（不接触、不谈判、不妥协）加以拒绝，却也逐步放宽两岸民间交往和交流。1992年，国民党当局授权以民间组织面目出现的"海基会"和大陆官方授权的民间组织"海协会"进行会谈，达成两岸同属一个中国的"九二共识"，在此基础上两岸冷冻局面逐渐缓和。

这样，两岸民间文化互动逐步告别逆向的隔海喊话，转向正面的直接交流。仅以台湾学者韦政通的经历为例。20世纪80年代，大陆极具影响力的"走向未来丛书"，收入韦政通的《伦理思想的突破》等思想性著作，而韦政通和傅伟勋在台湾主编出版的"思想家"丛书，也邀请十多位大陆学者参与著述。大陆学者创办的民间学术教育机构"中国文化书院"聘请韦政通、陈鼓应、柴松林、陈子斌、高宣扬、张尚德等台湾学者为导师，韦政通担任召集人的《中国论坛》积极发表大陆学者文章、开辟两岸学者讨论专栏。最近，我们整理韦政通先生的藏札，发现在两岸正式开放人员往来之前，已经有包遵信、甘阳、耿云志、顾昕、姜义华、李泽厚、刘再复、楼宇烈、庞朴、汤一介、魏英敏、萧萐父、袁伟时等诸多大陆学者与之通信，交流文化思想和进行学术合作。管中窥豹，两岸民间文化人的这种接触极富生命力。虽然1996年李登辉通过"直选"执政后政策转向操弄"台独"，2000年起陈水扁执政八年"台独"趋向更加公开，对已然启动的两岸民间文化互动形成不利影响，但对于民间文化互动的持

续未造成显著收缩。而到了2008—2016年间，恪守"九二共识"的马英九当局执政，两岸交流更加顺畅。

两岸民间文化开始接触和持续互动的时期，也是两岸内部各自民间文化呈现多元化展开的时期。

在台湾地区，由于国民党的"威权统治"，在1950—1960年代，硕果仅存的民间文化，只有"自由世界"软性庇护下的自由主义（《自由中国》与《文星》所代表的言论方向），[8] 和国民党"道统"论述背景下同曲异调的新儒学（"人文友会"及在香港出版的《民主评论》群体），[9] 而且它们都同样遭受政治压制。到了20世纪70年代，岛内外的形势发展，造成本土主义（《台湾政论》《八十年代》《美丽岛》，乃至后来《自由时报》等所导引的方向）[10] 和社群主义（《夏潮》所昭示的"左翼文化"复兴）[11] 的异军突起，它们与新一代自由主义（《大学杂志》《中国论坛》等言论群体）和新儒学（《鹅湖》学人群等）一起，[12] 形成多花竞放局面。尤其是，这个时候的台湾民间文化人士，"本省人"已经不再失声，"外省人"经历数十年的本地化，也逐渐成为"新台湾人"。

在大陆，"文化大革命"结束后，解放思想、实事求是、百花齐放、百家争鸣的倡导，使经历思想改造运动和"文化大革命"而整体消失的多元民间文化逐渐得到恢复，各种思潮逐渐萌动，20世纪80年代出现以"现代化思潮"为面貌的自由主义，20世纪90年代进而发展为自由主义、新儒家、新左派的三足鼎立，同时民族主义文化也在官方推动下深入到民间文化界。

在民间文化各自的多元展开中，两岸文化的接触和交流，呈现出丰富多彩的局面。任何一种思潮，都可以在对岸引起直接的反应。同时，从时至今日的演变过程看，反应的形式又是不同的。比如两岸新儒家之间既有合作，又有竞争；[13] 两岸自由主义者之间在公共权力设计方面共鸣，在两岸共同政治架构方面纠结；两岸民间"左翼文化"总体上彼此呼应；两岸民间民族主义经常尖锐对垒。可以说，两岸关系的文化层面，越来越进入深层磨合阶段。

三、东亚格局的新变化与两岸民间文化扩大互动的深刻需要

经过30多年改革开放，中国大陆迅速崛起，综合实力超越日本，雄踞东亚之首。中国维护国家安全和统一的实力不断增强，这一新形势也引起长期主导东亚格局的美国的不安。1991年苏联解体后美国成为世界唯一超级大国，不愿

接受一个新的挑战者，对于中国大陆的崛起采取越来越明显的抑制战略，最近更是动作频频挑事揽局，大有发起"新冷战"之势。[14]台湾于是再次成为美国试图利用的一个因素。

经过1987年以来持续的政治转型，今天的台湾，已经不是国民党一党独大的一个政治区域，而是以选票赢政权的"民主社会"，且蓝绿分庭抗礼、绿大于蓝渐成趋势。它在安全上对美国的依赖，使美国暗地插手台湾事务具有便利性。而另一方面，这种战略形势也为台湾地区分离主义势力提供了养分和胆量。

不久前，台湾实现第三次政党轮替，未放弃"台独"党纲的民进党再次取得执政权。蔡英文在就任演说中形式上接受国民党主政时期制定的"中华民国宪法"和"两岸人民关系条例"，没有明确说出"台独"的字句，但内心仍是在推进实际的"台独"，拒绝明确表述"两岸同属一个中国"的"九二共识"，并以"尊重民意"的口实为将来时机成熟时改变现有"宪法"和"条例"埋下伏笔。新当局在具体政策推行中，经济上提出"新南向政策"，文化上重新走"去中国化"的老路，其第一个政令，即撤销前任当局制定的旨在确认一个中国意涵的"微调课纲"，力图通过操作教科书，制造下一代人的"天然独"，小步快跑，柔性推进，以"文化台独"成就"政治台独"。这种氛围造成在民间文化中，那些坚持中华意识的思想流派空间再次被逼窄，而鼓噪所谓"台湾民族""独立建国"意识的声音，则如鱼得水。最近"洪素珠现象"的出现，[15]正是以此为背景。

民进党当局拒不承认"九二共识"，大陆与台湾之间的各种官方半官方联系协商机制全面停摆，有学者认为未来两岸关系可能走向"冷对抗"。遏制"台独"，政冷难以避免。问题是经济、文化往来是否应该同步收紧，乃至于冷对抗？国台办已重申："我们会继续坚持'九二共识'的政治基础，坚决反对和遏制'台独'分裂活动，继续推进两岸关系的和平发展，推进各领域的交流合作来维护台海稳定，增进两岸同胞的利益和福祉。"[16]此处的"各领域的交流合作"当然包括经济和文化领域。这里需要特别强调的一点，是推进文化交流比推进经济交流具有更加重大的意义。因为经济交流虽可拉近两岸民众的距离，却很难做到等距离拉近，不均衡的利益反而有可能使一部分人渐行渐远，利益本身并不必然产生认同。而文化交流则是非功利的心智交流，可以等距离，普遍化。因此，文化交流，特别民间文化交流，在民进党重演"去中国化"的形势下，不仅不能冷冻，反而应该更加热络。

两岸民间文化确有难以协调之处，需要不断磨合。民间文化的深度磨合是两岸关系稳定发展的坚实基础，也是两岸官方政治对话的重要前提。磨合越充分，两岸越难以分离。在目前严峻形势下，假如我们将两岸交流全面收紧，会大大削弱岛内统派力量的精神支持，势必亲者痛仇者快。恰如两岸民间文化交流先行者之一韦政通先生日前所说，"两岸断掉往来，其实搞'台独'的人心中窃喜。现在观光客不来了，如果文化交流也断掉，对'台独'的人正中下怀。他们搞'文化台独'，就是要两岸的文化交流彻底断掉。"[17] 目前两岸交流有所减缓而"台独"政治并无妥协、修正迹象，也许显示的正是这样的危险警讯。政治从严，经济从宽，文化从热，排除各种政治干扰，加强民间文化交流，是制裁"台独"的撒手锏，也是和平统一最可靠、最根本的出路。

四、基于建构东亚新秩序的两岸民间文化交流路径的思考

中国有着深厚的和合文化传统，永远不会称霸，但在东亚乃至世界范围内话语权会越来越彰显，国际地位日益接近世界舞台中心，也是一个无可争议的大势。中国将对建构东亚新秩序、实现东亚格局转型发挥重大影响，而这自然有赖于中国自身文明的长足进步，也有赖于两岸关系的和谐和迈向统一进程。在这一进程中，两岸民间文化互动将发生基础性同时也是根本性的作用，因为文化是足以深入到民众心灵的力量，而民间文化又是扎根最深的文化。

目前的两岸民间文化均呈现出多元和繁复的局面。以往我们注意较多的是挖掘两岸共同的传统文化血脉，突出"两岸一家亲""同属中华文明"的意识，而相对忽略两岸文化中差异的正视和化解。加强民间文化互动的目的，不仅仅在于求同存异，而且要达到"强同化异"。因为台湾地区经过半世纪日本殖民统治，近70年与大陆的分隔，加上大陆文化自身的变异和拓展，两岸文化之异已经不仅仅"小异"，而且存在一些"大异"，单纯立足于"两岸一家亲"的求同存异，能够求得的"同"不一定大于被迫存下的"异"。只有既强化两岸在传统文化上的同质性，又推动多元民间文化互动去正面化解现代生活中的根本文化差异，"强同化异"，才能使两岸文化的裂痕越来越小，基于现代性的民族认同越来越强。

具体来说，可以从三个角度采取一些办法：

1.着眼于文化互动生活化。文化互动在两岸关系拓展中起步最早，发展却不能说是最好。在实际工作中，政治为重，经济优先，文化"敲边鼓"。有些

地方叫"文化搭台，经济唱戏，政治收功"。开展的活动，如"两岸文化联谊行""中华文化交流体验营""两岸大学生合唱节"等，较多着眼于政绩考虑。这一战略看来有反思的必要。真正推进两岸关系，普遍的、大规模的、经常化的民间文化互动必须视为重中之重。要使交流普遍化，就是要实现不同年龄、不同地域、不同信仰的人员广泛参与两岸文化交流；规模化，就是通过发展民间文化组织，形成百川归海之势，使政治变动无从影响，"台独"政客阻无可阻；常态化，就是要将文化交流贯穿到生活的每一个侧面，从宗教生活、观光娱乐生活，到艺术生活、新闻出版等读书生活，不留空档，在润物细无声中，无形拉近两岸距离。

2. 着眼于历史认知的整合。文化交流除了要有广度、力度、频度，还要有深度。有深度就是要深入到历史认知和文化价值的层面。应该看到，阻碍两岸靠近的文化因素一个重要方面来自彼此对于现代历史和现代文化价值的理解。由于政治因素的介入，两岸对于近代历史的不同认知，严重影响到国家和民族认同。对于整个中国的近现代史和台湾地区的现当代史，两岸无论官方、学界还是一般民众层面，都存在明显而重大的分歧。亡国先亡史，兴国先兴史。近现代历史涉及中华民族现代转进中一些重要史实的真相、功过、得失，牵涉是非评价和情感亲疏，只有尽量客观面对，才能消除不必要的对立。为此，有必要大力推进民间学术合作，共同开展有关两岸近代历史的研究和著述。不久前两岸合编的教科书《中国近代史》出版，是一个良好的开端，但不应该是句点，而且这一工作要进一步延伸到20世纪台湾史的合作研究和编纂中去。

3. 着眼于思想层次的疏通。文化价值是文化的本质，这属于思想层次，非一般嘉年华式的文化活动可以取代，亦非历史认知足以全部解决。但这个层次的文化差异不化解，两岸真正的文化交融就不可能，统一也遥遥无期。化解这一根本差异，对于官方可能是短板（刚性），民间却有优势（柔性），推进民间思想界的交往和交锋不失为妙道之一。比如，我们可以充分鼓励两岸"新儒家"和"国学家"进行深层次对话，通过不断的交流和研讨，把固有的中华文化纽带系得更紧。我们可以宽容两岸"自由主义者"在被台湾视为主流价值的自由、民主、法治、"宪政"等领域展开沟通，通过学理的探讨消解"台独"论者对民主理论似是而非的扭曲。我们可以允许两岸民间"新左派"就社会主义思想进行开放的切磋，以展示社会主义对多元现代性的认可，消除台湾民众对于社会主义的误解和恐惧。

总之，我们需要有高度文化自信，以高度的智慧和境界，在交往和交锋中去伪存真，凝聚两岸共识，创造两岸融合的新民意，既巩固面向历史的文化认同，也建构面向未来的文化认同。这样，无论台湾哪个政党执政，无论"台独"政客多么肆无忌惮，都将无法操弄民粹，无法改变两岸走向一统的大势。这一大势也将有助于中国在东亚和平与发展新秩序中自身地位的确立。

注释：

[1] 中华人民共和国成立前夕，美国国务院发表《美中关系白皮书》，将美国对华政策失败的原因归咎于国民党政府的腐败和无能，引起关于究竟谁"丢失了中国"的讨论。参见安东尼·库贝克《远东是怎样丢失的》（Anthony Kubek, How the far East was lost，Chicago, 1963）。

[2] 朝鲜战争后爆发前夕，台湾已经被美国军方比喻为"不沉的航空母舰和潜艇供应船"，但针对的是苏联占领的后果来说的。1950 年 2 月《中苏友好同盟条约》签订，他们认为台湾如落入共产党之手，形同一艘位置十分理想的不沉的航空母舰和潜艇供应船，既可用以完成苏联的战略攻势，又可以同时将死冲绳和菲律宾基地的美军的反攻，所以建议美国政府对撤退台湾的国民党政权采取不放弃的立场。朝鲜战争爆发后，美国第七舰队开入台湾海峡，台湾转而成为美国"不沉的航空母舰"。

[3] 陈垣：《给胡适的一封公开信》，《人民日报》1949 年 5 月 11 日"读者来信"。

[4] 胡适：《跋所谓陈垣给胡适的一封公开信》，《自由中国》第 2 卷第 3 期，1950 年 2 月 1 日。

[5] 金岳霖：《了解＜实践论＞的条件——自我批评之一》，《新建设》第 4 卷第 5 期，1951 年 5 月。

[6] 牟宗三：《一个真正的自由人》，《自由人》第 87 期，1952 年 1 月 2 日。

[7] 梅蕴理（殷海光）：《我所认识之"真正的自由人"》，《自由中国》第 6 卷第 2 期，1952 年 1 月 16 日。

[8] 《自由中国》创刊于 1949 年，以胡适为精神导师，雷震、殷海光为言论主力，最初与国民党在"反共抗俄"上"同舟共济"，国民党政权巩固后转而以自由主义为旗帜反独裁，鼓吹成立反对党。1960 年国民党罗织"雷震案"，《自由中国》被迫停刊。《文星》原本是普通文艺刊物，1961 年李敖受聘为主编将方向调整为思想刊物，继承了自由主义者反传统的文化方向和一定程度的政治言论作风。

[9] "人文友会"是 1954 年新儒家牟宗三在台湾师范学院主办的制度性讲学活动，坚持两年余，教导出一批有着复兴儒学抱负的传统主义思想人物。《民主评论》是执教于台湾东海大学的新儒家徐复观主办的思想刊物，以传统主义卫道，以自由主义论政。在香港出版，台湾发行，时间延续 17 年之久。

[10] 《台湾政论》创刊于 1975 年，是台湾本省籍知识分子黄信介、康宁祥、张俊宏所办，出版五期，第六期以涉嫌"内乱罪"被查封。《八十年代》和《美丽岛》均为 1979 年出刊的本省籍知识分子言论刊物，分别为康宁祥、施明德所办，风格上前者温和，后者激进。《自由时报》是民进党成立后"绿营"喉舌，体现当代"本土主义"言论趋向。

[11] 《夏潮》是苏庆黎主持的一本刊物，发行时间 1976—1979 年。刊物具有强烈的社会主义色彩：为社会底层发声，反对资本主义和帝国主义；同时主张自由主义和中国民族主义。

[12] 到 20 世纪 70 年代后，台湾自由主义言论刊物主要是《大学杂志》和《中匡论坛》。《大学杂志》转型为自由主义言论刊物是 1971 年，到 1973 年分化，社会影响力减弱。1975 年其部分

言论稳健的成员集结到联合报系主办的《中国论坛》，方向上仍以自由主义为主，直到 1990 年分裂萧条。两刊的重要成员有杨国枢、胡佛等。新儒家刊物主要是 1975 年创办的《鹅湖》杂志，至今仍在发行中。

[13] 两岸新儒家交流初期，主要以学术共鸣为主，最近几年出现显著地学术竞争态势。近年大陆新儒家蒋庆、陈明等连续批评台湾新儒家的阳明学路径缩限了儒学的现代价值，台湾新儒家李明辉、林安梧等则对大陆新儒家的政治儒学展开公开批判。

[14] 学界关于"新冷战"的讨论意见分歧，有的认为是基督教西方世界与儒教、伊斯兰教东方世界之间的对抗；有的认为是欧美在新形势下针对中俄的恶意竞争；有的认为是中美之间的一种既和平相处又全面抗衡的局面。但无论哪一种新冷战论述，居于超级强权的美国和崛起中的中国都被看作对立方的重要成员。

[15] 2016 年 6 月 9 日，自称"公民记者"的"急独"组织"台湾民政府"成员洪素珠公然将她以"中国难民""啃台湾骨""不要脸、滚回中国去"等恶劣语言辱骂国民党老兵的视频上传到 facebook 上，引起公愤。舆论认为这不是个案，而是绿营长期"去中国化"所导致的一种社会现象，斯为"洪素珠现象"。参见党朝胜：《心中贼不破"洪素珠现象"将继续》，搜狐公共平台 http://mt.sohu.com/20160613/n454167147.shtml

[16] 中国新闻网 http://news.chinanews.com/tw/2016/06-15/7904840.shtml

[17] 韦政通先生与笔者的电话记录，时间 2016 年 6 月 9 日。

当前两岸文化交流面临的问题及对策思考

中国社会科学院台湾研究所　　贾　蓓

两岸文化交流是推动两岸和平发展的重要动力。2016 年民进党重新执政后，两岸关系发展的不确定性与风险急剧增大。在此背景下，两岸文化交流对和平发展的稳定与润滑作用进一步突显。未来应积极排除障碍，加强两岸文化交流的思维创新、形式创新、功能创新等，为维护两岸关系和平发展创造条件。

一、两岸文化交流特点及意义

（一）两岸文化交流的特点

两岸文化交流受到文化交流自身规律、两岸交流总体规律以及两岸关系形势等多种因素的影响。呈现出以下特点：

1. **特殊性**：一是两岸文化交流的性质具有特殊性。两岸之间的文化交流不同于世界上大多数的文化交流，两岸文化是都是中华文化不可分割的一部分，都在中华传统文化的基础上进行了传承和发扬，因此两岸文化交流的性质是同一文化中、同一国家与不同文化部分或分支间的交流。二是两岸文化交流的目的具有特殊性。两岸文化交流的目的不是单纯的交流与融合，而是通过两岸文化交流，消除两岸人民内心的隔阂，增进相互了解，为实现两岸关系和平发展、最终实现祖国统一奠定文化和感情基础。

2. **广泛性和多样性**：一是两岸文化交流的内容丰富，涵盖文化交流的方方面面，遍及艺术、文学、民俗、宗教、影视、音乐、武术、历史等各个领域，内容、主题多样的文化交流盛宴在两岸各地不断端出。二是两岸文化交流群体呈现多元化。从年龄结构看，文化交流群体遍布各个年龄段。既有儿童、青少年，也有中老年人。从职业结构看，文化交流群体，既有教育工作者、作家、艺术家等专业人士、也有大中小学生，非专业的文化爱好者以及普通民众，遍布各行各业。

3. 自发性和民间性：历史悠久的中华文化深植于两岸人民的思想情感中，无论是在两岸紧张对峙时期还是两岸关系和平发展时期，两岸民间的文化交流都未曾彻底中断，充分体现了两岸文化交流的自发性和民间性。在两岸文化交流如此丰富和繁荣的今天，两岸文化交流的各领域，都通过民间方式，自发开展交流，因两岸文化交流尚未机制化和制度化，两岸相关部门都基本没有直接介入两岸文化交流。

（二）两岸文化交流的意义

1. 必要性：两岸文化交流能够带动相互情感、认知与价值观的趋同，对推动两岸关系稳定发展以及实现两岸和平统一具有重要而不可替代的基础作用。[1]一是两岸文化交流可以促进两岸民众文化和价值观认同。在李登辉、陈水扁执政多年推行的"去中国化"政策的影响下，部分台湾民众对台湾文化与中华文化的关系产生了认知混乱，影响到其民族认同和国家认同，导致民众对台湾与大陆关系的认知逐渐倾向分离。加强文化交流能够使两岸人民增进了解，弥合心灵裂痕，增强民族和国家认同感，是澄清历史、增强两岸人民情感联系纽带的必要举措。

二是两岸文化交流有助于两岸关系和平发展。前国民党主席吴伯雄曾经指出："两岸关系是否能持续且长远地发展，是否能在不远的未来产生实质性的更大突破，文化平台上的沟通、往来与融合是问题解答的一个关键所在。"[2]两岸文化交流一方面对两岸关系具有推动力。通过文化交流凝聚共识，带动和渗透到两岸各方面的交流和发展。在两岸政治处于僵持对立或者军事紧张时，文化交流也经常扮演沟通两岸人民情感的角色，助推两岸关系和平发展。另一方面对破坏两岸关系和平发展因素有制约力。文化交流作为深层次、思想性的交流，能够对民众思想观念产生影响，在"反独""促统"上的作用不容小视。台湾文化是中华文化不可分割的一部分，多数台湾民众对中华文化的认同，是对"去中国化"和"文化台独"的最大制约力。

2. 紧迫性：一是"台独史观"教育影响深远。李登辉、陈水扁主政台湾20年间，台湾当局大力提倡"本土意识"，通过修改"课纲"等一系列方式推行"文化台独"和"去中国化"，宣扬"台湾史就是'国史'"，否定中华文化在台湾文化中的主体地位。在两岸文化差异、政治隔绝与对立以及台湾长期的"去中国化"政策的影响下，台湾民众对中国和中国人的认同，对两岸关系的看法都发生了极大的改变，"本土意识"急剧上升，要求统一的声音越来越少，主张"台独"的比例越来越高。因此，必须通过深化文化交流进行影响和改变。

二是经贸交流的影响效果有限。2008年以来，两岸经贸往来迅速增多，然而经济交流、经济让利并没有让台湾民众的认同感回升。要求统一的民调不升反降，据指标民调最新民调显示，66.4%不赞成两岸最终应该统一，且越年轻不赞成终统的比率则越高，而赞成台湾最终应该要"独立"的则占52.6%[3]。这种经贸交流对两岸心灵契合的促进作用有限的现象亟须深化文化交流来弥补。

三是民进党重新执政以后，两岸关系和平发展充满不确定性。民进党执政仅一个多月，"文化台独"和"去中国化"政策又已经初见端倪。文化交流作为经济交流和政治交流的中介，本身具有连接情感、增进感情的功能。因此，新形势下加强两岸文化交流，注重发挥文化交流在两岸关系中的柔性作用显得更为重要和紧迫。

二、两岸文化交流面临的问题

文化交流有润物无声的潜移默化作用，相比政治交流的敏感和经济交流的近利，文化交流往往在政治交流和经济交流过程中扮演着过渡和润滑的角色。文化交流既可承前启后，又能充当助推器，但与此同时，其先天具有的意识形态等特质，又决定了双方的交流并非想象那样简单、轻巧。当前两岸文化交流也面临进入深水期的困难和未来两岸关系风险因素增加的挑战。

（一）不同历史观和意识形态分歧是限制两岸文化交流的根本问题

在两岸长期隔绝和政治影响、操纵下，两岸人民在历史观念上分歧明显且深刻。尤其是李登辉时期推行"同心圆史观"以及"台独"分子不断鼓吹的"殖民进步说"等混淆历史的做法，使在错误史观教育下成长的青年人产生了与大陆截然不同的历史观，人为强化了两岸社会心态的疏离感，导致了两岸文化交流内在的深层障碍，增加了两岸人民心灵契合的难度。同时，台湾和大陆由于历史原因导致了资本主义制度和社会主义制度下两岸人民意识形态的根本分歧。因此，尽管两岸都重视文化交流的特殊作用，但都持相对审慎的态度，尤其是在涉及意识形态、社会制度层面的广播影视、报纸杂志、互联网等方面的文化交流更加谨慎，客观上影响到两岸文化深层次的交流与合作。

（二）蔡当局模糊两岸共同政治基础成为双方文化交流的重要障碍

民进党上台以后，始终对两岸关系性质这一根本问题采取模糊态度，没有明确承认"九二共识"和认同其核心意涵，破坏了两岸关系发展的政治基础，也破坏了两岸制度化交往的政治基础。尤其是蔡当局上台一个月来的一系列"撤销新修课纲"、任命政治立场偏"独"的"文化部长""教育部长"、将"冲之鸟礁"改为"冲之鸟"、"外交休兵"改为"元首外交"等施政明显带有"台独"色彩，为两岸之间建立政治互信更添困难，不仅对两岸文化交流的制度化、机制化带来负面效应，也不利于两岸文化交流在和平发展的大环境下顺利进行，今后两岸文化交流所衍生的问题与争论，也将更加白热化。[4]

（三）两岸文化交流不平衡、不对等严重制约其发展

现阶段两岸文化交流呈现出大陆更加积极开放、台湾方面小心谨慎，大陆政策更加宽容、台湾限制较多的不平衡、不对等现象。台湾当局一直以来对两岸文化交流持有戒心，极力淡化两岸文化交流的政治色彩和政治影响，担心一旦两岸文化交流更深入，台湾不仅没能影响大陆，反而被大陆"统战"，尤其绿营一直将两岸文化交流污名化、与大陆统战挂钩。台湾始终在两岸文化交流上畏首畏尾，不仅不利于两岸正常的文化交流，反而对两岸文化交流产生一定的阻碍作用。

（四）两岸文化交流内容和对象固化

近年来，两岸文化交流规模持续扩大，但是交流的内容和对象有固化的迹象。从交流内容上来看，当前两岸文化交流大多还是艺术、文物、文学等雅文化的交流与合作，还没有完全深入到一般老百姓的日常生活中，变成俗文化，成为普遍接受的范式。[5]从交流对象上来看，台湾方面交流的对象大多是专家、学者、知识分子等，普通民众参加比例有待提升。交流内容和对象的相对固化不利于化解台湾民众对大陆和两岸关系发展的疑虑、误解甚至敌意。

（五）两岸文化交流短期效果有限

文化是通过潜移默化的渗透来发挥作用的，文化本身的特点决定了两岸文化交流需要在长期不断的努力中深化、加强，才能达到预期目的。两岸文化交流，短期内又不容易收到显著效果，不像两岸经贸合作般立竿见影，能给双方带来实实在在的利益。因此，两岸文化交流的积极作用尚未充分展现，相较于

两岸其他各方面的交流与合作还有很大的加强与深化空间。

三、两岸文化交流的影响因素

两岸文化交流既有内在的自发性和民间性，也因其特殊的历史和现状，在很大程度上受制于各种外在因素的影响。当前两岸文化交流的影响因素主要有以下几个方面。

（一）两岸文化天然的血缘关系

两岸文化同根同源，在长期的历史进程中，两岸同胞拥有相同的历史、相同的语言和文字，血缘与文化的天然联系是任何势力和个人都割裂不了的。胡锦涛在纪念《告台湾同胞书》发表30周年讲话中指出：中华文化源远流长、瑰丽灿烂，是两岸同胞共同的宝贵财富，是维系两岸同胞民族感情的重要纽带。中华文化在台湾根深叶茂，台湾文化丰富了中华文化内涵。台湾学者也曾指出，真正的台湾文化、台湾历史，本来就包含着"中国文化""中国历史"，是不可分割的融合体。中华传统文化在台湾保留得较为完整，而大陆的故宫、圆明园、莫高窟、中山陵等著名历史文化景观，对台湾同胞而言是书本上、记忆中的东西，两岸同胞内心存在的天然的民族情愫以及同根同源的亲近感在两岸文化交流的每个阶段都发挥着积极影响。在两岸关系发展遭遇坎坷时，血缘与文化的天然联系维系着两岸文化交流不中断；在两岸关系和平发展时期，血缘与文化的天然联系又对两岸文化交流发挥积极的促进作用。

（二）两岸对文化交流的政策导向

两岸文化交流虽有天然不可分割的情感维系，但历史原因造成的两岸分治现实，使两岸双方政策导向对两岸文化交流产生重要影响。一方面，积极的两岸文化政策会推动两岸文化的交流和繁荣。马英九执政时期，两岸都采取了较为宽松和积极的政策，鼓励两岸文化交流，使两岸文化交流自2008年以来实现了跨越式发展，增强了两岸人民之间的了解和互动。另一方面，消极的两岸政策对两岸文化交流带来的负面影响十分显著。由李、扁执政时期因推行"文化台独"导致两岸文化交流近乎停滞，即可看出政策对文化交流的影响之大。未来两岸文化交流能否在"冷和平""冷对抗"的背景下实现积极、良性互动，关键看民进党当局能否在承认"九二共识"上迈出实质性的一步，能否抛弃"台独党纲"。

（三）岛内蓝绿对抗的政治生态

台湾政治的特点是蓝绿对抗，彼此在台湾前途、"国家认同"、两岸政策等根本性问题上呈现出原则性的矛盾和对立。以民进党为主的绿营在大陆问题上几乎"逢中必反"，其执政时期主张"本土化"，推行"文化台独"，极力撇清与中华文化的关系，使两岸文化交流几乎冷冻；在野时期则采取抗争、抹黑、阻挠政策推行等方式，反对当局与大陆进行文化交流，处处掣肘两岸文化交流的发展和深入。

（四）国际关系角力的政治背景

两岸关系不仅受两岸双方的影响，从两岸问题产生伊始，就留下了受国际政治大背景影响的烙印，而美日在其中的作用与影响尤为突出。台湾文化本身就深受美日影响，20世纪上半叶因日本殖民统治而受到日本殖民文化影响，两岸隔绝后，又因政治上投靠西方，而受到以美国为主的西方文化影响。2013年美国高调宣布"重返亚太"，2015年安倍政府推行"安保法案"，都让台湾分裂势力认为自身战略地位提高，岛内"文化台独"借机死灰复燃，台湾当局有关文化政策的政治考量也受到影响。由此可见，国际关系中大国的角力通过影响台湾的自身定位及其相关政策制定和导向，进而影响两岸文化交流。

四、对未来两岸文化交流的思考与建议

在当前及未来一段时期，两岸关系发展前景不乐观的情况下，两岸关系如同逆水行舟，不进则退。文化交流是软性和柔性交流，可降低两岸极端非常理性之政治行为出现的可能性。未来，两岸文化交流应坚持寄希望于两岸人民，注重发挥文化交流加强心灵契合的作用，

（一）建立两岸文化交流的共识

一是确立共同的交流目的。两岸文化交流的最终目标是实现两岸关系和平发展、促进两岸和平统一、实现中华民族伟大复兴。而当前两岸在文化交流的目标上存在差异，因此在实现最终目标的过程当中，应秉持宽容理解，尊重差异，循序渐进的原则，设立共同的阶段性或某方面目标。在不伤害两岸人民感

情的基础上逐步推进目标、建立共识，在逐步缩小分歧、化解隔阂中培养同理心和心灵契合。逐步使两岸民众通过真正的文化观念、价值观的融合，重塑现代意义上的、两岸民众共同接受的中华文明价值观。[6]

二是加强共同的情感维系。在两岸文化交流中，注重强调两岸共同的历史记忆。习近平总书记在主持中央政治局集体学习时指出，要推动海峡两岸史学界"共享史料、共写史书"。在"台独史观"教育下成长起来的年青一代，对大陆抱有较强的排斥心理，"两岸同属一个中国"的意识和观念十分淡薄。两岸共同对抗日战争史、两岸交流史和移民史等两岸共同关注问题的进行研究和交流，将共同的历史记忆作为两岸人民的感情维系，有利于扭转台湾社会存在的历史偏见，统一两岸人民的"历史观"，加强双方命运共同体观念，对"文化台独"形成威慑力。

（二）重视并加强两岸文化交流向南部与青年倾斜

一是两岸文化交流结构应加大向下沉、向南靠。现阶段两岸文化交流的参与主体以台蓝营、北部、精英阶层为主，文化交流的影响和效应不能得到全方位的发挥。调整文化交流结构"向下沉"，是要将文化交流参与者向普通民众转向，使两岸文化交流的参与者由精英为主，转向既有精英又有大众，让更多的普通民众更深入地感知中华文化；"向南靠"则是加强与经济发展相对欠发达的台湾南部地区民众的交流，使两岸文化交流由北台湾为主转向南北并重，让南部普通民众更了解大陆的真实情况，唤醒心中的中华文化意识，增加对大陆的认识与好感。

二是两岸文化交流重点要向青年倾斜。青年作为两岸文化交流的生力军，代表着两岸文化交流的未来，应着重加强青年文化交流，持续扩大青年参与的广度与深度，在交流和碰撞中使两岸青年彼此更加了解、亲近，增进文化认同，改变台湾青少年对大陆的刻板印象。青年人正处于思想较为活跃和开放的时期，因此要针对其开放、自由、活跃的特点，在两岸文化交流中注重体验式和互动式的交流，丰富交流内容，如在交流中注重增加实地走访、亲身体验民俗传统等项目，使青年人乐于参与其中，感受中华文化的魅力，在交流中逐渐接受和建立两岸命运共同体的理念。

（三）创新并丰富两岸文化交流的形式与内容

一是两岸文化交流方式要不断丰富。两岸文化交流应转变过去的以会议、论坛、参访为主的方式，及时了解民众的兴趣点，结合时代特征，与时俱进。其一，可充分利用新媒体的作用。在互联网和大众传媒时代，台湾民众尤其是青少年了解大陆资讯大多是通过网络、电视等方式。两岸可搭建文化交流网络平台，用影像、文字、即时交流等民众感兴趣的方式，使互联网成为两岸文化交流园地，不仅可提升工作效率，还能弥补两岸实地交流活动的不足。其二，应注重加强体验式交流。全国政协主席俞正声在第八届海峡论坛上说，两岸关系形势越复杂，越需要两岸民众加强交流，尤其要多举办一些体验式交流，让两岸民众乐于参与、有所收获。[7] 两岸文化交流中，应注重让两岸民众切身体会对方在传承和发扬中华文化的过程中产生的优秀文化成果，通过亲自操作、实地感受等亲身体验加深对中华文化的印象，提升对对岸文化的兴趣度和好感度。

二是两岸文化交流内容要不断充实。两岸文化交流应注意增强有效性，内容应随时代的变化和民众口味的变化而不断充实和丰富。其一，据民众兴趣变化调整，雅俗共赏。两岸文化交流不仅应重视传统高雅文化的交流，还应该根据民众的兴趣点和关心点有针对性地进行文化交流。如近年来大陆综艺、电视节目在台湾广受追捧，《中国好声音》《琅琊榜》等融合了台湾元素的综艺和制作精良的古装戏尤其受到台湾民众的喜爱。而台湾电影等传统优势文化产业在大陆也广受欢迎。类似的交流容易调动民众的兴趣。其二，据时代变化调整，因时而动。当前，文化创意产业是全球热门产业，竞争激烈，两岸在文化创意上的合作与交流大有可为。台湾和大陆有共同的文化源头，且台湾文化创意产业发展较早，有许多具有国际知名度的文化产品，但市场狭小，而大陆当前重视文化创意产业的发展，技术条件成熟，拥有广阔的市场，加强两岸文化创意产业合作与交流必将带来双赢的结果。

（四）引导并发挥民间力量对两岸文化交流的促进作用

一是要鼓励两岸同胞发挥各自优势，传承发扬中华文化优秀传统。台湾文化是中华文化的一部分，但也具有自身明显的地域特征和独有特色，中华文化应充分吸收和融合台湾特色文化，台湾文化也应在两岸文化交流、融合中发挥建设性作用。这种共通共融的过程，将使两岸同胞构筑起共同精神家园和命运共同体。[8] 一方面，应大力推动优秀传统文化赴台交流，使台湾同胞更深入了解大陆文化。尤其是利用闽台共同文化根源，加强具有闽台特色的福建闽剧、歌仔戏、南音、高甲戏等特色文化交流。另一方面，应积极邀请台湾文化团体和文化界人士来大陆参加各类文化艺术活动，努力为台湾文化艺术界人士来大陆发展文化事业提供更好的服务和更大的发展空间。

二是要引导民间机构发挥先锋作用，促进两岸文化良性互动。为便利两岸文化交流，台湾和大陆都有很多促进文化交流的民间机构，在两岸文化交流历史中发挥了很大的作用，也因其不带有浓厚的政治色彩，给一些相对敏感的文化交流提供了柔性解决方式。例如两岸博物馆的交流主要通过民间基金会，如海峡两岸文物基金会、鸿禧基金会等来作为沟通的桥梁，民间交流较少涉及政治立场，推动起来反而有利、有成效。因此，今后两岸关系不明朗的情况下，积极引导两岸民间机构发挥作用，能够使两岸文化交流的润滑剂作用得到更好的发挥。

总体来看，今后的两岸文化交流，应多些文化考量，少些政治较劲；多一份历史情感，少一分提防猜忌。两岸应求同存异，携手共同构筑一条以文化为轴心的两岸感情维系纽带，营造一个和平理性平等善意、相互礼让的环境，让"文化交流"真正发挥增进了解，减少敌意与误会的作用，发挥凝聚中华族群的作用，为中华民族和平统一发挥重要作用。

注释：

[1] 吴宜：《两岸文化交流的障碍及出路》，《统一论坛》，2015 年第 2 期。

[2] 《吴伯雄在第五届两岸经贸文化论坛闭幕式上致辞全文》，中国台湾网，2009 年 7 月 12 日。

[3] 参见台湾指标民调 2016 年 5 月 30 日公布的《民众终极统独观》，http://www.tisr.com.tw

[4] 柳金财，《争辩中的两岸文化交流》，联合早报网，2016 年 5 月 5 日。

[5] 廖中武，陈必修：《和平发展视野下的两岸文化交流状况及其前瞻》，《两岸关系》，2011 年第 2 期。

[6] 杨立宪：《再论新形势下如何深化两岸文化交流》，《重庆社会主义学院学报》，2012 年第 6 期。

[7] 《第八届海峡论坛在厦门举行，俞正声出席并致辞》，人民网 2016 年 06 月 13 日。

[8] 李义虎：《中华文化复兴三题议》，中评网 2015 年 11 月 19 日。

从"帝吧出征脸谱"事件看未来两岸青年网络文化交流

军事科学院台海军事研究中心 赵力昌

2008 年以来，两岸关系进入和平发展新的历史阶段，岛内民意在支持和平发展的同时，却裂生出了"容独""惧统"两条分支，并且随着时间推移、绿营助推和两岸关系深化发展，在岛内社会影响越来越深，有成为主要方面的趋势。特别是在当前网络信息社会发展的大背景下，岛内民意"容独"与大陆民意"反独"、岛内民意"惧统"与大陆民意"促统"之间的对抗，在网络空间愈演愈烈，成为未来两岸社会文化交流中难以回避的核心问题之一。新时代大陆青年群体与台湾青年群体之间的网络交流沟通，乃至网络文化冲突对撞，可能成为新的民意热点。就如今年 1 月发生的"帝吧出征脸谱"事件就是一个很好的观察点，对我们审视未来两岸（特别是青年群体）网络社会文化交流提供了全面的视角。

一、"帝吧出征脸谱"事件始末

在岛内选举投票前发生的"周子瑜道歉"事件，使得蓝绿力量几乎一边倒地采取反对态度，引起岛内民意强烈反弹，直接影响部分中间选民投票倾向 [1]。蔡英文当选后，此事件继续发酵，持续引发两岸网民激烈争论。1 月 20 日，大陆最大网络社区"百度贴吧"的大量用户（以百度贴吧最大分站"李毅吧"——又被称为"帝吧"的用户为主，其用户数高达 2090 万），自发组织大规模网络抗议活动，利用技术手段登录脸谱、推特、台湾番薯藤网站、台湾 PTT 网络社区等站点，在蔡英文、三立新闻、苹果日报、自由时报等绿营媒体，"港独""台独"艺人和政治人物网络账号下大量发布反"台独"内容跟帖和表情包，迫使部分账号关闭，进而引发两岸网络论战。截至1月22日，大陆网民已发布约2.3亿条网帖，参与人数高达5000万以上。值得注意的是，大陆网民在此次事件中整体上表现出了一定的组织纪律性，如强调"只反台独不反台湾""多谈美食美景、少谈冲突矛盾"等。1月23日，行动告一段落。"帝吧出征脸谱"行动引起岛内舆论强烈反响，迫使部分绿营被攻击媒体删除博文、关闭评论。三立新闻网及电视台甚至不得不编造谣言"挪威承认台湾是一个国家""瑞典7名议员支持台湾是独立国家"（但挪威、瑞典外交部门迅速回应称"始终坚持一个中国政策"）。

此次"帝吧出征脸谱"行动主要由大陆网民自发组织，成立了包括技术支持、内部管理、贴图制作、言论监察等小组在内的组织团队，号召大陆参与网友"只反台独不反台湾"，目的是"展现大陆年轻一代风貌、促进两岸文化交流"。这一理性友好主题的确立，使此次行动最终没有走进立场冲突、言语对抗的死胡同。一开始大陆网民多用表情包、"八荣八耻"口号等来"刷屏"，台湾网民回应以"狗急跳（防火）墙、跑人家院子里撒野"；随即，行动组织团队号召大陆网友多展示祖国河山、传播各地饮食文化、谈青年共同话题后收到良好效果，一些博文的前期跟帖多是攻击性强的政治争论、后期跟帖却变成对两岸饮食文化、旅游景点、影视作品的话题热议；很多台湾网民向大陆网民索要趣味贴图，咨询大陆特色美食、旅游美景，"政治骂战"演化为"集体联欢"，让很多岛内媒体和政治人物大跌眼镜。1月22日，在"出征脸谱"行动告一段落的同时，"帝吧"管理团队宣布在脸谱网上建立"两岸青年交流促进会"专页，作为两岸青年交流平台。对此事件，岛内网民反应复杂，不少人认为大陆网民行为过激，以势压人、以量取胜，属于"网络霸凌"；部分人认为大陆网民"翻墙出境"体现了开放、自由的另一面，认为此前对大陆了解不够，"没想到两岸网络文化精神很接近"。

"帝吧出征脸谱"事件是典型的两岸青年群体在网络社会交流样本，对于我们研究两岸青年群体心理和网络文化有重要的参考价值。

二、事件体现了岛内民意"容独"与大陆民意"反独"的对立

"容独"与"趋独"在形式和内容上都有所区别，是岛内民意在两岸当前"不统难独"、未来前景不明朗背景下的一种心理趋势，或者说是"心理暗示"。

它不同于"支持独立"或"支持统一"的显性特征,也并非民调中的"不表态"、"模棱两可",是在意识中认为"未来台独也是选项""未来仍有可能实现独立"。这种复杂心理的出现,有其背后深层次的**历史、社会、文化、政治因素**。

"台湾主体意识"的形成,是"容独"民意的历史基础。受李登辉、陈水扁 20 年的"去中国化"教育,加上国民党长期反共宣传,台湾民众特别是年轻一代"中国意识"弱化、"台湾主体意识"增强,倾向统一的力量持续减弱、拒统的力量不断增强。"两岸互不隶属"的思维和"台湾前途由台湾 2300 万人民决定"的思想,已为岛内多数民众所接受,错误"国家认同"渐成台湾社会话语主体。从民进党执政后一系列动作看,其在处理两岸议题上仍未放弃"台独"党纲,以柔性手段推动"去中国化",切断两岸历史文化联系,扩大"台湾主体意识"民意基础,持续强化"利独不利统"民意氛围。可以预见的是,岛内错误国家认同将不断强化,两岸事实分离状态更会持续固化,民意的"容独"可能走向"趋独""支独"。

岛内利益诉求多元化的民意结构,是"容独"民意的社会基础。近年来,岛内贫富差距扩大,民众普遍对经济发展"无感",渴望"超越蓝绿"、结束"蓝绿恶斗"。岛内民意结构呈现出社会矛盾叠加、利益诉求多元的特点。多数台湾民众支持两岸和平发展,但主流民意呈现出复杂性。在民进党的诱导煽动下,许多民众对"'台独'是政治选择"错误理念习以为常,认为"两岸和平红利多为国民党权贵和大财团把持","恐中""反中"、反"国(民党)"情绪加速蔓延。

新型"台独"政治文化和政治力量的悄然兴起,是"容独"民意的文化基础。2015 年 1 月成立的"时代力量"异军突起。他们以追求"台湾国家地位正常化"为核心理念,反对国民党"黑箱操作",主张"脱离中国极权威胁的阴影",借反服贸社会运动上位,打着民主自由幌子,依仗网络媒体大肆宣传,通过选举登上政治舞台,在立法机构获得 5 个席次,跃居岛内第三大政党。这些政治力量的出现,促使岛内政治力量分化组合,新型"台独"运动悄然兴起,让部分民众的政治情绪出口和政治选项有了新的选择,意识到除了民进党之外原来还有更"新型"的"台独"理念、组织、运动。一大批以青年为主体的人群(所谓"天然独"),积极参与此类组织和活动,接受其政治理念,将其政治诉求当成是自我价值实现的新形式,结合了非理性、解构主义、反权威等后现代,乃至后后现代思想,事实上构成了一个全新的"台独"理念层次。

岛内"绿大于蓝"的全新政治版图,是"容独"民意的政治基础。2014 年

11 月举行的"九合一"地方选举是国民党 65 年来在地方选举中遭受的最大挫败，执政县市从上届 15 个减至 6 个，浊水溪作为蓝绿势力的南北分界线被绿营全面突破，台湾政治版图"蓝天变绿地"。2016 年 1 月的台湾地区大选，民进党蔡英文最终以 689 万票当选台湾地区新任领导人，并带领民进党在立法机构拿下 68 席，成为台立法机构第一大党，选举结果一改陈水扁当政时"朝小野大"的局面，实现了民进党首次行政、立法完全执政。从领导人选举看，蔡英文大赢朱立伦 300 多万票；从民意代表选举看，民进党囊括 113 个立法机构席次中的 68 席，单独过半，而国民党则从 64 席大幅缩减为 35 席。这两场选举的结果改变了传统"蓝大绿小"的政治格局，"台独"势力重新得势，使得"台独"分裂主张在岛内大行其道，各种"台独"思潮，包括"容独"在内的泛滥就是题中应有之义。

而大陆年轻人长期接受爱国主义教育和意识形态熏陶，其性格中热爱国家、维护民族利益的一面非常突出，"容独""趋独"在其心目中都是"台独"。"帝吧出征脸谱"事件表明，爱国、爱人民、反对国家分裂是仍然是当今大陆网络传播的主题和主流。面临岛内政党轮替、民进党坚持"台独"党纲不利局面，大陆 90 后以全新的网络形象率先站出来，不仅教训了"台独"言行，更重要的是对网络歪风邪气予以了迎头还击，体现了朴素、粗糙但真挚的爱国情感，弥足珍贵。他们在此次行动中的表现，让人很难将自我、任性、自私、缺乏合作与团结精神等这些词汇与他们联系在一起，一改自 20 世纪 80 年代以来大陆在面对西方和港台价值观侵染中的被动状态，展现出了自信、进取、朝气蓬勃的精神状态。在面对岛内任何可能的带有"台独"倾向的言论、思想都会不假思索加以批判、打击，不会有暇顾及"容独"和"趋独"之间的微小差别，不会将"台湾主体意识"和"台独意识"分割来看（即使在某些学者心目中，这一差别也是相当模糊的）。因而，在网络这样一个特殊的交流环境中，这种爱国爱族、维护国家统一的情感，很容易表现为对岛内（青年）网络群体的"攻击行为"，拉大了两岸之间的心理距离。

三、事件也体现了岛内民众"被统一"心理预期，与大陆民众"实现统一"心理焦虑之间的落差

经过 30 多年的快速发展，祖国大陆综合实力不断增强，与美差距大幅缩小、对台优势急速扩大。在"台独"势力的煽动下，岛内民众"恐中""反

中"情绪和对自身发展前景焦虑感加重，"被统一"的心理预期上升，"求稳惧战""惧怕统一"的心理成为民众心理影响因素中的重要组成。**"维持现状"民意体现普遍求稳的民心取向**。综合岛内公布的数据，自 20 世纪 90 年代中期以来，倾向统一的民众明显减少，选择维持现状的民众数量持续上升，成为台湾主流民意。尽管岛内倾向"独立"的民众明显多于倾向"统一"的民众，且比例较高，但更多的人已经认识到，由于大陆坚决反对"台独"，"台独"目标很难实现。在决定台湾前途的选择面前，岛内民意既惧怕"急独"带来战争，又害怕"急统"带来生活巨变，多数民众求稳，希望"维持现状"。**两岸实力差距持续拉大加重了岛内民众的对台湾未来前景及社会发展的焦虑**。两岸实力对比持续加速向我倾斜，但经贸关系中的竞争一面开始增强，经济因素对两岸关系的保稳促融效应开始减弱，岛内民众担忧自身产业空心化、经济愈加受制于我的心理上升，对未来自身定位和发展空间的焦虑感明显加重，对两岸关系和平发展最终结果的恐惧感上升。尤其是近年来两岸经贸关系大幅提升，然而两岸政治关系却停滞不前，严重制约两岸关系全面深入发展，加上民进党蛊惑煽动，极易挑起岛内反大陆事件。迫于大陆不放弃使用武力的决心意志和强大实力，主张"台独"的民进党虽再度执政，但也不敢贸然推行"法理台独"，而且随着大陆实力进一步发展，岛内民众"被统一"的心理预期持续增强，加剧了岛内"不敢独、怕被统"的矛盾心态。根据岛内学术机构民调，主张"台独"的占46.4%，但认为"未来台湾仍将被统一"的占 49.7%，就充分说明这一点。

而在大陆青年看来，两岸同属一个中国、中国最终必然获得统一是不可争辩的现实和未来。既然早晚统一，为什么不能早点统一，反而要实施经济让利、"外交休兵"等举措，"这不是浪费时间么？"这种情绪的存在深层次体现了大陆民众普遍存在的对国家长期难以统一的焦虑，客观上形成对大陆对台工作的倒逼，甚至是对两岸关系和平发展政策的质疑。

四、未来两岸青年网络文化交流中亟须注意的几个问题

（一）正确引导大陆涉台网络舆情

当前大陆网络涉台舆情大致可分为三类：首先，主流是反对"台独"、维护国家统一，"帝吧出征脸谱"事件即可归于此类。其次，不同程度存在对台湾社会文化、风俗习惯差异的调侃嘲弄，如鄙称岛内民众为没见过世面的"台巴

子""小湾湾""人口还不如一只狗的粉丝多"[2]等。最后，少数舆论吹捧台湾"民主自由"现状、羡慕西方式选举政治、攻击社会主义道路等。尤其最后一种，最值得警惕，也容易被敌对势力利用。当前两岸之间的主要矛盾并非意识形态之争，更准确地说两岸之间的意识形态矛盾已经让位于统'独'矛盾。但是决不可忽视的是，台湾自称"东亚民主自由灯塔"，美日等外部势力从未放弃利用台湾与大陆地缘相近、文化相通的"优势"，将其作为对大陆政治渗透、价值观辐射的前沿支点，新时期对华"遏制"及"和平演变"战略的重要棋子。而大陆少数自由主义知识分子公然鼓吹"台湾是中华文化的真正传承者""台湾最美的风景是人"等论调，以台湾的"民主实践"视为中华民族也可以实现"西式民主"的佐证。因此，严格区分不同情况处理。**对第一类在立意上应予肯定，在行动上警惕过火，不宜过分打压**，否则"台独"民意不会领情，对大陆网民的爱国热情也并不公平。应坚持实事求是精神，将舆情引导到"维护两岸关系和平发展，就是维护我战略机遇期和国家安全发展大局"的方向上来，既保证民意不走偏、防止舆论之火反烧，也要利用民意优势展现大陆维护两岸关系和平发展的诚意和实现国家统一的坚强决心。**对第二类应有所警惕**。防止网络舆论为敌所乘，利用其拉大两岸文化心理距离，鼓动两岸民众之间的对立情绪，影响两岸关系发展。**对第三类应予以坚决打击**。通过戳穿岛内政治黑幕和"台独"势力、外部势力丑恶嘴脸，大力揭批"西式民主"谎言，破除敌对势力妄图实现大陆"和平演变"的幻想；利用网络新媒体形式，大力宣传"中国模式"发展成就和伟大复兴"中国梦"，深入对比两岸经济社会发展现状，坚定大陆民众的道路自信和制度自信。

（二）正确认识岛内青年群体复杂心理特征

"周子瑜道歉"事件绝非孤立存在，深刻反映当下台湾青年强烈的'拒统'意识和"去中国化"文化背景。周子瑜说"我是台湾人"或者将大陆称为"中国"，可能并非出于挑衅，而是基于内心深处的文化认同，只不过为少数"台独"分子和绿营媒体所炒作利用。这种心态不仅属于周子瑜一个人，更植根于绝大多数台湾青年世代之中。"帝吧出征脸谱"事件中，一部分台湾网民认为大陆网民以势压人、以量取胜，属于"网络霸凌"，嘲笑大陆网民不熟悉台湾社会和网络习惯[3]，是"乡下人进城"，就是这种心态的集中体现。而这些年轻人已经开始涉足政治，2016年"大选"有130万"首投族"参与，其票数80%以上投给民进党。未来10—20年他们将逐渐进入岛内政经界，对两岸关系发展产生决定性的影响。台湾青年日益趋"独"的政治心理，是其长期受"去中国化"教育和"台独"政治势力鼓动的结果。从这个意义上说，他们也是受害者。如何通过交流让他们了解真相、了解历史和现实，回归正确的史观，才是对台工作更应该思考的问题。动辄扣帽子、挥棒子，出不了支持统一的"孝子"，并非明智的做法。此外，关心个人发展及未来发展，是岛内青年群体的核心关注，一定程度上这种关注被少数绿营政客所利用，将其转化为了对国民党当局的不满、甚至转嫁到大陆身上。从2016年选举来看，岛内青年族群首要关心议题其实并非政治，而是国民党的执政乏力、岛内经济发展滞后和毕业生待遇下滑等切身利益问题。因此，青年族群票投民进党，并不意味着选择"台独"。这种心态对台海局势稳定、两岸关系和平发展客观上有利，决定了"急独"主张很难得到岛内民众的普遍支持。

（三）创新交流内容形式，加大大陆文化产品对台交流力度，主动建构共同网络语境

"帝吧出征脸谱"事件中尽管两岸"力量对比悬殊"，但大陆网民在对境外网络的访问中也暴露出一定交流短板，如不熟悉台湾论坛发言规则被禁言，把台湾注音符号当成日文，因不了解岛内政治人物误将国民党"立委"蔡正元当成蔡英文的弟弟进行攻击等情况，被台湾网民嘲笑为"乡下人进城"。台湾有1800万选举人口，网民数量同样也是1700万，几乎是"全民上网"，两岸在网络文化发展、网络社区成熟度、网络使用习惯上的差异明显。对此，应改变传统两岸民间交流模式，加强信息时代传播方式运用，从争取网络话语主导权入手，发挥大陆网络民意、网络人口优势，以官方宣传为后盾基础，以青年力量为制胜奇兵，以移动新媒体为主要战场，以文化拳头产品为开路先锋，做好两岸文化交流工作。近年来大陆文化产业发展迅猛，如大陆电视剧《还珠格格》《甄嬛传》《琅琊榜》都曾在台引起轰动，甚至《亮剑》《潜伏》《士兵突击》等带有政治军事背景的作品也能引起岛内极大兴趣；大陆流行的"山寨""雷人""囧""打酱油""给力"等词汇成功入岛并为台湾网民所接受，甚至出现在政治人物讲话中。对此应加大两岸文创产品交流力度，积极营造两岸网络共同话题，着力建构中文语境下带有两岸特色的网络语汇，拉近两岸民众特别是青年人心理距离。

注释：

[1] 据统计，约影响到 5% 的选票投向蔡英文。

[2] 百度贴吧中某分区以一只宠物狗为吉祥物，该分区用户近 2000 万。

[3] 如把台湾注音符号当成日文，不了解台湾论坛发言规则被禁言，不了解岛内政治人物误将国民党"立委"蔡正元当成蔡英文的弟弟进行攻击等情况。

"变"与"不变"：从宗教文化角度谈维护两岸关系和平发展的社会路径

福建师范大学闽台区域研究中心　吴巍巍

宗教文化是维护两岸关系和平发展的有效公约数。两岸宗教文化同根同源、源远流长，是两岸社会民众日常生活不可或缺的组成部分。当前，两岸宗教文化交流和互动愈益紧密，并呈现出一些与以往不同的发展趋势和特点。清晰地认识这些发展趋势和特点，有助于我们更好地研判两岸宗教文化交流的内在规律和外在表现，为两岸关系持续保持良性互动提供经验和资鉴，并对将来宗教文化如何在两岸关系新的时代情境中更好地发挥其"稳定剂"和"润滑剂"的作用，提出一些对策性的思考。

一、两岸宗教文化渊源概观

1. 两岸佛教同脉相连

两岸佛教关系十分密切，台湾的佛教宗派大多都是从福建传过去的。连横在《台湾通史》中记载："佛教之来已数百年，其宗派多传自福建。"[1]台湾的佛教经过郑氏及清朝康熙、乾隆年间的发展，一直到20世纪50年代左右，逐渐形成了月眉山、观音山、法云寺、大岗山等四大正统佛教派系。而这四大派系都与福建佛教有着密切的关系。清同治十一年（1872年），福州鼓山涌泉寺僧理明在台北创建凌云寺，为台湾观音山派的大本山。1912年，福州鼓山涌泉寺僧觉力到台湾苗栗大湖乡创建法云寺，为法云寺派的大本山。1923年，福州鼓山涌泉寺僧善智、妙密在台湾基隆月眉山谷创建灵泉寺，为台湾月眉山派的大本山。厦门南普陀名僧会泉曾四次赴大岗山龙湖庵讲经弘法，传播佛事的各种唱念与拜万佛、水陆法事的仪规。[2]台湾的许多寺院不仅是福建寺院的分支，而且寺院的名称、建筑布局、院规制度等都与福建寺院相同或相近。如台南的开元寺，次寺初名海会寺，后仿效泉州开元寺等起名法，以唐开元年号为寺名。台湾的众多僧人还都视福建禅宗丛林为圣地，纷纷前来受戒，学习佛法，尤其是福州鼓山的涌泉寺为台湾佛教两大源流之一的戒法传承寺庙，据《台湾宗教调查报告书》记载："鼓山留锡者，三年为一期，一年是沙弥戒，二年是比丘戒，三年是成就菩萨戒。修行无过失者，一年进一阶级是为惯例，三年之间允许退山。三年后，受戒满了者，称和尚，得住持资格。尚想当大和尚者，不可再进一级。"[3]福建的一些高僧大德，应邀到台湾传戒、讲经或主持法会。此外，台湾还邀请大批福建高僧入台驻锡弘法，担任寺院住持，建立佛教道场等。

2. 两岸道教一脉相承

道教是传入台湾最早的宗教，台湾的道教所信奉的神祇大多数也是来自福建。据记载，在明万历十八年（1590），福建漳州闾山三奶派的道士率先到台南传教，此后，茅山派、正一派、清微派也先后传入台湾，其中影响最大的是正一派。台湾的正一派道士又分为红头师公和乌头师公，红头师公着红道冠用红布包头，以掌加持祈祷为主，主要度生。乌头师公着黑道袍用黑布包头，以掌葬祭为主，度生也度死。但无论是红头师公还是乌头师公都是由福建传入。正如学者所言："乌头师公大多由泉州与漳州传入……红头师公则受闽影响甚多。"[4]台湾道士举行斋醮仪式所用的科仪，也是以闽南的道教科仪为蓝本，深受其影响，并传习至今。

3. 两岸天主教渊源深厚

台湾天主教与福建沿海的天主教一样，都是由西班牙传入，同属西班牙多明我会。而传教士首次入台，也系因赴福州引发。据记载，1619年，马尼拉天主教玫瑰省派遣多明我会传教士马地涅（Paolo Maldini）一行出使中国，因在海上遇到暴风，漂流到台湾。他对台湾进行了一些调查，并鼓噪要让西班牙占领台湾，以便在那里传播天主福音[5]。随后，西班牙多明我会便于1626年派遣6名传教士入台，开始其传教的历史。随着西班牙入侵者被逐出台湾，天主教传播也随之中断。降至1859年，中断了200多年又再度传入台湾的天主教，在行政、人事关系等层面皆是隶属于福建教区的。即使是1895年甲午战后台湾割让给日本后，台湾的天主教仍归厦门教区管辖，直至1913年，台湾成为独立的监牧区，才脱离厦门教区的隶属关系。台湾教区和福建教区虽然分家，但两者关系仍十分密切，台湾教徒所用经本、教会年历等，仍多采用厦门或福建教会的出版物[6]。

4. 两岸基督教关系密切

两岸基督教（新教）关系极为密切。基督教在台湾开教无论在组织、人员还是方式等都是从福建传过去的。首位来台宣教的传教士是英国长老会的马雅各（James Laidlaw Maxwell），1864年抵厦门学习闽南语，同年随同杜嘉德入台作传教前期准备；翌年5月，马、杜偕三位中国助手正式由闽入台开教。长老会在台湾开教传播的过程中，始终以福建厦门为中心基地，从厦门派遣传教人员入台考察、正式开教、短期访问视察、生病回厦门疗养等；所以台湾教区无论在教会组织、宣教方法，抑或牧养方式等方面，都受到厦门总会的深刻影响。台湾的真耶稣教（著名的本土教派）也是由福建的一些真耶稣教徒于1926年传入台湾的。另一大著名本土教派聚会处（台湾称"召会"）也是于福州创办，并于1949年由大陆传播至台湾，并在台湾获得快速的发展，现今已经一跃成为台湾第二大教派[7]，等等。可以说，两岸基督教有着俨如一家的至亲关系。

5. 两岸民间信仰同属一系

台湾的民间信仰非常发达，各种宫庙随处可见，所信仰的神祇也非常庞杂，但大多数的神祇也是由福建传入。在历史上，台湾的民间信仰主要通过"分香""分身"和"漂流"的方式由福建传入，由此，福建的民间信仰与台湾的民间信仰便形成了源与流、枝与叶的特殊关系。据台湾方面曾于1918年、1930年、1960年、1966年、1975年和1981年，先后6次对台湾地区各种寺庙的主祀神进行的调查统计显示，在名列前20名的主神中，除了三山国王从广东传入，开台圣王、有应公、大众爷为台湾土生土长的神灵外，其余的均是随移民的移居、开发浪潮从福建传入台湾的。台湾著名学者吴瀛涛在《台湾民俗》一书中也指出：福德正神、王爷、妈祖、观音菩萨……此四神约占寺庙主神的半数，而此等祭神大部分是由福建以分身、分香、漂流三种方式传来者，也有传入后再传播本省各地者。诸如天上圣母、保生大帝、清水祖师、开漳圣王、广泽尊王等闽籍移民祀奉的祖籍神明，被称为"桑梓神"，受到台湾民众的特别敬奉[8]。

二、两岸宗教文化交流的发展动态：新趋势与特点

当代两岸之间的宗教文化交流始于 20 世纪 80 年代，特别是在 1987 年 11 月台湾当局于放民众赴大陆旅游探亲后，台湾民间信仰的一些信众纷纷捧着所信仰的神灵到福建祖庙去寻根谒祖，但直到 21 世纪，两岸之间的这种宗教交流还往往是以分散的方式进行，以探亲、旅游及小团组的"朝圣"为主。进入 21 世纪后，两岸宗教交流的层面越来越广，交流的方式也越来越多样化，各种类型的宗教学术研讨会在各地不断召开，交流的层次更加深化。此外，在这一时期台湾宗教对福建宗教产生的影响也不断加强。

1. 宗教交流的层面越来越广，规模越来越大

20 世纪八九十年代，两岸之间的宗教交往，主要是台湾的一些宗教团体和个人自发的组织到福建进行进香谒祖，这一时期的宗教交往比较分散，交流的规模也很小，交流的内容也以民间信仰为主，尤其是妈祖的朝拜，更成为这一时期两岸宗教交往的主流。进入 21 世纪后，两岸宗教交流规模越来越大，交流内容也由民间信仰逐渐扩散到佛教、道教、基督教等各个方面。2002 年 10 月 12—16 日，台湾法鼓山佛教基金会圣严法师率领"大陆佛教圣迹巡礼团"一行 500 多人来福建部分寺院参访。2000 年 6 月 27 日，中国道教协会副会长、政协委员任法融率大陆道教团体道长共 15 人，抵达台湾高雄县旗山镇合天大道院"中国全真总庙"，进行为期 14 天的访问。2006 年 10 月，全国基督教两会首次赴台，参加了在东华大学举办的"两岸基督教会与社会发展论坛"。2006 年 9 月，台湾大甲镇澜宫组织台湾妈祖联谊会的 38 座会员宫庙的 4500 多名信徒，到泉州、湄洲等妈祖庙进香。

2. 宗教交流形式不断深化，规格和层次越来越高

近年来，随着两岸宗教文化交流的不断加强，两岸之间的宗教交流已由原先的那种由民间的小团体自发组织的到福建进香谒祖为主，发展成为由大型的寺院宫庙或宗教机构组织的宗教文化学术研讨会和大型宗教活动互访为主，交流的主体也由普通的信众发展为高僧大德和一些政府官员。此外，两岸宗教之间的交往方式也一改由过去的以台湾方面赴大陆进行单一访问为主，变为两岸之间的双向交流。2006 年 5 月 20 日，在福州举行"海峡两岸佛教文化学术研

讨会",两岸有关专家学者及两岸佛教界大德高僧共 400 余人参加了学术研讨。2011 年 6 月 9 日晚,"第三届海峡论坛·两岸佛教文化交流周"开幕式在福州海峡国际会展中心举行。为期 5 天的两岸佛教文化交流周包括两岸书画联展、福州于山定光寺佛像开光暨普法大和尚晋院庆典、两岸佛教界祈福法会、两岸学僧研讨会、千僧斋、两岸佛教领袖圆桌会议暨《两岸法缘》首发式等。台湾 24 个县市佛教界代表 600 多人前来参会。2008 年 6 月 14 日,厦门市道教协会名誉会长詹石窗和会长郭汉文等积极参加了福建省道教协会与台湾"中华道教总会"共同在厦门举办的"两岸道教文化交流座谈会"。 2003 年 7 月,厦门南普陀寺举行了一场两岸及港澳佛教界"降服非典、国泰民安、世界和平祈福大法会",来自祖国大陆、台湾、香港、澳门的佛教四众弟子 5000 多人齐聚厦门,共同为国泰民安、世界和平祈福。2004 年 6 月 13 日,厦门南普陀寺佛教法务团赴金门与台湾佛教界共同举行"世界和平消灾祈福水陆大法会"。

3. 宗教界内在联系愈益紧密

随着两岸宗教文化交流的不断升温,两岸两地宗教界的内在联系也不断加强,各种宗教社团之间的研讨会、联谊会活动不断举行。2006 年 5 月 20 日,"海峡两岸佛教文化学术研讨会"在福州举行,两岸有关专家学者及两岸佛教界大德高僧共 400 余人参加了学术研讨。2007 年 1 月 15 日,福建鼓山涌泉寺方丈普法法师一行 20 人应台湾省佛教会之邀率团访台,参加 16 日的"海峡两岸佛教文化法脉交流联谊会"。2008 年 6 月 14 日,厦门市道教协会名誉会长詹石窗和会长郭汉文等积极参加了福建省道教协会与台湾"中华道教总会"共同在厦门举办的"两岸道教文化交流座谈会"。2010 年 6 月 27 日至 7 月 4 日,海峡两岸及香港道教友好宫观联谊系列活动在台北指南宫隆重举行,以中国道教协会会长任法融道长为团长,北京白云观管委会主任李信军道长为副团长的北京白云观参访团赴台联谊交流。泉州花桥慈济宫于 1995 年、2001 年、2002 年三次派代表参加台湾保生大帝庙宇联谊会的联谊活动,参访了全岛 18 座重点寺庙。

4、台湾宗教文化对大陆宗教文化的影响不断加强

台湾的宗教信仰大部分是随着移民由福建传入的,随着近年来两岸宗教交往的加强,台湾宗教文化逐渐对大陆宗教文化也产生了影响,这种影响主要体现在台湾宗教文化对大陆宗教文化的互补作用上。由于祖国大陆在过去发生了许多变动,许多传统的宗教信仰仪式和民俗活动都遭到严重的破坏,有的已经

失传。而台湾由于环境封闭，故而保存了许多传统的中国宗教信仰仪式与民俗活动，随着近年两岸宗教间交往活动的密切，一些在国内失传的宗教信仰仪式和民俗活动又从台湾重新传回祖国大陆。如2007年元宵节，澎湖县在泉州天后宫举办"送平安到泉州"乞龟民俗活动，将乞龟这种在国内失传的民俗活动，又重新传回泉州。又如莆田湄洲岛天后祖庙举办的妈祖祭典活动，也多借鉴和参照了台湾妈祖祭典活动的仪式过程等。

三、两岸宗教文化交流与合作展望：和平发展的社会路径之一角

两岸宗教文化交流互动是一个持续发展的过程，在这个动态发展的过程中，许多形式和表现都发生了变化。如20世纪八九十年代的"宗教搭台、经济唱戏"已经淡出历史舞台，如今的宗教交流呈现多维度发展的格局，两岸宗教文化关系已经愈益表现出与社会生活发生着密切联系的格局。

笔者认为，宗教文化作为人类精神世界的需要，是一种长期植根于社会生活而又超越现实生活的观念和行为，两岸民众需要宗教作为思想的慰藉和精神寄托的本质是不易改变的。但是这种"不变"却需要与时代的变化步调一致，才能彰显出宗教的活力和生命力。所以，有必要从两岸社会现实情况着手，做出应对新时代新环境下的调适和变迁，以更好地满足人类社会积极、和平地向前发展的需求。本人认为，两岸社会同根同源的特质，基于民众心理有共同的价值观念、行为准则及精神诉求的相似源，以及趋于同步的宗教实践行为等。两岸宗教文化可以在更多的场域、更深的层面进行交流和合作，如宗教文创产业合作、宗教古迹建筑保护传承、宗教非遗联合申请、宗教市场引导和管理、宗教旅游资源的保护和开发等层面推进，以此达致深度融合、互为一家，即"你中有我、我中有你"的局面，为两岸关系和平发展起到添砖增瓦的作用。下文即以闽台宗教旅游开发为例来说明此一问题。

众所周知，在海峡西岸经济区建设的大背景下，旅游业是联络'海西'内部经济，加强两岸经济合作的促进剂，同时也是"海西"建设的重要内容。国务院在《关于支持福建省加快建设海峡西岸经济区的若干意见》中将海峡西岸经济区定位为"我国重要的自然和文化旅游中心"，应该努力"拓展闽南文化、客家文化、妈祖文化等两岸共同文化内涵，突出'海峡旅游'主题，使之成为国际知名的旅游目的地和富有特色的自然文化旅游中心"[9]。这里，凸显出民

间信仰文化是闽南文化的杰出代表，而妈祖文化也被专门列举出来，说明了两岸利用共同的宗教资源进行旅游开发可以获得良好的经济效益和社会效益。在这样的大背景下，闽台宗教文化旅游资源开发正当其时。

台湾是福建省主要的客源地，2008 年，福建省接待入境游客 2931908 人，其中台湾同胞 984761 人 [10]，占入境游客的 34%，首次超过港澳，成为福建的首要客源。同时，自从台湾对大陆居民赴台旅游政策的逐渐放松，福建赴台旅游人数逐年攀升，至 2010 年，台湾取代香港成为福建居民旅游的首选地 [11]。闽台之间游客数量的快速增长显示出闽台进行旅游合作的巨大潜力。自从可持续发展战略提出以来，已逐渐为各行业所认同，成为各行业发展的共同目标。旅游业被称为"无烟工业"，整体上看是一个有极大可持续发展潜力的产业。但是就目前我国旅游开发情况来看，出现了许多为追求短期利益，竭泽而渔，肆意破坏自然、人文环境的案例，这对旅游规划者来说是一个提醒。因此笔者认为在闽台宗教文化旅游资源开发中应该结合实际情况，以加强闽台合作和坚持可持续发展为主要原则，其具体对策有如下几点：

1. 明确市场定位，制定科学规划。开展闽台宗教文化旅游，首先需要有明确的市场定位，并对市场进行细分，制定相应的销售策略以吸引游客。闽台宗教文化旅游市场首先是闽台间内部市场，这也是目前开发较为成熟的一块。闽台间因为信仰的传承关系，两地信众围绕信仰内容频繁展开旅游活动。接下来可以着眼于闽台宗教信仰的差异性，挖掘出两地宗教信仰中独特的内容。闽台开展宗教文化旅游不能只局限在闽台内部，而是应该放眼于全国，甚至全世界。从全国范围来看，闽台民间信仰文化是独具特色的。而且随着福建移民的扩散，福建的民间信仰影响范围也遍及世界。"数以千万的以闽台为祖地的海外华人，是闽台稳定的旅游客源，也是闽台民间信仰文化持久的欣赏者和交流者。东亚、东南亚、南亚、北亚等儒释道文化影响地区的游客也是闽台民间信仰文化的拓展客源市场" [12]。民族的就是世界的，凡是对中国传统民间信仰以及习俗感兴趣的游客都是闽台宗教文化旅游的潜在市场。在旅游规划中应该遵循由近及远的原则来进行市场拓展。

2. 完善法律法规，规范宗教场所管理。相较于福建民间的宗教活动盛况，相关的宗教管理的法规还是相对滞后的，特别是对民间信仰活动场所的管理。一些大型的宫庙会涉及人员管理，信众捐献管理等实际问题。当在这些地方开展旅游活动时，问题则更加复杂：比如宫庙的修缮维护谁来负责、旅游收益如何分配、景区与民间信仰活动场所的界限、游客与香客的管理等等。在这方面，大陆可以借鉴台湾的相关管理办法,组织管委会或者基金会等类似机构,尽量减少行政干预,采用政府监督与社会监督的办法来灵活应对。

3.加强内部合作,实现点—线—面结合。首先要加强福建省内部各县市的合作。福建神明多而分散,几乎每个地区都有自己的神明,也形成了各自的习俗。在旅游规划中就需要去粗取精,将优势神明及特色习俗分类出来重点开发,如湄洲的妈祖、福州的临水夫人、东山的关帝、安溪的清水祖师、青白礁的保生大帝等。但是这些神明各自分布相对分散。旅游管理部门应该统筹规划,首先应该统一同种神明旅游资源,避免长期出现的"祖庙""第一"之争。然后在区位相近的神明之间加强合作规划,由点及线,形成一定规模,再逐渐扩展至互相重叠,由线及面。其次要促进闽台之间的旅游合作。闽台宗教信仰的同质性奠定了闽台合作的基础,两地发挥各自优势,加强统一规划。福建可以利用"根源"优势,与台湾宫庙联合,加强台湾宫庙的影响力;台湾可以以管理经验和资金的优势投资福建的民间信仰旅游项目,或者周边的基础设施建设。两地还可以共同宣传,提升地区旅游资源知名度,如两岸合拍的电视剧《神医大道公》和《妈祖》即分别是以保生大帝和妈祖信仰的故事为题材。前者是两岸第一部正式合拍的电视剧,对宣传闽台保生大帝信仰,促进相关旅游有积极影响;后者是近年来两岸合作拍摄的一部大型的妈祖神话电视连续剧,该剧由海峡两岸演艺明星刘涛、严宽、刘德凯、林心如等主演,演员阵容可谓华美,上映后收视率颇高,反响强烈。总之,闽台两岸应该积极合作,携手建立闽台宗教信仰文化的旅游区。这样才能加强地区旅游竞争力,开拓更广的客源市场。

4.活跃管理思想,开发特色旅游。宗教信仰及其习俗文化是在人民大众的生产生活实践中产生的,贴近人民生活的俗文化,具有多源的兼容性和浓厚的人情味。因此在开发旅游产品时要尽可能地发挥闽台宗教的这种特点,开发出贴合游客心理需求、具有参与性的体验式旅游产品。如民间宗教信俗活动,在保持信仰习俗本真的前提下加强游客的参与性,寓教于乐,让游客既了解了信仰文化,又得到了放松。举例观之,莆田市推出十三道妈祖宴菜,这十三道菜均取材莆田本地食材,又与妈祖文化相契合,游客在品尝美味菜肴的同时体会了妈祖文化之美,比一般的听故事更能深入人心、回味悠长。闽台神灵系统复杂,分布较为分散,游客难以对闽台宗教信俗有一个完整的了解。因此闽台可以借鉴民族村、民俗村等类的经营模式,建立"闽台宗教民俗主题公园"。因民间宗教信仰的内在功利性特征,信众心理多是多一神即多一重保护,故而在闽台众多宗教信仰场所宫观寺庙中,多能看到各类神明共祀的场景,这种糅杂性、共通性特点为构建多元文化的宗教信俗主题公园提供了可能性。值得注意的是，这里并非是要建立一座供大家顶礼膜拜的大型"众神庙"，而是一个集文化、教育观光为一体的"众神博览会""文化大观园"，彰显的是旅游宣传和观览意义。

5. 争取学术支持，深挖资源内涵。宗教信仰虽然有糟粕，有迷信落后的成分，但它是中国传统文化的一部分，是中华民族传统精神在民间的一种体现形式，诚如学者所言："民间信仰虽然没有系统的宗教理论和严密的组织，但却有着融合儒道释三教的内容丰富的宗教道德，以儒家的忠孝为主，兼收并蓄佛教的因果轮回、道教的承负报应等等宗教伦理。"[13]普通大众主要关注到宗教信仰"俗"的一面，其隐含的宗教哲理，文化内涵，历史原貌就需要争取学术界的支持。目前闽台之间也举行过一些诸如"妈祖文化国际学术研讨会""临水夫人陈靖姑文化学术研讨会""海峡两岸吴真人文化学术研讨会"等等，这些学术会议对闽台宗教的内涵进行了深挖，对闽台宗教旅游开发有很强的指导作用。今后应该培育一些规格高、学术强、影响力的学术会议，使其实现常态化，规范化，并逐渐扩大影响力，吸引世界各地学者参与。

6. 加强人才培养，提升服务质量。人才是行业发展的关键，旅游从业人员的素质优劣决定着旅游业的发展。目前闽台高校之间已采用"校校企"和"分段对接"的方式联合培养人才，旅游管理就是其中的一个主要专业。福建师范大学与台湾世新大学还合作举办了福建海峡旅游学院，于2010年6月21日正式挂牌。这都为闽台合力培养旅游人才做了有益的探索。在闽台宗教文化旅游开发中，还需要有一定民间信仰知识的专门人才。只有对闽台宗教文化与信俗内涵、特点以及我国宗教管理政策有一定的了解和掌握，才能设计出既能体现闽台宗教文化特色又能符合我国法律精神、社会主义文明的旅游产品。同样，导游人员也需要热爱、了解闽台宗教信俗文化，在导游的过程中让游客体会到闽台宗教的魅力，而不是落入到迷信活动的窠臼。

结　语

海峡两岸宗教信仰及有关习俗一脉相承，是中国传统文化的重要组成部分。我们在对两岸宗教文化进行认识与研究过程中，应当充分发掘和摸索其发展规律与变化趋势。宗教来源于生产实践、贴近大众生活，体现了人类对生死、对自然、对人生、对未来的精神态度，以此为内涵展开的两岸宗教文化交流活动也必然是贴近两岸民众心理，为两岸民众所乐见和愿意接受。有了这样的基础，在开展两岸宗教文化交流合作的过程中，就需要以宗教文化的根本内涵和特性为思想指导，注重发扬宗教在安定社会、稳定局势方面的特殊作用，为两岸关系和平发展做出自身应有的贡献。可以说，两岸宗教文化的健康发展与良性互动，是两岸关系维持和平发展轨道的一大重要维度。在当下瞬息万变和发展迅猛的时代处境与社会环境下，宗教文化应当也可以为造福两岸民众、增进人民的福祉起到"润滑剂"和"稳定剂"的作用。

注释：

[1] 连横：《台湾通史》，上海：商务印书馆，1996 年，第 407 页。

[2] 何绵山：《福建宗教文化》，天津：天津社会科学院出版社，2004 年，第 111 页。

[3] 林国平：《闽台宗教文化交流及其对两岸关系的影响》，《闽江学院学报》2008 年第 1 期。

[4] 吴季晏：《光复前道教在台湾的发展状况》，载丁煌总编《道教学探索》（台湾），1989 年 12 月，第 321—322 页。

[5] Jose Maria Gonzalez,O.P., Historia de las Misiones Dominicanas de China, 1900-1954, Madrid, 1955, pp.440-441.

[6] 参见吴巍巍：《闽台天主教源流关系述论》，《闽台区域研究丛刊》（第七、八合辑），北京：海洋出版社，2012 年，第 244 页。

[7] 参见吴巍巍：《晚清时期的闽台基督教关系》，《闽台关系研究》2015 年第 1 期；《日本殖民统治台湾时期闽台基督教间的互动关系》，《基督宗教研究》（第 18 辑），宗教文化出版社，2015 年 10 月。

[8] 详参林国平：《闽台民间信仰源流》，福州：福建人民出版社，2003 年，第 32 页。

[9] 国务院办公厅：《国务院关于支持福建省加快建设海峡西岸经济区的若干意见》，中央政府门户网站 http://www.gov.cn/zwgk/2009-05/14/content_1314194.htm

[10] 数据来源：《福建统计年鉴 2009》，福建统计局：http://www.stats-fj.gov.cn/tongjinianjiar/dz09/index-cn.htm

[11] 《台湾成为福建居民旅游首选地》，《海峡都市报》，福州 .2010 年 08 月 06 日，A29 版。

[12] 余美珠等：《海峡两岸民间信仰文化旅游开发的 SWOT 分析》，《重庆师范大学学报》（自然科学版），2004 年第 2 期。

[13] 林国平：《论闽台民间信仰的社会历史作用》，《福建师范大学学报》（哲学社会科学版），2002 年第 2 期。

从历史的视角看民进党全面执政

澳门中联部台务部　　王　升

2016年的台湾"大选"，民进党在地区领导人和"立委"两项选举中以压倒性的优势获胜，首次在台湾全面执政。或许，国民党败得如此之惨有其偶然性，而且找得出若干条原因，包括马英九领导无方、国民党执政不力、民进党的恶斗、国民党的内斗以及国民党临战换将、"首投族"的政党倾向偏绿、周子瑜事件的影响等等。但是，如果我们把视角放大、把视线放远，看看30年来台湾政治的"本土化"进程，民进党全面执政，其实是有必然性的历史脉络可寻的。

一、本土化与民进党全面执政

民进党全面执政是台湾30年以"本土化"为主要特征的政治发展的必然结果。

台湾政治的"本土化"进程始于1986年蒋经国推动的"政治革新"，从1990年起李登辉主导的"宪政改革"则快速推进，到20世纪末，"本土化"已给台湾带来了三大变化：一是"中华民国台湾化"。"万年国会"的终结和"立委"、地区领导人改为由台澎金马地区选举产生，使得"中华民国"这个政权的基础，由全中国变为台澎金马地区。台湾当局不再仅仅是"部分国民党军政人员退锯台湾"的台湾当局，或者"播迁来台的中华民国政府"，而是在台澎金马地区选举产生的根植于台湾的台湾当局。1999年李登辉抛出"两国论"，以及所谓"中华民国第二共和"之说都是据此而来。二是"台湾国家化"。地区领导人直选和"废省"，既使得台湾产生了所谓的"民选政府"，也去除了台湾作为中国一省的重要标志，让台湾具有了一个"国家"的基本形态。1999年民进党通过"台湾前途决议文"能够提出"台湾已经是主权独立的国家依目前宪法叫中华民国"这样的论述，即缘于此。三是国族认同分裂化。李登辉的"建立台湾人自己的国家"和"国民党是外来政权"论、许信良的"台湾新兴民族论"、民进党的"台湾前途由台湾人民决定"和"台湾人出头天"论等交互作用下，台湾社会的分裂意识滋长，赞成统一者不断下降，台湾人身份认同不断增加，"两国论"提出时竟然得到了超过半数的"民意"支持。这三大变化，为本土的、"台独"的民进党的成长提供了空间和土壤，民进党的政治实力也随着台湾政治"本土化"程度的加深不断壮大，在"立法院"打破了国民党长期以来一党独大的局面，1994年陈水扁当选台北市市长，1997年在县市长选举中取得空前胜利，1998年谢长廷当选高雄市长，2000年陈水扁当选地区领导人。

2000年台湾首次政党轮替，陈水扁能够拿下近4成的选票，以所谓"台湾之子"之姿脱颖而出。2004年的大选，"陈吕配"以些微差距击败"连宋配"再次当选，民进党的得票率也从近4成增长到超过5成。尽管2000年有国民党分裂、连宋相争陈水扁得利的侥幸成分，2004年的"两颗子弹"也确有翻转选情的效果，但不可否认的是，台湾政治的本土化导致了政治生态和政治版图的变化，而且呈现国民党下降而民进党上升的基本趋势。这种趋势注定了民进党迟早会取得执政地位。

民进党执政的8年，台湾政治的"本土化"进程继续发展。一方面民进党当局大力推动"去中国化"、以"转型正义"的名义去除台湾政治、经济、文化各领域的"中国意涵"，切割台湾与中国的连接，致使"台湾意识"和台湾"主体意识"高涨。另一方面民进党当局把"中华民国"与台湾画上等号。陈水扁在李登辉的"中华民国在台湾"的基础上抛出一个"中华民国四阶段论"，即"中华民国在大陆、中华民国来台湾、中华民国在台湾、中华民国是台湾"，因而"台湾不是中国的一部分""台湾是个叫中华民国的国家"等观念进一步强化。如果没有陈水扁的贪腐引发"红衫军倒扁风潮"，以及陈水扁为掩饰贪腐而在"法理台独"上暴冲吓走了中间选民，国民党2008年恐怕根本就没有上台执政的机会。

2008年的地区领导人选举，马英九占尽优势却选得战战兢兢。竞选期间，马英九收起"终极统一"论，主张"不统不独不武"，突出强调"台湾优先"，甚至还提出"台独也是一个选项"，严重地从国民党原有立场上后退。

马英九执政这8年，民进党的斗争策略是"逢马必反""逢中必反"，毫不理性却十分有效，因为有"本土化"作为后盾，外省籍的马英九又与大陆一道推动两岸关系和平发展，当然是"亲中卖台"，所以反对有理。在"本土化"环境下，马英九背负"外省人原罪"，忧谗畏讥，不敢说"两岸是一个国家"，代之以"两岸同属中华民族"，吴伯雄在北京提到两岸是"一国两区"，马英九立即更正"一个中华民国两个地区"，连战在北京强调一个中国原则，马英九也马上撇清，说是连战的个人看法，至于签订两岸和平协议，马英九两次竞选都作为重要政见，2012年再次提出来时，连战大声叫好，并鼓励说"对的就要坚持"，但不到一周时间，因为对民调有影响，马自己打脸，又说"签订和平协议目前条件不成熟"，而且还加上"公投"等三个前提，将其束之高阁。没有人怀疑马英九的"大中国情怀"，他的父亲还给他留下"化独渐统"的遗愿，上任之初也曾要"拨乱反正"，扭转国族认同的分裂趋势，但他没有做到。洪秀柱批评马英九"媚俗取巧、因循犹疑"，"在不该模糊的地方模糊了，在不该妥协的地方妥协了，在不该姑息的地方姑息了，在不该放弃的地方放弃了"，提出"一中同表""分治不分裂""签订两岸和平协议"等主张，不但被民进党"抹红"，而且也被国民党认为"不符合主流民意"，并以此为理由强行把她换了下来。马英九无论是选举竞争还是当选执政，只能被迫地"模糊、妥协、姑息、放弃"，国民党也不得不"换柱"。

台湾政治的"本土化"经过李、扁两朝的大力推动，让本土的民进党在选举竞争中对抗"外来"的国民党占有"天然优势"，而且已经发展到对民进党完全有利而对国民党完全不利的地步。此次选举，国民党的"两岸牌"失效，蔡英文早早就被认为是"躺着选"，国民党的所谓大咖无人应战且一度面临在"立法院"难保四分之一席次的危机，虽然换了朱立伦上场，仍然没能改变惨败的结局，这一切，马英九当然要负很大责任，但起根本作用的还是台湾"本土化"的政治环境。台湾政治30年"本土化"的发展逻辑，必然产生民进党全面执政的结果。

二、民进党全面执政后两岸关系面临的挑战

民进党全面执政意味着两岸关系由和平发展进入"反独促统"新阶段。

民进党全面执政对于推动两岸关系发展和促进和平统一进程无疑是重大不利变化，挑战严峻，所谓台湾问题的复杂性将更为复杂，和平统一的长期性将更为长期，对台工作的艰巨性将更为艰巨。而且，这种不利和严峻还在于民进党全面执政是一个历史节点，两岸和平统一进程由此进入了一个新的历史阶段，

需要我们用新理念、新思想、新战略来面对新情况、处理新问题。

首先，两岸关系和平发展的政治基础受到破坏。马英九执政的8年是两岸关系发展的最佳时期，并且昭示着要实现和平统一先要两岸关系和平发展的路径是可行的。这一局面的出现，是因为马英九否定了"两国论"和"一边一国论"，宣示两岸关系"不是国与国关系"，"九二共识"成为了两岸关系的政治基础。马英九虽然强调"一中各表"，但补充了"一中各表不会表成两个中国或一中一台"，增强了两岸互信。今后台湾当局的领导人恐怕再难出现马英九这样的人物。随着民进党即将全面执政，两岸关系和平发展的政治基础岌岌可危。绿色的"两岸政策协会"在蔡英文就职前所做民调显示，有近55%的人认为蔡英文不应该在压力下接受"两岸同属一个中国"，而认为应该的不到30%，这是蔡英文排斥"两岸同属一中"的最佳借口。蔡英文死不承认"九二共识"却能高票当选，选后更不可能来个180度的转弯，最多是"只做不说的两国论"。民进党坚持"台独"，否定"一中"，一路走来始终如一，全面执政后当然不存在还会改变"台独"立场的逻辑。在分裂的道路上，"台独"势力是不撞南墙不回头、撞到南墙头破血流原地发呆也未必回头。因此，未来的4年或8年乃至更长时间，民进党当局承认"九二共识"、认同其核心意涵的可能性几乎为零。如此一来，"九二共识"作为支撑两岸关系和平发展政治基础的功能历史性地结束了。在民进党执政期间，要不要重建两岸关系和平发展的政治基础，怎么重建两岸关系和平发展的政治基础，将是摆在我们面前的重要课题。

第二，国民党可能进一步走向"本土化"。国民党的"本土化"早在蒋经国实行"催台青"政策时就已开始，到李登辉时期，国民党的党员构成、领导层、组织结构，乃至于政治主张都已经"本土化"，"两国论"还曾纳入党的政纲。马英九出任党主席后，有关大陆政策的主张重回李登辉之前国民党的主张，因而国民党内所谓"李登辉路线"与"蒋经国路线"的分歧一直若隐若现，所谓"传统派"与"本土派"的矛盾也时有发生。马英九坚持"中华民国是个主权独立的国家""一个中国是指1912年成立至今的中华民国，主权涵盖中国大陆及外蒙古"，主张"两岸关系不是国与国关系"，而是"一个中华民国两个地区的特殊关系"。这些基本立场和主张是国民党作为"中国国民党"的标志，但有些与国际现实和两岸实际脱节，站不住脚，不仅成了民进党的抨击对象，其在台湾社会的认同度也在下降，连国民党自己也有人产生动摇和怀疑。败选之后，国民党内有人提出把"中国国民党"改成"台湾国民党"，或者只叫国民党，让国民党也"去中国化"。党主席补选中"本土派"推出黄敏惠对垒"传统派"的洪秀柱，黄敏惠公开宣称"无法认同一中同表"，洪秀柱则要求进行大陆政策辩论。这些现象反映出国民党在台湾"本土化"的政治环境下要不要调整基本立场和主张的尴尬处境。今后，国民党只要不甘沦为"永久在野党"，企图争取执政，就不能不顺应台湾"本土化"的政治环境，彻底走向"本土化"以摆脱与民进党在选举竞争中"天然的劣势"地位，就如同英国工党调整该党长期坚持的基本立场和主张才拿到执政权一样。因此，洪秀柱的过渡期结束之后，国民党是否会偏向"李登辉路线"，是否会放弃国家统一的目标，是否还能作为我们反"台独"的借助力量，都不无疑问。老一辈革命家陈云20世纪80年代在中顾委一次会议上曾指出，现在国民党是坚持一个中国原则的，但将来还会不会坚持，即使他们想坚持还能不能坚持得住。老一辈革命家的看法值得进一步研究。

第三，政治对立转变为统"独"对立。台湾问题是当年国共两党的政权博弈胜负抵定的情况下，因为朝鲜战争和美国介入而留下的"残局"。因而，海峡两岸的尚未统一并不是中国主权和领土的分裂而内战遗留的政治对立。国共内战导致两岸政治对立，这是几十年来我们与国民党当局之间"中国的主权行使权之争"和双方都坚持"两岸同属一个中国"的本源和基础。换言之，政治对立的性质决定了双方均坚持一个中国原则、都不放弃国家统一的目标，矛盾的焦点不是统不统一而是如何统一。全面执政后的民进党当局，与国民党当局的最大区别在于，其两岸思维中不会有国共内战的历史连接，也不会有"主权共享、治权分属"和"主权互不承认、治权互不否认"这样的思考，其两岸政策的出发点是"一边一国""主权分裂""互不隶属"。因而，两岸因国共内战而形成的"政治对立"将悄然转变为赤裸裸的"统独对立"，我们与民进党当局的较量就是分裂与反分裂的较量。历史上清朝政府与郑经政权的对立和较量，国际上塞尔维亚与科索沃的对立和较量，都与民进党全面执政后两岸的对立和较量极为类似。科索沃在国际势力的直接干预支持下成功从塞尔维亚分裂出去了，康熙皇帝则采用"剿抚并用"的办法成功统一了台湾。

第四，"中华民国"问题更难处理。解决台湾问题，无论是武力统一还是和平统一，说到底是要收拾"政权博弈的残局"。武力统一很简单，会重启内战，和平统一很复杂，需要通过政治谈判使"中华民国政府"变成中华人民共和国的"特别行政区政府"。就和平统一的这一本质要求而言，国民党、亲民党、新党虽然都主张统一，但同时都要"捍卫中华民国"。按照经由和平发展达到和平统一的思路，深化两岸关系和平发展，需要破解政治难题，而破解政治难题的核心问题是如何实事求是地处理"中华民国"问题，对两岸政治关系做出"合情合理的安排"。

三、结语

民进党全面执政带来的这些新情况、新问题，其实也是台湾问题产生60多年之后，台湾内部政治演变的客观呈现，是我们推进和平统一进程所必须正视和面对的现实。对比，大陆方面要有新的对策，至于如何调整具体政策和策略，则需要参考古今中外分裂与反分裂较量的成功经验和失败教训，深入思考和谋划。

"520"后民进党派系结构、运作模式及其路线权力冲突

上海台湾研究所　倪永杰

2016年台湾选举结果改变了台湾政治生态，也给民进党的派系政治、权力运作带来重大变化。民进党"全面执政""完全执政"，从"行政"到"立法"、从"中央"到地方、从社会氛围到舆论媒体，都在民进党的全力掌控中。同为绿营的"台联党""时代力量""建国党"等难以换得政治筹码与民进党分享权力，外部泛蓝阵营国民党、新党、亲民党无法对民进党构成威胁。由此刺激了民进党各路人马对于政治权位与政治资源的争夺厮杀愈演愈烈，不可遏止，必然影响到蔡英文的稳定执政、长期执政的目标。

一、派系结构

民进党向来有"派系共治"的传统，依据派系竞合规则织成政治运作网络。2008年蔡英文主政民进党后，民进党派系获得新一轮发展契机，胜选后形成"英派"一统江湖、"新潮流系"独与"正国会"（又称"龙系"）相争、"谢系"、"苏系"式微、"海派"初试啼声、"独派"拥扁自保的局面。

1、"英派"一统天下

自2016年1月赢得选举，蔡英文在民进党内部地位迅速飙升，定于一尊，无人敢于直接挑战。蔡成为民进党历史上声望最高的党主席，获得了远较陈水扁更高的权位，甚至超越了当年的李登辉，一跃成为民进党，甚至全台湾的资源配置中心，成为真正的绿营共主。不同于陈水扁时期受各派掣肘，现今民进党所有派系、政治人物都向蔡英文靠拢交心，"党内无派，只有英派"成为现实。

2008年蔡英文出任党主席后便开始培植自己的"英系",利用党主席、地区领导人候选人与当选者的有利身份,打着"世代交替"的旗号重用年轻群体,压缩党内"天王"大佬的政治舞台,组建蔡英文自身权力"近卫军"——"英系"。而"英派"是2014年蔡英文再度执掌民进党,特别是成民进党地区领导人候选后才被广泛使用的概念,其涵括的对象要比"英系"更广。[1]

"英系"有五个来源。一是培植、重用亲信、近臣,如肖美琴、郑丽君、姚人多、罗致政等均获得发展机会,出任要职。二是收编陈水扁"正义连线"要员,包括苏嘉全、刘建忻、陈其迈、林锦昌、林德训、黄志芳等。三是收编扁当局时期前朝官员,如林全、张景森等,集结在"小英基金会"进行政策研拟,描摹执政蓝图。四是招降纳叛其他派系要员,如许信良所属"美丽岛系"的洪耀福、陈明文、吴钊燮、桃园农会的黄金春等人的投靠。五是吸纳蔡早年在体制内结交的旧故新知,从而使"英系"具有横跨蓝绿的气象,如林碧炤、傅栋成、詹志宏等人。上述构成"英系"核心,分别为蔡英文从事党务、选举、组织、文宣、内外政策等事务。

如今,"英系"占据了民进党当局最主要的权力位置,成为决策、资源分配枢纽。包括:"总统府秘书长"林碧炤、"副秘书长"刘建忻、姚人多,"总统府办公室主任"詹志宏、"国安会秘书长"吴钊燮、"国安会咨询委员"傅栋成、"行政院长"林全、"行政院政务委员"张景森、"文化部长"郑丽君、"行政院副秘书长"施克和、"立法院长"苏嘉全、"立委"陈明文、陈其迈、肖美琴、罗致政、郑运鹏、庄瑞雄、民进党中央党部秘书长洪耀福等等。在7月17日民进党十六届第一次全代会选举中,"英系"分别获得6席中执委与2席中常委,仅次于"新潮流系"。"英系"在"立法院"内筹组"台湾世代协会"次级团体,容许其他派系参加,构建跨派系的同盟。陈明文成立"台湾世代教育基金会",拟为蔡政策辩护。

如今,"英系"占领了"总统府"、"行政院"、党中央的主要职位,决策完全由"英派"承担,"行政院""立法院"等由"英系"控制,"新潮流系"、游系、谢系、苏系等分享权力,地方县市则由各派系共治。

2. 新系实力雄厚,纵横政坛

"新潮流系"始终是民进党内最具实力的刚性派系,也是民进党二次执政的最大赢家。2008年以来,"新潮流系"因为地域、职位的因素分化成所谓的"南流""北流"。"南流"的代表人物如高雄市长陈菊、台南市长赖清德等人,形成各自势力范围，自成一脉，但仍与"北流"维持良性互动、紧密合作。桃园市长郑文灿倍受蔡英文青睐，成为上升速度最快的明日之星。新系的"北流"则维持刚性运作，纪律严明，好勇狠斗。2016年3月间以家规开除新系"大佬"洪奇昌之举引起各界关切。段宜康、徐佳青（兼任党部副秘书长）等强势运作，维持新系的"纯洁性"，防范他人渗透，捍卫派系利益。

如今新系掌握着党内最多政治资源，从决策高层的"国安""外交""国防"及两岸体系，到"中央"各大部会首长、县市长，从重要行政机构到"立法院"内各重要委员会、各县市议会，从第一线职位到隐身幕后、参赞机要的幕僚，甚至被称为"肥猫"的公营事业董事长、总经理等，都是"新潮流系"不容他人置喙的禁脔。在蔡英文的人事布局中，"新潮流系"占有一大批重要职位，如"国安会副秘书长"陈俊麟、陈文政、"行政院副院长"林锡耀、"法务部长"邱太三、"农委会主委"曹启鸿、陆委会副主委邱垂正、"退辅会"李文忠、"劳动部副部长"郭国文、"侨委会副委员长"田秋堇等。新系掌握了"立法院副院长"关键位置，蔡其昌出任"立法院副院长"，历经磨炼后有望成为未来"立院"掌门人。

新系阵容强大，已形成老、中、青接班梯队，既有陈菊那样的重量级政治大姐大，又有"赖神"赖清德那样的接班明星，还有郑文灿、蔡其昌那样的政治明星，以及段宜康、徐佳青、吴思瑶、梁文杰等一批好勇狠斗的政客。新系有计划培养各式人才，除了选举人才外，还长期精心栽培"国防"、"外交"、两岸、财经、社会等各类人才，已伸手到党政军各领域，成为民进党内最具政策设计、论述能力、执行能力的派系，无论"正国会"、谢系、苏系都难以望其项背。

新系据有"三都"（高雄、台南、桃园）四县市（屏东、彰化、新竹、宜兰），拥有20席"立委"，拥有10席中执委，在10席票选中常委中占有3席，加上陈菊、赖清德、郑文灿当然中常委占有6席，真可谓"撼山易、撼新系难"，对蔡英文来说犹感芒刺在背。

3. "正国会"实力蹿升，挑战新系

视游锡堃为精神领袖的游系实现世代交替，出身于民进党"学运世代"、台中市市长林佳龙担纲操盘成立"正常国家促进会"（简称"正国会"），参与其中的有"立委"高志鹏、陈亭妃等。在本届全代会上夺得6席中执委与2席中常委，加上林佳龙的当然中常委，声势直逼新潮流系，甚至传出"龙系"之说。未来将以台中市市长、基隆市市长、"立委"、市议员等为权力运作平台，与

"时代力量"结成政治同盟，依靠奇美等企业财团雄厚经费支持，并由台湾智库提供政策后援。"正国会"策略旨在以台中为政治中心，推出陈亭妃、高志鹏竞逐台南市长与新北市长，形成"北余天、中佳龙、南亭妃"的政治布局，结成"龙系"绿色政治地带。"520"前后林佳龙陆续抛出"立法院"迁移台中、设立"国际NGO中心"、由台中、基隆牵头扮演民共交流先锋，突破当前两岸僵局等政治性议题，跃升为民进党新一代为挑战未来大位的政治知名度。值得关注是的林佳龙领衔的"正国会"将与"时代力量"结成路线价值同盟，顽固坚持"仇中""反中"路线，担任林佳龙副手潘忠文一上任"教育部长"，便撤销"微调课纲"，力推"文化台独"，抢攻深挖深绿选票，挑战新潮流系的老大地位，其实力与影响不容小觑。

4. "天王"褪色让位，谢系、苏系式微

包括谢长廷、苏贞昌、游锡堃、吕秀莲等民进党"天王"、"美丽岛世代"、"律师世代"都逐渐退位，淡出民进党政治舞台，学运世代甚至更年轻的民进党政治人物崭露头角。谢长廷出任"驻日代表"，找到对日关系的新天地，有利于扩大谢长廷本人的影响力，但削弱了谢系在岛内的发展。谢曾透露，他去日本后，"从此就没有什么谢系，大家都是英派"。于是谢系"立委"庄瑞雄悄悄转投"英派"。谢系长期缺乏县市长平台，只获得"环保署"、"行政院"发言人等位置。谢系子弟管碧玲与赵天麟因争夺高雄市长而闹内讧，未来难与"英派"的陈其迈、新系支持的刘世芳及林岱桦等抢夺高雄市长位置。而姚文智准备参选台北市市长，面临与柯文哲的苦战。林耀文在竞逐"中评会"主委时落败，本届中常委选举谢系挂零，但谢系在中常委选举中投票给"海派"，未来仍可能获得"海派"的支持。

苏贞昌在与蔡英文的竞争中落败，曾传出苏有可能被派驻新加坡，遭到苏本人的拒绝。苏系的蔡宪浩仍当选中常委，吴秉睿及苏贞昌女儿苏巧惠、弟子张宏陆、吕孙绫等进入"立法院"，苏系的蔡宪浩仍当选中常委，但苏系总体的实力受损。

5. "海派"初试啼声，震撼党内外

以三立董事长林崑海为首的"海派"强势介入民进党党职选举，一举拿到2席中执委，并与谢系合作夺得1席中常委，其代表人物如"立委"王定宇更是臭名昭著，引发舆论挞伐与党内反弹，既违反民进党当年政治退出媒体的主

张，又惹来媒体介入政党的议论。"海派"未来较可能与"正国会"、谢系合作，与新系合作的可能性较低。

6."独派"拥扁自重，前景黯淡

扁系的"一边一国"连线由陈致中持续运作，成为"独派"发声、要挟蔡英文的利器，仍有一定影响。辜宽敏、黄昭堂等人不甘寂寞，时常发言影响视听，但其影响力日渐衰落中。

民进党各派系实力参见表一、表二、表三。

表一：民进党中执委名单

派　系	姓　　名	备注
新　系	潘孟安、沈发惠、林宜瑾、陈启昱、李昆泽、吴思瑶、蔡宗伦、陈素月、张胜富、陈赖素美	10 席
"正国会"	陈亭妃、高志鹏、郭昆文、汤火盛、陈茂松、林德福	6 席
英　派	陈明文、李茂源、黄金春、陈淑华、苏震清	5 席
苏　系	蔡宪浩、郑宏辉、黄俊哲	3 席
"绿色友谊连线"	陈胜宏、许西彬	2 席
谢　系	赵天麟、管碧玲	2 席
海　派	林莹蓉、王定宇	2 席

表二：民进党中常委名单

姓　名	派　系	备　注
潘孟安	新系	屏东县长
沈发惠	新系	新北市议员
林宜瑾	新系	台南市议员
陈明文	英派	"立委"
黄金春	英派	桃园农田水利会长
陈亭妃	正国会	"立委"
高志鹏	正国会	"立委"
蔡宪浩	苏系	中常委
陈胜宏	绿色友谊连线	中常委
林莹蓉	海派	高雄市议员

表三：民进党中评委名单

姓名	派系	备注
邱议莹	新系陈菊	中评委主委
陈宗彦	新系陈菊	台南市民政局长
陈大钧	新系陈菊	蔡其昌办公室主任
陈坤荣	新系陈菊	郑文灿办公室主任
蔡易馀	英派	"立委"
曹来旺	英派	前"立委"
黄玉缇	英派	中执委
陈明泽	"正国会"	高雄市议员
林宝兴	"正国会"	中评委
李余典	苏系	新北市议员
罗文崇	"绿色友谊连线"	新北市议员

二、运作模式

1.蔡英文垄断党政军全部权力，成为资源配置总枢纽

蔡英文出任地区领导人并兼任党主席，按照"宪法"与党的规定，蔡集党政军警情（治）大权于一身。作为党主席，掌握党机器，享有各级党部人事权、各级选举党籍候选人提名权等。蔡英文透过决策权与人事权，加强对于党政军警情各种系统的渗透与控制，加强对于民进党、绿营各路人马的甄拔与管控。蔡英文成为台湾权力资源配置的总枢纽，在其下设立各系统的次枢纽，也是各系统的总枢纽，再分设次次枢纽，直至权力的最底层，每个权力枢纽对上一级枢纽负责。

2.英派为主、新系为辅、派系分赃

蔡英文仅靠"英派"难以走完迈向执政的"最后一里路"，也无法实现稳定执政、长期执政的目标。于是，蔡英文不得不与党内各派合作妥协，特别是与党内最大派系"新潮流系"结盟，组成双重权力结构。

蔡英文权力配置模式就是"英派为主、新系为辅，各派分赃"。从"总统府""国安会""行政院"到"立法院"都遵循这一模式。"总统府"的林碧炤与

149

刘建忻（"英派"）、"国安会"的吴钊燮与陈俊麟（新系）、陈文政（新系），"行政院"的林全（英派）与林锡耀（新系）、"立法院"的苏嘉全（英派）与蔡其昌（新系）等都是这种权力组合模式。甚至在"行政院"相关部会中也出现类似安排，

3. 蓝绿组合，蓝虚绿实，绿营接班

蔡英文为了实现稳定执政目标、消除各界疑虑，在第一波人事安排上采取"蓝绿组合、蓝虚绿实、绿色接班"模式，即由蓝色、原国民党体制内培养的人才出任相关"部""会"一把手、民进党人则扮演副手的权力安排。如"外交部"的李大为与吴志中搭配，陆委会由张小月与新系的邱垂正组合。"退辅会"由原"国安局长"李翔宙当家，新系的李文忠出任"副主委"。这批民进党副手其实比一把手更受信任，掌握实权与政策，随时可以扶正接班。为了就近监管非民进党官僚，蔡英文派遣大批民进党幕僚担任他们的机要，既理顺工作关系，确保上下沟通顺畅，又锻炼了民进党的年轻世代。但蔡英文这套人事安排，在民进党遭遇不小的阻力。

4. 合纵连横、互为制衡

民进党派系英派占有权力制点，进行权力平衡，对各派又拉又打。新系实力雄厚，长期与苏系、"绿色友谊连线"结盟，有所谓"新苏连"之说。林佳龙"正国会"最可能与林崑海主导的"海派"结盟，当年游锡堃、林佳龙透过三立电视制造"十一寇事件"，与新系怀有新仇旧恨，其矛盾冲突终将引爆。

三、路线与权力冲突

政治的核心就是争夺决策权与分配权，本质就是权力斗争。蔡英文胜选后民进党的权力冲突主要围绕两岸路线与人事权展开。

1. 路线冲突

民进党内出现深绿"独派"与浅绿"维持现状派"的较量，在本届民进党全代会时进入高潮。蔡英文竞选与执政的政策核心要点在于"亲美联日抗中"或"亲美日、远大陆"，其两岸路线定调于"维持两岸现状"，其在"520"演讲中，提出"宪法说""两岸执政党对话说""区域合作说"等，但蔡说一套、做

一套,甚至做的与说的完全相反,"520"后立即撤销"微调课纲",对学运头目撤诉。此举刺激"独派""正国会"抢攻深绿票源,要求蔡英文特赦阿扁,甚至在全代会提案要求落实转型正义、"撤废'中华民国'",修改华航为台航。"正国会"与偏激的"时代力量"相互取暖,在"立法院"内修改"公投法"、限缩陆配权益等。高志鹏更是一马当先提出"去孙中山化",要求有公家机关撤除孙中山画像。"独派""正国会"都是当年制定"正常国家决议文"的核心力量,未来仍将坚持深绿路线,抢攻深绿基本教义选票,区别于"新潮流系"的"知中路线"。与此相对,吴子嘉、郭正亮则提出"维持现状案",以新法取代"台独"党纲与"台湾前途""正常国家"二个决议文。但其命运犹如当年"冻独案"再次被蔡英文冷处理,交付中执委讨论。此前谢长廷、童振源主张的"宪法一中""中华民国决议文"等论点,部分被纳入蔡英文"维持现状"的论述,也因为进入蔡英文体制,不再继续坚持。如此看来,两岸路线冲突将伴随着民进党权力斗争的始终,愈演愈烈。

2. 权力斗争

民进党赢得政权,可以安排的行政、公营事业机构职位至少有6000多个,甚至可能多达上万个。"520"前后民进党内的权力争夺围绕五波人事展开,各派系互有得失。

第一波是争夺"立法院"主导权。2016年2月新一届"立法院"组成前,民进党内爆发"立法院长"争夺战。有"民进党立院党团永远的总召"之称的柯建铭侥幸赢得"立委"选举后,早就瞄准"立法院长"位置,但遭到"英派"陈明文、苏嘉全的坚定狙击。最后在蔡英文、"新潮流系"的夹击下,败下阵来,只能续任"总召"。蔡英文在"立法院"摆出"苏蔡配"架势,要求保持议事中立,不介入党务。

第二波争夺是"内阁"人事。林全"内阁"呈现"老、蓝、男、外(涉外)、守(保守)"特点,引发民进党内部的反弹与阻挠,但最后还是被蔡英文压了下来。"行政院"重要"部会"都由民进党各派系瓜分,包括"内政部""交通部"、"经济部""法务部""农委会""环保署"等重大机构。

第三波争夺党权。蔡英文兼任党主席,修改党规,出任公职人员不再兼任党职,以免"以党领政"。"520"前任命洪耀福担任秘书长,主持党务,各派系均入驻中央党部。在"520"后民进党地方主委的争夺中,林佳龙拔得头筹,其支持的人选抢得新北、台中主委,特别是林力挺的余天在蔡英文后援下,击败苏系、新系联合推荐的新北市副议长陈文治，表明蔡英文出手阻挡新系赖清德挺进新北市。桃园、台南、高雄主委都由市长支持的人选夺得。

在 7 月 17 日举办的民进党十六届第一次全代会上，各派系铆足全力拼 11 名中评委、30 名中执委及 10 名票选中常委，最后新系势如破竹，英派、龙系殿后，苏系、"海派"均有斩获，唯独谢系落败，没有中常委、中评委，只有 2 席中执委。

第四波争夺在于公营事业、基金会、农渔水利会长。为了平息绿营内部的埋怨，在公营事业机构、银行金控、证券机构、农渔水利会人事人安排上，蔡英文改以"政治任命"自己人，使得绿营各大诸侯、地方派系、从北至南行动起来全力争夺，完全不同于林全"组阁"时处处碰壁的窘境。由于新系的林锡耀占据"行政院副院长"的关键位置，新系人马大量进占公营事业机构。台盐董事长由高雄市副市长陈启昱（新系）、"中油"董事长由原高雄副市长陈金德（新系）担任，"中钢"董事长将由陈菊推荐林文渊获得。"中钢"是最大"金鸡母"，每年超过 2800 亿营收，手上有 200 多亿现金及超过 4400 亿固定资产。新系大佬吴乃仁女儿吴怡菁出任台苯董事长，华航董事长何煖轩属郑文灿推荐人选，台肥董事长苏焕智则属阿扁人马。台湾高铁由蔡英文信任的江耀宗获得，台湾烟酒公司董事长则由英派陈明文推荐的嘉义副县长吴容辉担任，前"立委"张学舜出任圆山饭店董事长。"财政部"公股小组及台湾银行系统所指派的金融机构董事、独立董事与董事长、总经理总计有上百位，其人事多数由林全主导。公股行库董事长包括台湾金、兆丰金、合库、华南金、第一金、彰银、土银、台企银、此外汉翔、中华电信等一大批公营企业人事落入民进党之手。

第五波争夺将为"内阁"改组与 2018 年地方选举。林全"内阁"前景不妙。本届县市长 2016 底就职年满两年，市长离任不用改选，由"行政院长"任命即可，因此陈菊、赖清德都有机会染指"行政院长"，届时"行政院"改组及高雄或台南市长人选一定引来民进党内各路势力争逐。此后，民进党各路诸侯将争夺 2018 年"六都"与县市长、县市议员的候选人提名。台北将是谢系与柯文哲相争、高雄将是谢系、新系及英系相争，新北是新系的赖清德与龙系的高志鹏相争、台南则是龙系的陈亭妃与新系相争的局面。

蔡英文为了巩固执政地位，更好地控制民进党与全台湾，将对各派系采用平衡术，加强宏观调控，以利益为诱饵，策略性地拉拢或打击某个派系，造成各派相互制衡，使各派系有求于她，而她却能摆脱各派系对她的掣肘。各派系也将合纵连横，钩心斗角，扩大自身利益与政治地盘。民进党内部权斗戏码将赤裸裸上演，异常惨烈。

3. 冲突趋势

一是蔡英文与"新潮流系"分享权力，但冲突不可避免。现阶段蔡英文不得不与"新潮流系"合作共赢，但双方的冲突为时不远。蔡与陈菊、赖清德的关系有点特殊。在新北市党部主委选举中，蔡英文支持余天阻挡新系与苏系联合支持的陈文治当选。蔡将全力防止赖清德北上竞逐新北市长，压缩赖清德的上升空间。

二是蔡英文较可能拉拢、联合"正国会"、谢系、"海派"等制衡新系。新系则将与苏系、"绿色友谊连线"结盟。同时蔡英文培植新系的郑文灿，制衡新系的赖清德与"正国会"的林佳龙。

三是"新潮流系"与"正国会"全面火拼。"新潮流系"盘踞在高雄、台南、桃园及屏东、彰化、宜兰、新竹"三都四县"。掌握了众多重要"部会"、"立法院"、相关县市议会。而"正国会"将组建台南、台中、新北绿色版图，挑战新系。同时，"正国会"将与"时代力量"内外结合，在绿营内部裂解新系地盘。

四是"世代交替"加速。大佬、天王退位，"美丽岛世代""律师世代"交棒，"学运世代"、地方诸侯、"绿二代"乘势崛起。谢长廷、苏贞昌、游锡堃逐渐老去，而民进党的中壮世代、学运世代已经跃进民进党政治核心，天王们的子女、助理也脱颖而出，表现抢眼。民进党正在扩大招募年轻党工，未来将有更多的年轻人加入到民进党队伍中来，进入地方发展，成为民进党的新生血液。

注释：

[1] 参见马牧原：《民进党党主改选，看英系的第一仗》，台湾《财讯》周刊总第507期，2016年7月14日。

试析蔡英文"宪法"论述的"进"与"退"

中国人民大学两岸关系研究中心　王英津

蔡英文在"520"就职演说时表示,"新政府会依据'中华民国宪法'、两岸人民关系条例及其他相关法律,处理两岸事务"。这是蔡英文首次在公开场合对"中华民国宪法"做正面表态。那么,我们究竟该如何看待蔡英文的"宪法"论述?该论述与其先前的"宪政"论述(即将在"中华民国现行宪政体制"下,依循"普遍民意",持续推动两岸关系的和平稳定发展)相比,又有何进步?该论述是否意味着蔡英文接受了"一中",放弃了"台独"?其与大陆的政治底线还有多远距离?大陆该如何评价和应对该论述?

一、接受"宪法"其实是回归"宪法"

长期以来,民进党在政治操作层面,将"中华民国"与"中华民国宪法"做了区隔处理。民进党虽然在事实上接受"中华民国"为暂时性"国号"(备注:民进党所接受的暂为"国号"的"中华民国"与历史上的中华民国亦不相同,其领土范围仅及于台澎金马,并未涵盖大陆),但是拒不接受,甚至要废除"中华民国宪法"(即"公投制宪"或制定"台湾新宪法")。

从历史发展角度看,此次蔡英文的"宪法"论述,与其说是"接受宪法",不如说是"回归宪法"。诚如大家所知,在1987年"解严"之前,民进党的主要政治诉求是民主,而因"临时条款"限制了民主,所以"回归宪法"曾是当时在野的民进党进行抗争的鲜明旗帜,要求从"临时条款"的"违章建筑"回归到"宪法"本文的实施、回归到"宪法"规定的民主"宪政"制度,这从民进党在"解严"前夕组党时所讨论的"共同纲领"中可以清楚地辨识到。[1] 20世纪90年代,民进党的政治诉求开始发生重大变化,由"民主诉求"转向"主权诉求"（即追求"独立建国"）。与之相对，民进党对"中华民国宪法"的态度也发生重大转变，开始由"回归宪法"走向了"否认宪法"。对此，台湾学者李念祖教授概括道，民进党"为了民主而回归宪法，为了主权而否定宪法"[2]。直至 2016 年 5 月 20 日蔡英文就职前，民进党仍不承认"中华民国宪法"，其原因可概括为以下两点：其一，该"宪法"1946 年在南京制定，若民进党承认该"宪法"，则意味着承认台湾与大陆之间存在历史连续性，不利于切断两岸之间的历史联结；其二，该"宪法"规定的疆界范围是"外蒙古、大陆和台澎金马"。若民进党接受该"宪法"，则意味着接受了两岸同属一个中国。

需要特别指出的是，在过去很长一段时间里，虽然民进党没有正式承认"中华民国宪法"，但在事实上也有所接受，因为在"法理台独"几乎没有可行性的情况下，拒不接受"中华民国宪法"无异于自我设置陷阱。正如民进党人士谢长廷所言，民进党不接受"宪法"难以自圆其说。首先，七次增修后的"中华民国宪法"，已是一部"民主的宪法"，有台湾民主改革的记录；七次"修宪"，民进党均参与其中，凝聚着民进党人的心血和追求，民进党既然参与了"修宪"，就应接受这部"宪法"。其次，尽管民进党不承认"中华民国宪法"，但多年来一直在该"宪法"规定的体制下运作，且"当选者也都在就职时宣誓'遵守宪法'。过去民进党多次提出释宪案，也是在此'宪法'架构下提出。假若'依宪法规定参与选举，当选后又不愿意宣誓'，或者'要求解释宪法，但又不承认宪法'，都将形成自相矛盾"。[3]因此，从民进党一直以来的作为来看，其在事实上已或多或少接受了"中华民国宪法"，即便此次正式予以承认，则更多带有确认的意味。再次，在蔡英文及其幕僚看来，回归"中华民国宪法"不会损伤"台湾主体性"。虽然"中华民国宪法"本文被认为深具"大中国"意涵，但经过七次增修之后，"中华民国宪法"已被修改得"支离破碎"，不同政治力量完全可以对其进行不同解读。从过去"事实台独"人士的相关论述来看，通常主张借"中华民国"之"壳"，上"台独"之"市"。接受"宪法"是否会损伤"台湾主体性"，主要取决于如何解释"宪法"意涵。蔡英文接受"宪法"，本身已经预留了"台独"解释的空间，这不仅不会损伤"台湾主体性"，反而还有助于"务实台独"的实现。

二、新论述预留了进退自如的解释空间

就两岸关系的角度而言，从"宪政"论述到"宪法"论述，蔡英文究竟有

哪些进步？欲准确地回答这一问题，首先须回顾蔡英文 2015 年 6 月在美国华盛顿智库战略与国际研究中心（CSIS）演讲时提出的"宪政"论述。根据蔡英文的解释，"宪政"论述的基本意涵包括四个方面：一是"宪法"本文；二是增修条文，三是"大法官释宪"，四是"宪法"在台湾的实际实施状况。一般而言，宪政侧重描述以宪法为主轴而展开的政治活动，因此，"宪政"比"宪法"在意涵上更宽泛、更模糊，可操作的空间更大；相反，"宪法"比"宪政"更具体、更清晰，模糊空间有所压缩。总之，从"宪政"论述到"宪法"论述，是大陆对蔡英文不断施压所取得的积极成效，是蔡英文在无奈情况下的被迫"前行"，是民进党向大陆释放善意的表现。然而，我们必须认识到，此次"宪法"论述与先前的"宪政"论述在深层意义上并无实质差别，因为其已预留出了进退自如的解释空间。

众所周知，自 1991 年 4 月至 2005 年 6 月的 14 年间，台湾当局曾对"中华民国宪法"进行了七次增修。对比增修前后的"中华民国宪法"可以发现，增修后的"中华民国宪法"有许多模糊之处，这使得台湾社会对增修后的"中华民国宪法"存有不同解释，诚如谢长廷所言："宪法增修条文"的前言中"因应国家统一前之需要，依照……之规定，增修本宪法条文……"的部分，固然可以解释为"统一的架构"；但对主张"台湾是主权国家"者而言，该条文并非必然意味着"国家要走向统一"，而是确立了当前是处于"未统一"的分立现状。因此，七次增修后的"中华民国宪法"，虽仍保持了"两岸一中"的基本架构，但"一中"解释被稀释，既可按照原来的"一中"意涵解释，也可向"独台"方向解释，还可以向"台独"方向解释。正因如此，有台湾人士极端地认为，七次增修工程完成了"中华民国领土主权"的缩限，实现了"中华民国台湾化"。

蔡英文的"宪法"论述似乎给外界营造了一种回归"宪法一中"的想象，但其所谓的"中华民国宪法"包括本文和增修条文两部分，其中的增修条文部分仍存在异化解读的空间。要看清其"宪法"论述的"真面目"，尚需跟踪其"宪法"论述的后续内容。具体而言，有三个方面亟待进一步观察。

第一，对"宪法"内涵如何解释。如果蔡英文借"中华民国宪法"中"一中"内容的模糊性，强调"中华民国宪法"的"本土化"或"台湾化"，凸显"一边一宪"或"两国两宪"，那么其"宪法"论述就是"台独"论述。如果蔡英文坚持"中华民国宪法"的"一中"性质，坚持两岸同属一个中国框架，主张"一中一宪"，并坚持"中华民国宪法"的唯一"法统"地位，那么，其"宪法"论述就是"一中"论述。

第二，对"领土范围"如何界定。蔡英文所指的"中华民国"，其领土范围是包括大陆和台湾，还是仅仅及于台澎金马？若为前者，那么其"宪法"论述就是类似于国民党的"大一中"论述；若为后者，即主张"中华民国是一个主权独立国家"，且领土主权范围不及于大陆，故意切断两岸的"一中"联结，使两岸关系变成"国与国"关系，那么其"宪法"论述就是"台独"论述。

第三，是否坚持己方"宪法"的唯一"法统"地位。坚持己方宪法唯一"法统"地位的实质是坚持"单一主权""单一外交"和"一国一府"，这是两岸政权之争的重要体现。只有互不承认对方"宪法"的合法性，坚持"一国一宪"，方可将两岸争议维持在一个中国框架内；否则，就会出现"一中两宪"，使得两岸争议由政权之争上升为主权之争，导致"一国两府"或"两个中国"。蔡英文在接受"中华民国宪法"的同时，是否承认中华人民共和国宪法的合法性至关重要，这是考察其"宪法"论述性质的又一重要指标。

综上所述，要想准确研判蔡英文的"宪法"论述，只看到其接受"宪法"远远不够，还需分析其接受的是一个什么样的"中华民国宪法"？其主权范围如何界定？其论述中的"中华民国"与中华人民共和国是何关系？等等。以上问题正是当年李登辉当局在"中华民国宪法"的掩盖下建构"台独"论述的主要着力点。如果我们仅仅看到蔡英文对"中华民国宪法"由"不接受"到"接受"的转变，就认为其接受了"两岸一中"，那就犯了"一叶障目"的错误。

除此之外，研究蔡英文的"宪法"论述，还应与她的其他两岸关系论述结合起来通盘考察。从蔡英文的一系列论述来看，其"宪法"论述与"维持现状""求同存异"等论这一脉相承，只是各有侧重。"维持现状"也是一个似是而非的模糊论述，譬如要维持一个什么样的"现状"？众所周知，两岸三方对于"现状"的认知和解读并不相同，大陆认知的现状是两岸同属一个中国框架；国民党认知的现状是两岸同属一个中国架构，但强调一个中国是指"中华民国"（至少在法理上如此论述）；民进党认知的现状则是两岸"一边一国"。那么，蔡英文要维持的"现状"是上述哪一种现状？综合分析不难推知，蔡英文的"现状"仍是指两岸"一边一国"，其立场和主旨是，在不放弃"台独"的前提下，缓和与大陆的统"独"对抗，继续保持两岸关系和平发展，以便为下一届选举连任奠定民意基础。蔡英文的整套论述清晰地表明，其"台独"立场并未发生变化，有所调整的仅仅是"台独"策略。与原来"台独"势力要求重新"制宪"的主张相比，蔡英文无非是主张在"宪法"框架内推动"务实台独"，这是民进党在无法实现"法理台独"而又不愿放弃"台独"的情况下，迫于大陆压力而做出的无奈选择。

三、蔡英文"宪法"论述与大陆底线的距离

不管出于压力还是动力，蔡英文承认"中华民国宪法"在两岸关系意义上无疑值得肯定。对于大陆方面来说，如何巧妙回应蔡英文的"宪法"论述，是一个技术要求很高的动作。我们务必做到：既要对蔡英文回归"宪法"的论述表示肯定，又要一针见血地指出其论述存在的问题；既要引导、鼓励或迫使蔡英文继续与大陆相向而行，又要避免在处理"中华民国宪法"问题上留下后遗症。

分析至此，就引出一个问题：蔡英文在"宪法"问题上究竟该如何表述才符合大陆的要求？换言之，其"宪法"论述与大陆的政治底线究竟还有多远？大陆方面一直声明，其政治底线是要求蔡英文接受"九二共识"（核心意涵是两岸同属一个中国），虽然"宪法"论述和"九二共识"属于不同的话语表述系统，但两者在表达"两岸同属一中"的意涵上具有融通性。为此，笔者可以为蔡英文绘制出如下论述路线图，即"台湾共识"→"宪政"论述→"宪法"论述→"一中宪法"论述→唯一"法统"的"一中宪法"论述。目前，蔡英文的"宪法"论述正处于上述路线图中的第三步，今后必须走完后两步，才能实现与大陆的和解与互动，否则无法建立民共互动。对于尚未完成的后两步，大陆期待蔡英文能够合并迈进，努力一步到位，但如果确有困难，也可以分为两步走：

第一步，必须明确表示其所接受的"中华民国宪法"是"一中宪法"，不能进行其他（如"台独"或"独台"）演绎解释。那么，如何表述才是"一中宪法"呢？关键要明确"一中"是指"大中国"意义上的，具体的考察指标是，恪守"宪法"本文第四条的规定，亦即疆域范围必须涵盖大陆和台湾。但反观蔡英文的论述，可能会侧重对增修后的"中华民国宪法"进行解释，将领土范围缩限在台澎金马地区。对此，需要蔡英文在"宪法"立场上有一个明确的转变和表态，要明确承认"中华民国宪法"是"一中宪法"。从目前台湾各界对"一中"解释来看，主要有以下四种含义：一是"一中即中华民国"，与中华人民共和国是"互不隶属"的并列关系，即"国与国"关系；二是"一中即一个中华民国"，其领土涵盖大陆和台湾，坚持"单一主权"，不承认中华人民共和国的合法性；三是"中华民国政府"与中华人民共和国政府同属于"一中"，

此"一中"为虚体架构，实质是"一国两府；"四是"中华民国"与中华人民共和国同属于"一中"，此"一中"为虚体架构，实质是"一中两国"。在上述四种"一中"解释之中，只有第二种解释接近大陆要求的"一中"意涵，对此，大陆虽不满意，但可勉强接受；其他三种解释均为"台独"或"独台"解释。因此，退一步说，即便蔡英文的"宪法一中"不正面包含大陆的"一中"意涵，至少也应接近国民党的解释，即将"宪法一中"中的"一中"解释为"大中国"意义上的。

第二步，尽管目前两岸均声称各自拥有"宪法"，但在法理上互不承认，分别主张"一中一宪"，维持主权意义上的"一中"架构，将两岸之争限定在政权之争的框架内。

值得注意的是，两岸在"宪法"问题上，很容易陷入一个误区，即认为"宪法"所宣示的"主权重叠"，故不会导致"两个中国"。然而，该逻辑并不成立。这是因为，其一，既然"主权重叠"，那么就已经预设了"两个主权"的存在，"单一主权"无所谓重叠的问题，承认"主权重叠"本身就隐含着承认"两个主权"的意味。如此一来，"一中"就会由原来具有主权意涵的实体架构变成仅具有历史、地理、文化、血缘意义上的虚体架构。其二，回顾台湾当局对待"中华民国宪法"和中华人民共和国宪法的态度，凡是坚持"两岸一中"的时期都不会承认中华人民共和国宪法，而只有坚持"独台"或"台独"的时期才会对其有所承认。两蒋时期的台湾当局出于与大陆争夺"法统"的需要，一直坚持"单一宪法"，只承认"中华民国宪法"的唯一"法统"地位；李登辉早期也坚持"一中一宪"，但后来由于奉行"台独"路线，其先后改行"一个中国，两个对等政治实体"和"两国论"，两个论述分别内含着"一中两宪"和"两中两宪"的意蕴；马英九上台主政后，重新回归"一中一宪"的轨道。不难看出，两岸双方分别坚持"一中一宪"是政权之争的表现，在目前情况下，只有如此方能维持一个中国框架；大陆也只有拒不承认"中华民国宪法"，才能为未来两岸统一奠定法理基础。

四、蔡英文"宪法"论述可能带来的挑战

蔡英文从不接受"宪法"到接受"宪法"，表面上看与大陆相向而行了一步，但实际上是"以退为进"的策略，充分预留了"退一步，进两步"的空间。这对于大陆来说，可谓喜忧参半。

　　蔡英文在"520"就职演说中强调："我们更会努力促成内部和解，强化民主机制，凝聚共识，形成一致对外的立场。"那么，台湾"内部和解""凝聚共识"和"一致对外"的基础是什么？按照某些台湾政治人物的说法，其实就是"中华民国"及其"宪法"。就"中华民国宪法"而言，虽然先前国、民两大政党对其态度截然不同，即国民党要捍卫之，民进党要废除之。但时至当下，民进党已经接受了"中华民国宪法"，两党对"宪法"的态度渐趋一致。尽管蔡英文的"宪法"论述还存在诸多灰色地带，但从相关论述（如林全的"中华民国台湾"等）不难推知，其"宪法"所涵盖的领土范围仅及台澎金马。国民党虽然在法理上坚持"中华民国宪法"的主权范围是"大中国"，但从实际行动上看，其近些年来一直声称两岸互不代表对方，在此语境下，其经常将"台湾与中华民国等同"，这与民进党的"中华民国是台湾"概念非常接近。由此不难发现，国、民两大政党在"中华民国"及其"宪法"问题上日渐趋同，它们正是要通过共同捍卫"中华民国宪法"来捍卫"中华民国主体性"。

　　分析至此，我们可以发现，蔡英文的"宪法"论述与谢长廷的"宪法共识"论述有许多融通之处。后者的主要观点是，民进党要承认并接受"宪法"，台湾内部应就"宪法"中的制度、福利、民主、自由或人权保障等内容建立"重叠共识"，对"宪法"中关于"一中""固有领土"的意涵等不同主张要"存异求同"；蓝绿两大阵营的各个政党应在"宪法"基础上实现和解。谢长廷虽然主张民进党接受和承认"中华民国宪法"，但其目的并非为了让民进党接受"一中"，而是为了实现结束蓝绿对抗、联手应对来自大陆的挑战、防止被分化瓦解、共同"捍卫""台湾主体性"的目标。多年来，由于蓝绿两大阵营在"九二共识"议题上一直争斗不断，台湾社会撕裂严重。为解决长期以来的蓝绿分歧和对抗，谢长廷主张在台湾内部以"宪法共识"取代"九二共识"。"就台湾利益来讲，我们应该寻求替代性共识方案，才不会造成国共两党'舍异求同'来切割民进党的窘境；况且，国共之间所谓的'九二共识'和'一中各表'是有争议的"，[4] 既然台湾社会内部对"一中"存有争议，就不要沿用这个概念，应以"宪法"概念来替代"一中"概念，应以"宪法共识"取代"九二共识"，[5] 这样可以减少不必要的政治纷争和内耗。为此，"我们应该以宪法为共同平台、作为不同政党之间竞争、解决政治纷争的准绳，回归到'宪法是国家根本大法、基本规范'的既有实然地位，寻求宪法的'重叠共识'"。

　　只要有重叠共识，即使不同政治势力之间，也可以摒除个别的特殊利益，共同维持政治的稳定性与正当性。[6] 在谢长廷看来，"中华民国宪法"是凝聚各方共识的最大公约数，故其主张国、民两大政党就"中华民国宪法"达成共识，实现蓝绿和解，一致对外。"一个分裂的台湾绝对不利于抵抗主权被消灭吞并的压力"。[7] 他认为唯有结合"台独派""缓独派""维持现状派""中华民国派"，甚至连"先维持现状，未来再统一"等所有内部力量，一起反对"急统派"，才能确保现阶段的"台湾主权"，[8] 因此，蓝绿双方应先就"中华民国宪法"达成共识，暂时搁置"一中"争议，不能因为"一中"争议影响了蓝绿之间的和解与合作，否则为大陆"利诱分化""各个击破"提供了机会。[9]

针对蓝绿在"一中""固有领土"之意涵等问题上存在的分歧，[10] 谢长廷主张双方应搁置分歧，具体搁置方法就是利用七次增修后"中华民国宪法"的模糊之处，蓝绿各自表述"宪法"的性质和内涵。蓝营人士可依"宪法"本文部分将其解释为"一中宪法"，绿营可强调"宪法"增修条文的"非一中"迹象，强调"宪法"的"本地化"或"台湾化"，这样通过各取所需式的"各表"来暂时搁置"一中"争议。在搁置"一中"争议和凝聚"宪法"重叠共识的基础上，努力实现蓝绿和解，共同"捍卫"台湾的"主体性"，防止台湾"主权"式微及边缘化的态势。

无独有偶，与谢长廷的"宪法共识"主张相类似，2014 年 5 月 27 日，台湾蓝绿知名人士包括民进党前主席施明德、前"国安会"秘书长苏起、前驻美代表程建人、前海基会副董事长焦仁和与洪奇昌，前陆委会主委陈羽通与淡江大学大陆研究所所长张五岳七人，共同宣布他们所提出的"处理两岸关系问题的五原则"，即"大一中"架构。这是台湾首次由跨越蓝绿的人士共同倡导的架构，根据倡导者的说法，该架构旨在"中华民国"基础上凝聚蓝绿共识，共同"捍卫台湾主体性"，以此拯救台湾。正因如此，有台湾学者说，"大一中"架构是"独台"与"台独"的汇流，是跨越蓝绿的架构，是凝聚共识，捍卫"中华民国主权"的架构。

倘若将上述主张或论述联系起来考察，我们难免会有些担忧。一旦台湾社会在"中华民国宪法"问题上达成共识，从短期来看，将直接冲击到蓝营对"九二共识"的承认，因为政治精英和政党迫于选票的考量，会倾向于"宪法共识"的表述，淡化"九二共识"，这将会动摇国共合作的政治基础；从长远来看，将对大陆的统战工作和对台政策形成巨大挑战，"不统不独"的局面或将长期存在。如何因应台湾社会渐露端倪的"宪法共识"，是大陆需要面对的新课题，需要提前做好各项准备。

注释：

[1] 李念祖著：《人国之礼——宪法变迁的跨越》，台北，三民书局股份有限公司，2012 年版，第 329 页。

[2] 李念祖著：《人国之礼——宪法变迁的跨越》，台北，三民书局股份有限公司，2012 年版，第 331 页。

[3] 谢长廷著：《未来：不一样的台湾》，台北，新文化教室，2012 年版，第 113 页。

[4] 谢长廷著：《未来：不一样的台湾》，台北，新文化教室，2012 年版，第 91 页。

[5] 同上。

[6] 同上。

[7] 同上。

[8] 同上。

[9] 同上。

[10] 同上。

蔡英文执政时期的台湾"宪改"：内容、程序及可能性分析

北京联合大学台湾研究院　朱松岭

导　论

2016 年"二合一"选举至今，民进党已经在台湾地区全面执政，涉及"宪改"及"法理台独"相关法案的问题再一次进入我们的视野之中。尽管岛内"宪改"作为茶壶内的风暴，无法从根本上撼动大国格局下的两岸关系框架，但是它可能会为两岸关系制造不必要的困扰。而且其内容研讨、法案发动、程序修改等，随时都可能起到建构充实"台独"宪政理论、解构国家统一正当性的作用。宪法是现代国家重要标志，也是中国国家统一和民族复兴的重要理论武器，充分重视和破解蔡英文执政时期的"宪改"牌，从理论上破解其"宪改"牌，从实践上彻底破坏其"宪改"伎俩，是反"独"促统的重要一环，也是完善国家统一宪法学理论的重要内容。

一般意义上，"宪改"是"宪法修改"的简称。陈水扁执政时期，岛内政界、学界尤其是绿营政学界开始普遍将其用作"宪法改造"的简称。宪法修改与宪法改造的学理内容都非常丰富。而且，二者有很大不同。大陆学界的通说认为，宪法修改，又称宪法修正，是指宪法修改机关认为宪法的部分内容不适合社会实际而根据宪法规定的特定程序删除、增加、变更宪法部分内容的活动。[1] 换言之，宪法修改是对宪法部分内容进行改变。[2] 而"宪法改造"，则是指改造宪法的体系性工程，这一概念主要是台湾地区学者使用[3]。他们将 1949 年两岸关系产生以来，台湾"动员戡乱时期临时条款"的修订与废止，"宪法"增修条文的增列与修订等形式意义上的改造，涉及政治体制改造、"国家结构"变化等治理意义上的改造，乃至"国籍法"对中国人和"中华民国国籍"定

义的变化等统统纳入其中。[4] 这一概念将很多不符合岛内"宪法条文"的"宪法"实例容纳到"宪法"体系中去,明显属于宪法变迁的范畴。[5] 世界上最典型的宪法变迁案例在日本,是日本宪法第9条和平宪法条款的变迁,即由于组织武装力量违反宪法,于是日本政府就出面对第9条进行解释,随着形势的发展,日本已经拥有了战斗力极强的军队——"自卫队",日本宪法第9条的内涵在现实中已经发生了巨大的变迁。与日本相同,1991年以来,台湾的"宪法变迁"也是不容否认的事实。2000年,民进党首次上台执政,但是彼时民进党在"立法院"中处于少数地位,无法全面实施其主张,民进党"宪改"的力量随着2008年民进党的全面溃败暂时偃旗息鼓。2016年"二合一"选举结果出炉以来,民进党内主张"宪改"的声音卷土重来。尽管蔡英文明确提出要"维持现状",但是,民进党不是铁板一块,岛内政党及其他利益团体也有着不同的盘算,绿营在"立法院"中近乎四分之三多数的席位更增加了法案闯关的突发性。不管是明面的"修宪",还是暗度陈仓的"宪法变迁",都是我们必须密切关注的焦点问题。

一、内容

2015年,岛内蓝绿政治势力为了选举的需要,纷纷炒作"宪改"议题。为了配合选举造势,民意代表机构出现了"修宪"提案,学术界部分研讨会也有相关内容。综合当前岛内各种声音,可以梳理出三部分"宪改"内容:修改"政府体制";修改公民基本权利;修改"修宪程序"。这些内容中,离"立法程序"最近的,是在"立法院"中以"议案关系文书"形式出现的"宪法修正案"提案。通过对第八届"立法院"第七会期"修宪案"议案关系文书的统计,我们发现,民进党所提"修宪"内容集中在"宪法本文"第六、七、八、十、十一、十二、十三、十四、十五、十六、二十一、二十二、二十四条,提案人集中在郑丽君、尤美女二人;"中华民国宪法增修条文"第一、四、六、七、十、十二条,提案人集中于柯建铭、郑丽君、尤美女、杨曜和李俊俋五人。通过大数据对蔡英文2014年5月再次当选民进党主席至2016年5月20日上台执政时期的搜索,她的"宪改"内容主要集中在18岁公民权、"立法院"席次增加、"公投法"修改以及"国是会议"这四部分,其他如"内阁制"等则属于被动应付层面,没有实质动作。

（一）曾经进入"立法"层面的"宪改"内容

柯建铭等的提案主要包含"公民权"下修为 18 岁，"被选举权"下修为 21 岁；进步人权条款"入宪"；废除"考试院"与"监察院"，其权力回归"行政院"与"立法院"；"修宪"采用双轨制设计，包括由"国会"提案或公民连署发动，并经公民复决通过；同时，其相关门槛规范，亦应一并下修。[6] 其中，增列由公民连署发动的第二轨；而"立法院""修宪"的相关出席人数及通过门槛，一并从 3/4 下修为 2/3，之后送交公民复决；公民连署发动"修宪"的部分，以公民总额 5% 为最低连署门槛，之后送交公民复决；同时也下修公民复决门槛，即获得公民总数 1/2 投票，其同意票过半即为通过；不分区"立委"的政党分配门槛由 5% 降至 3%。[7] 李俊俋等提案建议"修宪"门坎应为渐进式修正，建议修正为"立法委员"2/3 出席，及出席"委员"2/3 之决议，提出"宪法修正案"，而公民复决之门槛，即参考丹麦之立法例，由原须有效同意票过选举人总额"半数"之高门槛，略调降为须经有效同意票超过选举人总额之 2/5，"以寻求僵固与弹性之间的平衡。"[8] 杨曜的提案主要集中在"宪法增修条文"第十条。[9] 尤美女的提案主要集中在平等权尤其是男女平等方面以及"修宪门槛"的修正。其"修宪"门槛的主要内容是"宪法修正案须经立法院立法委员 1/4 提议后，3/4 出席，及出席委员 3/4 之决议方能通过，此一'双四分之三'门槛，使宪法修正案通过困难性大增，宜下修为经'立法院立法委员'1/4 提议后，2/3 出席，及出席委员 2/3 决议通过。建议将'中华民国自由地区'选举人投票复决修正为简单多数决。"[10] 郑丽君的提案内容最为丰富，包括投票权年龄、人权的广泛领域，[11] 尤其是通过"修宪"规范国际人权条约的国际法地位这一条，值得特别关注。[12]

（二）蔡英文关注的"宪改"内容

已经就任台湾地区领导人的民进党主席蔡英文关注的"宪改"内容自然是研究的重中之重，这有可能是未来民党当局关注的"宪改"重点。蔡英文关注"宪改"主要是在 2016 年台湾地区领导人选举的攻防中。其中，国民党候选人朱立伦为了炒热选情，积极主动地挑起"宪改"议题的情况比较多，蔡英文主动提出的议题比较少。这一方面是因为，蔡英文的选情比较稳定，不用操弄"宪改牌"；另一方面是因为蔡英文本身的兴趣点也不在"宪改"方面。尤其是，现有的制度本身有利于执攻者。民进党预估即将出现全面执政，根本不需要也没有必要进行"宪改"。尽管如此，民进党为了形成反对国民党的"统一战线"，还是在 18 岁选举权和"立法院"改革方面提出了自己的见解。

1. 有利于形成反国民党"统一战线"的"宪改"内容

台湾在第 7 次"修宪"时的制度选择和选区划分,导致了票票不等值的问题,让政党选票比例无法反映在"立法院"席次的分布,最大党的席次被不成比例地放大,小党则几乎被湮灭。因此,"让政党席次比例符合选票比例""减少票票不等值"及"让小党有生存空间",成为民进党和蔡英文"宪政改革"的重要目标。同时,降低政党门槛让小党有当选空间,并以德国"联立制"取代现行"并立制"[13]。蔡英文主张,为增加"立法院"的多元性,应把政党席次分配门槛降至 3%。至于票票不等值的问题,则可研议规划采取"联立制"或选区重划。[14]蔡英文在《我对宪政改革的主张》一文中,再次提出包括降低政党门槛让小党有当选空间,以及从现行的"日本并立制"改成"德国联立制"等"宪改"主张,从蔡英文的一贯主张看,她基本上未将"总统制"列为选项。2016 年"二合一"选举前,蔡英文态度显然支持增加"立委"席次,降低不分区"立委"席次的得票门槛。如此,蔡一旦当选,有利于政党政治操作,这项主张更能让蔡在竞选过程中,用来和第三势力"交朋友"。[15]

2. 修改"公投法",变更"修宪"程序

蔡英文非常关注"公投法"的修改。蔡英文说,现行"公投法"无法让台湾展现直接民主,因此,她认为应降低"公投"门槛;但如果社会对某些议题有疑虑,则可维持原来的绝对多数决。未来,她将以此为基础与各界展开讨论,凝聚"宪改"立场共识。[16]若整理蔡英文的"修宪"主张,又包含调降"公投"门槛,与"太阳花"学运前后呼应,更拼凑出完整而清晰的脉络:反服贸、降"公投"门槛、"修宪"三个不同层次,彼此环环相扣,围绕着最核心的论述,就是代议政治失灵、"立法院"多数不能代表多数民意。顺着此一逻辑,就可以对外解释民进党 42 次霸占"立法院"主席台有其正当性,因为他们判定马当局的正当性不足,在野党就可持续杯葛。

蔡英文当选民进党主席后发表"宪政时刻"文章,附议前主席苏贞昌的 7 项"宪改"主张,更以服贸及核四争议强调"立法院"无能,与"民意"对立,凸显"公投"门槛过高、票票不等值、应恢复联立制、取消现行并立制,多次强调现行鸟笼"公投法",系当年"朝小野大"的结果,否决未出席投票者权益等,[17]以此鼓动民意,对抗国民党。

2014年5月，蔡英文参加党主席选举辩论时曾表示，她赞成台湾应从倾向"半总统"的双首长制改成"内阁制"。但她也强调，这是浩大工程，需要很长的时间并小心谨慎处理，才能争取社会最大支持。蔡当选主席后又撰文，指"修宪"应聚焦"降低公投门槛"，且必须透过"宪政"改造，完成提升"立法院"的多元代表性后，选择"总统制"或"内阁制"的辩论才有意义。[18]

3. 主张召开"国是会议"，全民参与"修宪"

蔡过去曾提议召开"公民宪政会议"。但后来多次提议召开"国是会议"。她解释，"国是会议"的政党角色较"公民宪政会议"重，所能涵盖的议题也较广，除了"宪改"之外，也可包括其他重大议题。[19]蔡英文强调"国是会议"是"全民的"，她要的是与全台民众对谈的过程。

"九合一"选举后蔡英文提出次年举行"国是会议"，邀请各政党及公民团体共商重要议题。蔡英文表示，"国是会议"应定义"全民国是会议"，她提到，这次选举她看到公民社会力量很大，人民希望参与重大公共政策决策过程。

蔡英文说，过去"修宪"，全由政党、政治精英所主导，议题未必符合民意的期待，但这次"修宪"能量，源于"太阳花"运动，即使"宪改"无法一次到位，但"修宪"的过程及内容，皆具有高度"扩大人民政治参与"的历史意义，这将是台湾民主深化的重大里程碑。[20]选举过程中，蔡英文表示，希望让社会大众、公民团体及各政党都可参与讨论"宪改"。

4. 台湾当局管理体制的变更问题

2014年5月蔡英文在回锅党主席前，公开表态支持"内阁制"；之后，她更在内部政策会议中明确表示，民进党要透过"修宪"重新检讨'宪法'。对蔡英文而言，"修宪"是刻不容缓的议题；在她心中，也应当早有一部理想"宪法"的轮廓。[21]但是，"太阳花"学运以后，尤其是"九合一"选举之后，她的态度立即发生了一百八十度大转弯，否定了以前提出的"内阁制"，依然要坚持既有的"总统制"。

综合蔡英文关注的"宪改"内容，其集大成者在她领军的民进党提出的"修宪"主张上。上一届"立法院""朝野"协商同意成立"修宪委员会"后，蔡英文领军的民进党立刻提出"修宪"主张，包括投票年龄下修至18岁、降低"修宪"门槛、"立委"增至158席、废除"考监"两院，且公民可联署提案"修宪"。民进党秘书长吴钊燮强调，民进党"不反对"两阶段"修宪"，"朝野"有共识部分 2016 "大选"一并"公投"复决;没有共识的部分,无论哪党当选都应承诺提出更完整内容,第二阶段可在 2018 年地方选举时合并"公投"复决。吴钊燮说,"修宪"门槛过高,"修宪"几乎是不可能的任务,民进党主张"修宪"提案放宽到 2/3 "立委"出席、出席的 2/3 通过,之后再提"公投";未来公民也透过联署来提案"修宪",门槛为 5% 的选举人,再经"公投"复决,让"修宪"不再是"立委"的权力,公民也可联署"修宪"。[22] 这些部分内容有的是为了应付选举,有的是为了拉拢政治势力,但鲜见其真实发动者。尤其重要的是,真要解决问题,完全可以通过修改"法律"的方式完成,不一定要修改"宪法"。在台湾岛内,"修宪"更多的是为了政治动员。

二、程序

台湾现行"宪法"是 1946 年在大陆制定,1947 年颁行全国,1949 年被中共中央作为"伪宪法""伪法统"废除的文件。这个文件在大陆的法律体系里是自始无效、当然无效、确定无效的文件。台湾方面坚持这个文件,并一直作为宪制性文件使用。从理论上讲,这个文件是用全中国的人民的名义,曾颁行全中国的宪制性文件,因而在法理上代表全中国。尽管它在中华人民共和国的法律体系里并无任何效力,但因为该文件中蕴含一个中国原则,主权宣示包括大陆与台澎金马,因而是台湾方面坚持一个中国原则的证据,从证据保全的角度讲,我们要予以保护。我们保护两岸同属一个中国的活的证据,但我们绝不是保护这部所谓"宪法"和"中华民国"的"国号"。程序,蕴含着"法理台独"中的"重塑法源"因素,因而,它的修改程序从证据角度来讲,是观察台湾当局是否走向"法理台独"的重要指标。

台湾的这部"宪法"虽然历经七次修改,但是其修改的程序表明,修改者为"国民大会"。依照这部"宪法"第 174 条之规定,"中华民国国民大会"代表总额 1/5 提议,2/3 出席,出席代表 3/4 决议,即可修改"宪法";"立法委员"1/4 提议,3/4 出席,出席"委员"3/4 决议,也可以提出"宪法修正案",提请"国民大会"复决。但是,这项"宪法修正案"应在"国民大会"开会前半年公告。此前,"立法委员"要将拟定的"宪法修正案"提交"立法院院会"议决。1991 年 4 月 25 日公布的"宪法增修条文"第 1 条第 2 项规定,"国民大会"依据"宪法"第 174 条第 1 款的"修宪权"已经不再适用。有关"宪法修正案"仅由"立法委员"提出。"国民大会"作为 1946 年"国民大会"之传承,依然有"代表全中国"的意味,前七次修改不存在变更法源的问题。但是,现行的"修宪"程序包含了"重塑法源"的因素,因而只要台湾岛内再行"修宪"就蕴含着"法理台独"的成分,尽管有学者认为,岛内的"修宪"是"为因应国家统一前之需要",但严格意义上说,岛内现行程序的规定使得只要"修宪"成功,就意味着以"修宪"之名行"制宪"之实,不管内容是什么,均成立"法理台独"。

台湾地区现行的"修宪"程序为"中华民国宪法增修条文"第12条规定。此条内容为:"宪法之修改,须经立法院立法委员四分之一之提议,四分之三之出席,及出席委员四分之三之决议,提出宪法修正案,并于公告半年后,经中华民国自由地区选举人投票复决,有效同意票过选举人总额之半数,即通过之,不适用宪法第一百七十四条之规定。"若将其作业流程图表化,则清晰如下:

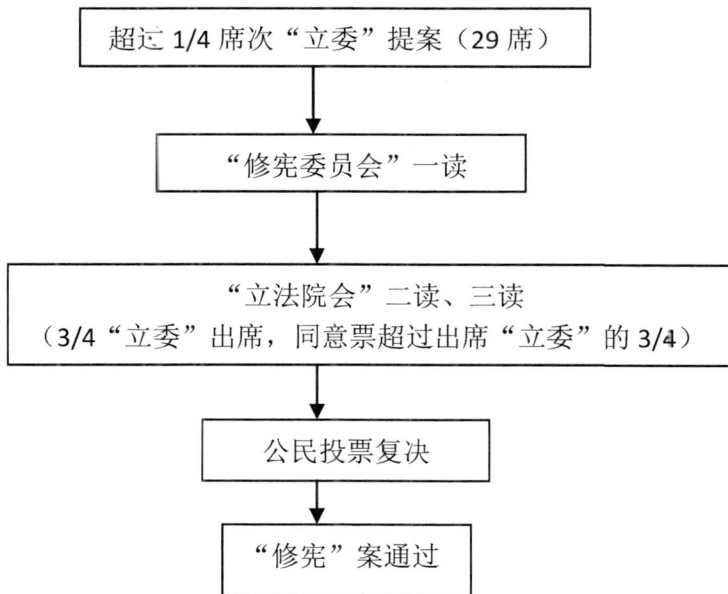

图一

(一)修宪程序中的机关

台湾"修宪"程序中的机关几经变迁,通过历史沿革不难看出这些变迁中包含的"中华民国"台湾化的企图。"修宪"机关的沿革是在制度上最终使得"中华民国"与台湾合二为一。

1.第一阶段："立法院"与"国民大会"阶段（1947—2000 年）

自 1947 年 12 月"宪法"施行以来，直到 2000 年 4 月"宪改"，台湾地区的"宪改"程序有二：一是由"国民大会"提案，"国民大会"决议；二是由"立法院"提案及决议，再由"国民大会"复决。[23] 因为"动员戡乱条例"的存在，此部"宪法"一直处于冻结状态。直到 1991 年启动"修宪"程序。但是，该两条途径只有第一条启用，而第二条一直没有能够启动。原因在于，"国民大会"为了垄断"修宪权"而一律否决了来自"立法院"所提的"修宪案"。由于"国民大会"1999 年的"延任自肥条款"被"司法院大法官"宣告"修宪无效"，"国民大会"开始被迫限缩权力。由于岛内各种政治力量的压力，2000 年 4 月 24 日，"国民大会"通过了限缩权限的"修宪案"。自此以后，"国民大会"只拥有"修宪"的复决权，而不再具有提案权。岛内由此进入了单一轨道提出"修宪"案的程序阶段。

2.第二阶段："立法院"与"任务型国民大会"（2000—2005 年）

这一阶段，"国民大会"不开会，也没有"国大代表"产生，只有在出现"宪法"规定的事由，如"修宪"、变更领土或弹劾正副"总统"时，才由选民依照比例代表制选出"国大代表"，但复决或议决的任务完成后，"国民大会"即行解散。故，这一阶段的"国民大会"称为"任务型国代"。但是，这种"任务型国代"依然具有全中国的宣示意味。

3.第三阶段："立法院"与全岛选民（2005 年至今）

2005 年 6 月 7 日，"任务型国民大会"复决通过"宪法增修条文"第 1 条及第 12 条。从此之后，"国民大会"正式走入历史，台湾地区的"修宪"程序定位"'立法院'提案并决议，公民复决"。

台湾这样的"修宪"机关转换，从表面上看，有着贯彻"民主精神"的冠冕堂皇的理由，但是，这样的转换已经在程序上将"国民大会"的"大中国"程序偷偷转换为"台湾就是中华民国"的小程序，将任何一种意义上的"修宪"变成岛内"制宪"的行为。当然，"公民投票法"通过之初的时候，由于岛内蓝绿恶斗，也由于大陆和美国方面坚决不允许"公民投票"的存在，岛内通过了"鸟笼公投法"，使得"公投"几乎不可能。但是，"公投"程序一旦进入到"修宪"程序，"中华民国宪法"台湾"宪法"化的程序设计就已经完成了，剩下的就是等待时机，降低"公投法"门槛的问题了。

（二）修宪程序的要点

根据 2005 年完成的"宪法增修条文"第 12 条，要修改"宪法"，必须经"立法院"1/4"立委"的提议，3/4 的"立委"出席，以及出席"立委"3/4 的同意，才能提出"宪法修正案"，修正案公告半年后，经选举人投票复决，有效同意票要超过选举人总额的半数才算通过，"公投法"第 24 条明文规定，"公投"绑选举。"修宪"只能"绑大选"一起进行。从程序规定不难看出，岛内"修宪"的要点是"公投"。

"公投法"的高门槛是"法理台独"最后一道防线。当年，岛内外的特殊情势使得"公投法"以"鸟笼"的方式出现。但是，民进党全面执政后，"公投法"的修改已经箭在弦上。2016 年 5 月 11 日，台湾"立法院内政委员会"达成了"公民投票法"的部分修正草案，并将全台性公民投票适用事项增列了"领土变更之复决"，还新增了两岸政治协商事前、事后都必须经过"全民公投"才能换文生效的内容。根据"公投法"初审条文，两岸之间的政治协议，应该先经"总统"经"行政院会"决议，交付"中选会"办理"公投"，过后才能进行协商；两岸签署的文本，须经"立委"3/4 出席，出席"立委"3/4 同意通过后，再由"立法院"于 10 日内交付"中选会"办理"公投"，有效同意票达选举人总额半数，才可换文生效。提案说明称，鉴于两岸关系特殊，为确保台湾"主权"不受侵犯，两岸政治协商应获得高度民意支持，凡涉及"国家主权"、"国家"安全之政治协商，如建立军事互信机制、结束敌对状态、安排阶段性或终局性政治解决、划定或分享疆界、决定台湾在国际上之代表或地位等，皆须经两阶段公投。[24] 尽管"公投法"的草案依然在二读阶段，但是因为民进党在"立法院"内有过半数的优势，他们随时可能通过条文，增加了通过时间和内容的不确定性。

毫无疑问，上述"公投法"内容的修改，一方面是针对形式"修宪"的，一方面是实质防统的。这些牌堆上桌面，都对两岸关系形成巨大的挑战。

三、结语：可能性分析

"修宪"直接涉及"法理台独"，"修宪"成功直接触及"法理台独"底线。如果大陆能够明确将"法理台独"定位为台湾单方面以变更法统、重塑法源的方式将台湾从整个中国分裂出去，并将此概念与国际社会坦诚沟通，使国际社会充分认识到，如果台湾方面"修宪"修宪成功，将激活《反分裂国家法》第八条，则"修宪"的可能性或许能够降低，"修宪"的活动或许可以减少，但是"修宪"之路不一定阻断。当然，从蔡英文的角度看，她上台后，要做的是解决岛内政治问题，是要通过所谓转型正义将国民党的合法性和正当性彻底否定，将国家统一的合法性和正当性彻底摧毁。因而，她需要把握"战略机遇期"，起码不会主动激怒大陆。如果蔡英文对民进党，对"立法院"有足够的控制权，在大陆亮明底限的情况下，她有可能勒住"修宪"的缰绳，直到她觉得时机充分的时候。但是，如果两岸关系趋于紧张，或者蔡英文的控制力减弱的时候，或许，"修宪"又成为她向大陆要价的一张牌。

总之，在民进党全面执政，尤其是全面占据"立法院"优势的时候，"修宪"的各种准备工作一定会有条不紊地继续推进，不管"修宪"具体能进行到何种地步。

注释：

[1] 《宪法学》编写组：《宪法学》（马克思主义理论研究和建设重点教材），高等教育出版社，2011年版，第39页。当然，大陆的通说同时提出，有些宪法修改是不能按照前一部宪法所规定的修改程序来完成的。著名宪法学家卡尔·施密特认为，宪法修改是宪法变动的一种主要形式。卡尔·施密特曾经提出宪法变动的五种形式，即宪法的废弃、宪法的废止、宪法的修改、宪法的打破、宪法的临时停止。宪法的废弃是指，宪法被废除而且制宪权的主体也没有改变。新中国废除六法全书，其中包括了1946年宪法，这就属于宪法废弃。另外，宪法的修改、宪法的打破、宪法的临时停止都是宪法的部分变动。宪法的打破是指，统治者或者部分宪法的关键主体有意识地违背宪法当中的某些条文、公开违宪。宪法的临时停止，主要发生在国家处于紧急状态之时，宪法当中的一部分条文被暂时停止，比如，一般情况下，公民有人身自由、言论自由，但在紧急状态下实行宵禁等，言论也受到一定控制，这都属于宪法的临时停止。

[2] 宪法修改有没有界限的问题是宪法学界一个重要的理论问题，存在"修改无界限说"及"修改有界限说"两种主要学说，各执一词，均有市场。

[3] 参见陈明通：《台湾的宪政改造与两岸关系》，宪法改造与两岸关系学术研讨会，2005年6月18日，台湾大学国发所主办。

[4] 同上。

[5] 宪法变迁的理论来源于德国，是指，由于不符合宪法条文的宪法实例的出现，导致在没有明文修改的情况下，宪法规范发生变更的情形。在国外，也可能通过宪法解释、宪法惯例出现而产生宪法变迁。对于其效力，国外学说有以下几种不同看法：第一种，事实说，认为宪法变迁现象仅仅是一种事实，它无规范效力；第二种，惯例说，认为这种宪法变迁会形成一种惯例，具有一定的规范力，但不具有改废宪法的效力；第三种，规范说，认为宪法变迁在一定要件下会引起宪法规范的变更，这些要件主要包括：（1）不违反宪法的根本规范；（2）长期反复出现；（3）为国民法意识所认可。参见林来梵著：《宪法学讲义》（第二版），法律出版社，2015年版，第119页。

[6] 柯建铭等 40 人拟具"中华民国宪法增修条文部分条文修正草案"案，"立法院议案关系文书""院总第 1607 号委员提案"第 17716 号。

[7] 柯建铭等 40 人拟具"中华民国宪法增修条文部分条文修正草案"案，"立法院议案关系文书""院总第 1607 号委员提案"第 17716 号。

[8] 李俊俋等 30 人拟具"中华民国宪法修正条文第 12 条条文修正草案"案，"立法院议案关系文书""院总第 1607 号委员提案"第 17609 号。

[9] 杨曜等 30 人拟具"中华民国宪法增修条文第十条条文修正草案"案，"立法院"议案关系文书"院总第 1607 号委员提案"第 17626 号。

[10] 尤美女等 33 人拟具"中华民国宪法增修条文第十二条条文修正草案"案，"立法院"议案关系文书，"院总第 1607 号委员提案"第 17567 号。

[11] 郑丽君关于人权方面的提案相当细致，具有很深的考量。具体提案附后。

[12] 其具体内容为："爰拟具'中华民国宪法增修条文第十条之一修正草案'，一方面于'宪法'位阶明定'宪法'所保障之基本权利及自由，应符合世界人权宣言及国际人权公约规范，一方面则规定世界人权宣言及经'立法院'审议之国际人权条约有'国内法'之地位，'国内法'与世界人权宣言及国际人权公约冲突时，'国内法'应符合世界人权宣言及国际人权条约之规范，俾使人权立'国'、国际接轨之理念彻底融入我'国'宪政体系。"参见郑丽君等 35 人拟具"中华民国宪法增修条文第十条及第十条之一条文修正草案"案，"立法院"议案关系文书，"院总第 1607 号委员提案"第 17638 号。

[13] 《中国时报》2014 年 5 月 27 日，第 4 版。

[14] 《中国时报》，2015 年 3 月 31 日，A4 版。

[15] 《工商时报》，2015 年 3 月 28 日，A4 版。

[16] 《中国时报》2014 年 5 月 27 日，第 4 版。

[17] 《中国时报》2014 年 6 月 6 日，A12 版。

[18] 《中国时报》2014 年 12 月 13 日，A1 版。

[19] 《中国时报》2014 年 12 月 15 日，A18 版。

[20] 《旺报》，2015 年 5 月 2 日，A3 版。

[21] 《中国时报》2014 年 12 月 15 日，A2 版。

[22] 《工商时报》，2015 年 3 月 19 日，A18 版。

[23] "中华民国宪法"本文共 174 条。

[24] 《中国时报》，2016 年 5 月 12 日。

蔡英文两岸政策主张及其特点和影响

中国社会科学院台湾研究所　金　奕

　　蔡英文的两岸政策主张一直是各方关注研判的焦点。本文试图从几个关键性问题入手，探讨蔡英文两岸政策的底线及可调整范围，整理其政策形成中规律性特征，以便于判断其未来两岸政策走向。

　　蔡英文涉入两岸政策领域已近20年，其主张既非一成不变，也非随机应变，其政策核心主张既有相当长的延续性和稳定性，也有一定的可调整性。

一、当前蔡英文两岸政策核心原则和目标

（一）"台湾前途决议文"是两岸政治定位的核心论述

　　2008年民进党下台后，党内经过多场关于两岸政策的大讨论，但无论是苏贞昌还是蔡英文任党主席，都坚守"台湾前途决议文"关于"中华民国是台湾，台湾前途由2300万台湾人民决定"的基本立场。2014年7月20日，蔡英文在回任党主席后的首次"全代会"上声称："'台湾前途决议文'成为民进党内部对台湾主权、台湾前途以及两岸定位的共识，甚至现在已成为台湾人民的共识。"这一主张延续蔡在"十年政纲"中的"'台湾前途决议文'明确主张民进党的立场"表述，也是蔡英文和民进党两岸政策主张不可动摇的核心原则。这一核心原则如果细化，可归纳为2015年1月21日，蔡英文在首次主导的"中国事务委员会"会议上提出的"三个坚持"，即"坚持国家主权、遵循民主宪政体制和维护台湾主体性、获得民众的认同与肯定"。这一主张延续了蔡英文"两国论"的一贯思维，是一条一定程度承认"中华民国宪法"的"事实台独"路线，也是其政策底线，在这一问题上蔡没有妥协空间。

（二）"维持两岸现状"是当前蔡英文两岸政策的核心目标

蔡英文并不要求自己在两岸关系上有何突破和发展，只要能达成"维持两岸现状"的目标即可。2015 年 3 月 21 日，蔡英文在回应"美国在台协会"前理事主席施蓝旗对其两岸政策的质疑时提出"维持现状说"，称"民进党的两岸政策很清楚，就是两岸关系必须维持和平稳定，尽最大力量维持现状，更重要的是跟各方保持好的沟通状态"。4 月蔡英文在民进党"中国事务委员会"会议上正式将"维持现状"明确为"维持两岸现状"，称其为"两岸关系的核心""民进党处理两岸关系的基本原则"与"民进党重返执政后将致力的目标"。在 6 月赴美访问时更进一步解释称，"维持现状"是"在'中华民国宪政'体制下，在两岸 20 多年来协商与交流成果的基础上，维持台湾 2300 万人所拥有的自由与民主的现状，同时也维持区域和平安全的现状与两岸关系稳定与发展的现状"。这一描述与其 1 月提出的"三个有利于"是一致的，即："未来推动两岸关系必须有利于'国家'自由民主发展，有利于区域和平稳定，有利于两岸互惠互利交往"。也就是说"维持现状"和"三个有利于"体现了其两岸政策弹性和积极面。

从以上两个核心政策原则看，"台湾前途决议文"和"三个坚持"展现了蔡英文的政策底线和保守面，对此蔡愿意付出两岸关系停滞甚至倒退的代价。而"维持现状说"和"三个有利于"则是其政策上限，是可以做出调整的空间。在两岸政治定位、"九二共识"等具体问题上，蔡英文的两岸政策均有体现以上精神的下限和上限。两者相结合，使得蔡英文与马英九"维持现状"的内容大不相同。马英九的"维持现状"是在"中华民国宪法的架构下，台海"不统、不独、不武"的现状，它包括以一中为两岸共同基础，并在此基础上两岸达成的公权力制度化协商沟通机制和谈判成果以及两岸社会、经贸、文化交流合作不断扩大的良好态势等；而蔡英文"维持现状"的基础是"维持台湾自由民主的生活方式和既有的宪政体制"，它强调的是两岸的差别以及"中华民国是独立的宪政主体"，在此基础保有马当局取得各项成果。

二、蔡英文两岸政策几个重要方面

（一）关于两岸政治定位

1. 坚持"台湾主权独立"是蔡英文的基本立场。蔡曾是李登辉时期"两国论"的重要幕后推手，2000 年出任民进党当局"陆委会主委"时即明确宣称

"未来台湾不论是统、是独，或是维持现状，都必须以'两国论精神'为架构"。2002年陈水扁抛出"一边一国论"后，蔡则为其辩解称"一边一国是两岸关系的事实陈述"。2004年蔡还在"公投绑大选"辩论中宣称"两岸问题的本质是'两个主权国家'将来要发生何种关系，是彼此互相定位"。2008年蔡任党主席后，明确宣示"民进党主张很清楚，台湾已是主权独立国家，主权属于全体人民"。2010年蔡竞选连任民进党主席时宣称，要以"主权独立及对等尊严为原则，发展和平稳定的中国政策"。2011年蔡还公开宣称"我的国家是这块土地，不属于也不同于对岸的中华人民共和国"。2011年蔡公布"十年政纲"时称"台湾人民坚持'主权独立'，反对任何一党专制的政治意志，更是铁一般的现实"。2013年4月蔡在接受媒体访问时，仍高调宣称"现在台湾社会的最大公约数就是台已是主权独立国家"。可见蔡在这一问题上的坚持是一贯的，20年来没有改变，未来即使不再口头宣示，立场也不会松动。

2. 用"用遵行中华民国宪政体制"模糊"主权"定位。蔡英文长期以来一直坚持"中华民国是台湾"的"主权"立场。2000年蔡以陆委会主委身份首次赴"立法院"报告时称，"台湾属于中华民国所有，中华民国为一主权独立国家，实际行使主权范围仅限台澎金马"。2011年蔡在参加"大选"的演讲中进一步提出"台湾是中华民国，中华民国是台湾""中华民国不再是外来政府"，但强调是所谓"中华民国的新生"，不同于1912年的中华民国，疆域仅限于台澎金马。这仍然是"台湾前途决议文"的主张，是以"中华民国"借壳上市的"台独"。但是，2015年开始，蔡英文逐渐回避"主权"问题。2015年6月，蔡在访问美国时，明确提出"当选后，将在'中华民国'现行宪政体制下，依循普遍民意，持续推动两岸关系的和平稳定发展"，并将"中华民国现行宪政体制"解释为"涵盖宪法条文本身、后续修正解读、大法官释宪和在台湾实际实施的状况"。无论是"宪法"条文，还是"大法官释宪"都包含了"中华民国宪法"中的"一中义涵"，这看似已经与国民党的论述一致；但是国民党不承认中华人民共和国的主权国家身份，所以不形成"两国论"，而蔡并未提出"互不承认主权"，"遵行中华民国宪政体制"可以解释为"台湾和大陆是两个有领土争议的主权国家"；更何况以"在台湾实际实施的状况"看，"中华民国宪法"行使区域只有"台澎金马"。因此，"宪政体制"的表述实际是将主权问题模糊化，并非承认一中原则，但对蔡英文而言却是一个不小的调整。在大陆的压力下，蔡在"520就职演说"中又做了一个调整，提出"新政府会依据中华民国宪法、两岸人民关系条例及其他相关法律，处理两岸事务"，这里将"宪政体制"明确为"宪法",并加上"一国两区"定位的"两岸人民关系条例",较之过去表态有所进步,但仍未明确承认"一中"原则。

(二)关于"九二共识"

1. **在"九二共识"问题上一度态度强硬。**2008年蔡接任民进党主席后,宣称"民进党的立场就是没有'九二共识'"。2011年8月蔡公布'十年政纲'时仍坚称,"'九二共识'是被创造出来且并不存在的观念,没有承认不承认,接受不接受的问题"。2013年6月蔡还强烈抨击国民党荣誉主席吴伯雄"以一中架构定位两岸关系是严重伤害台湾主权"。因此,蔡拒不接受"九二共识"是因为其中的"一中"内含。现在,"九二共识"已经被民进党定义成为"台湾属于中华人民共和国",蔡英文未来接受"九二共识"的可能性更低。

2. **承认"九二事实",但"九二共识"的核心已被置换。**2000年蔡出任民进党当局陆委会主委后,宣称"新政府虽接受旧政府对九二年共识的表述方式,但不表示我们接受中共对'一个中国原则'的说法",并提出以"九二精神"取代"九二共识"。也就是说蔡曾经承认有"九二共识"的存在,但不承认其中的"一中"原则。2015年6月访美时,蔡又表示:"过去我们花很多时间讨论,甚至争论这个问题,但无论如何,都不要忽略掉一个事实,也就是在1992年,双方都希望可以把关系往前推进,即便有不同意见跟想法都希望能秉持相互谅解的精神,持续进行交流。""至于这个所发生的事实,它的诠释和名词使用的问题,就继续求同存异吧。"2016年1月20日,蔡在接受《自由时报》专访时重申,"尊重1992年两岸两会会谈的历史事实与求同存异的共同认知"。蔡对"九二共识"的表态一直延续到她的"就职演说"之中,即只承认"'九二共识'历史事实",不认同"其核心意涵"。而蔡诠释的"九二精神"则将"九二共识"的核心"一中原则",改为"求同存异",是偷换了概念。

(三)关于"台独党纲"

1. **认为"台独"价值正确。**2008年民进党下台后,面对外界要求该党检讨"台独党纲"的强烈呼声,蔡声称"当初写下党纲的'台独'前辈,用意是要确保2300万人民能有一个'独立的主权',任何人都不能干扰这个'主权'的运作"。2009年蔡重申"民进党的基本价值没有错,没必要提出新的'主权'论述决议文,'台独党纲'不应废除"。2010年蔡在谈及两岸对话时再次强调"不会宣示放弃'台独党纲'"的立场。2014年7月,蔡英文在回答"冻独"问题时称，"这个认同台湾、坚持独立自立的价值，已经变成年轻世代的天然成分，这样的事实，这样的状态，如何去冻结，如何去废除？"说明蔡认为没有理由，也没有必要废除"台独党纲"。

2. 根据需要赋予"台独党纲"新的诠释。2011年蔡竞选地区领导人时称，"民进党在不同的时间点，要对'台独党纲'做不同的解读和诠释"。既然蔡英文认为"台独党纲"是一种价值，那么未来蔡可以将其视为一份历史文献，而非行动纲领，因为"'台独党纲'的诉求已经实现，台湾已经是一个'主权独立国家'"。而一份历史文献是客观存在，没有冻不冻、废不废的问题。本着这一精神，蔡英文可根据不同时间和环境的变化自行定义"台独党纲"，既可以把它作为已经达成目标的"过去式"，也可作为还有部分目标未达成的"将来式"。

（四）关于台湾前途

1. 强调"2300万人民决定台湾前途"是底线。蔡自从政以来，一直主张"台湾前途自决"。2000年蔡担任陆委会主委后，就多次声称："只有台湾2300万人民才有权力对台湾前途、命运及现状做出决定"。2008年蔡接任民进党主席时称："台湾前途决议文中有关现状改变需经2300万人公投的规定，这是我们坚持的底线，不能有任何退让。"2011年蔡公布"十年政纲"称："任何涉及台湾重大利益的对外与安全政策，包括台湾前途之决定、独立现状之变动，以及重大对外政策之制定与执行等，都应遵行民主之原则与程序来决定。"2013年2月，蔡称："两岸关系是重大公共议题，绝不是一个或两个人就可以主导两岸关系走向，最终还是要台湾最终民意，透过民主机制显现出来。"其中有两个重点：一是由台湾人民决定，不包括大陆人民；二是通过民主程序。这是目前岛内多数民众的共识，因此蔡对此十分坚持，不会退让。2008年蔡接任党主席后，即要求将"主权议题"纳入"公投法"，鼓吹"未来两岸重大议题，应主动交付人民公投"。2013年8月蔡在要求马英九当局召开"国是会议"优先解决七项议题时，主张应"修改公投法，让公民社会广泛参与国政"。蔡在"就职演说中仍强调，两岸关系的发展要遵循"台湾民主原则及普遍民意"。

2. 标榜对台湾前途持开放态度。2000年蔡首次赴"立法院"报告时称，在不预设任何前提的情况下，愿与大陆共同处理"未来一个中国的问题"，统一与"一个中国"都是两岸问题有效的选项。2009年蔡访问日本期间宣称"两岸能否如中国大陆所期待的达成统一，可由全体台湾人民决定"。2011年底蔡在地区领导人选举投票前进一步加码称，"一中各表""终极统一"等都可纳入"台湾共识"讨论，而若当选将成立"两岸对话工作小组"，"两岸什么都可以谈"，"不需要预设前提或排除任何选项"。蔡通过这项宣示表明，自己和民进党均非"台独基本教义派"，只要通过民主程序，可以接受"未来一中"的结果。但是"未来一中"本身就意味着现在两岸非"同属一中"，所以蔡如此表态没有实质意义。

（五）关于两岸协商交流

1. **坚持两岸对话交流不预设前提。**蔡为否定"九二共识"作为两岸协商对话的基础，反复强调"两岸协商必须在没有预设任何前提的情况下才能谈判"。2002 年蔡在华盛顿发表演说称："在不设前提的情况下与中国大陆进行包括政治议题在内的全面协商，是民进党政府与前政府不同之处。"2008 年蔡接任党主席后，仍坚持两岸对话不预设政治前提的立场，声称"不能以接受一个中国原则或'九二共识'作为前提"。可见蔡未来不愿在一个明确的前提下推动两岸政治协商，正如她自己所言，未来将在"'中华民国'现行宪政体制下推动两岸关系发展"，何为"现行宪政体制"则可以各自解读。

2. **积极要求与大陆建立沟通对话管道，推动建立两岸和平稳定互动架构。**由于岛内民意对两岸对话交流的支持，以及民进党出于执政和政党政治的需要，蔡英文在两岸对话交流方面的态度转逐积极。2004 年民进党地区领导人选举获胜后，蔡声称"希大陆早日移除预设的政治前提，与我方进行对话与沟通"。2008 年蔡接任民进党主席后，多次在媒体采访中声称"不排除在不预设政治前提的情况下，与中国进行直接并实质对话"。2011 年蔡以选举补助款成立智库"新境界文教基金会"，意图以此"强化与中国直接交流的能量"，并提出若能重新执政将成立"两岸对话工作小组"，为两岸协商铺路。

2001 年蔡为配合陈水扁抛出两岸"统合论"，提出"希望两岸从经贸文化的统合着手，逐步建立两岸信任，进而寻求两岸永久和平、政治统合的新架构"。2003 年蔡进一步明确提出建立"两岸和平稳定的互动架构"，称"这是一项战略性的政策概念，它最少涵盖信心建立措施、军事交往规则、制度性协商机制、政治民主化等实质内涵，两岸如能建立此一架构，最少可确保 20 年的良性互动，也符合各自的长程发展目标"。2011 年 8 月，蔡公布的"十年政纲"中声称，双方应"在互动中逐步建构多层次、多面向之'两岸和平稳定互动架构'，解决问题，维持稳定之建设性双边关系"。因此，在两岸对话交流方面，蔡英文有相当强的意愿，也是两岸最有可能取得进展的议题。

三、蔡英文两岸政策的特点

由上论述我们可以归纳出蔡英文两岸政策的几个特点。

1. 政治理念牢固，具有相对稳定性。通过对蔡英文两岸政策上、下限观察，我们发现蔡的政策一旦形成后，不太会随时空变化而变化，其中心价值就是"中华民国是台湾"，任何政策的调整都不会偏离这条主线。蔡英文曾称："历史不是直线前进的，但是当有智慧有决心的领导人推动后，历史的确会前进。"其"决心"就是政策底线绝不改变，说明其理念牢固不轻易动摇，任何调整都是在底线下的调整，因此也就注定其政策方向不会有质的改变。另一方面，蔡英文主观意识极强，具有一定抗压性。例如，2012 年"大选"之后，薄瑞光访台时，要求与蔡英文会面，但被蔡英文直接拒绝。2013 年蔡英文第三度当选民进党主席后，美国要求蔡英文访美，向美汇报民进党的情势发展及未来规划，又被蔡英文拒绝。这一人格特质又使其在压力下仍能坚持自己的主张，更加强化其政策的稳定性。

2. 在关键问题上避实就虚，具有一定欺骗性。蔡英文遇到关键问题擅长用迂回的方法回应。比如，用"中华民国宪政体制"避开"台湾主权"问题，而对"中华民国宪政体制"的解读又留下一系列模糊的空间，如依照其"在台湾实际实施的状况"。又如将"九二共识"的核心曲解为"搁置争议"，将两岸最大的共识定义为"和平发展"，这些"共识"多属放之四海皆准的普世价值，而达成这些"共识"的前提则是两岸间真正需要解决的问题。可见，蔡通过将关键问题模糊化以及用不需要取得共识的"共识"代替应达成的"共识"，掩盖自己的真实主张，回避岛内外对其两岸政策的质疑，并展现出积极灵活的一面，具有一定欺骗性。这也许就是蔡对领导人"智慧"的理解。

3. 根据需要调整政策，具有一定权宜性。蔡英文在两岸政策上的调整点主要有三个，一是执政初期，如陈水扁刚上台提出的"四不一没有"及认同"九二精神"的谈话；二是选举期间，如 2011 年底蔡在地区领导人选举投票前称"一中各表""终极统一"等都可纳入"台湾共识"讨论，2015 年 6 月又提出"中华民国宪政体制说"；三是在面临压力的情况下，如 2012 年"大选"失败后启动两岸政策检讨。但当这些调整无法带来实际利益时，蔡会选择放弃。如陈水扁执政后期，蔡积极推动"制宪、公投"；2015 年选举形势看好，蔡尽量避谈两岸政策调整。所以蔡在两岸政策调整上也充满政治利益算计。

4. 相信民意力量，具有一定民粹性。 2011 年"大选"前，蔡自认可以当选，有民意撑腰，坚称不存在"九二共识"；2013 年"反服贸运动"后，蔡的"台独"理念受到鼓舞，宣称"台独是青年世代的天然成分"；2014 年"九合一选举"中，蔡英文放言"打赢'九合一'，中国（大陆）会朝民进党靠拢"。因此，蔡英文认为岛内民意是逼迫大陆和美国让步的最佳武器，未来将不断在灌输"台独"理念，挑动台湾民众对抗大陆方面搞小动作。

四、蔡英文两岸政策的影响

如上所言，蔡英文与马英九"维持台海现状"的前提不同，所以结果必不相同。这种低标准的"维持现状"，在短期内最多做到以"不刺激、不挑衅"换来台海低度的和平，即所谓"冷和"状态。所以蔡上台后尽量约束民进党"立委"的爆冲行为，如不支持"删除悬挂孙中山遗像"提案，撤回"两国论"版的"两岸监督条例"等。但从蔡英文"就职演说"可看出，两岸政策在全篇讲话中所占比重只有 6%，而且是放在"区域和平"中论述的，由此可见蔡对两岸关系的轻视态度。台湾误射"雄风"导弹后，陆委会副主委邱垂正被问及大陆会有何回应时回答"悉听尊便"，就是这种战略思维的反应。这主要是因为民进党执政的目标是要摆脱对大陆的依赖，该党认为，台湾民众接受以两岸关系适度恶化为代价，换取台湾政治安全和经济安全。所以少量无感的经济制裁、外交空间的限缩、纯政治上的压力，对蔡当局而言无足轻重，不会动摇其民意基础。事实上，高达 70% 的台湾民众对蔡的"就职演说"是满意的，说明现阶段台湾民众对两岸关系的紧缩是有心理准备和可以接受的。如果大陆加大打击力度，蔡英文则将以委曲求全的低姿态面对，同时把两岸关系恶化的责任归之于大陆的"政治胁迫"，使岛内民众和美国都站在自己一边，让大陆没有动用军事手段的理由。

但就长期而言，蔡的台海"冷和"战略将难以为继。

第一，大陆方面肯定会对蔡当局的"柔性台独"策略做出反应。基于蔡英文本人对"台独"理念的坚持，蔡势必推动她个人认为不刺激大陆的"台独"动作。选后，蔡英文再次表示赞成修改"公投法"，民进党版的"公投法"已经进入二读，为"法理台独"创造条件；由"台独"史观强烈的郑丽君、潘文忠出任"文化部长"和"教育部长"，预示未来将大力推动"文化台独"政策。这些动作大陆方面目前不予回应不是默认或退让，而是在等待反击的时机。习近平总书记在"七一讲话"中明确指出:"对任何人、任何时候、以任何形式进行的分裂国家活动,13 亿多中国人民、整个中华民族都决不会答应!"

第二,"台独基本教义派"将逼迫蔡践行"明独"路线。每次民进党执政前后,党内都会提出"冻结'台独党纲'"的提案,但都无疾而终,说明党内"基本教义派"的势力强大,蔡英文即使认为"冻独"在战术上可以扩展其战略空间,也不敢为此得罪深绿。因此,今年 4 月 9 日民进党临全会再次决定不处理党纲,7 月召开的全代会"冻独"提案还会被否决,就是蔡对深绿的输诚;蔡在出访中南美自称"台湾总统",意在国际场合彰显"台湾主权独立",也是为缓解深绿的压力,否则没有必要在出访前后一直低调,最后却突然拉高调门。蔡对深绿的妥协必将使其"软性台独"政策破功。

第三,蔡英文最后可能走上陈水扁的老路。陈水扁甫上台时的两岸政策比蔡英文更为积极,甚至表示接受"九二共识",在时任陆委会主委蔡英文的反对下才放弃。之后陈水扁政策发生转变,除党内反弹声音大之外,主要是因为上任两个月后就发生"八掌溪事件",四个月后发生"核四风暴",两次重大打击使其支持度急降,无力继续重大政策调整,反而需要走"激进台独"路线以巩固基本盘稳定政权。蔡当局上台后,一系列执政争议比扁当局有过之而无不及,未来面临的挑战也远大于扁当局。因此,蔡受两岸实力消长限制,未来也许不会搞"激进台独",但是升高"台独"调门在所难免。

综上所述,大陆对蔡当局调整两岸政策不应抱有幻想,在各方面做好应对"明独"的准备,才能取得对"柔性台独"的胜利。

党内政治生态视角下的民进党两岸政策

北京联合大学台湾研究院　　陈　星

民进党的两岸政策与民进党内的政治生态有着很大关联性。2000 年以前民进党的两岸政策问题比较单纯，对该党而言属于重要但并不紧迫的问题，因为民进党很少有机会将两岸政策诉诸实施，也不必一定要在两岸政策上有清晰的论述。及至上台执政后，两岸政策变成一个重要且紧迫的问题，而且由于民进党在两岸关系上顽固坚持"台独"立场，两岸问题变得更加复杂。2003 年民进党虽然下台，但对台湾政治生态的影响力并没有减弱，其两岸政策论述对两岸关系的影响也将长期存在。2016 年民进党重新上台后，民进党内政治生态对两岸政策的影响进入了新的发展演变阶段。

民进党的两岸政策与基本诉求

现代政治学中"政策"概念的内涵一般包含以下几个方面：政策问题的确定，包括政策问题的内涵、政策问题的分析和政策问题确定的政治条件等内容；政策规划，包括政策规划的定义及分类、政策规划的力量、方案设计、政治规划的原则等内容；政策合法化，包括立法机关与政策合法化、行政机关与政策合法化、司法机构与政策合法化等内容；政策执行，包括影响政策执行的因素等内容；政策评估，主要包括政策评估的用途、类型等内容。[1]可以看出，一个完整的政策过程其实包括了政策决策、政策执行和政策评价等各个环节，如果再进一步细分的话，还包括政策设计、政策评估等内容，即使就最简单的框架而言，政策的设计、实施以及施行后的反思是三个必不可少的逻辑链条。

如果从这个角度出发分析民进党的两岸政策，其实真正能称得上"政策"者，只有在民进党执政期间才有可能出现。因为只有在这一时期才存在政策的执行以及政策的评价问题，也只有在这种条件下才有政策的调整问题。不过对于民进党而言执政也是一个多层次的概念，分为全岛性的执政权和地方性的执政权两个方面，全岛性执政权的丢失并不意味着地方执政权的丢失，所以在地方执政县市部分，还是存在着一定程度上的两岸政策问题。

从政策形成的基本逻辑链条上看，民进党的"台独"立场和"两岸国与国关系定位"等基本诉求构成了政策形成的准备阶段，或者说是政策形成前的意见整合阶段。这些主张主要是在基本认知方向上对民进党的两岸政策产生影响，如果党内在基本认知方向上有比较一致的认知，则对两岸政策的影响会比较集中，否则会比较分散。民进党在"台独"立场上比较一致的共同认知是其推行"台独"色彩两岸政策的认知基础。当然，至于在政策的形成过程中哪些主张产生的作用更大，还要看政策制定时的具体情境，一般来说该党受到外部环境影响的情况与党内权力生态因素共同决定了两岸政策的基本状态和基本走向。

两岸政策的功能及其实现路径在民进党发展定位中的坐标一直比较清晰。范希周教授认为，民进党两岸政策的改变，或者说对两岸关系立场的变化，主要不是取决于两岸关系的实际发展状况，而是根据台湾岛内政治发展的需要而调整。换言之，民进党两岸政策的基本动机，是反映该党在岛内政治发展中的要求。[2]民进党在不同时期两岸政策诉求的调整均摆脱不了权力斗争的影子。组党前后民进党的"独立建国"主张，与当时以"民主化"为诉求反对威权统治的方向是一致的；随后在与国民党的斗争中，民进党进行的"台独转型"其实是生存方式发生改变的另一种说法，即该党逐步放弃街头运动的体制外路线，全面转型为体制内进行竞争的政党，这一时期博弈的结果就是民进党以"台湾前途决议文"主张取代"台独党纲"立场，从而与国民党达成某种程度的妥协。2000年民进党执政后所谓"新中间路线"的标榜，其实也是在权力不稳的时候巩固权力不得不为的选择。

在相当多的情况下，民进党的两岸政策诉求主要着眼点并非是两岸关系，而是内部的权力争夺和资源争夺。[3]在两岸政策的选择问题上，民进党内的政治精英一直表现出理性主义的特征。按照一般的定义，理性抉择理论从"理性"这一个假定出发，然后透过逻辑推演，得出人们在不同情境下的行为走向。理性的假定，意指此人有偏好，其偏好可排出顺序。用更简单的话来说，理性就是说人有目标，他会去追求他的目标。当然，在做最后选择时，他还会考虑目标达成的可能性，亦即，如果最高的目标达不到，他就选择次佳的目标。[4]显然对民进党内精英个体而言，个人和派系的利益实现是两岸政策选择要考虑的重要问题。不过因为不同的个人和派系理性选择的方向不可能相同，因而个人的理性选择与整个政党的利益实现往往是冲突的，这种类型的各种矛盾不断延伸的结果，在一定程度上也构成了派系分歧与竞争的重要基础。长期以来，民进党内关于两岸政策诉求屡有争论，并和党内权力斗争紧密勾连，从而形成了民进党两岸政策发展和演变的基本特征，也逐渐沉淀为民进党内、岛内政治生态变化与民进党两岸政策互动的基本演进路径。

在影响两岸政策变化的民进党政治结构的各个层次中，个人的理性选择表现最为突出，利益取向的特征最为明显。对于政治精英人物而言，所谓的意识形态之争或者说"主义"之争并不重要，而权力争夺最后的实际效果才是最重要的。这种情况在陈水扁身上表现得尤其明显，陈孔立教授曾记录了他与一位绿营人士谈话时后者对陈水扁的评价："他说陈水扁是政治动物，他讲的话要看场合，不同场合讲不同的话。讲的与做的不一样。他讲要去参加 APEC，这是大谎言，他居然讲得出来；核四他都敢停工，内部没有人逼他，也只是想用以打一下国民党；他从极左到极右都可以，可以讲统合，也可以讲独立，整个头脑想的是选票。"[5] 易言之，在大部分的政治人物那里，两岸政策首先表现出来的就是工具性价值，政治人物对两岸政策主张的操弄也首先反映出工具理性。对于整个政党而言，对于两岸政策的理性选择使两岸政策诉求方面的分歧一直存在，但是民进党长期建构起来的政治话语以及在"台独"民众中形成的意识结构阻止了分歧的扩大，而对于政治权力的追求会逼迫各色政治人物在这个问题上做出妥协。这种情况保证了民进党两岸政策的群体理性选择，而这种结果的出现则是以权力斗争为中心展开的。

从长期的历史轨迹来看，在不同的时期以及不同的权力生态下，民进党两岸政策和政治生态的互动模式也有所不同，一般来说这种互动模式可以分为两种类型，一是当民进党内存在一个权力中心时，一是当民进党内部趋向于派系共治时。此处拟以 2000 年以后民进党两岸政策的变化为例对这两种互动模式进行简单说明。

权威中心政治生态下的两岸政策

民进党上台执政之前基本上遵循派系共治的模式运作，两岸政策主张是通过各个派系之间的博弈及辩论后再由党中央形成统一的表述。发生于 20 世纪 90 年代的"中国政策大辩论"基本上就是在这种模式下出现并奠定了民进党此后两岸政策的基调。在派系共治的情境下，党内很难形成决策核心，两岸政策主张的确定往往要经过漫长的协调及博弈过程。影响所及，个别政治人物在两岸政策诉求方面表现出相当大的弹性与灵活性。陈水扁在 1994 年的台北市选举中就刻意淡化"台独"色彩和"台独"诉求，但是为了攻击许信良的"西进政策"，又不惜将重新走回激进"台独"路线。90 年代末陈水扁以对"台独"理念和路线的坚持与许信良互别苗头，并成功削弱了许信良的势力，最终在党内领导人选举初选中出线。可以看出，陈水扁的两岸政策主张完全依自己选举的需要而定，根本没有稳定性。不过这一时期因为民进党作为在野党，两岸政策并不是其政策诉求中最为重要的部分，所以这些政策诉求的分歧当时并没有对两岸关系产生多大的冲击。

民进党执政的八年是该党有机会对两岸政策进行全面设计并实施的时期，也是民进党的两岸政策决策系统及政策执行能力受到严重打击的时期。民进党上台以后立即在两岸政策的决策问题上遭遇到了困境。陈水扁成为当然的政治中心，因为其手中的政治资源以及胜选带来的政治声望使其成为党内不可挑战的权威。相应的这时民进党的决策体系发生了巨大变化，上台执政后的民进党决策主体，已毫无疑问地从民进党中央等党务系统转向以陈水扁为中心的政务系统，形成所谓的"以党辅政"现象。陈水扁以其强势的决策性格，为了选民手中的选票，果断地调整对选举不利的政策，并在这一过程中有意或无意忽略民进党中央和"立院党团"，甚至包括已经成为"自己人"的"行政院"。同时，由于握有庞大资源的陈水扁成为民进党的核心，所以党内弥漫着"唯扁是从"的气氛，进一步助长了陈水扁自我中心的强势心理和专断的决策作风。[6] 两岸政策的决策这一时期集中到陈水扁手中，民进党内派系对两岸政策的主张已经无法通过原来的博弈方式表达出来，派系共治条件下两岸关系诉求的整合机制已经不复存在。很快陈水扁决策的粗糙性及随意性就对两岸关系产生了重大影响，甚至一度将两岸关系推向了战争的边缘，两岸政策成为民进党执政的沉重包袱，直接影响到了执政的绩效。

民进党上台伊始，面对缺乏执政经验以及岛内"朝小野大"的不利局面，再加上台湾社会对民进党"台独"主张的疑惧，不得不淡化"台独"色彩，推行所谓"新中间路线"。陈水扁在 2000 年"就职演说"中提出了"四不一没有"的承诺，信誓旦旦地保证在他的任期内不会改变"台海现状"。接着，陈水扁在 2001 年的"元旦祝词"中又提出"统合论"，鼓吹两岸建立"政治统合新架构"。及至权力巩固之后，民进党的两岸政策开始出现向"台独"立场大幅飙进的趋势。2002年1月10日，陈水扁在接见美国大西洋理事会访问团时宣称："在台湾的中华民国是一个主权独立的国家"，"我们承认两岸有很多争议特别是政治上的争议无法在短时间内解决，双方唯有搁置争议，加强接触与对话，才能缓和两岸关系，也才能把争议、歧见降低，化解于无形"。经过一段时间的试探后，同年8月初陈水扁公然抛出了"一边一国论"，引发了台海局势的又一次紧张。随后，陈水扁的"台独"言论日益升级，愈演愈烈，在各种不同场合一再宣称："台湾是一个主权独立的国家，与中华人民共和国互不隶属……任何有关独立现状的更动，都必须经由台湾全体住民以公民投票的方式决定。"[7]这些表态作为执政当局的政策宣示立即在台海周边掀起了轩然大波，直接引发了两岸关系的紧张。此后，陈水扁当局在两岸政策方面不断阻挠两岸交流与合作，并通过推动"台独"路线不断挑战大陆的底线，使两岸局势长期处于紧张状态。

个人权威的强化及其对两岸政策决策影响力的加强，使两岸政策的稳定性大为减弱。2005年以后，陈水扁及其家族的弊案不断曝光，民进党陷入了深重的政治危机。在这种情况下，陈水扁不断强化两岸对抗的"台独"政策，一方面想用以取得"台独基本教义派"的支持与谅解，另一方面也想以"台独"政策强化两岸关系的紧张程度，以求转移焦点并达到脱困的目的。这种纯粹为了自己利益而绑架民进党整个两岸政策的行为对该党的基本论述及两岸政策均是一个沉重的打击。林浊水曾评论说："有人认为陈水扁执政后期，努力推动'正名'、'制宪'，以致'台独'支持度和台湾人认同都达到60%，贡献很大。其实，从2005年一连串荒腔走版的'正名'、'制宪'，根本不是在替'台独'打拼，而是在于巩固自己的权力，其结果不但对'台独'没帮助，反而制造许多被对手污名化的借口，大大不利'台独'。"[8]在执政的最后几年，陈水扁事实上将"激进台独"诉求为中心的两岸政策和以"主体性"论述为中心的族群区隔政策建构成了一个掩护其官箴败坏的硬壳，力求以此与党内要求检讨的声音和要求负责下台的社会舆论对抗。也就是说，陈水扁在危难时刻将"台独"诉求作为摆脱政治困境的工具，政策成为个人牟利的工具。可想而知，这一时期民进党的两岸政策已经完全失去了政策形成与执行等环节应该具有的审慎，至于政策的检讨，在陈水扁的强力压制下根本无从谈起。

陈水扁这一时期在两岸政策上不但以激进的"台独"诉求挑动台海局势的紧张，"台独"诉求也成为内部整肃的一个重要工具。陈水扁在面临政治危机的情况下加强权力以及巩固自己政治中心地位的冲动异常强烈。于是，"台独"路线和"台独"诉求成为党内区隔和打击异己的工具，党内不愿与扁同流者以及走中间路线者遭到广泛攻击。有论者这样描述当时的情形："深绿媒体、地下电台、网络部落格，对走中间路线的民进党政治人物攻讦特别严重。关键因素在于，面临年底的立委单一选区，多数选区的立委参选人，届时都必须调整走向中间路线才能当选，因此深绿人士唯一可发挥影响力的时机就是现在，他们必须把握民进党党内初选前最后的机会。"[9] 这些攻讦和"排蓝民调"一起，使民进党内要求检讨陈水扁的中间路线政治人物受到沉重打击。不仅如此，陈水扁为了保证对民进党的绝对控制，取得"'台独'基本教义派"的绝对支持，已经完全不顾民进党的利益，将两岸关系工具化的功能发挥到了极致。2008 年台湾地区领导人选举初选结果出来后，扁仍持续打"台独"议题，以争取党内的议题主导权，使民进党的选举动员根本无法有效展开。有媒体评论说，民进党主席游锡堃这厢猛打"正常国家决议文"，陈水扁那边却起劲来炒"入联"议题，"一个快毕业的人，和一个不选'总统'的人，拼命不让自己跛脚与边缘化，2008'总统'大选男主角谢长廷，反被挤到一旁当道具。"[10] 但是由于陈水扁在党内拥有绝对权威，民进党内虽然有检讨的声音，但是多次活动都无疾而终，即使像"红衫军运动"那样的社会运动也没有阻挡住陈水扁利用两岸政策进行冒险的脚步。

　　一般来说只有民进党执政时期才会有威权中心的政治生态格局，这里的"执政"事实上包括在地区领导人选举中获胜，也包括在地方选举中获胜，不过一般地方行政首长面临的两岸关系压力不大，两岸关系也不是这个层级的行政首长所要关心和能处理的问题。民进党在执政期间一直想找到一个能够协调党政的运作模式，在两岸政策上也一直想控制权力中心的决策随意性，但是成效都不大，其实这仍是民进党面临的一个重大问题，在野时期的两岸政策主张尚有协调的空间，但是真正到了执政后最需要协调的时候，却无法控制两岸关系决策的走向，也无法控制政治权威为了自己的利益操作两岸关系的行为。不过在民进党在野时期，这些不是主要问题而已。2016 年民进党重新上台之后，蔡英文同样也面对这样的困局，两岸政策重新又回到权威中心型的博弈模式，未来如何解决这一问题，还需要长期观察。

权力分散型政治生态下的两岸政策博弈

　　相当长时间以来，民进党内具有反权威的传统，该党在野时期一般很难形成比较强大的政治权威，也正是因为这样，派系共治一直是民进党内政治生态的一个重要特征。2008 年民进党败选下台以后，党内的派系结构随之面临着一次较大调整，陈水扁作为曾经的政治权威影响力已经急剧消退，民进党又进入到了一个"诸侯割据"的时代。蔡英文在这个时候接任党主席，首先要处理的不是两岸问题，而是内部权力斗争的问题，以及防止党内派系势力利用两岸关系挟持民进党。具体而言蔡英文首先必须要解决的问题是如何处理与陈水扁的关系问题，民进党下台初期党内各个政治势力在两岸政策主张上的角力也主要围绕着这一问题展开。

2009 年 6 月，在蔡英文要求研议"党公职人员访问中国注意事项"时，扁系中常委高志鹏放出风声要在中常会提案要求举办"中国政策大辩论"，而谢系"立委"管碧玲反对为了县市长登陆做路线辩论，"她认为这样将自曝其短，让外界误以为党内存在极大矛盾与歧见"。[11] 这种两岸政策大辩论争议的背后显然有着权力斗争的深刻考量，扁系势力的目标非常清楚，即通过所谓的辩论一方面强化"台独"路线对民进党的影响，一方面通过激烈"台独"主张动员"'台独'基本教义派"起来参与保扁活动，同时这种辩论还可以保持陈水扁及其派系势力对民进党的影响力。但是这时举行辩论显然对蔡英文和谢长廷是不利的，所以谢系反对这种辩论，蔡英文则通过民进党发言人郑文灿表示："民进党中国政策的主要依据是党纲与 1999 年台湾前途决议文、2001 年开创台湾经济新局等相关决议文，这些看法在党内没有不同意见，也没有产生互相违背的主张。"[12] 很明显，蔡英文不可能在这个时候进行两岸政策辩论给陈水扁搭建一个表演的舞台。

此后，民进党的两岸政策主张一直在摆荡中前行，党内两岸政策诉求的基本结构没有什么大的改变。蔡英文两岸政策主张表现出非常典型的功利性，在不同的场合和不同的时间对两岸政策的表述也不相同。有台湾媒体对其台湾"五都"选举前的两岸政策表述进行了整理，认为蔡英文一直到四月"双英辩论"时，犹未明白宣示"反对 ECFA"；当时，她尚持"缓签/配套"的立场。辩论失利后，她的言论明显改变，包括："执政后，公投废 ECFA""流亡政府论""否定经济挂帅/质疑出口导向"等等。及至蔡英文宣布参选新北市后，又值"ECFA 公投案"被驳回，她的立场更趋尖锐，径指 ECFA 是"国共唱和"，并紧咬"财团受益/穷人受害"的阶级斗争论述。[13] 这一段时期蔡英文的两岸政策要达到的目标非常明确，即要以比较稳定和保守的诉求来稳定党内形势，而以相对激进的"台独"诉求来争取"基本教义派"的支持，占领党内权力斗争的制高点。这一时期蔡英文的着力点在于推动民进党的转型，按照蔡英文的说法，这种转型是使民进党的主要工作"转向阐述政策为主，较少触及政治议题，"以修补陈水扁以来民进党濒于倒塌的道德形象。不过这段时期民进党处理两岸政策的两难处境也越来越明显，一方面两岸交流与合作快速发展，大陆因素在台湾岛内的影响力越来越大，另一方面民进党的两岸政策却不敢突破"台独"诉求，故而该党的两岸政策常陷于父子骑驴的困境。2012年蔡英文作为民进党的候选人一直无法提出比较明确的两岸政策论述，在其"十年政纲"中将两岸政策一分为二："两岸部分不称为两岸政策，而是分为两岸经贸篇、国家安全篇，要跳脱蓝营传统两岸思维，是以务实、正常化国家立场来切入。"[14]这种要调整却又不敢迈步的直接后果就是两岸政策的模糊不清，至于后面提出所谓"和而不同、和而求同"被讥为"空心菜"自然不奇怪。

2012年蔡英文败选辞去民进党主席，离两岸政策论述这一是非之地暂时远了一些，随后有关两岸政策主张的论述竞争主要在苏贞昌与谢长廷之间展开。2011年苏贞昌为了给党主席选举造势，提出了"台湾共识"概念，主张以民进党"台湾前途决议文"为主要精神，坚持"主权"立场，同时要守住"生存是王道、民主是基石"两大原则。[15]相比较蔡英文而言，苏贞昌的两岸政策诉求更为保守。随后在民进党主席选举中，苏贞昌以50.47%，也是自1998年党主席直选以来的历史最低得票率当选。这种弱势当选的局面意味着苏贞昌在党内并无绝对的领导力与号召力，也意味着苏贞昌最主要的任务是整合党内派系和不同的政策诉求，包括两岸政策的诉求。苏贞昌在出任民进党主席后做出了在两岸政策上有所作为的姿态，声称将恢复"中国事务部"，创设"中国事务委员会"，要"透过对话凝聚中国政策，只要时机、条件适当，将不排除前往中国（大陆）访问。"[16]

不过随后民进党内部在两岸问题上的分歧逐渐浮现，围绕着两岸政策诉求进行的权力争夺也越来越激烈。苏贞昌作为党主席以及有意于2016年地区领导人选举的政治人物，立场越来越趋于激进，针对两岸关系的发展以及两岸协商的快速推进不断发起狙击，两岸政策的表述也越来越极端。而民进党内的另一个重要派系领袖谢长廷作为已经失去政治舞台的政治人物，力图在两岸政策主张方面有所突破并以此搭建自己的舞台，于是其两岸政策诉求出现了明显的转向。谢认为："中国崛起后，基于不使台湾被边缘化、有机会参与两岸谈判、代表台湾中下阶层发声，以及避免在'总统'选举吃亏等四大理由，民进党应该与中国大陆交流，否则将永远当在野党。"[17]谢提出了"宪法各表"的两岸政策主张，希望能够在这个主张的基础上展开与大陆的沟通并建构起民进党与共产党的共识。其实就其本质而言，谢长廷的主张并没有完全突破民进党的原有立场，其主要意图在于在两岸关系和平发展的情境下寻求变通和灵活的道路，在不伤及"台独"核心理念情况下，提出"党纲"可以修改、可以公开讨论，并以"九二精神"代替"九二共识"，给台湾民众和大陆留下一种民进党有所改变、值得期待的印象。[18] 随后谢长廷展开了赴大陆访问的行程，在两岸引起轰动。

谢长廷在两岸政策议题上曝光度的增加引起了与苏贞昌之间的矛盾，这种矛盾在"中国事务委员会"的功能及运作问题上集中爆发。由于苏贞昌始终不愿对谢主张的"宪法各表"表态，双方一直无法在该"委员会"定位问题上达成共识。几经折冲之后，2012 年 11 月 27 日，民进党中常会通过"中国事务委员会设置要点"，苏贞昌兼任委员会召集人，并握有人事提名权，形同实质主导两岸政策。对此，党内"立委"多认为苏贞昌要一肩扛起两岸政策成败。同时，"中国事务委员会"不具交流功能，形同另一个幕僚单位。[19] 这次博弈之后，事实上意味着苏谢之间已经破局，不会再有合作的空间，此后谢长廷继续用维新基金会的名义展开与大陆的交流，苏贞昌垄断两岸政策话语权以争取政治利益的企图也日益明显。不过苏贞昌在排挤谢长廷的同时却也造成了自己的困境，即"党主席若亦有意竞逐'总统'，势必不利转型工程；这却正是当前已经验证的情势。为了自己要角逐'总统'，苏贞昌必须在'独派'与'转型派'之间计算自己的支持度，因此左顾右盼，不能大开大阖地推动转型工程。"[20] 这里也可以看出所谓的苏谢之争其实未必是政治立场的分歧所致，而是权力斗争的具体展现，两个派系在两岸政策诉求上的不同不过是一个工具而已。

苏贞昌虽然在党主席任内力图控制两岸政策诉求的主导权，却提不出新的政策主张，只能以传统的街头动员方式维持媒体的曝光度，自然无法突破两岸政策的困局。2012 年底民进党籍前台南县长苏焕智针对民进党举办所谓的"火大游行"评论说："对于当前的政经环境，'民进党提出具体政策主张，远比搞火大游行重要！'现在只是讲马英九下台，却没有具体主张，'游行是要干嘛？'他认为，游行走完后就不了了之，只是耗费能量，改革效果有限。'[21] 但是在同一时期，蔡英文却很少在两岸问题上表态，而是将主要的精力放在内政问题上，成立"小英教育基金会"，上线思想论坛等活动平台，[22] 蔡英文选后活动重心在经济议题，其对台湾社会经济发展进行全面深入的研究与了解。[23] 同时蔡英文在亲绿知识界、社运界的经营也不遗余力。[24] 蔡英文的这些做法使其政治影响力在党内不减反增。在具备了实力后，蔡英文不满于民进党中央的无所作为，"干脆跳过党机器，以民间身份主动出击"。[25]2013 年蔡英文以民间身份提出召开"国是会议"倡议，引发苏贞昌不满，[26] 两人互别苗头的倾向日益明显。随后两岸政策成为两人区隔的重要工具。民进党经历了九场"华山会议"的辩论最后搞出了一个所谓的"总结报告"："据转述蔡英文听完报告先问：'今天我们开了九场会，出了这份报告，然后呢？'苏贞昌说，报告里面有政策、有主张。但蔡仍追问：'有政策、有主张，然后呢？'苏始终未具体响应，气氛一度尴尬。"[27] 显然蔡对于苏贞昌主导下民进党处理两岸政策诉求的做法已经非常不耐。随后蔡英文通过操弄"太阳花学运"向苏贞昌及民进党展示了其阻遏两岸关系快速发展的手腕以及影响青年世代的能力，这些都促成了在随后的民进党主席选举中苏贞昌不战而退。

可以看出，两岸政策和两岸诉求无论在民进党的威权中心时期还是权威分散化时期均是党内政治斗争中的重要工具和媒介，相比较而言这种情况在权威分散化时期的表现更为明显。从岛内蓝绿对抗的政治结构以及民进党内"台独"意识形态占重要地位的政治生态来看，两岸政策上的区隔和利用仍会是民进党权力结构重组过程中的重要内容。2016 年民进党重新上台后，蔡英文成为党内新的政治权威，直接面对处理两岸关系的问题，而两岸关系的复杂性为党内利用这一议题进行政治博弈提供了新的空间。在某种程度上说，这也是蔡英文一直保持两岸诉求模糊性的一个重要原因，其目的无非是尽量避免在这一议题上引发党内大的争议并成为攻击的对象。

注释：

[1] 王沪宁：《当代西方政治学分析》，四川人民出版社，1988 年，第 181—182 页。

[2] 范希周：《现阶段民进党两岸政策分析》，《台湾研究集刊》，2002 年第 4 期（总第 78 期）。

[3] 这里涉及的一个问题是"台独"诉求和立场对于民进党而言到底是"工具"还是"理想"的问题。笔者认为，这其实是一个假问题，在具体的纲领层面，"台独"当然有其理想性，但并不排斥民进党对这一诉求进行工具性的利用。将"台独"诉求进行工具理性和价值理性二分的前提就是预设理想型的"台独"一定是"刚性台独"或"激进台独"，事实上民进党所推行的"柔性台独"也是"台独"实现的一种路径，在这种路线上，"台独"事实上兼具工具理性与价值理性的功能。

[4] 吴玉山、林继文、冷则刚等编：《政治学的回顾与前瞻》，（台湾）五南图书出版有限公司，2013 年，第 66—67 页。

[5] 陈孔立：《走近两岸》，厦门大学出版社，2011 年，第 86 页。

[6] 鞠海涛：《从"派系共治"到"以党辅政"——民进党决策模式分析》，《台湾研究》，2001 年 4 期。

[7] 徐博东等著：《大国格局变动中的两岸关系》，九州出版社，2009 年，第 183 页。

[8] 林浊水：《中壮代应挥泪向扁说再见》，（台湾）《苹果日报》2008 年 5 月 29 日。

[9] 吴典蓉：《向深绿、回中间走 两难双层赛局》，（台湾）《中国时报》2007 年 2 月 8 日。

[10] 曾薏苹：《扁游夹击 苏从主角变道具》，（台湾）《中国时报》，2007 年 9 月 20 日。

[11] 《挑战蔡英文？ 扁系将提中国路线大辩论》，（台湾）《联合报》，2009 年 6 月 8 日。

[12] 《中常委促辩论 郑文灿：党内中国政策无歧异》，（台湾）中央社 2009 年 6 月 8 日电。

[13] 《联合报社论：伴随五都选举的民进党内斗》，（台湾）《联合报》，2009 年 6 月 11 日。

[14] 《小英十年政纲 两岸政策一分为二》，（台湾）《联合晚报》，2011 年 8 月 17 日。

[15] 《台湾共识 苏两点坚守两岸底线》，（台湾）《自由时报》，2011 年 2 月 16 日。

[16] 《苏：设中国事务委员会 不排除登陆》，（台湾）《中国时报》，2012 年 5 月 28 日。

[17] 《谢长廷：不与陆交流 将永远在野》，（台湾）《联合报》，2012 年 6 月 6 日。

[18] 孙哲主编：《亚太战略变局与中美新型大国关系》，时事出版社，2012 年，373 页。

[19] 《误会大了？ 委员会类似幕僚 不与中国打交道》，（台湾）《中国时报》，2012 年 11 月 22 日。

[20] 《苏贞昌如何接谢长廷这一球》，（台湾）《联合报》2012 年 10 月 18 日。

[21] 《苏焕智：民进党提具体政策 比火大游行重要》，（台湾）《今日新闻》，2012 年 12 月 25 日。

[22] 《绿两岸路线 苏蔡论述受瞩目》，（台湾）"中央社"记者苏龙麒台北 2012 年 8 月 12 日电。

[23] 《抢主导权……小英力拼经济 苏贞昌聚焦大陆》，（台湾）《联合报》，2012年9 月 4 日。

[24] 《联合报社论——学运为"小英号列车"铺了最后一哩？》，（台湾）《联合报》2014 年 4 月 16 日。

[25] 《小英拼突围 苏进退两难》，（台湾）《中国时报》，2013 年 8 月 10 日。

[26] 《绿委：苏蔡事前不能沟通、事后总要维持表面和谐》，（台湾）今日新闻网，2013 年 8 月 12 日。

[27] 《对中政策出炉 小英：然后呢 绿避开宪政 苏无回应 气氛尴尬》，（台湾）《苹果日报》，2014 年 1 月 10 日。

蔡英文两岸经贸政策：
思维演变、未来走向及因应策略

福建社会科学院现代台湾研究所　苏美祥

思维是心理学的范畴，指对事物的间接反映，即通过其他媒介作用认识客观事物，借助于已有的知识和经验、已知的条件推测未知的事物。[1] 思维方式则是看待事物的角度、方式和方法，对人们的言行起决定性作用。蔡英文以学者身份进入政治领域，历经 20 多年于 2016 年 1 月 16 日当选为台湾地区新一任领导人，其政治理念、政策思维对未来台湾当局施政理念有直接的影响作用。探究蔡英文在不同时期的两岸经贸政策主张，可以显见其政治化思维定式，即以"台独"理念和追逐"选票"为主导的政治化思维，必将对两岸经贸关系和台湾经济造成较大的负面影响。

一、蔡英文两岸经贸政策思维的演变

蔡英文于 1984 获英国伦敦政治经济学院法学博士学位后，在台湾政治大学、东吴大学任教，于 1990 年开始涉足政治，先后成为李登辉当局的"御用学者"、陈水扁当局的"核心幕僚"。2004 年，原为无党籍人士的蔡英文加入民进党，此后其政治命运与民进党紧密维系在一起。从富家小姐到"绿巨人"[2]，从大学教授到地区领导人，蔡英文的政治思维随其政治生命沉浮而悄然变化并渐渐清晰。

（一）从学者到幕僚（1990 年—2004 年）

蔡英文熟悉国际贸易法，"对于国际贸易有很强的学术背景"[3]，20 世纪 90 年代初，任台湾政治大学国际贸易系教授，讲授"国际贸易法"课程，并担任台湾"国贸局"顾问。由于在参与台湾加入世界贸易组织（WTO）的谈判过程中表现抢眼，被纳入李登辉当局智囊团。但蔡英文由学者向政治人物转型，并获得巨大成功的原因，并非其"法律专业""谈判专长"，而是在两岸关系问题上有鲜明的"台独"主张。1994 年起，蔡英文担任台湾陆委会咨询委员；1998 年 10 月，随同辜振甫先生率领的"海基会"代表团访问大陆，担任发言人角色；同年，参加李登辉当局所谓"强化中华民国主权国家地位小组"，参与"两国论"的起草工作，正式成为台湾当局大陆政策体系的核心人物之一；2000 至 2004 年，担任陆委会主委，充当陈水扁当局两岸政策的核心幕僚。

从李登辉抛出"两国论"到陈水扁的"一边一国"，从"戒急用忍"到"积极开放、有效管理"的两岸经贸政策，其"台独"本质与蔡英文的政治主张高度吻合，蔡英文的政治抱负从中得到一定的施展空间，由此驱动其卖力地宣导当局政策的合理性，并不遗余力地加以推动和实践。如在担任陆委会主委期间，蔡英文曾强调"'政府'推动两岸经贸除须强化台湾本身的经济体质外，也要积极建构经济安全网及防火墙机制，以将各种可能的风险作有效的控管，使两岸经贸的负面影响降至最低限度"。[4] 所谓"经济安全网及防火墙机制"，实际上是给"有效管理"找合理化借口，显然是"戒急用忍"政策的惯性延续，遵循台湾当局"一边从两岸经贸中拿好处，一边高喊'分解风险'、防范大陆"的一贯思维。

我们也看到，蔡英文及民进党以 2001 年促成福建沿海与金门、马祖等直接往来、2002 年开放 8 寸晶圆厂赴大陆投资为例，证明其处理两岸关系的决心和能力，掩盖其阻碍两岸经贸交流的企图，达到欺瞒民意之目的。事实上，1979 年全国人大发布《告台湾同胞书》，期望两岸早日结束军事对峙，并首次提出"三通"的构想。由于台湾当局的蓄意阻挠，两岸"三通"迟迟未能实现，但在金、马与福建已进行了多年的小额贸易。早在 1992 年 3 月，福建省提出"两门对开，两马先行"的构想，即大陆的厦门和台湾的金门、大陆的马尾和台湾的马祖先行实现"三通"。2000 年 12 月 13 日，台湾单方面批准的《试办金门马祖与大陆地区通航实施办法》，只是将已有的闽台小额贸易"除罪化"。可见，蔡英文及民进党推动的福建沿海与金门、马祖等直接往来，实质上阻挠两岸"三通"欺瞒民意的一场闹剧。同样，解剖 8 寸晶圆厂大陆投资案，可以发现，这是民进党当局实施"积极开放、有效管理"的典型范例。迫于岛内半导体企业投资大陆抢占市场的强烈意愿，2002 年台湾当局不得不宣布"有条件"开放 8 寸晶圆（硅片）厂赴大陆投资，但此前历时 3 个多月 7 次产官学会议探讨，最终发布了在"有效管理"的前提下，进行"小规模、低度开放"，以晶圆厂旧有设备作价投资者为优先的开放决定。[5]

（二）从民进党新人到党主席（2004 年—2015 年）

2004 年，原为无党籍人士的蔡英文加入民进党，当年即当选为"不分区立委"，迎来了政治生涯新高峰，从此蔡英文的政治生命与民进党利益息息相关，正如其自称"我的伴侣是民进党"。加入民进党初期，蔡英文便唯民进党是瞻，其表现与民进党政治利益高度一致，甚至不惜被质疑诚信、被媒体称"善变"。如在 2006 至 2007 年担任"行政院副院长"期间，在"核四"续建等重大议题上，扮演了关键决策者和推动者的角色。2006 年，台湾"行政院院长"苏贞昌追加"核四"预算 448 亿元新台币，作为"副院长"的蔡英文亲临"核四"工地要求"如期如实完工"。但在民进党沦为在野党后，蔡英文随之立场突变，主张"核四"立即停建。

2008 年 5 月，党龄仅 4 年的蔡英文当选为民进党历史上首位女性党主席，民进党从此进入了蔡英文时代。在党内士气低迷的情况下，蔡英文带领民进党打赢了一系列选战，声势逐渐高涨。2010 年 5 月，蔡英文获得高票连任民进党主席。2012 年 1 月，因为在台湾地区领导人选举中败选而辞职负责。2014 年 5 月，蔡英文再次当选民进党主席，号召党员"朝执政的最后一里路奋力前行"。2015 年 2 月，蔡英文再一次宣布代表民进党参选台湾地区领导人。倚靠民进党的强大政治资源，蔡英文在两岸经贸政策主张方面的"台独"思维进一步固化，但对台湾民众更具有蒙蔽性和欺骗性。

（三）蔡英文两岸经贸政策思维的主要特点

1. 拒不承认"九二共识"。蔡英文在很大程度上继承和延续了民进党的传统政策主张，比如在 2011 年参选时，由她主导出台了"十年政纲"，其中"'国家'安全、两岸经贸篇"多次提及并引用"台湾前途决议文"核心内容，显见蔡英文对"台独党纲"的尊崇。2 月 23 日，蔡英文在其新文教基金会下设智库成立会上宣称，"民进党主张'台湾'发展和'中国'关系，应该从台湾认同出发，以台湾的价值为核心，两岸必须维持'和而不同'、'和而求同'的关系"。2015 年宣布参选以后，始终没有明确承认"九二共识"和认同其核心意涵，其"一边一国"立场昭然若揭。

2. 一定的投机心态。这在对待两岸签署 ECFA 问题上表现十分明显。2010

年 4 月 27 日晚，蔡英文在接受三立电视台专访时表示，"民进党会尽力在立院把 ECFA 挡下来，假如挡不下来就用公投"，甚至表态，"假如这次无法用公投挡住 ECFA，一旦民进党 2012 重新执政，也会发动废止的公投；届时如果公投成功，民进党政府就会停止执行"。ECFA 正式签订后，蔡英文不再提"阻拦"二字，但说"至于 ECFA 究竟是好？是坏？'应由人民决定'"。2014 年，包括蔡英文在内的一些民进党重要人物，对"反服贸运动"予以声援。但在宣布参选以后的多次政策宣示中表态，将概括承受"两岸过去 20 多年来协商和交流互动的成果"，在不危及台湾"安全"和"主权"的前提下，根据台湾民意的需要，继续推动两岸经济、文化、社会层面的交流，不反对两岸签署"服贸"和"货贸"协议，但未来必须依"两岸协议监督条例"来推动后续谈判及未来两岸协商。由此可见，蔡英文及其民进党大陆政策的不确定性，其投机性格一览无遗。

3、政策具有模糊性。从 2008 年起，蔡英文等民进党人在其大陆政策上的模糊论述，对台湾民众的欺骗性和蒙蔽性不断扩大。2010 年 4 月 30 日，蔡英文与媒体茶叙时强调，民进党若能在 2012 年重新执政，"中国政策"一定比 2000 年首次执政时"更稳定""更有可预测性"，而且，过去已不是铁板一块，"将来更不会是铁板"。[6]2015 年 4 月 9 日，蔡英文在当选民进党主席后的第二次"中国事务委员会"上，定调民进党处理两岸关系的基本原则为"维持两岸现状"，也就是维系台海和平及持续两岸关系稳定发展的现状，她说这是两岸关系的核心。蔡英文并表示，民进党有信心处理好两岸关系，避免意外，更不会挑起矛盾、冲突和对立。[7]在现实中，岛内的一般民众对两岸关系的了解与认知并没有如此深入和全面，他们受政治人物诱导和蛊惑性语言的影响较大，蔡英文及民进党在两岸关系政策模糊性的表述，必然会导致相当一部分台湾民众受到蒙蔽和欺骗。[8]

二、蔡英文两岸经贸政策走向及影响

不出预料，蔡英文在 5 月 20 日就职演说中没有明确承认"九二共识"和认同其核心意涵，也没有具体、单独提及两岸关系，而是较大篇幅阐述"区域的和平稳定与发展"，相关两岸关系的内容仅 320 字左右。蔡英文指出，"两岸之间的对话与沟通，我们将努力维持现有的机制"。然而，蔡英文不承认"九二共识"这一两岸关系的基础，现有机制势必无法维持，两岸经贸关系将受到较大的负面影响。以蔡英文及民进党的一贯"台独"思维，综合分析近年来蔡英文的一系列政策宣示，新当局不可能摆脱其两岸经贸政策的思维定式，两岸经贸政策基本将围绕"限制、疏离、对抗"这三个关键词展开，即对两岸经贸实行限制政策，通过参与区域经济组织来分散风险，通过经济创新实现自救，企图以此彻底摆脱大陆市场的影响。

（一）两岸经贸关系发展的阻力增大

台湾经济发展离不开大陆，未来两岸经贸往来仍将继续。但是，蔡英文选前的最后一次政策宣示中明确，对两岸经贸政策"不排斥"，但要加强"风险管理"，继续沿用"一边从两岸经贸中拿好处，一边高喊'分解风险'防范大陆"的旧思维，未来两岸经贸关系发展不容乐观。一是极力渲染两岸经贸发展对台湾经济的冲击和隐患，设定以"安全""主权"的前提，阻挠两岸经贸关系发展。二是迎合岛内民粹主义诉求，以"公开透明"为诉求，对两岸经贸关系限制实现"法理化"。"两岸协议监督条例"生效以后，两岸经贸互动必然受"立法院"的监督，至少短期内将导致两岸经贸的萎缩或停滞。三是始终没有提出两岸经贸政策的具体主张。蔡英文在参选期间曾提出，在马英九时代已经签署的两岸经贸协议，新当局将会继续推动，但将如何推动，仍是未知数。

由此显见，民进党执政以后，除以"经济安全""捍卫主权"为由，通过对两岸贸易、投资进行"有效的风险管理"外，又新增一项极具力度的工具——"两岸协议监督条例"。民进党版的"两岸协议监督条例草案"是2014年"太阳花学运"的产物，未来两岸协议将不再是事务性的议题，将变成各方政治力量统"独"较量的舞台，最终使得两岸谈判和两岸协议成为几乎不可能的任务，那么两岸两会协商也失去了意义，两岸经济合作制度化成为空谈。

（二）两岸经贸关系可能被人为疏离

近年来台湾陷入"闷经济"困境，在"亚洲四小龙"中，台湾的排名连续3年垫底。而根据瑞士洛桑国际管理学院（IMD）的"世界竞争力年报"，台湾近年排名同样出现下滑。岛内民众对于增长率跌破1%的经济，更是怨声载道。台湾经济是高度依赖对外贸易的浅碟型经济，保守封闭无法让台湾摆脱"闷经济"困境，因此，融入区域经济整合在岛内有较高共识。此为其一。其二，基于减少台湾经济对大陆依赖考虑。一直以来，台湾当局两岸经贸政策采取保守思维，强调"经济安全"，尤其是以民进党为主的岛内"台独"势力，限制对大陆经贸往来。如蔡英文曾称，"唯有透过平衡且多元经贸战略，让台湾在经济上保持自主，才能确保民主不受外力的影响、确保政治的自主性。"第三，蔡英文的对外经贸政策首先是与美、日加强合作。宣布参选台湾地区领导人后，蔡英文多次表示台湾加入 TPP 的意愿和决心，美国作为 TPP 的主导成员之一，予以了附和。随后，蔡英文又推出"新南向政策"，试图深化与东南亚及印度的经济联系，从而"降低对大陆的经贸依赖"。第四，以经贸合作为名加入区域经济合作组织，一直是台湾试图争取"国际空间"的重要途径之一。如"新南向政策"在推动贸易多元化的同时，强化对东协和印度的整体关系，是蔡英文的自然选择。

然而，无论加入 TPP 或 RCEP，台湾必须加快经济自由化进程，原马英九时期推动的"自由经济示范区"规划很可能被束之高阁，但至今蔡英文未就此提出相应政策。以因应经济全球化为名，采取以平衡且多元经贸战略，积极参与多边及双边经济合作及自由贸易谈判，包括 TPP、RCEP 等，并推动新南向政策，提升对外经济的格局及多元性，主要目标就是告别以往过于依赖大陆市场的现象。显然，台湾能否顺利参与 TPP 还有很大变数。参与区域经济组织在台湾岛内是政治化议题，为达到疏离大陆、扩大"国际空间"之目的，台湾当局很可能不惜牺牲台湾民众利益，不遗余力加以推动。

（三）两岸产业合作的"对抗性"可能增大

一直以来，台湾在产业升级转型的道路上步履维艰，过去台湾依靠"效率代工""外贸出口"的发展模式遇到瓶颈，产业亟待转型。蔡英文在 2016 "大选"前，对产业政策的宣示较为全面，提出以创新为核心理念的产业转型方案，这本无可厚非，但蔡英文为达到推行主张、欺瞒民众之目的，在多次政策阐述中，均强调以对抗大陆"红色产业链"为目标。

蔡英文未来在两岸经贸政策上设限，一旦在参与区域经济整合未能顺利，将让台湾经济陷入深渊，因此如何推进产业转型，提升经济发展动能，成为蔡英文未来经济政策的关键。蔡英文极力推行新经济发展模式，以"未来产业、绿色产业、生活产业"为政策重心，认为台湾电子信息产业具备发展物联网的良好基础，如果全力发展物联网以及相关的大数据应用服务，估计可以为台湾带来 4 兆的市场规模，是台湾的"未来产业"；全力发展"绿色产业"，发展绿色智慧电网，建立一个可循环的能源系统，并设下时间表，到 2025 年的时候，再生能源要达到总发电量的 20%；推动发展包括新农业、观光休闲产业、防灾、住宅改造、照顾产业及海洋产业等"生活产业"。新当局将打造五大创新研发产业聚落：一是台南沙仑为中心的"绿能研发中心"；二是以台北的资安、台中的航天及高雄的船舰作为中心的"国防产业聚落"；三是以物联网及智能产品产业为中心，坐落在桃园的"亚洲硅谷计划"；四是从"中研院"所在的南港园区、到竹北生医园区延伸至台南科学园区，形成线状聚落的"生技产业聚落"；五是选在精密机械产业发展最好的台中，未来再加上台湾 ICT 及信息产业的能量，发展智慧精密机械的"智慧精密机械聚落"。以上产业转型方案，能否有效落实，效果如何，姑且不论，但以对抗"红色产业链"政策目标驱动下，两岸产业竞争程度可能加大，甚至在一些产业领域出现"对抗"。

三、推进两岸经贸关系发展之思考

发展两岸经贸关系是中央对台工作的重要方针。2016 年 3 月 5 日，习近平总书记在参加十二届全国人大四次会议上海代表团审议时指出："我们将持续推进两岸各领域交流合作，深化两岸经济社会融合发展，增进同胞亲情和福祉，拉近同胞心灵距离，增强对命运共同体的认知。"当前，台湾岛内政治出现重大变局，两岸关系处于新的重要转折期，应在不违背一个中国原则的前提下，以市场化、全球化思维，以更具弹性的惠台政策相配合，淡化政治色彩，持续推进两岸双向、全面、直接的经济交流。

（一）突出两岸经贸合作的市场导向作用

两岸经贸关系是在一个国家主权下，两个经济体之间以市场原则为取向、以双方的经济利益需要为动力的经济联系。在市场运作越来越国际化的趋势下，市场经济力量对推动两岸经贸关系的动力作用不断增强。在当前两岸政治互信不足的情况下，应继续发挥经济规律的作用，让经济规律决定两岸经济交流的发展进程。推动两岸经济交流与合作，既是造福两岸同胞的民生工程，也是增加两岸民众互信，促进和平统一的需要。通过加强两岸经贸交流，不仅有利于促进两岸民间相互沟通，增强互信与了解，更重要的是，有利于进一步密切两岸经济联系，不断加深两岸经济的相互依赖，增强两岸同胞对命运共同体的认知。

实践证明，两岸经贸交流与合作为两岸经济带来了实实在在的好处，但长期以来，台湾当局奉行"一边从两岸经贸中拿好处，一边高喊'分解风险'防范大陆"政策思维，对两岸经贸合作采取限制政策。加之复杂的历史与现实等诸多因素的影响，岛内部分民众对两岸经贸合作存在恐惧心理，认为"如果两岸经济越来越紧密，或两岸经济一体化之后，大陆就会利用经济力量来改变台湾的政治"，这种心态更被民进党等"台独"势力炒作为"台湾社会的集体焦虑"。在此背景下，发展两岸经贸关系应更突出市场导向，尽量淡化政治色彩，维护市场规律的作用，及时揭批台湾当局限制两岸经贸政策造成的实质与危害。

（二）理性对待两岸经济关系的竞合现实

从经济互补走向竞争与合作并存的两岸经贸关系，是区域经济合作发展的必经阶段。当前，两岸在产业总体互补的态势下，部分产业领域发展趋同性增强，但是"两岸产业竞争"在岛内被过度渲染、夸大，如太阳能、LED及面板产业等，对台湾相关产业形成竞争压力，"红色产业链"经过媒体和政治人物的诠释，令岛内民众倍感恐慌。实际上，两岸经济关系的基础并未发生根本改变，竞争性关系仍然只是局部性的问题，目前两岸经济关系的最主要特点就是良性竞争、以合作共荣为主流，但要理性对待两岸产业在局部领域的竞争。

首先，两岸经贸关系发展存在结构性问题，是两岸经济功能性合作进程中必然遇到的问题。但两岸产业竞争性的出现，并不意味不再有合作的必要性，关键是顺应当前两岸产业合作面临竞争与合作并存的新现象，要通过协商谈判来消除影响合作的不利因素，避免内耗，形成合力，共同打造国际市场空间。其次，推进"十三五"规划建设，牢牢把握两岸经济关系主动权。"十三五"时期是建成小康社会进入决胜阶段，推进结构性改革进入攻坚阶段，也是大陆适应新常态的关键时期。大陆实施的"一带一路"重大战略及一系列经济发展规划与举措，如自贸区建设、中国制造2025、"互联网+"计划、"大众创业，万众创新"计划以及资本市场改革等，将为两岸合作创造极大的商机和合作空间。第三，加快对外改革开放，逐步提升在国际市场的话语。随着经济实力的不断壮大，大陆应更积极在亢衡跨太平洋伙伴协议（TPP）及其他全球性议题上，提出主张、倡议和行动方案，联合新兴市场国家和地区，增强在国际经贸规则和标准制定中的发言权，既为自身争取有利的竞争地位，更为抵制台湾当局企图依附美日等大国拓展"国际空间"的野心。

（三）重视扩大两岸经贸合作的正面效应

由于受到复杂的历史与现实因素、文化教育因素和"台独"分裂势力误导等影响，台湾社情民意已出现若干不利于两岸关系和平发展的新变化，如部分台湾民众尤其是年轻一代的民族认同、"国家认同"出现偏差，对大陆发展和崛起心生抗拒与排斥心理，对两岸交流合作存在担忧和顾虑，担忧大陆借助对台"经济让利"搞"政治统战"，担心两岸交流合作会损害台湾"主权""国家安全"及民众切身利益等，两岸经贸合作的经济效应被漠视，反而在岛内形成了一定的负面作用，不利于两岸关系的发展。

在对台先行先试方面，应积极落实福建自由贸易区总体方案，紧紧围绕"率先推进与台湾投资贸易自由化进程"这一主线，以投资准入政策创新深化闽台产业合作，以对台金融合作先行先试提升金融服务功能，以体制改革创新提高台商服务水平，探索两岸经济合作新模式。在惠台政策实施方面，要淡化让利色彩，以台湾民众更易接受的方式推进合作，在表述上应更多顾及台湾民众的心理感受；尽可能遵循市场规律，切实照顾两岸民众的长远利益，避免造成"好心办好事，却被污名化"的不良后果；应稳步推进，不能急功近利，要给岛内民众留有足够的理解和接纳的空间；更侧重台湾"三中"阶层，重点加强同台湾南部的交流与合作，提高青年在惠台经贸政策中的受益面和获得感。

注释：

[1] 刘颖、苏巧玲、刘爱玲：《医学心理学》，中国华侨出版社，1997 年 10 月。

[2] 系指台湾绿营重量级人物。

[3] 据蔡英文自传《洋葱炒蛋到小英便当：蔡英文的人生滋味》，2011 年。

[4] 台湾"中央社"新闻网：《蔡英文：推动两岸经贸须建构防火墙机制》，2003 年 7 月 17 日。

[5] 党朝胜：《台当局放行晶圆厂"登陆"的台前幕后》，《台湾周刊》2002 年第 14 期。

[6] 《蔡英文放话：民进党若执政大陆政策不是铁板》，http://fj.sina.com.cn/news/t/2010-05-01/105433931.html。

[7] 《蔡英文：有信心处理好两岸关系不挑起矛盾、冲突与对立》，http://taiwan.huanqiu.com/article/2015-05/6403899.html。

[8] 刘相平：《蔡英文主导下的民进党大陆政策探析》，《台湾研究集刊》，2012 年第 1 期。

试析民进党执政下的台湾经济发展前景

福建省社会科学院现代台湾研究所　单玉丽

目前，蛰伏8年的民进党再次上台执政，在短暂的"狂欢"之后，开始面对一系列经济社会难题。而有着强烈"台独"理念的蔡英文至今不承认"九二共识"，不认同两岸同属"一中"的核心意涵，千方百计"去中国化"，以政治绑架经济，意欲弱化与大陆的经济联结，摆脱台湾最大的贸易和投资市场，不仅使两岸关系面临严峻挑战，而且也使不景气的台湾经济前景不容乐观。

一、当前不景气的台湾经济

近年来，台湾经济起伏波动，景气不佳。2015年，经济成长率仅为0.85%，出口衰退率超过10%，为2009年全球金融风暴后所仅见[1]。经济发展水平从早期的"四小龙"之首变为垫底。由于全球经济复苏迟缓，台湾"主计处"2月中旬发布预测，预计2016年经济成长率为1.47%。[2]台湾经济不景气的表现及原因主要有以下方面：

（一）"三驾马车"动力不足

目前，拉动台湾经济成长的"三驾马车"困难重重。其一，外贸疲软。2015年台湾出口总额2805亿美元，同比下降10.6%。由于台湾外贸依存度高达60%，国际市场繁荣，台湾受惠最多，反之则受创最深。根据台湾"海关"统计，2015年台湾地区对主要贸易伙伴出口多数出现大幅衰退，对欧洲、东盟（6国）出口分别下降11.0%和14.6%，对大陆（含香港）出口下降2.3%，对美国下降1.7%。对外出口对台湾GDP增长的影响历来很大，出口不振，对GDP的拉动明显衰退。其二，投资不振。据台湾"主计处"资料，2015年民间投资

203

增长率仅 2%，岛内企业除半导体产业外，大多数都因出口困难而缩减资本支出。吸引境外投资方面，台湾自国际金融危机后就面临外商投资严重萎缩问题，2014 年吸引外商投资金额比 2007 年（153.6 亿美元）缩减 62%。2015 年前 11 月吸引外商投资 41.3 亿美元，同比下降 6.9%。其中，日本、荷兰、香港等过去热衷于赴台投资的国家（地区）大都出现不同程度的下降。[3] 其三，消费乏力。受经济不振，就业率难以提升、薪资增幅小、股市低迷、贫富差距扩大等因素影响，台湾基层民众的"相对剥夺感"愈来愈明显，岛内消费需求也表现低迷，消费拉动经济增长效果明显弱化。民间消费成长率创金融海啸以来的最低，"主计处"预测 2015 年民间消费成长率 1.36%，将创下 2010 年金融海啸以来的最差。[4] 台湾民间消费占 GDP 逾五成，消费不振必然拉低经济成长。

（二）产业竞争力难以提升

产业竞争力是一个比较的概念，其内涵涉及两个基本方面，一是比较的内容，另一个是比较的范围。具体而言，产业竞争力比较的内容就是产业竞争优势，而产业竞争优势最终体现于产品、企业及产业的市场实现能力。因此，产业竞争力的实质是产业的比较生产力。产业竞争力同时也是一个区域的概念，是指一个国家或地区的某个特定产业相对于他国或地区同一产业在生产效率、满足市场需求、持续获利等方面所体现的竞争能力，并由此获得满意的经济收益的综合能力。在多重因素影响下，产业竞争力随时随地都在发生着变化，就台湾而言，其产业竞争力在很大程度上取决于产业发展模式和创新能力。

长期以来，台湾产业发展一直以代工和"台湾接单—台湾生产""台湾接单—海外生产"为主要模式。由于未能掌握核心技术，加上来自东南亚等新兴经济体的竞争加剧，近年来代工厂商附加价值低、技术创新不足等问题凸显，而且还面临美欧等发达经济体实施"再工业化"和发展高端制造业的挑战，尤其是来自韩国的挑战更使台湾代工产业倍感压力。

台湾与韩国发展阶段基本一致，经济结构类同，但目前两者产业竞争力差距日益扩大。在制造业方面，双方都有大规模的炼化企业、整车制造、造船、炼钢及电子产业，且发展时期基本一致，但韩国的进展速度明显高于台湾。如韩国现代汽车世界排名第五，全球前十大造船厂韩国有七个，浦项钢铁世界第五，韩国的显示器产业已连续 11 年居全球第一。[5] 又如，在电子产业方面，20 世纪七八十年代，台湾、韩国都积极发展电子产业并迅速崛起，成为拉动出口的重要力量。但是由于台湾过度依赖电子信息产业，"一枝独秀"，而韩国则保持电子、通讯、光学仪器、钢铁、汽车、石化及船舶等其他重工业均衡发展。从电子产业内部看，台湾主要是在半导体及零组件部分有优势，而韩国在软件、通信、半导体零组件等更多方面向好，发展较平均，后劲较足。[6]台湾制造业竞争上不去，服务业竞争力也是难以提升。第三产业是台湾与韩国占GDP比重最大的产业，其中，台湾服务业占GDP比重68.76%，韩国的服务业只占58.1%，但服务输出金额台湾却不及韩国的二分之一。[7]台湾与韩国的竞争力不仅存在上述差距，而且由于韩国参与区域经济整合步伐快于台湾，台湾则因意识形态作怪，拒绝两岸服贸、拒绝"亚投行"，加入TPP又面临诸多难题，在区域经济一体化中将继续处于边缘化，这些都将继续拉大台湾与韩国竞争力水平的差距。

（三）财政持续恶化，债务不断高攀

台湾当局财政收入的主要来源是税收，每年约1.6万亿元新台币，占各级政府收入的比重达7成以上。但自20世纪90年代以来，台湾税收增长率大幅下滑，由七八十年代的10%—20%年增率下降到90年代的4.5%左右，2000年以来还持续多年呈现负增长。

目前，台湾当局财政总支出占GNP比率约24%，税收占GNP比率却不及一半（13%），每年形成约3000亿元新台币的财政赤字，进而使各级财政债务迅速累积。据资料，至2015年5月底，台湾债务总额达6.5万亿元（新台币，下同），若加上各种隐性债务18万亿元，债务总额近25万亿元，远超2014年台湾GDP总额(16万亿元)，总体债务占GDP的比例达150%，相当于2010年希腊的债务水平。[8]

2015年台湾"地方债务"问题开始爆发。据资料，每年财政预算仅200亿—300亿元的苗栗县，负债高达600多亿元新台币，7月份苗栗县财政首先"破产"，因发不出薪资而向台当局求救。宜兰县债务也超过50%的法定债限，[9]云林县、屏东县、嘉义县、基隆市和南投县都已超过45%的预警债限。[10]由于经济低迷，台湾财政收入预计在短期内难有较大改善。要健全财政功能，关键还是应推动税制改革。但目前来看，在所谓"民主选举"制度下，岛内各政党为争取选票，不仅不敢加税而且积极推动减税政策，如已通过的废除证所税、艺术品拍卖所得税及综所税减免等，很可能会使财政问题更加严重，进一步失去财政对经济的调控功能。

（四）民众财富缩水，就业不足加剧贫富差距

台湾经济不景气造成失业率居高不下，薪资冻涨；股市波动剧烈，民众财富严重缩水，并由此带来了焦虑感，幸福指数下降。据台湾《财讯》杂志对百万年薪家庭的调查发现，2015 年 77.7% 的人有"贫困感"，有 84.5% 的人"强烈感到贫穷"。年轻人对现实更是不满，因为近年来，台湾就业率一直不理想，毕业即失业成为普遍现象。经济不景气态势下，失业率更是居高难下，2015 年 8 月份失业率 4.3%，大学及以上学历失业率 5.7%。越来越多人对前途感到悲观无望，索性延迟毕业。[11] 新就业的年轻人的薪资待遇在与周边地区相比趋于弱势，大学毕业薪资连续数载停留在 22K（台币 22000 元，约 660 美元）[12]。台湾"居住正义协会"理事长黄益中表示，以刚出社会的年轻人每个月基本薪资 22K 来算，在台北市买房要花 140 年，并讽刺道："他买的不是房子，他买的是灵骨塔。"[13] 由于景气低迷，经济发展动能不足，"低增长、低薪资"成为岛内经济社会发展常态。

在经济不景气情形下，股市波动剧烈，造成民众财富不断缩水。据台湾《工商时报》2016 年 2 月 4 日报道，羊年（2015 年）台股大跌 15.39%，市值大幅蒸发近 4 万亿元新台币。[14] 由于台湾股民众多，有效开户数高达 960 万户，可谓"全民炒股"，因而股市阴晴对民众财富影响很大。据统计，2015 年平均每个股民财富少了 41 万元新台币。[15]

与财富减少的同时，贫富差距难以缩小。据台湾"财政部"统计，2013 年综所税按申报所得高低分成 20 等级，最低等级的 5% 家庭平均申报所得只有 4 万 4 千元，最高等级的 5% 家庭，平均申报所得达 437.3 万元，申报所得差距将近 100 倍，较前一年 84 倍明显扩大，再创历史新高。[16]

二、蔡英文经济政策基本思路及其实质

（一）对内提振产业竞争力，对外拓展发展空间

综合蔡英文选举期间及"520"就职演说，可以看出，其发展台湾经济的基本思路主要归集在两个方面。一是通过"新经济发展模式"，提升岛内产业竞争力；二是深化与美日的经济联系及扩大对东南亚贸易投资，减少对大陆的依赖，达到市场多元化的目标。

所谓"新经济发展模式"，是蔡英文竞选期间提出的政策口号，具体内容是在绿能科技、亚洲硅谷、生技医疗、智慧机械、"国防"航天等领域实施创新研

发计划，打造出以太阳能、风能等为主的绿色能源供给系统；以物联网及智能产品产业为中心的"亚洲硅谷"；以医药为核心的线状"生技产业聚落"；为航天、潜舰、精密医疗、精密医材、物联网等作重要支撑的"智能精密机械聚落"，以及以航天、船舶、资安为重点的"'国防'产业聚落"。上述计划，有的具有一定基础，有的完全是不切实际的政治考量，如所谓"'国防'产业聚落"，令人贻笑大方。

蔡英文要加强与美日联系，主要是想加入"跨太平洋伙伴关系协议"（TPP）。TPP 是美日主导的区域经济组织，目前 TPP 成员 GDP 总量占全球经济的比重达到 40%。2016 年 2 月 4 日，美国、日本、澳大利亚、新加坡和越南等 12 个国家，在新西兰正式签署了 TPP 协议。蔡英文积极争取加入 TPP，既是其重振台湾经济，防止经济边缘化的需要，也是其抗衡大陆，弱化与大陆联系的长远布局。

蔡英文拓展对外经济关系的另一思路是实施"新南向政策"。所谓"新南向政策"是相对于 20 世纪 90 年代中李登辉提出的"南向政策"和 2002 年陈水扁再次提出的"南向政策"而言的。蔡英文重提南向政策，一方面是想在加强与东南亚国家经贸合作的同时，把触角延伸到印度等南亚国家和地区，以扩大台湾对外经贸合作空间；另一方面是在上述地区开展文化、教育及人才等方面的交流合作，以"建构台湾与东协及南亚国家 21 世纪新伙伴关系"。"新南向政策"实质上是蔡英文渲染的两岸经贸合作要"从世界走向大陆"，让台湾在经济上保持"自主"，以"确保台湾民主不受外力影响"主张的重要组成部分，是其弱化与大陆关系的重要实施步骤。

（二）以"亲美媚日"推动市场多元化

美日历来是台湾对外关系的重中之重，蔡英文在"5.20"演讲及上台执政后的言行，再次凸显加强和稳固美日关系是其对外关系的主要目标，明确将要"继续深化与包括美国、日本、欧洲在内的友好民主国家的关系，在共同的价值基础上，推动全方位的合作"，其目的就是要通过稳定与美日等大国的关系，进一步在经济社会领域融入国际社会，以减少对大陆的依赖。因此，蔡英文在选举及胜选后，高调拉近与美日的关系，这将在一定程度上加深美日因素对台湾经济的影响。

美国是台湾最主要的"盟友"。1949 年以来台湾与美国在政治、军事、经济、文化、社会等方面已建立了全方位、多层次、跨领域的紧密关系。台湾在对外关系以及两岸关系中，总是无时不仰美国鼻息而行事，美国的态度和立场直接影响着台湾的经贸政策。

2016 年 5 月 16 日，美国联邦众议院院会"无异议"通过对台"六项保证"。所谓"六项保证"，是 1982 年 8 月 17 日美国与中国联合发表"八一七公报"前，由时任"美国在台协会"(AIT)台北办事处处长向蒋经国口头提出的说明。内容包括：美国不会设下结束对台军售的日期；不会更动"与台湾关系法"的条款；不会在做出对台军售的决定之前与中国大陆协商；不会做台湾与中国大陆的调解人；不会改变对台湾"主权"的立场；美国也不会正式承认中国人对台湾的主权。[17]美国国会反华势力在台湾"520"政权交替前夕的关键节点，重申"对台六项保证"，大张旗鼓地将"对台六项保证"作为法案正式通过，再次彰显美国继续利用台湾牵制中国大陆的用心。[18]而蔡英文也积极向美国靠拢，其上台后，在政治、经济等多方面进一步向美国靠拢。在经济方面，蔡英文尤其渴望早日加入美国主导的 TPP，上台伊始就不顾反对声浪，计划开放进口包含瘦肉精的美国猪肉，以牺牲台湾民众利益作为加入 TPP 第二轮谈判的代价。

由于地缘政治的原因、日本独特的"台湾情结"以及日台之间紧密的政治经济联系等，民进党与日本的关系一向较为稳定，深化与日本的经济关系，符合民进党"联日抗中"的传统思维，加上蔡英文的亲日立场，且有求于日本（包括希望日本帮助台湾进入美日主导的 TPP 下一回合谈判；与美日签订自贸协定；使台湾进入美日安保体系等），因此，积极迎合日本需求，强化台日关系。一是高调与安倍往来。蔡英文与安倍关系密切，自 2008 年担任民进党主席以来，分别在 2010、2011 及 2015 年有过 3 次会面。[19]二是委派谢长廷为"驻日代表"。谢长廷是民进党大佬，也曾任台湾"行政院长"，是"驻日代表"至今的最高层级。三是在钓鱼岛主权问题上玩暧昧。四是在海洋权益问题上不惜牺牲渔民利益。如在日方无理扣压台湾渔船和渔民，民进党噤若寒蝉，不敢维权。五是拟开放福岛等遭受过强烈辐射地区的农产品进口等等。

从上述可见，蔡英文"亲美媚日"的政策显然是以牺牲台湾弱势产业和弱势群体经济利益以及全体民众身心健康为代价，对台湾经济长远发展将产生极为不利的影响。

（三）以"台独"理念绑架经济发展

两岸经济交流与合作是台湾经济得以发展的最重要因素。两岸 30 多年的交流合作，尤其是两岸关系进入和平发展阶段以来，经贸合作取得一系列重大成果，两岸共同利益基础不断得以夯实，在经济上已形成紧密的命运共同体，大陆早已成为台湾最大的贸易和投资市场，对拉动台湾经济成长贡献匪浅。然而，以"台独"理念为党纲的民进党一直千方百计阻挠两岸经贸合作。众所周知，两岸于 2013 年 6 月签署了《海峡两岸服务贸易协议》，它是 ECFA 框架下两岸经济合作制度化的重大成果，《海峡两岸服务贸易协议》使两岸服务业相互开放领域之多，涵盖面之广达到前所未有的程度，双方相互开放项目达 144 个，是一份独具两岸特色、体现大陆务实和善意的协议，利在两岸、更是大利于台湾。然而，2014 年 3 月 18 日发生的反服贸风波，使得《协议》搁浅至今。

为进一步遏阻两岸经贸关系发展，2016 年 4 月 1 日民进党通过三阶段论的"两岸监督条例"，规定两岸协议"前、中、后"三个不同阶段的监督机制，即谈判前段，台湾当月行政部门决定谈判议题后，陆委会与协议权责机关需向"立法院"相关委员会报告谈判计划并备询；由协议权责主管机关邀集相关机关进行台湾安全影响初步审查。谈判中段，陆委会与协议主管部门就谈判之初步共识向"立法院"报告后，"行政院"向"立法院"提出协议草案，"立法院"同意后进行协议签署或"立法院"决议修正意见继续谈判。最重要的是，协议草案之审查，应于 90 日内完成，逾期未完成，应由"院会"议决，审查有明显危害之处，应即停止谈判。谈判后阶段，"行政院"函送协议文本至"立法院"，"立法院"采逐条审议全案表决。显然，"三阶段论"实际上是阻断两岸协议的签订。

除此之外，蔡英文一上台，就对 2014 年到"立法院"打砸抢，破坏两岸服贸协议的 126 名"太阳花学运"分子实行撤告，引发台湾社会哗然。如此赤裸裸以政治绑架经济的行径，严重制约了两岸经贸合作，更重要的是伤害了台湾自身经济。

三、未来台湾经济发展的路径选择

（一）承认"九二共识"，切实维护两岸关系和平发展

"九二共识"是两岸关系和平发展的共同政治基础，在这一基础上，8 年来，两岸合作制度化程度不断提升，构建了四大机制化交流平台，即作为政党交往的"两岸经贸文化论坛"平台；作为授权协商的"两会商谈"平台；作为民间交流的两岸"海峡论坛"平台以及以两岸企业家为主体的"紫金山峰会"交流平台，各项平台运作畅通。海协会与海基会签署了 23 项协议，国台办与陆委会

建立了两岸热线等等，有力推进了两岸关系的全面发展。8 年来两岸贸易投资不断增长，互动性持续增强。尤其是自 ECFA 实施以来，两岸贸易额大幅攀高，台湾受惠产品金额不断增长。据统计，大陆共自台进口货物享受 ECFA 关税优惠达到 165.4 亿元人民币。[20] 2015 年，尽管世界经济不景气，两岸进出口贸易额绝对值仍有 1885.6 亿美元。[21] 投资方面，截至 2015 年 12 月底，大陆累计批准台资项目 95298 个，实际使用台资 626.9 亿美元。[22] 与此同时，大陆赴台投资逐年增加。据大陆方面统计，经大陆业务主管部门核准批复及备案的赴台投资企业、项目共 324 个，投资金额共计 17.04 亿美元，为台湾民众提供了 11400 多个工作机会。[23] 此外，两岸在金融、海关、渔船船员劳务、标准计量检验认证等方面合作不断取得突破，进展良好，两岸深化经济合作的环境持续向好。2015 年，两岸人员往来总量 985.61 万人次，同比增加 4.73%。其中台湾居民来大陆 549.86 万人次，同比增加 2.47%；大陆居民赴台 435.75 万人次，同比增加 7.73%。大陆仍是台湾第一大入境旅游市场。[24] 2015 年 11 月 7 日，两岸领导人习近平与马英九在新加坡会面，实现了自 1949 年以来两岸领导人跨越台湾海峡的第一次握手，举世瞩目。"习马会"上，双方再次强调了坚持"九二共识"、反对"台独"的共同政治基础的深远意义。两岸领导人的首次会面是对 2008 年以来两岸关系和平发展成果的充分肯定。习主席在致辞中说：正因为有了这七年的积累，两岸双方才能迈出今天这历史性的一步。

　　然而，蔡英文始终不承认以"一个中国"为核心内涵的"九二共识"，仅仅承认"九二会谈"的历史事实，且拒不说清楚两岸在 1992 年达成的"若干共识认知"具体是什么，对两岸关系根本性质态度模糊，损害了两岸关系的稳定发展。

　　基于选举需要，蔡英文在选举期间，一再承诺"将建立具有一致性、可预测性和可持续的两岸关系"，以"不挑衅，不会有意外"来维持两岸关系稳定。但囿于她具有强烈的"台独"政治信仰，且受绿营支持者尤其是"台独基本教义派"的牵制以及美国台海政策两面性的影响，上任后就迫不及待实施了一系列不利两岸关系、有悖其承诺的言行，破坏了两岸关系的共同政治基础，对两岸经贸合作及台湾经济发展造成极为不利的影响。两岸关系与台湾经济发展息息相关。蔡英文如果不承认"九二共识"，不处理好两岸关系，台湾经济面临的一系列问题只会愈加严重，也难以融入区域经济，届时，她势必难以兑现向选民开的"经济支票"。

（二）以经济民生为重，推进两岸经贸合作

如前所述，台湾经济面临诸多困扰，而蔡英文也深知，国民党败选的主要原因是未能交出一份让民众满意的经济成绩单，她也向民众承诺上台后会把促进经济增长放在首要位置，因此提出了将推动以"创新、就业、分配"为核心理念的"新经济发展模式"，将实施"绿能科技""国防产业""生技医疗""亚洲硅谷""智慧制造"五大创新研发计划，以此重塑台湾竞争力。在社会层面，就民众普遍关注的教育改革、食品安全、长期照顾、年金改革、财政纪律等问题，提出了"安心住宅""食品安全""社区照顾""年金永续""治安维护"五大"社会安定计划"等。

然而由于台湾社会经济的结构性矛盾冰冻三尺，非一日之寒，要纾解这些问题也非一日之功。鉴于两岸已形成的紧密关系，执政当局在相当程度上还有赖于与大陆的交流合作，而大陆也会在坚持"九二共识"基础上，愿意首先与台湾同胞分享发展机遇。实际上，早在2015年习近平总书记在聚焦"一带一路"与亚投行议题的博鳌论坛上对萧万长要求参与"一带一路"和亚投行给予积极回应，并表示"我们愿意与台湾同胞一道，加强合作，继续推进两岸关系和平发展"。国务院3月28日授权发布的《远景与行动》中特别提出要"为台湾地区参与'一带一路'建设作出妥善安排"。2015年5月4日习近平在会见朱立伦时再度强调，"两岸同胞同根同源、同文同种，历来是命运与共的"。"我们愿意首先同台湾同胞分享发展机遇，愿意优先对台湾开放，并且对台湾同胞开放的力度要更大一些"。"在台湾参与区域经济合作问题上，两岸可以加强研究，务实探讨，在不违背一个中国原则的情况下作出妥善安排。台湾方面表达了加入亚洲基础设施投资银行的意愿，我们持欢迎态度"。但倘若蔡英文仍然以意识形态挂帅，依然死守"政治上反中""经济上排中"的思维和理念，试图摆脱台湾最大的贸易和投资市场，很难想象，台湾经济将何去何从。蔡英文只有承认"九二共识"，全面深化两岸经贸合作，台湾才能逐步将仅存的竞争优势纳入大陆的经济脉动中，走出经济边缘化的困局，才能逐步改善经济体质，提升发展水平，否则人才进一步流失，贫富差距、财政状况等的问题势必进一步加剧，台湾产业竞争力无疑将进一步下滑，所谓提高就业率、提高民众薪资水平、提升民众福利都将成为泡影，无法兑现向选民开出的"经济支票"，将直接危机其执政。

（三）停止岛内恶斗，构建经济稳定发展环境

多年来，民进党与国民党之间的斗争始终没有停止过。尤其是 2000 年以来，数度的政党轮替，使政党之争更加激烈，"朝野"对立倾轧、族群撕裂扭曲，台湾经济受到严重影响，无心思量经济，在区域经济整合中丧失了许多先机，使台湾成为亚太地区尤其是东亚地区参与区域经济整合最少的经济体。如民进党不仅拒绝两岸服贸协议，也拒绝"亚投行"，对大陆释出的善意进行曲解、误导，助长民粹泛滥，使台湾一而再、再而三失去发展机遇。少数人绑架多数人，民粹绑架民主，政治绑架经济的状况在岛内成为常态。

2016 年 1 月的"台湾大选"更是极大改变了台湾政治生态，民进党再次上台执政，且上台伊始便开始了对国民党的清算。6 月 22 日台湾立法机构初审通过"促进转型正义条例"草案，根据草案，未来将设置独立的"促进转型正义委员会"，推动"开放政治档案""清除威权象征及保存不义遗址""平复司法不法、还原历史真相并促进社会和解"及"处理不当党产"四大任务，并明定在"行政院"下设置"促进转型正义委员"，可以约谈特定机关、团体或个人，如若不从，便课以罚锾，还可以封存、留置或带走指定的资料。目前，该条例已经引发岛内的又一次分裂。

无休止的内耗，社会撕裂，无心经济，是台湾经济不振的重要原因。目前，台湾经济困难重重，经济转型迫在眉睫，尽管蔡英文提出了"新经济发展模式"，以期通过"创新"提振岛内经济竞争力，但是如果蔡英文当局仍热衷于政治算计，不停止岛内恶斗，不能为民众创造一个清新、健康、和谐、稳定的生产、生活环境，就无法在经济发展模式和技术创新方面有新举措、新突破，产业竞争力势必进一步下滑，而台湾经济也终究难以走出"闷经济"的困境。

注释：

[1]　潘锡堂：蔡英文难重振台湾经济，《香港商报》2016 年 2 月 20 日

[2]　解读台"主计总处"最新的经济预测，华夏经纬网 2016-02-23 09:43:48

[3]　熊俊莉：2015 年台湾经济回顾与展望，《现代台湾研究》2016 年第 1 期

[4]　解读台"主计总处"最新的经济预测，华夏经纬网　2016-02-23 09:43:48

[5]　媒体：台湾经济面临韩国的激烈竞争（转载）楼主：weinis12 时间：2014-05-10

[6]　媒体：台湾经济面临韩国的激烈竞争（转载）楼主：weinis12 时间：2014-05-10

[7]　媒体：台湾经济面临韩国的激烈竞争（转载）楼主：weinis12 时间：2014-05-10

[8]　单玉丽：台湾政党轮替态势下两岸经贸关系走向，《现代台湾研究》2016 年第 1 期

[9]　根据台湾"公共债务法"规定，政府法定债务仅列入总预算、特别预算与特种基金所举借的一

年以上非自偿性债务，"中央政府"不得超过前三年 GDP 平均数的 40.6%

[10] 苗、宜举债破表，云、屏、嘉县、基、投达预警，台湾《联合晚报》，2015 年 5 月 17 日

[11] 港媒评台湾"失去的 20 年"：细数台湾困境端倪，华夏经纬网　2016-01-13 13:46:16

[12] 港媒评台湾"失去的 20 年"：细数台湾困境端倪，华夏经纬网　2016-01-13 13:46:16

[13] 港媒评台湾"失去的 20 年"：细数台湾困境端倪，http://www.huaxia.com/tslj/lasq/2016/01/4691943. html

[14] 台湾股民羊年人均损失 41 万 猴年台股将于 2 月 15 日开盘，《环球时报》2015-02-05

[15] 台湾股民羊年人均损失 41 万 猴年台股将于 2 月 15 日开盘，《环球时报》2015-02-05

[16] 台湾《中华日报》社论：台湾贫富差距议题：应该让人民有感, http://www.taiwan.cn/plzhx/ hxshp/201507/t20150708_10212691.htm

[17] 徐亦超：美众院全票通过对台"六项保证"无需总统签字，环球网，2016 年 5 月 17 日

[18] 刘隽：美国会通过对台六项保证案意欲为何？中评社北京 4 月 29 日电

[19] 刘强：蔡英文"亲日"政策浮出水面，http://roll.sohu.com/20160429/n446772889.shtml

[20] 吴济海等：两会协议执行成果总结会在台北举行，http://news.163.com/15/1130/18/B9MILMB-V00014SEH.html

[21] 海关总署：2015 年两岸、内地与香港贸易额均下降，http://business.sohu.com/20160113/n434408728. shtml

[22] 齐湘辉：2015 年大陆批准台资项目同比增近三成，http://www.gov.cn/xinwen/2016-02/18/ content_5043294.htm

[23] 吴济海等：两会协议执行成果总结会在台北举行，http://news.163.com/15/1130/18/B9MILMB-V00014SEH.html

[24] 马晓光：国台办新闻发布会辑录（2016-1-27），http://www.gwytb.gov.cn/

蔡英文的"新南向政策"评析

上海社会科学院台湾研究中心　盛九元

2015 年 9 月 22 日，时任民进党主席蔡英文在"民进党 29 周年党庆外交使节酒会"上，宣布"未来民进党政府将推动'新南向政策'"，为此，她进一步表示"过去台湾的'南进政策'[1] 主要是引导台湾企业增加在东南亚国家的投资，未来民进党将强化对东协（东盟）和印度的整体关系"[2]。由于蔡英文在 2016 台湾地区领导人选举中获胜，因此，其政策宣示转化为政策的可能性极大，故而她的政策论述引起外界的高度关注。

一、台湾的"南向政策"基本面及其沿革

一般而言，随着人均收入的增长，净对外直接投资呈正数增长，该经济体将转化为净对外投资方，从 20 世纪 80 年代以来台湾正处于向对外净投资转化的阶段（如图）[3]，因此对外投资呈现快速成长态势。从总体对外投资的方向看，大陆始终是台湾对外投资的最主要区域，东南亚地区在台湾对外投资中所占比重从 20 世纪 90 年代起就逐步下降。但在台湾当局提出"南向政策"后，台资企业对东南亚地区的投资出现了新的变化。

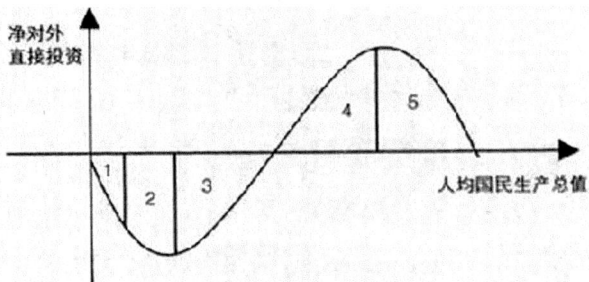

对外直接发展周期图

从发展脉络看,在台湾的对外经济合作中,东盟始终居于重要地位。与此同时,为保持与东盟的政治关系,台湾当局对推动台湾资本、技术、企业向东南亚发展一直保持积极支持和鼓励态度。自20世纪90年代以来,台湾当局先后三次提出和实施相关的"南向政策"。具体进程包括以下方面:

1. 第一阶段的"南向政策"

1994年,台湾当局提出并实施了第一阶段的"南向政策"。同年,台湾"行政院"颁布"加强对东南亚地区经贸工作纲领"[4];"纲领"的实施期为三年,实施范围涵盖当时的东盟七国(菲律宾、泰国、马来西亚、印度尼西亚、新加坡、越南、文莱),并以越南与菲律宾为政策的实施重点。纲领颁布后,台湾"经济部"随后发表"南向政策(投资部分)说帖",宣示其政策目标有四:一是协助台湾企业较不具比较利益的产品移至东南亚地区进行生产;二是以部分东南亚经济体取代1997年以后香港的地位,作为未来与大陆经贸网络的"中继站";三是推展台湾经验,扩大整合当地资源、经营规模,以有效支持台湾岛内产业的发展,达成厚植企业实力、根留台湾的目标;四是增进台湾与东盟的实质关系,以增强台湾在区域安全体系中的关键地位。在这一政策背景下,台湾当局高层人士频繁访问东南亚国家,同时规划每年邀请约300位东南亚官员和议员访台[5]。同时,台湾还与一些经济体签署多项经贸合作和投资保障协议[6],并定期举办具有官方性质以及和民间的经贸合作会议。在官方推动下,台湾在东南亚地区的投资逐步进入高潮。据统计,1994—1996年台湾在这些国家的累计直接投资额达128.13亿美元,年均为42.71亿美元,占历年来台湾在东南亚直接投资总额的40%以上[7]。与此同时,在台湾当局的直接推动下,台商参与了越南柴同工业区、印尼棉兰工业区和淡工业区、菲律宾苏比克湾工业区的投资建设。到1996年年中,台资银行在东南亚国家设立的分支机构已达19家[8]。

台湾当局推动"南向政策"的主要特点是在官方主导下,以"公营"或者"党营"事业为先导,带动民营企业加大对东南亚的投资。需要指出的是,这一阶段台湾的"南向政策"与"经贸外交"紧密相关,因此,李登辉[9]、连战、萧万长[10]等台湾高层官员借此相继访问东南亚相关国家,"南向政策"的重点工作也有相关"部""会"负责推动落实,台糖、台盐、"中油"、"台电"、建台水泥等"公营"或"党营"均有针对性的扩大对东南亚的投资与贸易。此外,台湾当局还专门成立特别合作工作小组促进对东南亚各经济体的投资和贸易。例如,专门成立印尼小组负责协助开放印尼的合淡岛;设立菲律宾小组负责协助开放菲律宾的苏比克湾，为此，台湾还与菲律宾签署具有官方性质的协议，由台湾的"国际经济合作基金"提供6000万美元的低息贷款以改善苏比克湾的基础设施，其中首付的2300万美元款项用于建设台湾工业园[11]。1996年11月，台湾的"国际经济合作基金"还向菲律宾中小企业提供1500万美元用于转融资和采购台湾的机械设备、零组件、原料等。此外，台湾当局还向越南提供4500万美元协助建设工业园区、公路和开展中小企业融资等[12]。

就其政策目标分析，"南向政策"是台湾当局为"避免对中国大陆投资过热之考虑"而采取的"反制策略"，以"抑低对中国大陆经济的依赖度，确保（台湾）本身的经济实力及自主性"[13]。因此，强调通过分散海外投资，减轻"对大陆依赖程度"[14]。

台湾第一轮"南向政策"的实施，"在一定程度上抑制了台湾资本对大陆的投资和促进了台湾资本向东南亚地区的投资"[15]。1992—1993年期间，台商在大陆投资93.04亿美元，远远超过了其东南亚地区投资的25.84亿美元。而"南向政策"实施后，1994—1996年的三年期间，台商在东南亚地区的累计投资额达127.74亿美元，超过了在大陆的累计投资额98.31亿美元[16]。

但随着1997年亚洲金融危机的爆发，东南亚地区迅速陷入衰退，导致在东南亚投资的台商蒙受巨大损失；与此同时，欧美减少向东南亚地区的发出订单数量，更加剧了这种困难。在这一情势下，台湾岛内因此出现了一场"南向"与"西进"的激烈论战。尽管论战在当时并无定论，但台湾当局基于政治上考虑，极力推动"第二次南向政策"。为此，1998年2月，台湾当局初步拟定"支援东南亚方案"[17]，具体措施包括：(1)缓解台商的融资困难；(2)促进台湾与相关经济体的双方贸易；(3)加强和推进对东南亚的投资；(4)增进国际金融合作；(5)扩大其他双方合作，逐年扩大"国际合作基金"规模至200亿元新台币。3月，台湾"行政院"通过了加强推动对东南亚经贸的具体措施，包括台湾当局还提出"促进对东南亚地区出口专案输出保险计划"，组织相关银行提供1000亿元新台币，确保出口企业对东南亚出口损失的理赔等举措，以具体推动"第二次南向政策"。

当时，在金融危机的冲击下，东南亚地区许多企业陷入困境、甚至破产。基于这种情况，台湾"第二次南向政策"重点之一是逐步转向鼓励台商收购和兼并当地企业。为此，台湾"中央银行"曾表示将动用12.2亿美元的外汇储备，以低利贷款方式支持台商购并当地企业，同时鼓励台湾的金融机构参与投资和收购东南亚地区的银行。1998年3月，台湾当局设立"东南亚投资公司"[18]，计划筹集 200 亿元新台币以投资东南亚相关经济体的上市及未上市的各类企业资产。除投资股市外，还进行创业投资，并以此为核心，吸引岛内大型企业和中小型企业进行策略联盟，合作赴东南亚进行投资。在此轮"南向政策"中，马来西亚成为实施的重点。然而，由于受到亚洲金融风暴的严重冲击，当时的东盟面临严峻的经济困境，经济几近失序，台商在当地的损失惨重。据"台湾工商总会"当时进行的调查，在与东南亚有贸易往来的台商中，有 84.4% 的企业面临困境；在东南亚有直接投资的台商中，有 76% 的企业受到直接冲击和影响 [19]。由此导致台商对东南亚的投资急剧下降。根据台湾"经济部投审会"公布的数字，除了越南、马来西亚外，金融危机后一年（1997 年 7 月至 1998 年 6 月）与危机前一年（1996 年 7 月至 1997 年 6 月）相比，台湾对东南亚国家投资额缩减了 78%，同期台商在大陆的投资额则增长了 78%。而在 1998—2001 年四年间，台商在东盟的投资仅相当于东南亚金融危机前 1994—1997 年四年间的 33.3%[20]。显示所谓的"第次波南向政策"未见成效。

亚洲金融危机前后台湾投资东南亚相关经济体一览表

年份	印尼	马来西亚	菲律宾	新加坡	泰国	越南
1995	5.67	5.77	0.14	0.32	18.11	11.49
1996	5.35	3.08	0.45	1.65	27.41	7.83
1997	34.19	4.79	0.80	2.30	3.80	2.75
1998	1.66	2.55	0.30	1.58	2.42	2.24
1999	14.90	0.70	0.19	3.25	2.09	1.73

资料来源：印尼投资统筹委员会、马来西亚工业发展局、菲律宾投资局、新加坡经济发展局、泰国投资委员会、越南国际投资协调委员会。

在事实面前，台湾"国贸局"于 1998 年 9 月 24 日就发布新闻稿，表示，"鉴于东南亚地区政经形势不稳定，并恐有进一步扩大的趋势，'政府'将不再鼓励国内厂商到东南亚投资，因应国际经贸形势的变化，适时调整'南向政策'。[21]"至此，台湾当局所推行的"第次轮南向政策"逐步"偃旗息鼓"。

2、"南向政策"的第二阶段

2002 年 7 月，陈水扁针对当时两岸经贸日益热络的局面，为降低对大陆经济的依赖，再度重启"南向政策"，此为台湾第三波"南向政策"。但在实际效果上，并没有出现预期的效果。从投资面上看，这一阶段台湾对东盟的投资并无出现显著成长，反而是对大陆投资额逐年上升；从贸易额看，台湾与东盟的贸易也未出现大幅度的提升。相比之下，台湾与大陆之间的贸易总额、贸易依存度依然逐年上升，其上升速度远远超过台湾与东南亚之间的经贸关系。但民进党当局并未放弃"南向政策"的目标。2008年3月5日，时任台"外交部长"的黄志芳宣称，"台湾要重启'南向政策'，利用经贸实力转化为外交利基"[22]。由于台湾很快出现第二次"政党轮替"，陈水扁时期的"南向政策"也随着被"束之高阁"。

2008年5月，马英九以高票当选，两岸关系迎来重要发展机遇期，两岸经贸关系也逐渐正常化，但国民党当局仍非常重视发展台湾与东南亚的经贸关系，但没有专门提及"南向政策"这一政策概念。因此，在蔡英文宣布"新南向政策"的第二天，台湾"总统府"发言人陈以信表示，"蔡英文所提出的都是正确方向，但内容也都是马英九'活路外交'政策的部分内容，并无新意"。"马政府执政七年，台湾对东协10国出口比例从14%稳定上升到19%，同时将对中国大陆（含香港）出口依赖从上任时的40%，拉下一个百分点到39%。数据证明马'总统'成功分散台湾的出口市场，降低对大陆经济过度依赖的风险。"[23]

由此可见，自1993年以来台湾方面始终在推动"南向政策"，蔡英文所提出的"新南向政策"，就其实质而言，与以往的政策相比较并无实质性的变化。但是，由于区域合作的环境及大陆的经济发展出现一系列新的变化，使蔡英文的"新南向政策"又具有一定的"新意"。

二、蔡英文的"新南向政策"评析

2015年9月22日，蔡英文提出"新南向政策"，核心是通过进一步强化与东盟的经贸关系，降低对大陆的经济依赖度，减少因大陆对台湾人才、资金的磁吸效应，进而影响到台湾的"安全"。从基本内容上分析，"新南向政策"承袭了20世纪90年代李登辉时代以来的"南向政策"，但相较而言，蔡英文的"新南向政策"也有着与以往不同的环境及特点，主要体现在以下三个方面：

首先，民进党对台湾在经济上依赖大陆的现状抱持高度的忧虑。自20世纪90年代以来，随着大陆经济的高速成长，两岸经贸往来日益密切，贸易总量、进出口占比均显著提升，并始终处于较高的水平（见表一）。在这种情况下，蔡英文的"新南向政策"核心目标，就是透过官方的政策引导，推动台湾的资金和台资企业加大对东盟和南亚（主要是印度）的投资力度，以分散出口市场和投资区域，降低台湾对大陆的市场依赖，进而避免因经济上的紧密关系而影响到台湾的"安全"。与此同时,在区域经济合作目标的选择上,"新南向政策"在很大程度上可与民进党一直强调的"TPP优先"战略相结合,形成相互推进的效应。因此,"新南向政策"的首要目标就在于减少对大陆的经贸依赖,这一点与20世纪90年代以来台湾当局的对外经济政策并无实质性差异。

台湾对主要经济体的出口总量、占比一览表(单位:百万美元、%)

	2007	2008	2009	2010	2011	2012	2013	2014
中国大陆(含香港)	100,396	99,573	83,694	114,742	124,044	118,646	121,222	124,653
	40.70	38.95	41.09	41.79	40.24	39.39	39.69	39.74
东盟10国	36,302	38,927	30,587	41,962	51,542	56,548	58,769	59,530
	(14.72)	(15.23)	(15.02)	(15.28)	(16.72)	(18.78)	(19.24)	(18.98)
欧盟27国	27,804	28,620	21,693	27,689	28,973	26,951	25,198	26,437
	(11.27)	(11.20)	(10.65)	(10.08)	(9.40)	(8.95)	(8.25)	(8.43)
日本	15,934	17,556	14,502	18,006	18,228	18,989	19,223	19,904
	(6.46)	(6.87)	(7.12)	(6.56)	(5.91)	(6.30)	(6.29)	(6.35)
韩国	7,794	8,706	7,303	10,682	12,378	11,842	12,078	12,685
	(3.16)	(3.41)	(3.59)	(3.89)	(4.02)	(3.93)	(3.95)	(4.04)
美国	32,077	30,791	23,553	31,466	36,364	32,976	32,564	34,867
	(13.00)	(12.05)	(11.56)	(11.46)	(11.80)	(10.95)	(10.66)	(11.11)
总计	246,677 (100)	255,629 (100)	203,675 (100)	274,601 (100)	308,257 (100)	301,181 (100)	305,441 (100)	313,696 (100)

资料来源:台湾海关统计

其次,通过"新南向政策"进一步强化台湾在东盟的竞争力优势,以因应区域发展和大陆经济情势的变化。随着东亚区域经济合作情势的快速发展,包括TPP、FTAAP、中日韩自由贸易区以及"一带一路"倡议等,台湾所处的区域环境发生了巨大的变化;而在这一快速变动的情势中,大陆经济的"新常态"[24]对台湾的经济发展更有着直接的影响。根据海关总署统计,2015年大陆与台湾贸易总额为1885.6亿美元,同比下降4.9%;其中大陆对台出口449亿美元,下降3%;从台湾进口1436.5亿美元,下降5.5%。与此相应的是,从2010年以来,台商对大陆投资也明显下降。上述状况显示,在大陆经济进入新常态的情况下，现有的两岸投资贸易模式面临前所未有的挑战。

面对急剧变化的经济环境，"新南向政策"试图促进台湾的技术、资本以及企业加大向东盟的投入，一方面借助台湾在资本、技术领域的优势，维持相关产业（主要是资讯产业等高科技产业）在当地的竞争力，应对大陆产业竞争力不断提升的现实（包括所谓应对"红色供应链"），为台湾产业的可持续发展提供新的市场空间。另一方面，随着大陆经济环境的变化，特别是成本的快速提升，台资企业也需要寻求新的投资区域（"逐草而居"的投资特性），而在 TPP 框架初步形成的态势下，这种调整有着一定的前瞻性和可行性。与以往的"南向政策"相比较，上述也是"新南向政策"的"新意"所在。因此，单纯从经济层面分析，"新南向政策"较以往的"南向政策"有着更加坚实的市场支撑和企业动因。就此而言，如果以投资贸易成长（总量与成长率）等数字看，"新南向政策"会有比较直接的成效体现，也会有效提升台湾在当地竞争力。但从带动台湾经济发展水平的提升和为台湾经济成长注入新动力角度分析，效应则相对有限。

台湾"新南向政策"目标区域的投资比较（单位：百万美元）

		2005	2006	2007	2008	2009	2010	2011	2012	2013	2014
印尼	全球	8336	4914	6928	9318	4877	13771	19241	19138	18444	
	台湾	133.39	218.62	51.4	306.23	118.43	85.4	530.8	487	306.53	1565.42
越南	全球	1954	2400	6981	9579	7600	8000	7519	8368	8900	
	台湾	808.25	611.96	1931.56	10910.3	1543.71	1502.6	451.54	258.32	431.28	512.42
泰国	全球	8067	9501	11359	8455	4854	9147	3710	10705	12946	
	台湾	417.66	284.3	247.75	222.81	155.56	139.57	197.94	376.2	230.3	101.10
菲律宾	全球	1664	2707	2919	1340	2065	1070	2007	3215	3860	
	台湾	25.30	38.05	444.84	28.95	4.67	33.38	74.10	58.54	70.57	67.49
马来西亚	全球	4 065	6060	8595	7172	1453	9060	12198	10074	12306	
	台湾	113.64	110.48	118.79	256.07	209.38	407.76	439.87	56.08	39.94	197.74
新加坡	全球	18090	36924	47733	12201	23821	55076	50368	61159	63772	
	台湾	97.7	806.3	1194.11	697.63	36.7	32.7	448.59	4498.66	158.29	136.77
柬埔寨	全球	381	483	867	815	539	783	815	1447	1396	
	台湾	15.52	50.75	39.94	21.45	27.16	91.83	82.09	97.23	85.17	29.12
印度	全球	7622	20328	25350	47139	35657	27431	36190	24196	28199	
	台湾	1.91	4.3	7.74	16.25	3.16	3.62	67.05	20.93	65.04	33.49

资料来源：UNCTAD，UNCTADstat

此外，在蔡英文的"新南向政策"中，还包含着着一定的日本因素。近年来，日本与中国大陆在东南亚地区的竞争日益激烈，不仅包括大型基础设施领域（如高铁项目等），而且也涉及相当多的产业部门，包括电子信息、纺织、高端设备制造等，因此，强化与日本企业在东南亚地区的合作也是民进党"新南向政策"中比较有"新意"的内容。为此，台湾当局试图借助日资企业的资本与技术优势，以及在当地绵密的经营网络，降低台资企业进入的成本。通过这种合作不仅有助于加快台湾资本、技术植根当地，也有助于提升台日的合作层次，进而深化台日关系。

但需要指出的是，台湾这一做法的背后蕴含着高度政治意涵，不可避免会触及大陆的政治底线，也必将对两岸关系发展有一定的冲击和影响，因此，后续的发展态势并不乐观。

第三，"新南向政策"具有改变台湾参与区域经济合作态势的现实目标。 在东亚区域经济合作层次不断提升的进程中，台湾有着经济和政治上的急迫性，因此，通过"新南向政策"实现对区域合作的实质参与也是其重要目标之一。

从亚太区域合作的总体走向分析，RCEP、TPP作为区域合作的核心组成部分正处于快速发展阶段，而台湾参与相关区域合作则有赖于两岸关系的进一步改善、两岸互信的进一步提升。但由于民进党当局拒不接受"九二共识"，使得两岸在这一问题上的协商与沟通机制难以为继，因此，台湾参与相关区域合作的难度加大。在这种情况下，通过与东盟或者部分东盟成员签署FTA，并以此作为台湾参与区域合作的迂回方案就成为民进党当局的主要"替代方案"。与此同时，东盟成员中的越南、文莱、新加坡均为TPP成员，因此，实现与东盟经贸合作的深化，也将在一定程度上为台湾参与TPP第二轮谈判创造有利条件。这也是蔡英文"新南向政策"中的重要意涵之一。

由此可见，在"新南向政策"中，隐含着民进党期望通过迂回方式，绕过大陆参与东亚区域合作的企图。这也蕴含着"新南向政策"的危险倾向：即在TPP问题上，台湾更寄期望美国的支持；在RCEP问题上，通过与东盟深化经贸合作实现实质参与，进而回避两岸可能的政治合作。

结语

从内容和实施效果上看，蔡英文的"新南向政策"与以往各阶段的"南向政策"相比，不仅具有明显的经济目标与经济战略思维，更是台湾因应两岸关系发展而提出的新的政治、安全思维。虽然在战略意图上，有降低对大陆经济依赖、提升台湾经济竞争力和区域合作参与度的考虑，但"新南向政策"成功的关键仍在于经济合作的实质成效。没有实际经济利益的诱导，这一政策将不可避免的沦为"空中楼阁"，继续"南向政策"的老路。就此而言，蔡英文的"新南向政策"尽管在一定程度上会较以往取得部分（投资、贸易等）突破，进而有效深化台湾与东盟和印度的经贸合作关系，但如果缺乏两岸之间的沟通、协商与合作，其他目标的实现将不啻"缘木求鱼"，仍难以取得实质性的进展。对此，台湾各界需要在更大的格局进行深入的思考，以寻求对未来发展更具有现实性与可行性的实现路径。而在这一过程中，两岸机制化沟通与协商的重要性恐难以回避。

注释：

[1] "南向政策"是指台湾当局为分散投资与贸易风险，以政策扶植方式（提供进出口融资、低息贷款、与"公营"事业合作等）推动台资企业赴东南亚投资。之所以称为"南向政策"，一方面是基于区域和方位上考虑（在台湾的南方），另一方面也是针对当时台商快速成长的对大陆投资（西进）而言。

[2] 刘玉秋：《民进党庆 蔡英文阐述新南向等外交政策》，台"中央广播电台"2015 年 9 月 22 日报道。

[3] 根据 IDP 理论假定，在投资发展周期的前四个阶段（或者后三个阶段），一国的人均净对外直接投资额与人均国民收入服从 J 曲线（或者反 J 曲线）分布，因此曲线呈现二次函数的形式。

[4] 郑泽清、李宪建，《台湾对大陆与东南亚经贸关系发展的态势》，《福建对外经贸》，1996 年第 5 期，P19。

[5] 黄建国，《台湾当局"南向政策"的战略意图》，《东南亚纵横》，1994 年第 3 期，P37。

[6] 王明阳，《台湾当局"南向政策"浅析》，《当代亚太》，1994 年第 6 期，P60。

[7] 王勤，《台湾对东南亚投资与"南向政策"》，《台湾研究集刊》，2003 年第 2 期，P97。

[8] 王勤，《台湾在东南亚直接投资的现状与趋势》，《当代亚太》，2003 年第 4 期，P59。

[9] 1992 年 2 月，时任台湾地区领导人的李登辉以"度假外交"名义访问菲律宾、印尼和泰国，并与相关国家的领导人会面，这一被台湾官方视为"破冰之旅的外交成就"与当时的"南向政策"紧密相关，《中国 / 印尼关系大事记》，参见中国网：http://www.china.com.cn/chinese/zhuanti/nysg/841422.htm

[10] 吴献斌，《90 年代的东南亚与台湾关系》，《当代亚太》，2001 年第 11 期，P20。

[11] 王勤，《台湾对东南亚投资与"南向政策"》，《台湾研究集刊》，2003 年第 2 期，P96。

[12] 王勤，《台湾在东南亚直接投资的现状与趋势》，《当代亚太》，2003 年第 4 期，P60。

[13] 林嘉玲：《"南向政策"平衡"西向发展"的成效评估》，见《台湾经济研究月刊》1999 年第 2 期，P17。

[14] 姜殿铭:《台湾1993》, 第33页, [北京] 中国友谊出版有限公司1994年8月第1版。

[15] 汪慕恒:《台湾当局的"南向政策"评析》, 载《台湾研究集刊》1999年第1期, P37。

[16] 汪慕恒:《台湾当局的"南向政策"评析》, 载《台湾研究集刊》1999年第1期, P38。

[17] 王勤,《台湾对东南亚投资与"南向政策"》,《台湾研究集刊》, 2003年第2期, P98。

[18] 王勤,《台湾对东南亚投资与"南向政策"》,《台湾研究集刊》, 2003年第2期, P98。

[19] 王勤,《台湾对东南亚投资与"南向政策"》,《台湾研究集刊》, 2003年第2期, P97。

[20] 周明伟,《台湾与东盟关系的现状与前景》,《当代亚太》, 2003年第10期, P32。

[21] "政府适度调整南向政策", 台湾《经济日报》, 1998年9月25日, A2。

[22] 李佳霏:《黄志芳: 重启南向政策 经贸转化"外交"利基》, 台"中央社"2008年3月5日报道。

[23] 王鼎钧:《蔡英文提南向政策 陈以信: 李扁政府失败, 马英九做到了》, 台今日新闻网(NOWnews) 2015年9月23日报道。

[24] 根据中国社会科学院宏观经济运行与政策模拟实验室的预测, 2011—2015、2016—2020、 2021—2030三个时间段, 大陆潜在经济增长区间分别为: 7.8%—8.7%、5.7%—6.6%、5.4%— 6.3%, 增速递减趋势非常明显。参见《中国经济新常态与改革创新》, 李扬。http://www.npc. gov.cn/npc/xinwen/2015-07/10/content_1941431.htm.

[25] 容毅、吕和平,《台商在东南亚为日资企业提供配套》,《海峡科技与产业》, 2012年第10期。

[26] 吴生林,《蔡英文抛"新南向政策"意欲何为》, 参见台海网: http://www.taihainet.com.2015-- 09-24:09:15。

"新南向政策"：内涵、成因与前景

2015 年 9 月 22 日，蔡英文正式宣布"新南向政策"，提出"未来将强化对东盟和印度的整体关系"。[1]与李登辉、陈水扁时期的"南向政策"相比，"新南向政策"虽在政策目标和政策领域上有所突破，但其承袭了李、扁时期"降低台湾经济对大陆依赖"的传统思维，折射出民进党固有的"惧中、防中、反中"心理，其实质是企图阻滞两岸经济进一步融合，削弱两岸关系的经济基础，以达到"去中国化"的目的。因此，其发展动向值得高度关注。

一、"新南向政策"的演变及内涵

2015 年 9 月 22 日，蔡英文出席"民进党 29 周年党庆外交使节酒会"时，正式提出"民进党将在未来推动'新南向政策'"，并进一步阐述"过去台湾的'南进政策'主要是引导台湾企业增加在东南亚国家的投资。而'新南向政策'除贸易与投资的合作面向外，亦将建立于双方的民间交流、文化、教育研究等多方面的联结，强化对东盟和印度的整体关系"。同时她还承诺"未来将成立专案小组，积极执行政策目标"。[2]

"新南向政策"一经提出，即引起岛内外的诸多争议，或评缺乏新意，只是"旧酒换新瓶"；或疑舍"一带一路"而奢谈"南向"，成效何在？尽管如此，蔡英文在竞选期间仍将其作为主要政见反复论述其应当性和正确性，如她在"世界台商护台联盟 2015 经贸论坛"致辞时，表示"东南亚和台湾在经济结构、产业结构、资源互补性很强，如果可以全方位规划，系统性地执行，互补性可以完全发挥出来，让彼此受益"。[3] 2016 年 1 月 16 日，蔡英文胜选后，进一步加快了"新南向政策"的推进步伐。4 月 13 日，民进党中常会集中讨论了"新南向政策"的实施方案，计划将成立"新南向政策"办公室和东盟及南亚研究智库，双轨并进地推动落实"新南向政策"；同时也将设立大型"东盟南亚奖学金计划"，促进双方人才的培养与交流，协助产业前进东盟及南亚国家。当晚，蔡英文在自己的脸书上发表《"面向海洋，就会找到机会"：世世代代的台湾人都如此相信》一文，文中提到"充满活力的东盟及南亚，是台湾不能错过的机会。在东盟及南亚拥有完整的台商供应链，也有侨生和新移民的联结，是推动'新南向政策'的基础"。[4] 由此可见，"新南向政策"作为民进党执政后的对外战略主轴，已成定局。事实上，在民进党强有力的政策宣示下，台湾相关行政部门已经开始启动了对东南亚各国的踩点布局。今年4月，台湾"经济部"专门组织台湾汽车及汽车零组件产业团到泰国实地调研考察，并计划协助相关产业协会在印度尼西亚建立台湾产业园区。"经济部"还计划于7月13日举办台湾东盟论坛，将邀请东协十国官员、智库、产公协会代表及台商等参加。[5]

目前，虽然"新南向政策"尚未有明确的行动纲领，但从其已有的政策宣示和动作举措来看，"新南向政策"较以往的"南向政策"在政策目标和政策领域上有所突破：

一是"新南向政策"将以东南亚国家和印度为重点。20世纪90年代以来，台湾当局曾先后三次提出和实施"南向政策"，都是以东南亚国家为对象，如1994年李登辉当局提出并实施的第一轮"南向政策"，就将实施范围界定为当时东盟七国（泰国、新西兰、印度尼西亚、菲律宾、新加坡、越南、文莱）。而"新南向政策"除了仍以东南亚国家为重点外，还将目标地域范围扩大至南亚地区，首次将印度列为合作对象。印度现有人口超过12亿，是世界上第二人口大国，市场潜力巨大；近一年来，印度年均经济成长率都维持在7%以上。外界预估在2020年印度将成为世界第三大消费国，2030年更将取代中国成为世界第一大消费国。[6] "新南向政策"的目标之一是拓展台湾产品的外销市场，克服岛内内需市场狭小的天然不足，因此将拥有巨大人口红利的印度作为重点合作对象自在情理之中。

二是"新南向政策"旨在建构台湾地区与东盟国家、印度之间的涵盖经贸、社会、文化等多面向的整体伙伴关系。蔡英文曾多次强调，"新南向政策"除了加强台湾与东盟国家、印度的经贸关系，还包括民间交流、文化、教育研究等多方面的联结。而依照民进党中常会所讨论的《新南向政策——以人为本的台湾对外经济新战略》报告，"新南向政策"将以未来五年为期，积极推动与东盟及南亚国家的人才、产业、投资、教育、文化、观光、农业等各领域的密切双向交流与合作。显然，"新南向政策"不仅仅是单纯的为台湾经济开辟新市场的对外经贸战略，而是试图强化与东盟、南亚国家的实质关系，以将其"经贸实力"转化为"外交利基"。

三是"新南向政策"在实施中将与台湾谋划加入 TPP 相因应。目前 TPP 和 RCEP 已然成为亚太地区多轨一体化进程的中心。长期以来，台湾地区在东亚区域一体化进程中被边缘化，重新融入亚太区域一体化已成为台湾地区重要经济战略目标。但相较于对 RCEP 的避而不谈，蔡英文多次提及加入 TPP 对台湾的重要性，并明确表态"如何寻求加入 TPP 过程、做好各项提振经济结构改革，将是新政府的首要课题"。[7] 早在 2015 年，民进党智库就成立 TPP 小组，探讨加入 TPP 涉及贸易自由化的各重要层面问题，并派遣政策访问团到东京和首尔学习日本、韩国对外经贸的谈判战略，启动各种内外沟通和准备工作。当前 TPP 成员国包括越南、马来西亚、文莱、新加坡，而这些国家也是"新南向政策"的覆盖区域。毫无疑问，台湾在推进"新南向政策"时将会结合 TPP 进行，积极争取越南等 4 个 TPP 成员国的支持，为其加入 TPP 创造条件。

二、"新南向政策"的成因

台湾经济具有高度外向性的特质，因而"新南向政策"的重启固然有经济方面的考虑，但基本逻辑还是从政治视角出发，希望降低台湾经济对大陆的依赖，阻滞两岸经济进一步融合，以达成"去中国化"的目的；同时借此拓展台湾的"国际空间"，强化与美日的实质关系。

（一）经济诱因

1. 台湾与东盟国家已有较深厚的经贸往来基础，与印度的经贸关系发展迅速

一直以来，台湾就非常注重发展与东盟各国的经贸往来。为加强与东盟国家的经贸联系，降低对大陆经济的依赖程度，1994 年台湾"行政院"颁布了"加强对东南亚国家经贸工作纲领"（该文件虽数易其名，但一直延续至今），大力辅导、支持台商赴东南亚投资；之后在 1998 年及 2002 年又两度以大动作推动台商赴东南亚投资，即所谓的三轮"南向政策"。马英九执政期间，也特别重视维护与东盟国家的经贸关系，虽未提出公开的"南向政策"主张，但在两岸关系和平发展的大背景下，台湾对东盟的贸易、投资均有所提升，特别是实现

了台湾在印度、缅甸设立相关机构，并与东南亚国家签订了 35 项经贸协议。据台湾 "投审会" 统计，截至 2015 年 12 月，台湾对新加坡等东盟 6 国的累计投资额达 263.36 亿美元，占台湾对外投资总额的 10.3%，是台湾第二大对外投资去向地，投资排名依序为新加坡（109.8 亿美元）、越南（80.2 亿美元）、泰国（29.7 亿美元）、马来西亚（27.4 亿美元）、菲律宾（16.1 亿美元）及印度尼西亚（11.92 亿美元）。[8] 双方贸易方面，东盟国家长期居于台湾第二大出口市场和第二大进口来源地。2015 年，台湾对东盟进出口贸易总额达 792.3 亿美元，占台湾对外贸易总额的 15.5%，其中出口总额为 509.2 亿美元（占比 18.1%），进口总额为 283.1 亿美元（占比 13.7%）。[9] 除经贸往来外，东南亚也是台湾外籍劳工的主要来源，目前有近 49 万名东南亚外籍劳工在台湾工作，而在台湾大专校院就读的侨生亦达 8 千多名，加上在台湾的新住民及其子女约有 70 万人。[10] 显然，这些都为 "新南向政策" 的推动创造了有利的条件。

而就台印经贸来看，近年来台湾对印度的投资额屡创新高，2015 年台湾对印度投资额为 0.72 亿美元，比 2005 年增加了 36 倍；当年台印贸易总额为 48.11 亿美元，比 2005 年成长近 1 倍。同时，台湾高层官员多能公开访问印度，"印度甚至是世界上少数主动表示愿与台湾签订 FTA 的国家"。[11]

2. 近年来东盟国家及印度经济表现亮丽，人口红利效应显著

自 20 世纪 90 年代起，东盟国家在推动东亚区域一体化进程中，经济增长迅速。2014 年东盟 10 国的 GDP 总和达 2.83 万亿美元，比 2000 年的 6000 亿美元增加了近 5 倍。而根据经济合作与发展组织的预估，2013—2017 年期间，东盟国家平均经济成长率可望达到 5.5%。多年的高速经济增长，再加上近 6 亿的人口规模，使东南亚地区从过去的廉价劳动力与原材料的供应地转变为各国瞩目的新兴消费市场。各国尤其是中国大陆、日本、韩国纷纷加大对东南亚市场的开拓，对东盟国家的投资日益增加。据东盟秘书处统计，2012—2014 年间，如排除东盟国家之间的内部投资外，欧盟国家是东盟最大的外资来源地，投资总额共计 580.66 亿美元；其次是日本，总投资金额达 563.53 亿美元；大陆位居第五，投资总额为 213.66 亿美元；韩国位居第七，投资金额为 96.98 美元；而台湾位居第八，投资金额仅约 70.02 亿美元。[12]

与东盟国家良好的经济预期不相上下，世界银行估算，2013—2017 年期间，印度的平均经济成长率将高达 7.5%，显然东南亚及南亚地区将是未来全球经济成长的主要动力来源。

除此之外，由哈佛大学教授 David Bloom 等所提出的人口红利概念，正在

东南亚及南亚地区强力发酵。根据联合国开发计划署"2013—2014年亚太地区发展成果报告"估算，未来东南亚地区至少还有20年人口红利，南亚地区人口红利甚至高达30—40年。而大陆"一带一路"战略的推动，更将给东南亚地区和南亚地区带来庞大的基础建设，甚至是内需市场商机。因而，有台湾学者呼吁"可以利用东南亚及南亚亮眼的经济表现及人口红利，让南向成为台湾经济发展的契机"[13]，"一带一路策略中的海上丝绸经济带与东南亚国家息息相关，台湾应重启南向政策"。[14]

3. 冀望借东盟国家和印度之力，提振台湾经济

自2008年国际金融危机爆发后，台湾经济陷入长期低迷状态，除2010年出现了10.63%增长外，近8年的经济成长率都在4%以下。2015年以来，全球经济复苏乏力，国际市场需求明显不足，以出口导向为主的台湾受到的冲击尤为严重，出口贸易大降10.9%，全年经济增长率仅为0.75%。截至2016年4月，台湾出口仍处于颓势，已连续出现15个月的负成长，短期内难以改善。因此，民进党执政伊始，就将面临"救出口、保GDP"的沉重压力，因而只能加紧推动"新南向政策"的落实，冀望搭东盟国家和印度经济发展的便车，开拓东南亚和南亚市场，为台湾经济增长创造新动力。

（二）政治诉求

1. 降低台湾经济对大陆的依赖

近年来，两岸经贸关系迅猛发展，有力地带动了台湾经济增长，给两岸人民创造了巨大红利。但在享受与大陆经贸红利的同时，台湾当局不断地在岛内渲染"两岸经贸交流挤压台湾经济发展空间"的负面影响，强调所谓"经济安全"问题。"南向政策"就是当时台湾当局针对台商"西进"大陆投资而制定的反制策略，其根本动机是要"降低对大陆经贸依赖"，为"台独"政治赚取经济筹码。从表象观察，"新南向政策"虽在政策目标和政策领域上有所突破，但其动机却与"南向政策"如出一辙。否则若真要发展与东盟国家、印度的经贸关系，其最重要、最具成效的途径应是积极加入包括东盟10国及印度在内的RCEP，可蔡英文却对RCEP避而不提，这岂非缘木求鱼？种种迹象表明，"新南向政策"表面看来是鼓励台商前往东南亚和南亚地区投资，实质却仍是割裂两岸经贸关系，阻挡两岸经济的融合趋势，以实现"去中国化"的目的。

2. 拓展台湾"国际空间"。民进党一直拒不承认"九二共识"，回避"一中原则"，幻想追求台湾自己的"国际空间"。今年4月，蔡英文在台外事部门听

取简报时，强调"要增加国际的参与，争取台湾在国际社会的能见度跟认同"，并表示"'新南向政策'在实质发展跟其他国家的关系上，是一个非常重要的事项"。[15] 也就是说，蔡英文推动"新南向政策"的目的绝不是单纯地发展与东盟国家、印度的经贸关系，而是希望借机加强与东盟国家、印度在民间交流、社会文化与教育研究等各层面的联结，进一步强化与东盟国家、印度的实质关系，进而使其成为拓展台湾"国际空间"的重要窗口。

3.融入"亚太再平衡"战略，强化与美日的实质关系。近年来美国力推"亚太再平衡"，挑起东海、南海的海洋争端，联合日本并极力拉拢东盟及印度等国家，意图形成围堵大陆的局势。目前，美国尚未公开将台湾纳入"亚太再平衡"战略中，但却与台湾在经济、军事安全、教育和人员交流等领域保持密切关系。一直以来，民进党为争取美国对其选举支持，竭尽所能地迎合其"亚太再平衡"战略。2015年4月，时任民进党主席苏贞昌称，台湾应在"亚太再平衡"战略中扮演更积极、更具建设性的角色。民进党期待美国积极协助台湾加入TPP，并强化台美之间以及台湾与区域"盟邦"的联结。[16] 因此，蔡英文也希望利用"新南向政策"扩大台湾在东南亚和南亚地区的影响力，意图提升台湾在美国"亚太再平衡"战略的地位及作用，强化与美日的实质关系。

三、"新南向政策"的前景分析

不可否认，台湾与东盟国家、印度已具有一定的经贸基础，进一步加强合作以拓展更为多元的经贸合作伙伴、提振岛内经济本无可厚非。但"新南向政策"明显并未以经济利益为首要目标，而是以"去中国化"的政治考量作为根本出发点。如此一来，不仅与市场经济规律相背离，而且也与亚太区域整合趋势、两岸关系发展的内在规律相冲突，造成"新南向政策"既无内基、又无外利，注定前景黑暗、沦为空谈。

1.大陆在亚太区域的政经影响力大为提升，成为亚太区域经济整合的轴心。近年来，大陆与东盟国家、印度的经贸关系愈趋紧密，成为东盟国家、印度的最大贸易伙伴。大陆与东盟10国合作建立的"中国—东盟自由贸易区"运作良好，成为东盟10国经济发展的重要引擎。目前，双方又在进一步推动RCEP及"自贸区升级版"，其中RCEP涵盖了"新南向政策"中的东盟10国及印度，协议内容除了贸易及投资开放外，亦包含经济技术合作。同时，大陆所提出的"一带一路"战略也得到了越来越多国家的肯定与积极参与，对沿线国家的经济促进作用日益显现。在此背景下，台湾若想深化与东盟国家、印度的经贸关系，参与亚太区域整合，唯有放弃"逢中必反"的原则，在承认"九二共识"的基础上与大陆展开深度合作，加入大陆主导的 RCEP 和"一带一路"建设，否则"新南向政策"恐怕难以找到立足点和施力点。

2.2008 年以来，在"九二共识"、反对"台独"的基础上，两岸经贸关系迅猛发展，不仅有力地支撑了台湾经济增长，而且也给两岸人民带来了实实在在的福利，在大陆长期经营的台商即是典型代表。大陆台商历经 30 多年发展，其经营规模由小到大，其经营区域由东南沿海向中西部扩散，其经营层次亦从加工代工至自主创新，在促进大陆经济发展的同时自身也获得了丰厚的投资收益。诚然，近几年，由于大陆劳动力等生产要素成本上升，加之大陆经济结构调整升级，部分从事劳动密集型行业的台资企业遭遇经营困境，甚至转向东南亚地区投资。但整体而言，与周边国家或地区经济发展相比较，大陆仍是全球范围内最具活跃、最具潜力的经济体，在未来较长时期内仍会维持中高速增长，将持续在亚太经济、全球经济发展中发挥不可替代的引擎作用。大陆庞大的人口规模与日益增长的内需市场，持续推动的新兴产业规划及经济结构转型升级，也将为台资企业的发展以及两岸经济合作提供新机遇，开辟新商机。值此形势下，台湾经济与大陆经济切割无异于逆全球经济、亚太经济潮流而行的"自我边缘化"。

3.台湾长期的政治纷争使岛内投资环境日益恶化，产业日益外移，经济优势持续下滑。2000—2014 年间，台湾经济增长率平均为 4%，居亚洲四小龙的末位。马英九执政期间，试图进行经济转型与升级，先后提出"经济动能推升方案""三业四化"发展策略等，与大陆签署了《海峡两岸服务贸易协议》，但却因在野民进党的阻挠而未能通过，导致经济的转型与升级并未实现。蔡英文亦提出以"3 大产业 5 大聚落"为主干内容的经济政策，"规划发展 ICT 及物联网产业、绿能产业、生活产业等 3 大产业重心，并计划在台湾形成 5 个重要产业聚落，包括绿能、'国防'、生技、亚洲硅谷及智能精密机械等"。[17]但其能否成功，还未可知。因此，就台湾目前的经济实力而言，官方对外大规模直接投资的可能性很小，"新南向政策"能否成功实施，端赖于台湾民间资本的投资意愿。但若与大陆、日本、韩国企业相比，台资企业在东盟及印度市场上并不具有竞争力优势，尤其是由于台湾与东盟国家之间（新加坡除外）并未签订FTA，唯有台资企业在东盟还面临高关税和投资壁垒，投资成本相对较高。此外，考虑到台资企业前三轮"南向"的惨败经历及越南"513"事件等不稳定因素的影响，台资企业能否响应"新南向政策"存在极大的不确定性。

注释：

[1]　林敬殷：《蔡英文宣在外交采"新南向政策"》，台湾联合晚报 2015 年 9 月 22 日报道。

[2]　林敬殷：《蔡英文宣布外交采"新南向政策"》，台湾联合晚报 2015 年 9 月 22 日报道。

[3]　吕欣憓：《蔡英文：台湾与东南亚互补性强》，台湾"中央社"2015 年 9 月 27 日报道。

[4]　叶素萍：《新南向政策 蔡英文：台湾不应自我设限》，台湾"中央社"2016 年 4 月 13 日报道。

[5]　叶为义：《新南向政策 经部推台湾产业园》，台湾旺报 2016 年 4 月 20 日报道。

[6]　刘相平：《蔡英文"新南向政策"评析》，台湾研究 2015 年第 6 期。

[7]　邹丽泳：《TPP 将结合新南向政策》，中国评论新闻网 2016 年 2 月 24 日报道。

[8]　台湾"投审会"：《2015 年 12 月台湾投资统计月报》，http://m.ettoday.net/news/20160429/689545.htm

[9]　台湾"国际贸易局"贸易统计查询系统 http://cus93.trade.gov.tw/FSCI/

[10]　社评：《舍一带一路侈谈新南向政策》，台湾《旺报》2015 年 9 月 30 日报道。

[11]　"台湾智库"编辑群：《新南向策略——翻转对外经济战略》，台湾《台湾思想坦克》2013 年 3 月号。

[12]　东盟秘书处数据库 http://www.asean.org/?static_post=foreign-direct-investment-statistics

[13]　林建甫：《启动南向政策 寻找台湾经济新蓝海》，台湾《台湾经济研究月刊》第 38 卷第 11 期。

[14]　谭瑾瑜：《因应大陆区域经济 整合新战略》，台湾经济研究院网站"台经观点"，http://www.tier.org.tw/comment/pecl010.aspx?GUID=0f8a85ea-325d-4b61-87a5-6O97dc606309

[15]　陶本和：《蔡英文重申新南向政策 争取台湾"国际"的能见度与认同》，东森新闻 2016 年 4 月 29 日报道，http://www.ettoday.net/news/20160429/689545.htm

[16]　谢美卿：《苏贞昌吁美纳台为再平衡一员》，台湾《旺报》2013 年 6 月 15 日报道。

[17]　吴璃君：《蔡提经济蓝图 3 大产业 5 大聚落》，台湾"中央广播电台"2015 年 9 月 27 日报道。

左右与统"独"：台湾的政治生态及其演变

清华大学台湾研究院　巫永平

自开放党禁以来，左右和统"独"是决定台湾政治生态演变的两条主线。左右指的是政党对社会经济问题所持的立场，统"独"是指政党在国家认同问题上的态度。这两个问题交织在一起，使台湾形成了独特的政治生态。本文从政党制度、意识形态和政策主张三个方面，梳理台湾政治生态的演变和预测未来四年可能的变化。政党制度指的是政党的数量和主要政党的执政情况（如两党制、多党制、一党制等）。意识形态指的是各政党的基本政治主张，根据这些主张，人们可以在政治光谱上为其确定位置，政党自身也必须明确政治主张以在光谱上确立自身位置，以便选民选择支持什么样的政党。政策主张是指对于主要的社会经济问题政党主张采取什么样的政策，这一点通常受政党的意识形态决定，有时政党也会根据需要做出与其意识形态不一致的政策主张。

台湾的政治生态不仅影响台湾内部政局演变，也对两岸关系产生影响。了解台湾未来四年政治生态的可能演变，有助于更好应对未来两岸关系。

台湾政治生态的演变

台湾的政治生态自 1949 年以来发生了很大变化，并且仍在变化中。

在政党制度上，台湾经历了一党制到多党制到两大党制的变化。1987 年之前，国民党严禁其他政党存在，以严密的政治控制（"戒严法"和威权统合制度安排）排除政治对手，以意识形态（反共意识形态、中国认同、领袖崇拜）构建合法性，以经济增长取得执政正当性，从而维持了国民党的一党执政。

这种情况在 1987 年民进党出现后开始改变。民进党的成立，宣告台湾结束了一党制的历史。进入 90 年代后，国民党的两次分裂导致了新党和亲民党的出现，加上"台联党"的建立，台湾进入多党政治。尽管国民党和民进党的实力远大于亲民党、"台联党"和新党，但后者在几次立法机构的选举中仍有实力分别获得过不同的席次。执政的民进党和在野的国民党在2007年联手推动选举制度改革，确立了单一选区两票制的选举制度，并把"立委"席次减少一半。选举制度的改变导致了台湾政党制度的变化，单一选区选举制度的确立大大挤压了小党的生存空间，进一步扩大了国民党和民进党的空间（这也是两党推动选举制度改革的目的），台湾因此进入了两党独大的政治格局。

在意识形态上，各政党尤其是国民党和民进党在经济社会问题上的立场始终没有区隔开来，左右光谱始终模糊。作为长期的执政党，国民党要为过去的一切负责。因此，国民党在"民主化"后一直处于被动受攻击的局面，是民进党攻击的对象，国民党被指责威权和政商勾结。在2000年至2008年期间，由于陈水扁的腐败和台湾的经济困境，国民党终于有机会把自己过去执政期间经济增长的成就突出出来。2008年后的八年时间里，国民党在增长和分配之间左右为难，处处被动。

民进党是以反威权、争民主的身份崛起的，之后把自己定位为中下层选民的代言人，支持劳工运动和社会运动，试图把自己定位为"左翼"政党。2000年执政后，陈水扁与大财团走到一起，背离了"左翼"政党的原则。2008年蔡英文出任党主席后，开始重新回到中间偏"左"的路线，把自己塑造成所谓"三中一青"（中下阶层、中小企业和中南部和青年）的代言人。台湾社会独等的社会认同，使得劳工群体中自认为工人阶级的比例并不高，加上统"独"认同因素，本属于工人阶级、属于民进党支持者的选民，因统"独"认同倾向于国民党，反而成为国民党的支持者。这样的社会和阶级认同，可以确保支持民进党的基本盘，但不足以确保民进党在与国民党的竞争中能获胜。2012年选举中，蔡英文指责马英九后面站着的是资本家，导致大企业出来表态支持马英九，被认为是蔡英文最后败选的一个重要因素。由于没有明确而稳固的"左翼"社会基础，民进党试图把自己定位为"中左"政党的意图就成为空中楼阁。这是台湾左右政治光谱模糊的社会原因。这就导致了台湾出现了国民党和民进党常常在社会经济主张上互相比赛看谁更左的奇特现象。所以，陈水扁才会说台湾没有左右派的问题，只有统或"独"的问题。

因国家认同分裂导致的统"独"争议是台湾特有的意识形态。国民党在统"独"光谱上偏向统，民进党偏向"独"。在二者之外，还有新党这样更统和"台联党""时代力量"这样更"独"的小党。2000年和2004年的选举中，统"独"是选举中的主要议题，政党之间的竞争围绕统或"独"做文章。党禁解除后，民进党先是以反威权、争民权为党的定位冲击国民党，后又加上本土代表的身份作为党的定位。在后来的政局演变中，"本土认同"逐渐上升为台湾社会的主流，"本土认同"和中国认同演变成统"独"认同，成为台湾政治竞争的主要议题。在与国民党的竞争中，本土代表的定位成为民进党最有用的身份，民进党把这个议题上升到最重要的议题，并把它简化成爱台或卖台的选择，在 2000 年和 2004 年的选举中帮助民进党击败国民党赢得选举。在陈水扁执政后期，对统"独"议题的过度消费导致社会撕裂，造成选民厌倦。同时，由于进入 21 世纪后，台湾的经济出现增长率下降、产业外移加速、经济转型升级缓慢，导致工资难以增长，年轻人就业难，贫富差距拉大，经济和民生问题成为社会关注的焦点。这些都导致统"独"问题的重要性开始下降。陈水扁执政期间的家族贪腐进一步引起社会愤怒。结果导致马英九在 2008 年选举中获得压倒性胜利。2008 年蔡英文接任民进党主席后，开始引导民进党转型，把重点放在经济和民生问题，淡化统"独"问题。

台湾政治在 2008 年之后发生的一个显著变化是，尽管统"独"问题依然重要，但政党之间的竞争主轴转向经济和社会问题。这在 2012 年选举中得到体现，2016 年选举更进一步印证了这一点。国民党候选人朱立伦一再拿两岸关系逼问蔡英文，蔡英文始终回避两岸问题，坚持主攻国民党的内政问题。选举结果证实了选民对经济社会问题的关注超过了对两岸问题的关注。

台湾政治生态未来四年的演变趋势

两大党的政治格局还会继续延续，两大党外的小党也会存在。尽管民进党在 2014 年地方选举和 2016 年行政和立法两个部门的选举中都获得了建党以来史无前例的压倒性胜利，国民党在两次选举中遭到前所未有的失败和内部陷入前所未有的困难，并不意味着台湾会很快进入民进党一党独大时代。这是因为决定台湾政治的统"独"和左右两个因素并没有发生变化。

在政治光谱上，统"独"因素继续决定政党位置。一方面，蓝绿仍然是区分各政党在光谱上位置最清晰的坐标。属于蓝营的国民党和亲民党偏向统的一边，属于绿营的民进党和"时代力量"偏向绿的一边，各边分别还有边缘化的新党和"台联党"。各个阵营的政党既互相声援、互相支持，又互相竞争、互相牵制。这一点在民进党和"时代力量"之间表现得尤为明显。双方在"独"

方面的意识形态接近，相互声援，但在争取选票方面却有着相当的重叠，存在竞争。"时代力量"在"独"的方面比民进党更激进，既能够在"独"的事情上说出执政的民进党不方便说的话，对民进党形成声援，也会由于过于激进的主张会干扰民进党的执政，尤其"时代力量"的主要成员都是缺乏政治经验的年轻人，鲁莽有余，经验不足。2014年"太阳花运动"后崛起的以柯文哲为代表的第三势力也大体属于绿营。这部分政治势力的很多主张接近民进党，但在选票上与民进党形成竞争关系。柯文哲能够当选台北市市长，在一定程度上是民进党礼让的结果。如果柯文哲未来出来竞争地区领导人，民进党不会再"礼让"。由于在支持者上具有高度重叠，与民进党竞争的柯文哲会有多少空间，是一个不被看好的前景。

尽管统"独"仍然是决定台湾政治生态的一个议题，但不同政党对这个问题重要性的态度有很大区别。国民党会继续凸显这一问题的重要性，而民进党会想方设法淡化这个问题。处理两岸关系是国民党的强项，毫无疑问，国民党会继续在两岸关系中发挥不可替代的作用。党主席洪秀柱已经表明，如果未来民进党处理不好两岸关系，导致两岸关系生变或倒退，国民党会当仁不让，不会坐视不管。但民进党会在两岸问题上与国民党区隔，淡化两岸问题，凸显内政问题。这是由两个因素决定的：一是，处理两岸关系是民进党的弱项。具有台独倾向的民进党由于回避"九二共识"及其核心意涵，无法与大陆建立互信，难以建立共同政治基础。未来4年蔡英文由于无法与大陆建立像国民党与大陆的关系，最好的办法就是少与大陆打交道。二是，台湾内部出现的内向化倾向。多个民意调查的结果都表明，相对于两岸关系，台湾民众更关心经济问题和民生问题。经济增长、增加薪资、年轻人就业、年金、环保、分配、食品安全、治安等是老百姓更能直接感受到的问题。马英九执政八年，在两岸关系上取得长足进步，但在上述问题上却没有找到解决办法。这让台湾老百姓认为两岸关系不仅与解决这些问题没有关系，甚至还是导致其中一些问题如经济停滞、薪资不涨、分配差距拉大等恶化的原因。如果民进党能解决这些内政问题，那就意味着台湾可以淡化两岸问题，或者说可以在不处理两岸问题的基础上就可以解决经济和民生问题，那就意味着两岸问题确实对台湾不重要。如果是这样，国民党在两岸问题上的特长就对台湾不重要，国民党就因此会边缘化，台湾就有可能进入民进党一党独大的时代。如果民进党无法解决内政问题，马英九的问题就会变成蔡英文的问题，选民就会对蔡英文失望，之前对马英九的怨气就会撒到蔡英文身上。换人做做看的心理就会再次起作用，国民党就会有东山再起的机会，就像 2008 年民进党被打败后 2016 年又东山再起一样。这是台湾会继续维持两大党制度的理由。

经济和社会政策是决定台湾各政党意识形态的另一个主要问题。未来 4 年，各政党在这一方面难以形成明显的区隔，仍然会继续混乱的格局。在国家认同的光谱上，也就是统"独"问题的光谱上，台湾各政党的位置是清晰的。但在经济社会政策的光谱，也就是左和右的光谱上，各党的定位是不清晰的。这是台湾的政党政治与欧美国家的政党政治最显著的不同之处。在欧美国家，政党是根据各自的经济和社会政策主张在左和右的光谱上确定位置。政党自身的主张明确，选民根据这些主张选择支持的政党。但台湾在这一点上却非如此。被民进党描绘成资本家代言人的国民党，本应在光谱上处于右。但事实上，国民党的经济社会主张并非如此。在 2015 年 12 月举行的"总统"候选人的政策辩论会上，针对薪资低的问题，朱立伦提出提高工资的主张，这本应该是自我定位为中间偏左的民进党应该有的主张。而在 2012 年选举中指责站在马英九后面的是资本家的蔡英文，则在 2016 年选举前与各行业的行业大佬会面，对其递出"橄榄枝"，又很像国民党的候选人。

由此决定了各政党的政策主张。在国家认同问题上，国民党仍会继续坚持"九二共识"，发挥与大陆打交道的强项，对民进党进行牵制。蔡英文的"520"讲话由于没有承认"九二共识"和回避两岸是什么关系的问题，被大陆判定为"未完成的答卷"。由于民进党的选民结构决定蔡英文很难接受"九二共识"，未来民进党在与大陆打交道时必将困难重重。因此，民进党会转向从台湾内部寻求支持。这就是蔡英文在"520"讲话中说的依据台湾的民意基础和民主原则处理两岸关系。另一个策略就是把两岸关系放在多边化和国际化框架下。这一思路的核心是强化与美国和日本的关系，依靠美日的支持提高台湾与大陆打交道的筹码。同时，通过加入国际和区域多边关系为台湾获得更多的支持。蔡英文在"520"讲话中也把这一思路讲清楚了。

在经济社会问题上，国民党与民进党的政策主张尽管没有本质不同，但双方的攻防会逆转。民进党会接过之前自己反对的国民党做的很多事情，经过包装赋予新的正当性后继续做。国民党会攻击民进党出尔反尔。但是，在如何解决经济问题上，民进党会实践它一直主张的"从世界走向中国"的理念，极力试图降低台湾经济对大陆的依赖。这与国民党的"从中国走向世界"的经济政策大不相同。

迄今为止，左右和统"独"两大问题主导了台湾政治，决定了台湾的政治生态。在可预见的未来，这两大问题还会继续主导台湾政治，继续决定台湾的政治生态。无论哪一个政党执政，都难以摆脱这两个因素的约束。

台湾政党政治新态势及影响因素

中国社会科学院台湾研究所　　王　琼

2016 年 1 月 16 日，民进党赢得"大选"，并在"立委"选举中大获全胜，一举成为"立法院"第一大党，实现全面执政。岛内政党政治格局由"蓝大绿小"转变为"蓝弱绿强"，经济阶层结构变动、国家认同错位、绿营操弄民粹、全球反体制运动思潮等，都成为岛内政党政治格局发生翻转的主要影响因素。在此形势下，未来大陆对台工作阻力增大，但仍牢牢掌控两岸关系发展主导权，民间交流将成为两岸互动主旋律。

一、新态势特点

2016 年"大选"后，台湾政党政治发展将出现新态势与新特点，主要有以下几点：

（一）"一超独大，急独蹿升"格局令两党制制衡功能弱化

在民主化进程中，对政治权力进行有效的监督是民主政体共同面临的、同时又必须解决的问题。监督是一种政治权力的运作机制，即是一种政治权力运行的控制机制。在西方稳定成熟的两党制国家中，由于相关法律、选举制度及政党制度的设计规则，两大政党在立法与行政系统中的力量大体能保持均衡，在野党对执政党始终保持着强有力的监督与制衡作用，在重大决策与议案上承担着"早期报警及预估"的功能。

2008 年国民党重返执政八年以来，虽然相较蓝营民进党在"立法院"席次属于少数，但由于国民党内马英九、王金平内斗分裂以及绿营操弄杯葛能量较大等因素，在野的制衡作用充分显现。2016 年"大选"后，岛内政党格局力

量发生翻转，地区领导人选举中蔡英文在 22 个县市中的 18 个县市领先朱立伦，大赢 308 万票，蓝绿政党得票率分别为 57%、43%，绿营首次超过蓝营；"立法院"民进党席次大幅增加至 68 席且单独过半，成为绝对多数的第一超级大党，实质控制"立法院"；国民党席次大幅下滑至 35 席，未过三分之一，仅保有"修宪"、罢免正副"总统"及听取"总统国情报告"的提案权，以及对"修宪"、领土变更等重大议题的否决权，制衡能力十分薄弱。虽然"台联党"在此次选举中未能取得席次，完全泡沫化，但新"急独"势力"时代力量"从创党到参选不到一年时间却能快速崛起，在"立法院"斩获 5 席，一举超过亲民党成为第三大党，未来在"反蓝"与"反中"问题上将扮演民进党的侧翼与先锋，强化绿营联盟的战斗力。整体看，民进党掌控了行政权、立法权和多数地方执政权，实现全面执政，较长时期内将是地位稳固的第一超级大党，国民党接连遭受选举重挫，资源大幅减少，基本盘严重流失，整体实力剧烈萎缩，台湾政治版图由"蓝大绿小""北蓝南绿"向"蓝小绿大"、趋于"全面绿化"发展，再加之更为激进新"台独"势力的蹿升，形成"绿强蓝弱"的局面，未来较长时期国民党都难以有效牵制民进党施政，两党制的系统制衡功能将大大弱化。

（二）国民党侍从型组织系统崩解，"本土化"发展趋势将持续加深

1949 年国民党退踞台湾后，凭借掌控的政治权力与庞大资产，通过地方派系及基层组织逐渐建立起一种恩庇—侍从性"党国体制"的政党格局，如若林正丈所说："国民党在台湾建立起的二元侍从主义体制是其政治统治的基本支撑结构，在这种基本结构下，资源分配与利益交换是国民党政治运作的核心。"[1]

长期以来，国民党通过地方派系与绵密的组织系统完成对社会基层的动员与整合，地方派系及农会、水利会等基层组织成为国民党与社会的联结中介与利益交换中枢。"国民党利用地方派系将控制力渗透到地方社会，而地方派系与追随者（选民）之间也建立了一个次级层次的侍从关系，派系领导人从获得的经济利益中再分配给选民以部分利益。"[2] 随着 2000 年国民党下台，手中掌握的资源逐渐减缩，与地方派系组织的关系也开始渐渐松动。2008 年马英九上台后，决心对国民党进行大尺度改革，与地方派系、传统组织进行切割，试图将国民党打造成西方政党式的选举机器。但是，因党派内斗、资源减少、人才匮乏、体制僵化等因素，国民党转型改革举步维艰、效果甚微。历经 2014 年底"九合一"选举、2016 年"大选"的双重挫败，凸显国民党长期依赖的家族政治、地方派系等传统组织系统与体制结构已几近崩解。

另一方面，"大选"后，国民党的改革转型与发展路线成为热议的焦点，党内改革声浪此起彼伏。国民党年轻世代不仅组成"草协联盟"，提出建立以"台湾为主体"的政党主张及论述，国民党前发言人杨伟中甚至呼吁要改名，"将中国国民党改为国民党"。如今，尽管作为"正蓝"的洪秀柱当选党主席，但从其个人威信、政治资源、任期届限等因素看，洪或将是一位权力虚化的过渡性党主席，元气大伤的国民党发展将举步维艰、挑战重重：一是全面在野、资源匮乏。面对绿营政治追杀和党产清算，国民党实力与资源大幅萎缩，发展空间全面压缩，较长时期内将处于一个前所未有的低谷困难期，政治影响力与话语权将大大减弱。二是理念论述空虚化。党内"外省蓝""本土蓝"的路线斗争将会持续，在岛内"台湾主体性"民意持续高涨的氛围下，国民党将进一步走本土路线，为迎合民意、获取选票，不排除其未来越来越淡化"一中"政治立场，甚至放弃原有的理念、路线，完全走向"台湾化"。佛光大学教授谢大宁曾表示，若国民党要进一步走向本土，那就是完全的偏安化，将"中华民国"完全等同于台湾，让自己进一步去中国化。三是山头林立、人心涣散。经历两场选举重挫，显示国民党内没有一个强有力的团结领袖团体，高层内斗激烈，派系相互倾轧，体制僵化，凝聚力大幅下滑，基层士气低落。四是人才断层危机加剧。由于未建立健全的人才培养机制，党内中生代人才缺失，除老一辈大咖及几个政二代面孔，找不到一个有魄力、有能力的年轻领袖，南台湾更是无人出战、无人可用。2017年的党主席选举是一个关键性的节点，新任主席如何带领百年老店进行转型改革，将关系到国民党的发展方向与整体走势，但国民党持续走向"本土化""台湾化"方向的发展大趋势将不可避免。

（三）阶层分化加剧与认同感政治兴起，公共新政成政党主要动员论述

在西方学界，认同感政治是孕育于新社会运动的一种亚政治、非制度化政治，挑战传统意义上的制度化政治。因为新社会运动参与者的动机与目的，往往是为了实现一些非物质性的价值，试图改变的是社会上某一种主流价值观和行事方式，要求社会尊重个体和支持他们所认同的某一种身份或价值。20世纪90年代以来的西方新社会运动有两个最新趋势：非政府组织的介入和发达国家内部受全球化冲击的、遭受"社会排斥"的大量边缘人群的加盟，即由多个社会阶层构成，大致包括新中间阶级和处于边缘化状态的反体制人士。[3]

　　自 20 世纪 80 年代台湾政治体制进入转型时期以来，岛内社会逐渐形成了"蓝绿""统独"、外省 / 本土的二元分际结构，每逢选举，蓝绿立场、族群矛盾、统"独"分歧成为政党动员论述的核心议题。但随着岛内经济社会转型发展，尤其是近年台湾经济发展滞涨、贫富差距扩大、失业率上升，社会多元化加速发展，阶层分化加快，促使被族群、统"独"矛盾所遮蔽的"阶级矛盾"逐渐凸显，新社会运动风起云涌，"认同感政治"兴起。从台北文林苑、苗栗大埔抗拆迁，声援"广大兴"船长、白衫军运动、反"核四"运动、反"国光"石化案、反"旺中媒体垄断"到"反服贸"学运，在新社会主体大量出现的结构形势下，已不能完全用过去传统单一的蓝绿、统"独"、省籍等方式来划分社会群体界限以及阐释选民的价值观与政治立场。新社会运动反映了台湾新中间阶级的利益诉求和后物质主义的价值观取向，表达了边缘人群和各色群体的多元权利要求。这种社会变化对岛内政党政治产生了重要影响。2014 年"九合一"选举中政治素人柯文哲，标榜超越蓝绿，大打"阶级牌"，从而大获全胜，正反映了这一社会结构变化。此外，近年蓝绿激进式意识形态动员有所减少，公共政策与民生议题成为国、民两党的重要论述诉求。在 2012 年"大选"中，国民党的"活力经济"和民进党的"优质经济"口号，均强调通过科技创新和基础建设，提升台湾经济竞争力，发展教育和在地文化；蔡英文的"十年政纲"，更是将"就业导向的优质经济"和"公平分配的互助社会"两项主张列为民进党未来施政的核心主轴。2016 年"大选"，蔡英文亦尽力避开两岸议题，将选战诉求集中在岛内经济和民生分配议题上。

　　虽然台湾蓝绿基本二元结构仍然存在，未来随着台湾社会转型的不断深化，阶层多元分化的加剧，新媒体网络的普及，新青年世代崛起的后工业化时代的到来，出于选举和执政的需要，国、民两党均会不断提出有利于中间阶层和下层民众、照顾弱势群体的政策，经济增长与公平分配将越来越成为蓝绿进行社会动员的主要论述，政策诉求与动员模式将进一步朝着"去族群化"、公共政策化发展。但需要强调的是，由于台湾始终存在意识形态与国家认同的异化冲突，加之"台独"分裂势力的操弄，阶级矛盾往往与蓝绿对抗、统"独"矛盾及族群矛盾不可避免掺杂在一起，"反权贵""反垄断""反商"与"反中""反蓝""拒统"产生高度重叠。民进党上台后，若蔡英文无法解决岛内经济发展与社会民生需求，政绩陷入低迷，不排除绿营再次走上操弄统"独"、族群的激进式社会动员的老路上去，以此转移焦点，缓解执政压力。

（四）民进党"台独"立场未变，岛内治理体系不稳定性、断裂性风险上升

一个国家或地区的政局稳定需要政党联结社会的能力不断增强，需要政策上的连续性，因而在西方民主国家地区政权更迭后，执政党并不能轻易抛弃上届政府的议案，而是重新提案下台政府因大选而被暂时搁置的部分议案，甚至是其在野时所批评、攻击乃至反对的某些议案。英美等国家两大党的政策趋同，是政党体系多元利益集团与政治格局进行协调和整合的一种积极回应，如此不仅保证执政党和政府政策的连续性，而且有效避免同一政治体系中不同利益选民间过分政治分化和冲突，进而抑制社会阶级、集团之间的严重分裂和对立，使社会政治与国家治理得以稳定而有序向前发展。

政党轮替后，台湾面临一个重大的挑战是，蔡英文不承认"九二共识"，民进党与国民党在大陆政策上存在本质区别，因此在经济、文化、对外等重大政策上有根本分歧。蔡英文上台后，恐将从多个领域推动"社会台独"工程，马英九当局的众多政策、提案或将被推翻、搁置，岛内整体治理政策系统将面临断裂性的风险。特别需要强调的是，若蔡英文在两岸政策上继续玩文字游戏，得不到大陆的信任，继续搁置两岸服贸、货贸，将既无法稳定两岸经贸关系现状，也无法争取投资者对台湾的信心。在大陆市场及外商投资大幅流失的形势下，蔡英文提出的将在台湾北中南部同时打造五大产业创新体系，涵盖绿色能源、防务产业、生物医药、亚洲硅谷、智能机械等，无异于缘木求鱼，都市更新、医疗照护、民宿服务、物联网、新能源等治理规划亦更难以兑现，台湾整体治理系统将面临断裂性的风险。

二、主要影响因素

经济阶层结构变动、国家认同错位、绿营势力操弄民意、全球反体制运动思潮是促使岛内政党政治格局发生转变的主要因素。

（一）台湾经济低迷、贫富分化产生阶层结构变动的衍射

自 2000 年以来，台湾经济陷入转型困难、升级缓慢、增长滞涨的状态，结构性失业率不断攀升，贫富差距持续扩大。2000—2009 年经济增长率年均3.4%，近几年持续走低，2015 年更跌至 0.86%，创下台湾经济六年来最差表现。2008—2013 年失业率处于 4.1%— 5.9% 之间，年均 4.67 %，其中青年失业率是

平均水平的数倍。"闷经济"导致多年来岛内薪资增长停滞甚至倒退，阶层分化加剧。台湾财税中心资料显现，以工业与服务业受雇员工每人每月平均经常性薪资而言，从200□年至2010年，10年仅增加4.89%。而同一期间台湾消费者物价指数却上涨9.62%，台湾人均GDP与人均所得分别增长28.8%、31.4%，可见十年间受雇员工实质薪资是下降的。从1998年起，台湾薪资所得占GDP比例一路下滑，企业盈余占GDP比例一路上升，出现黄金交叉线，而台湾税基却主要由薪资工作者负担。[4] 如图1：

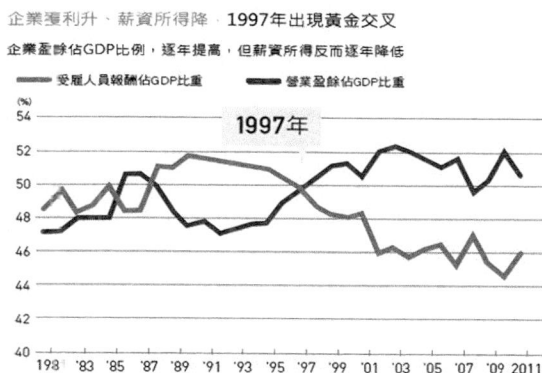

图1

资料来源："行政院主计处"

2005年台湾最富有的5%与最贫穷的5%平均所得相差55倍，2009年差距拉大到75倍，2013年两者差距已高达近百倍，如图2。[5] 台湾社会所得分配不均可见一斑。

图2

资料来源：台湾"行政院主计处""财政部"

与此同时，20 世纪 80 年代中期以后，"一个规模庞大、组成复杂、边界模糊的中产阶级已经成为台湾社会的主体。这个阶级规模自 2000 年以后十年间一直处在 40% 左右"。[6] 随着经济、收入变化，占社会主体的中层阶级产生分化。"其中一小部分发展成高收入群体，另一部分则掉到工农阶级和弱势群体的队伍里。"[7] 台湾社会变迁调查显示，1991—2001 年，自认为属于"中层阶级"者约 40%—45%，但到 2009 年这一比例下降到 27%，自认为是"中下阶级与工人阶级"者则由 2001 年的 30% 上升到 2009 年的 57%。[8] 2015 年 10 月《天下》杂志民调显示，91% 民众认为台湾"贫富差距扩大"，近七成民众认为努力赚钱也难以翻身。[9] 综上观之，近十年来，台湾经济转型、产业升级以及经济全球化的冲击，导致获益群体集中于少数掌握资产者、管理层精英以及技术性人员，而包括服务业在内的中下阶层、工农群体、青年群体、微小企业主等，就业机会及薪资所得没有改善甚至有所减少，出现"新贫阶层"。这种社会阶层结构变动导致民众主观阶级意识提升、"相对剥夺感"不断增强，亦衍射到多种社会问题上。在这种形势下，马英九当局陷入治理失效、政绩不彰困局，"反马""反国民党"情绪弥漫，"政党轮替""求新求变"社会心态浓厚，为民进党政治动员提供了社会基础和舆论氛围，成为岛内政党格局产生翻转的根本动因。

（二）"国家认同"错位与低质化民主发展的负面效应

在西方国家，由于理性成熟的公民文化、统一性的国家认同以及健全的相关经济社会制度，使自由式选举民主的弊端受到最大程度的约束和规避，政党政治结构发展比较稳定。

1987 年国民党开启"政治革新"之后，台湾政治开始朝西方式民主政治的方向发展。由于对历史认知的差异，台湾社会存在着省籍、族群的分歧，在李登辉、陈水扁主政时期，通过各种手段制造"台湾人、中国人""本省人、外省人""本土政党、外来政党"等二元对立的概念，台湾民众"国家认同"出现混乱，省籍矛盾、族群对立与统"独"对抗错综交织，台湾社会形成对立的二元结构，撕裂严重，"民主"被有意识地塑造成"台独"的政治包装，成为用以煽动民众的政治工具，民粹主义大行其道，侵蚀了台湾政党政治发展品质。台湾学者就一针见血地指出，台湾搞的所谓的"民主改革"，其实根本不是"民主"，而是一种"民粹主义"，在这种情况下，"所有的政策都失去理性讨论的空间，只有主权认定，只有帽子与标签"。[10] 这种建立在"国家认同"和族群认同分裂上高度对立的政党结构，使得蓝绿政党斗争只讲立场不问是非，呈现出极强的对抗性、自闭性、排他性，执政党总是遭受反对党一方非理性的顽强阻遏，缺乏西方政党政治的整合性、共识性及妥协性特征，"朝野"两党循而复始陷入恶性斗争，而非西方式两党制的良性竞争，使台湾政党整合社会阶层的功能发生异化，反而成为分化社会的工具。异化的"国家认同"与民粹政治的杂糅，使得台湾政党发展至今仍未完成由非理性的"形式民主"向"共识性民主"的转换，这在相当大程度上给台湾政党政治发展模式产生严重冲击，政党政治发展仍处于不稳定形态与低品质化水平，各个政党自身发展易陷入大起大落的"恶性循环"之中。

（三）大陆快速崛起及绿营操弄带来民众焦虑感的投射

相较于大陆在 20 世纪六七十年代经受"文革"十年浩劫，经济物质生活水平发展落后、百废待兴，台湾则在同时期随着经济起飞完成工业化、现代化，且 80 年代启动了西方式的民主化进程，被美国树立为所谓"民主灯塔"。不断增强的经济实力和"软实力"，使台湾相较于大陆在心理上占据了明显的高地优势，岛内民众的优越感与自信心持续膨胀，普遍认为两岸在经济水平、政治制度、生活方式、人文素质等方面存在巨大差异，无法建立起两岸同属一中的"中国认同"，更无法认同与"贫穷落后"的大陆实现统一。时过境迁，随着大陆改革开放，伴随着经济全球化的浪潮，大陆在融入世界的同时，经济社会发展取得了举世瞩目的成就。尤其是 21 世纪以来，大陆快速崛起，在经济总体实力、军事发展水准、国际地位与政治影响力等方面实现全面跃升，两岸实力的消长让台湾民众心中原有的优越感迅速丧失。虽然绝大多数岛内民众支持两岸交流合作、和平发展，台湾也在两岸经贸合作中获利众多，但由于马当局施政失当与台湾再分配体制的局限，和平红利的"涓滴效应"未有充分显现；加之绿营政客与"台独"势力刻意操弄，将全球化冲击效应以及内部治理失效、分配不当等带来的贫富分化、失业攀升、物价上涨等系列问题，一概归咎于两岸合作导致的后果，污称国共合作为"权贵交易"、"政商联盟"，歪曲《两岸服贸协议》，导致"台湾将被大陆捆绑失去自主性"、"大陆侵吞台湾的经济筹码"等等，这些极具煽动性的说法使得岛内民众对两岸关系走近的焦虑感、不安全感与日俱增。2016 年 1 月《天下》杂志民调显示，逾 6 成民众很担心台湾经济过度依赖大陆。[11] 这种社会焦虑心态，进一步加剧了台湾社会的"本土化"认同，对政党格局走势产生了一定影响，声称更能代表"台湾"的民进党声势自然得到大幅上升。

（四）全球性反体制社会运动与思潮的助推

20 世纪 90 年代以来，随着迅猛发展的科学技术、日益频繁的经济贸易以及日新月异的传媒网络，全球化持续深化变革，资本利益分配越发不公，国家间贫富差距不断扩大，尤其 2008 年爆发国际金融危机，世界各国经济急剧衰退，贫富分化凸显，社会矛盾加剧，一波反全球化、反政府、反体制的大规模社会运动席卷世界各地。2011 年 9 月 17 日，在美国金融中心纽约爆发了旨在揭露美国金融体系贪婪与腐败的"占领华尔街运动"。10 月 7 日，"占领华尔街"运动升级为"占领华盛顿"，运动的矛头也由美国的经济体制指向了美国的政治体制。运动在美国影响不断扩大，100 多座城市均不同程度地爆发了"占领"运动。随后，运动蔓延至多个发达国家，德国、法国、西班牙、日本、新西兰等国都相继爆发了类似的抗议运动。紧接着，抗议浪潮席卷了东亚、欧洲和北美，"占领"运动在全球范围内扩展，世界各地 80 多个国家近千座城市发起谴责社会不公与经济危机的抗议示威活动，"占领"运动由美国境内的一场抗议运动演变为全球性抗议运动。深处全球化体制中的台湾亦明显受到了这波运动与思潮的影响，主张社会公平正义、照顾弱势、"仇富""反商""反权贵"等观念在岛内盛行，形成一种"左倾化"社会思潮，并爆发了一系列反政府、反体制抗议示威活动。与此同时，民进党很敏锐地觉察到这一民意脉搏，从 2010 年"五都"选举到 2016 年"大选"，主打"阶级牌"、"治理牌"，塑造其亲民、"中下阶层"代言人的选举形象，极力诉求"公平分配""社会正义"的选举主轴，刻意炒作国民党为"权贵政党"，民进党精心打造的这一"阶级化""左倾化"选举路线，恰恰迎合了岛内民众尤其部分青年人反社会不公、反权贵、反体制的思想与心态，全球性反体制社会运动成为岛内"绿强蓝弱"政党格局走势的重要助推剂。

三、几点思考

台湾政党新格局将加剧岛内民众的分离倾向，大陆对台工作阻力增大、困难增多，但仍牢牢掌控两岸关系发展主导权，民间交流将成为两岸互动的主要渠道。

（一）蓝绿政党新格局将加剧岛内民众分离倾向

随着国际大环境以及大陆的崛起，加之出于缓解压力、稳定执政方面的考虑，蔡英文上台不太可能公开搞"法理台独"，但可能会利用岛内兴起的公民运动潮流以及岛内"恐中反中"的浓厚氛围，特别是年轻选民的盲目性、逆反性、激进性来操弄民意，在社会文化方面推进渐进性"台独"运动，比如主导"教改"，全面建立"去中国化"教育体系；扶持亲绿电视传媒，扩大"台独"舆论影响力，扶持"台独"文化文艺事业，深耕绿营团体的社区工作。近期，民进党提案推动"促进转型正义条例"，要求"处理不当党产""清除威权象征及保存不义遗址"，4 月 29 日民进党提案要求教育部主管机构即刻撤回 2015 年度"课纲微调案"得以通过；5 月 21 日，民进党上台第二天，"教育部长"潘文忠即宣布废止 2014 年通过的"课纲微调"。可以预见，民进党执政后，岛内以"台独"为核心的"去中国化"教育将大行其道，势将加大对台湾青少年的"台独"灌输工作，进一步加剧青年世代的"台湾人"身份认同和"台湾国家意识"，强化岛内"去中国化"的"台独"社会氛围，对两岸关系造成长期负面影响。

（二）大陆对台工作阻力增大，但仍牢牢掌控两岸关系主导权

由于蔡英文至今不承认"九二共识"，民进党执政后，两岸或将出现沟通管道中断、经贸谈判停摆、合作议题搁置的局面，8 年来两岸大交流、大合作的蓬勃发展景象势必转向冷却。前"国安会秘书长"苏起认为，两岸势必从现在的"机会管理期"进入"危机管理期"，特别是两岸民意的直接对抗是最为危险的，将来一旦既有沟通管道遭到切断，两岸任何小意外、小摩擦，若无法及时化解，都可能升高成较大的冲突。因此，民进党上台，两岸关系势必面临"交流趋冷、阻力增强、风险升高"的新局面，大陆对台工作也将面临复杂多变的新挑战。但另一方面，大陆掌控两岸关系发展的主导权不会因岛内政党轮替而有所改变。大陆的实力决定了处理台湾问题的能力，正如习近平总书记指出的，"从根本上说，决定两岸关系走向的关键因素是祖国大陆发展进步"。从总体力量对比看，中国崛起将达到新高度，台湾 GDP 总量占大陆 GDP 总量的比重从 1994 年逾 45% 下降到 2015 年的 4.7%，[12] 岛内政治恶斗、民粹横行、经济自我边缘化，将促使台湾整体实力持续下挫，"陆强台弱"实力差距立大的趋势将进一步强化，与两岸实力差距拉大趋势相对应，大陆在处理两岸关系、台湾事务上将更加自信、更加耐心、更加灵活，也会以更宏大的战略定位与政治格局看待岛内的政党政治发展，制定出符合国家民族整体利益、兼顾两岸民众福祉的两岸关系发展道路与政策。

（三）民间交流将成为未来较长时期两岸互动主旋律

自 1987 年 11 月台湾当局开放民众赴大陆探亲、两岸打破长达 38 年之久的隔绝状态后，两岸人员往来与经济文化交往随之蓬勃发展。特别是 2008 年国民党重新执政后，伴随两岸关系的不断发展，两岸文化、教育、社会领域的互动交融迎来高速发展的黄金期，两岸人员交流日益热络。两岸民间交流以其广泛性、直接性、灵活性等优势和特点，日益成为两岸交流和融合的重要通道。2016 年 2 月，俞正声同志在中央对台工作会议上强调，"加强与台湾所有认同两岸同属一个中国的政党和团体接触交流，同两岸同胞一道，维护两岸共同政治基础"，将"扩大深化两岸文化、教育、旅游、宗教和民间信仰等各领域的交流合作"。对此，厦门大学教授刘国深表示，"520"以后，公权力部门之间直接或间接的协商管道可能会暂时搁置下来，未来两岸民间的交流交往将持续推动，大陆始终站在两岸人民共同福祉的立场，将继续推动两岸民间经济、社会、文化等各个方面的关系。这显示出大陆对台政策越发成熟、自信和稳健。大陆并不会因为一个长期以来没有共同政治基础的政党在台湾执政，就中止两岸民间关系。国台办发言人安峰山表示，以"扩大民间交流、促进融合发展"为主题的第八届海峡论坛将于 2016 年 6 月如期在福建举办，热忱地欢迎台湾各界人士，特别是青年朋友和基层民众参加。事实上，两岸关系多年来能历经风雨、曲折前行，一个关键原因，就是民间交流始终稳步发展，未曾中断，持续在台海战略大局中起着基石性、黏合性作用。两岸关系发展的主体是两岸同胞，民间交流一直是两岸关系发展中最具活力的因素。两岸社会民间交流已成为两岸关系不断向前推进的重要基础与保障，未来在两岸当局缺乏政治互信的局势下，民间交流将成为两岸沟通与互动的主要渠道。

注释：

[1] 〔日〕若林正丈：《台湾：分裂"国家"与民主化》，许佩贤、洪金珠译，台湾新自然主义股份有限公司 2009 年版，第 32 页。

[2] 孙代尧：《台湾威权体制及其转型研究》，中国社会科学出版社 2003 年版，第 121 页。

[3] 周穗明：《当代新社会运动对西方政党执政方式的影响及启示》《科学社会主义》2006 年第 2 期

[4] http://www.cw.com.tw/article/article.action?id=5058705#sthash.dle1QTKF.dpuf

[5] 《自由时报》2015 年 7 月 1 日，http://www.thenewslens.com/article/26035

[6] 林宗弘：《台湾的后工业化：阶级结构的转型与社会不平等 1992－2007》，《台湾社会学刊》2009 年 12 月第 43 期，第 93 页

[7] 郑振清：《台湾新世代社会运动中的"认同政治"与"阶级政治"》，《台湾研究》2015 年第 3 期

[8] http://www.cw.com.tw/article/article.action?id=5002463#sthash.KQHFvxNh.dpuf

[9] 《天下》杂志 564 期，2015 年 1 月 7 日 http//blog.udn.com/baogon/32864900

[10] 张麟征：《虚拟的"国家"，扭曲的民主》，台湾《海峡评论》2004 年 3 月。

[11] 《天下》杂志第 589 期，2016 年 1 月 5 号 http//www.cw.com.tw/article/article.action?id

[12] http//bbs.tianya.cn/post-333-875718-1.shtml

国民党下台后的发展走向及前景分析

中国社会科学院台湾研究所　陈桂清

国民党 2016 年两场选举惨败后陷入空前发展危机。这家"百年老店"未来将如何演变发展，能否东山再起，成为两岸关注的焦点。目前看，国民党发展面临的内外形势极不乐观，不仅台湾政经人口结构朝不利于它的方向发展，而且自身内部问题短时间内难以彻底解决。综合各种因素判断，再次在野后的国民党将经历一段曲折漫长的"低谷盘整期"，其权力结构可能出现较为剧烈复杂的动荡，其大陆政策虽短期内"坚持九二共识、一中各表"的立场不会改变，但很可能继续朝"本土化"方向演变。而从长远看，国民党未来仍有东山再起机会，只要国民党彻底推动党务改革，坚持正确的发展方向，未来仍将是岛内一股与绿营势力相抗衡的重要政治力量。

一、当前国民党发展面临的严重不利形势

2016 年，国民党在"大选"与"立委"选举中遭遇"雪崩式惨败"，面临"退台以来最严重的发展危机"，无论是外部的发展环境，还是内部的政治生态，都蕴藏着巨大的危机。

（一）台湾人口社会结构的变化对国民党越来越不利

国民党退踞台湾 60 多年来，尤其是台湾推行"民主化"后的 20 多年来，台湾政治、经济、人口、社会环境发生了较为显著的变化，给国民党的发展带来了严峻挑战。

一是台湾社会意识变迁对仍带"外省党"标签的国民党不利。受李登辉、陈水扁执政时期"去中国化教育"等诸多因素影响，台湾民众的政治认同、身

份认同、统"独"认司发生了深刻变化。政治大学选举研究中心的民调显示，台湾民众的"台湾主体性意识"日益高涨，主张或支持"台湾独立"的人持续显著增加，而赞成或支持统一的人显著减少。这种社会意识的明显转变，对源于大陆，长期坚持反对"台独""两岸一中"立场的国民党来说越来越不利。国民党尽管试图通过启用大量本省籍精英，融入更多本土元素，不断加速"本土化"，但在民进党恶意攻击下，贴在国民党身上的"外省人政党"示签至今仍未完全褪去。未来随着台湾民众"主体性意识""台湾人认同""不统认同"等社会意识的强化，被认为"脱离了台湾主体性"的国民党面临的民意压力将越来越大。

二是台湾阶层分化状况对被扣上"右翼政党"帽子的国民党不利。从经济—阶级的维度看，国民党退踞台湾后的阶级基础主要以大资产阶级、中上层知识精英阶层与"军公教"群体的特点相对较为稳定。除此之外，国民党还因推行土地改革和在经济建设领域取得巨大成绩，在很长一段时间受到较多的农民阶层与中产阶级的支持。但是进入到 21 世纪以后，随着台湾经济增长步伐减速，全球化对台湾经济发展的冲击增大，分配问题日益突出，国民党赖以生存发展的阶级基础受到较大程度冲击。尽管大多数大资产阶级仍偏向支持国民党，但中产阶级和农民阶级在民进党的拉拢分化下，已经不再完全倒向国民党。尤其是近些年来，"民进党自我定位为'中间偏左'政党，着重'分配'层面的社会公平问题，并试图将马英九和国民党打成只在乎'经济增长'的右翼政党"，更让国民党面临着台湾中下阶层较大反弹。可以说"未来'右翼'政党的帽子将给国民党带来不堪承受之重"[1]。

三是台湾人口结构变化对"老化问题严重"的国民党不利。由于国民党在不同年龄阶层的支持度差异较为明显，近年来台湾人口结构的变化也给其发展带来严重不利影响。近年选举民调结果普遍显示，国民党在 50 岁以上选民中支持率领先民进党。但在 50 岁以下，尤其是在 30 岁以下年轻选民中的支持率已大幅落后于民进党。这种支持群体的年龄结构与国民党所具有的西方政党理论中的"保守"政党性质以及其获得较多"军公教"群体支持的特殊历史背景是契合的。但这种具"老化倾向"的支持者结构，随着时间推移将会对其发展越来越不利。依绿营学者洪耀南的研究，"每届（四年）增加'首投族'约 10%，死亡或移出选民约 8% 至 9%，流失的选民用传统蓝绿 55 比 45 看，泛蓝流失约 5.5%，泛绿减少约 4.5%；反观新增加选民蓝绿比约 1：9 或 2：8，如此泛蓝只增加 2%，泛绿却增加 8%，加加减减，每届泛蓝净流失 3.5%，泛绿净增加

3.5%，双方差距是 7%，两届八年就是 14%"[2]。可以说，未来国民党若无法扭转其在"首投族"支持度上的不利局面，随着老一代"军公教"群体的凋零，国民党的支持度还可能继续下滑。

（二）国民党面临的政党竞争外部环境较为险恶

从国民党发展面临的外部环境，尤其是所面临的政党竞争环境看，未来几年形势很不乐观。首先，将面临主要竞争对手民进党的全力打压、追杀。民进党全面夺取政权后，已加紧了对国民党的清算。从目前民进党公布"促进转型正义条例"，推出清算国民党党产、追杀马英九的相关法案看，未来民进党将动用立法、行政等多重手段，对国民党实施沉重打击。而目前国民党仅剩 35 席"立委"，党内又不太齐心，未来很难有还手之力。一旦民进党的清算动作得逞，国民党不仅将面临财务上"釜底抽薪式的打击"，而且历史上的执政被打上"威权统治"标签后，政党的正当性将面临严重质疑。其次，基本盘面临亲民党等"第三势力"的蚕食。先后从国民党分裂出去的新党、亲民党、民国党、军公教联盟、信心希望联盟等政党短期内回归无望，都将给国民党造成不小的竞争压力。尤其是在国民党走下坡路的情况下，以往传统的泛蓝阵营更难团结，国民党不仅将难得到传统泛蓝友军的支援，甚至存在被这些小党"挖墙脚"的可能。

（三）国民党内部沉疴短时间内不易改变

对于深陷危机的国民党来说，内部问题对其未来发展的影响更为严重。近年来的多场选举显示，国民党内部权力结构、组织动员体系、人才培养机制、政党理念传播等，都已严重不适应于台湾政治发展的新形势。

一是内部权力结构与台湾人口结构脱节。岛内舆论认为，国民党党内民主化至今尚未完成，就其党员结构而言，依 2016 年党主席补选时数据，总计 33.7 万有投票权的党员，其中被认为是"深蓝"的黄复兴党部、海外党员及军公教人员就有约 9 万余人，比例超过四分之一，这与"深蓝"民众在台湾人口中的比例完全不相符，被认为是"以严重的反比例反映台湾的人口结构"，于是导致"党意"与"民意"有较大落差。此外，从党内权力核心机构中常会、中评会的选举方式及组成结构看，中常委、中评委由党代表选举，而非由党员直选，也存在权力结构与党员支持群体结构不相符的情况。

二是组织动员体系功能弱化。组织动员过去一直是国民党在选举中的长项，国民党依靠所掌握的丰富行政资源，笼络了大部分地方派系，经常成为选举制胜的法宝。但随着台湾民主化进程的加深,尤其是经历两次政党轮替后,国民党与地方派系在过去"威权时代"存在的恩侍关系早已瓦解,而地方派系本身的人际关系动员网络随着城市化进程中农村地区人口的外移渐趋式微,导致以往靠"撒钱""绑桩"的旧的组织动员模式已渐渐失去其效应。马英九时期尽管推出多项党务改革,试图降低对地方派系的依赖,将国民党转型为选举机器,但因新的组织动员机制尚未建立,旧的组织动员体系又自我削弱,导致组织动员能力大幅削弱,成为制约国民党未来发展的重要痼疾。

三是人才培养机制问题严重。受论资排辈政党文化等因素影响,当前国民党的人才缺乏问题较为严重,尤其是在培养年轻接班梯队上更是危机重重。目前放眼国民党内,可以称得上中生代接班梯队的人选,除了落选的朱立伦外,似乎找不到更有实力的人选。在青年世代中,国民党虽然在2016年"立委"选举中冒出江启臣、蒋万安、李彦秀、马文君、许淑华等"新秀",但与民进党庞大的"中壮世代"接班梯队相比,无论是人数还是政治实力根本无法比拟。因此,如何吸引更多人才加入,并对人才进行适当有效培训将是国民党再起必须解决的问题。

四是政党理念传播效果不彰。不少岛内舆论认为,国民党近年来支持度下跌严重,很重要的一个原因便是它不会宣传。这其中固然跟岛内媒体的"绿化"状况严重、愿意为国民党辩护说明的媒体越来越少有关,但根本原因还在于国民党老旧的宣传机器已不适应新的政治情势。国民党既无法掌控媒体、主导舆论话语权,也不会进行自我宣传,所以在政策宣传领域经常出现'被动挨打'的状况,即使施政做出了成绩,却因宣传不善而导致民众"无感"。若这种状况不改变,未来国民党即使做得再好,也很难获得民众支持。

二、对国民党发展走向的几点判断

综合当前国民党发展面临的内外环境来看,国民党短时期内难以走出低谷,将经历一段较长时间的盘整重建期,其大陆政策则将在坚持"九二共识、一中各表"与加速"本土化"之间摆荡,但从长远看,国民党将迎来"大反省、大改革"的重大机遇,只要抓住机会,依靠仍存的基本盘,在现行的政治体制下仍有翻身再起的机会。

（一）国民党将经历一段曲折漫长的"低谷盘整期"

一是政治实力短时间内难止跌回升。国民党 2016 年两项选举遭遇"雪崩式惨败"，不仅整体气势与士气持续低迷，而且首次全面丧失"中央执政权""立法院"主导权及多数地方县市执政权，目前仅剩 35 席"立委"和 6 个执政县市，因此在较长时期内可用于政党改革与发展的政经资源和民气大幅削弱，该党持续下滑的趋势尚难改变。从 3 月 26 日举行的国民党主席补选看，投票仅有41.61%，当选的洪秀柱仅获 78829 票，得票率为 56.61%，投票率以及胜选者的得票率均创下国民党自 2001 年党员直选党主席以来的最低纪录，显示国民党尚未走出败选阴影，党内士气低迷、离心离德、支持者灰心冷漠的局面未见起色。这种情况短时间内解决不易，国民党未来很长一段时间仍将受困于"冬眠期"。

二是党内派系矛盾并未完全化解。国民党作为一个成分复杂、理念多元、山头林立的政党，当前又面临前所未有的发展困境，手中掌握的各项资源严重萎缩，维护团结的难度相当大。岛内舆论认为，洪秀柱当选党主席后并未消除国民党分裂的阴影，未来不排除"中国国民党"与"台湾国民党"的斗争大戏还会演下去。尤其是党内本土势力对洪的"深蓝"色彩与"急统"主张深怀忧虑，未来会否"跳船"需要继续观察。

三是缺乏新的明星式政党领袖。在遭遇 2016 年选举惨败后，国民党人才危机问题更加凸显，目前还看不到会有"国民党的蔡英文"出现。最终当选为新任党主席的洪秀柱，外界普遍对她也不太看好。况且洪秀柱在此次党主席补选中仅获得约 7.8 万选票，远低于马英九 2013 年当选党主席时的约 20 万票和朱立伦 2015 年的约 19 万票，特别是洪在彰化、南投、云林、嘉义、台东等中南部选区大输黄敏惠，显示洪出任党主席的权威性和代表性严重不足。在"立院党团"自主意识增强，马英九、朱立伦、王金平、吴敦义等大佬各拥山头的情况下，洪在党内缺乏丰沛的资源与人脉，没有自身班底，政治声望与号召力不足，短期内很难有效统合党内各派势力，被外界视为"史上最弱党主席"，甚至存有权力被架空、沦为"看守党魁"的风险。

（二）国民党大陆政策"本土化"难以阻挡，但坚持"九二共识、一中各表"的基调短时间不会改变

从岛内政党发展趋势看，国民党的"本土化"难以避免。随着岛内社会"台湾主体意识"持续增强，特别是"台湾主体性意识"浓厚的青年选民的占比不断扩大，国民党要想赢得选举以维持政党生存与发展，避免"小党化"和

"边缘化"，就必须进一步推行政党"本土化"，以巩固和扩大民意基础。需要指出的是，当前看国民党的"中华民国式本土化"不等于民进党"台独式本土化"，国民党在加强"认同台湾、贴近民意、深耕基层"上做加法的同时，不会过度在"切割大陆、淡化两岸、虚化一中"上做减法，未来可能走"坚持但虚化'一中神主牌'、充实并倒向'台湾主体性'"路线。但不排除特殊条件下，国民党"本土化"滑向"'中华民国'空洞化、台湾化，台湾实体化、'国家化'，两岸'分离化'、'各治亡'"的可能。

不过，短时期内看，国民党走"本土化"与其坚持"两岸一中"的联结并不矛盾，当前国民党坚持"九二共识、一中各表"的立场不会改变。从洪当选后第一时间回复习近平总书记贺电以及近段时间的大陆政策表述看，国民党在洪任内仍将延续马英九时期的大陆政策路线，继续坚持"九二共识"与"一中宪法"，巩固国共交流平台，推动两岸关系和平发展。加上洪具外省、"深蓝"背景，大中国情怀较浓，曾提出"一中同表"等"偏统"论述，被认为是"两岸统合的政治代言人"，其大陆政策立场被认为"不值得怀疑"，未来洪所带领的国民党将继续坚持"九二共识"与两岸和平发展路线。

（三）国民党未来仍有东山再起的机会

一是国民党仍保持相当实力的基本盘。国民党在2016年两项选举的惨败并不意味着政党基本盘的消散或"由蓝转绿"。岛内学者洪永泰认为，2016年选举结构显示"蓝绿政治版图基本没有太大变化"，"蓝色版图只是暂时消失隐藏"，"国民党流失的大约300万票中，有150万是不投票族，120万流向亲民党，30万投给民进党"[3]。尽管学术界对他的这一观点看法分歧，不少人认为2016年选举结构显示"蓝绿的政治版图已发生结构性改变"，但从朱立伦获得的381万票以及国民党区域"立委"38.71%的得票率，以及国民党仍保有相当数量的地方县市议员及乡镇市长、村里长等基层公职上看，国民党仍有较强的民意基础。这些都构成了未来国民党再起的根基、枝干。只要国民党改革措施得当，不投票的、转投民进党、亲民党的并非没有回归可能。

二是当前台湾选举制度为国民党再起提供空间。台湾政治经过多年来的发展，基本形成了"蓝绿二元政治结构"。2016年选举虽然蓝绿实力对比发生翻转，但蓝绿对峙的基本政治格局没有改变。更为重要的是，台湾经历两次政党轮替后，"政党竞争理念"已真正深入岛内民心，民众希望看到两党政治力量的平衡，而不是民进党长期"一党独大"。这就为国民党东山再起提供可能。况且国民党下台后，权力归零，之前所背负的"执政绩效不佳"包袱自动卸除，"民意将紧盯执政的民进党，对国民党的批评情绪将会放缓，同情成分将会增多，国民党将在危机中等来大反省、大改革、大破大立的重大机遇"[4]。一旦国民党痛定思痛、变危机为转机，抓住改革的窗口，仍有机会重新赢得民众的信任。

三、结语

总之，在台湾政治环境发生重要结构性改变、在两岸关系处于重要历史节点、在当前亚太乃至世界格局发生显著变化的情况下，我们看待国民党在台湾的发展既不能盲目乐观，也不能过度悲观。再次下台后的国民党面临的主客观情势相当严峻，但只要国民党把握正确的发展方向，抓住机遇去除自身痼疾，未来仍有卷土重来的可能。但如果弄错方向，贻误战机，国民党不排除被其他政治势力取代而长期在野的可能。

一是必须坚持两岸关系和平发展的正确道路。选后一段时间，国民党针对败选原因进行广泛检讨，但令人担忧的是，曾出现一种要求检讨大陆政策方向，甚至要将党名由"中国国民党"改为"台湾国民党"的杂音。这种杂音虽然在洪秀柱当选为党主席后渐趋消失，但未来不排除党内部分势力继续拿出来作为党内斗争的工具。对于攸关政党前途的两岸政策，国民党应该明白，跟民进党比"谁更本土化"是永远比不过的；国民党要想在复杂的竞争环境中东山再起，很重要的一个因素，是要在赢得岛内主流民意支持的同时得到大陆的支持，而其中的关键，就是它的大陆政策必须与绿营有区隔，尤其是在绿营对大陆态度强硬，极有可能导致两岸经济背道而行，两岸政治摩擦加剧，两岸人民的不安全感上升的情况下，国民党更要坚守"两岸一中"、反对"台独"的政治底线，如此才能凸显与民进党两岸政策的巨大差异，才能凸显维护两岸和平与台海稳定的能力。因为，无论台湾政党政治如何发展，无论台湾民众认同如何演变，只要大陆不放弃对台湾施加影响力，岛内始终会存在"反中（陆）""抗中（陆）"与"和中（陆）""友中（陆）"两股势力的对抗，在民进党不改变"反中（陆）""抗中（陆）"思维的情况下，国民党唯有继续走"友中（陆）""和中（陆）"路线，才能获得大陆支持，也才有卷土重来的机会。

二是必须处理好除旧与革新的关系。国民党的改革正处在一个新的历史起点，改革的事项千头万绪，改革的任务艰难险阻，但是在新旧交替之间，必须处理好"除旧"与"革新"的关系。要在坚持正确改革方向的前提下，在正确的时间，用正确的方法，做正确的事情。马英九、朱立伦担任党主席时期，在党务改革上有成功的经验，也有失败的教训。失败教训当中有一个至为关键的部分就是未能处理好"旧"和"新"的关系。改革是一个缓慢的过程，改革的过程必然会触动很多既得利益者的利益，但是改革的操盘者必须在推翻旧的体制、旧的结构之前建立好新的制度、新的体系，如此才能提高改革的成功率。国民党在处理政党文化、组织动员体系、人才培养机制、政党理念凝聚等诸多改革的"硬骨头"时，就必须处理"除旧"与"立新"的关系，尽量缩短内部震荡的时间，以建立适应岛内政治新形势的政党体制与新的政党文化。

注释：

[1] 郑振清：《台湾：变化社会中的政党重建——"九合一"选举后的国民党改革》，《南风窗》2014 年 12 月。

[2] 洪耀南：《数读台湾：国民党八年节节败退》，东网 2015 年 12 月 22 日。

[3] 洪永泰：《国民党 300 万票会永远消失吗》，《联合报》2016 年 1 月 18 日。

[4] 《社评：国民党不能夸 未必不能够成为社会共识》，中国评论新闻网，2016 年 1 月 20 日。

国民党"本土化"走向评估

中国社会科学院台湾研究所　刘世洋

　　"本土化"是现代政党立足的基本要求，国民党迁台后便一直渐进推动"本土化"进程，并已基本蜕变为"立足台湾"的本土政党。但年初两项选举空前挫败后，国民党内要求全面彻底"本土化"的声浪再次高涨。在此背景下，找出国民党"本土化"的动力源，评估其会否滑向"独台"甚至"台独"歧途，对于准确把握国民党未来发展走向、有效应对岛内政局演变、更好地推动两岸关系向前发展，具有极为非常重要的现实意义。

一、"本土化"相关概念辨析

　　研究国民党"本土化"，有必要首先厘清"本土化"及"台湾本土化"概念，然后才能在此基础上准确把握国民党"本土化"内涵。

（一）"本土化"是什么

　　"本土"在《现代汉语词典》中的定义是"乡土；原来的生长地"，在《两岸常用词典》中的定义是"出生地；生长地"，可以理解为出生及成长的地方。"本土化"在《两岸常用词典》中的解释是"①外来文化与当地固有文化相融合的趋势。②社会发展逐渐以当地认同为中心的文化形态。③跨国企业为适应当地文化、经济、人权等，将其策略转换为当地化经营，以保障企业特色在当地的认同与存续。"可见，"本土化"是与"全球化"相对的概念，重在文化、心理而非政治、理念层面，大致包括"本体的自我认同"及"他者的本土认同"两个层面。"台湾本土化"属于前者，亦即"台湾化"；"国民党本土化"属于后者，还包括"外省人改流归土"。

（二）"台湾本土化"是什么

"台湾本土化"在不同时期具有不同的内涵，日据时期主要是为了对抗日本文化以保持中华文化，台湾光复后因国民党威权腐败统治而对中国认同产生一些疏离，台湾政治转型后则由过去以整个中国为价值取向转为以"台湾为主体"和优先[1]。主要限定在政治体制、政党属性、社会意识、文化教育等领域，其基本诉求是让本省人参与政治、当家做主，改变外省人长期主导局面；主要内涵既非回归中国化的本质属性，也非回到少数民族的原初状态，而是吸纳融合外来事物后形成新的"台湾主体"；实践路径是"认同台湾、爱乡爱土、凝聚族群"。但后来被李登辉、陈水扁视为政治工具，其诉求被扭曲为"摆脱外来政权和大中华主义"的"台独化"[2]，其内涵被扭曲为回到特定节点原初状态的"去中国化"，其路径被扭曲为"分裂族群、操弄省籍、打击对手"。

（三）国民党"本土化"是什么

国民党由大陆溃逃台湾、由威权体制转向现代民主政党、由执政党沦为在野党，必须不断改革以适应新的现实，其中最重要的路径就是"本土化"。国民党"本土化"是一个强调"在地文化"与"主体意识"的"在地化"过程，主要包括四个方面：一是人事"本土化"。国民党逃台时携带大量军公教人员，外省人长期把持党政军权。但后来持续大量启用本省人，其支持基础也由军公教向岛内企业财团、中产阶级、经济选民、农渔派系、闽客族群等扩展，在人事方面目前已基本完成"本土化"，实质蜕变为"本土政党"。二是体制"本土化"。国民党长期以"党国"机制运作，但在台湾"民主化"后逐渐适应了岛内的现代选举政治，并基本蜕变为"民主政党"，只是仍存在老人政治、宫廷文化、官僚体制等威权余绪，在党员权利、党内直选、民主建设等方面仍有改进空间。三是政策"本土化"。国民党侧重"自上而下、统揽全局、着眼长远"的思维模式，不能根据岛内特殊政情进行及时有效的灵活调整，导致不少政策虽然"立意良善"、但常"脱离基层、远离社会"；在"深耕台湾、扎根基层、在地培养"方面着力不足，难以激发民众认同与共鸣；两岸交流政策也因未能充分惠及基层而被贴上"黑箱作业、独厚财团"标签。四是理念"本土化"。国民党曾长期将台湾视为"反攻大陆"的"复兴基地"，后来日益认清政治现实，逐渐淡化"大中国情怀"，转而全力经营台湾、扎根台湾，不断向"坚持台湾优先、从台湾出发、以台湾为主"转型。综合看，国民党"本土化"在战略层面已基本完成，但在战术层面仍有很长的路要走。

（四）国民党"本土化"不是什么

国民党"本土化"是个有"立"有"破"的过程，但重心是"立"不是"破"；是个综合性、立体性的转变，但更多的是爱乡爱土的价值取向而非追求"独立"的意识形态。因此，应该澄清三个误区：一是"国民党本土化不等于台独化"。"本土化"是过程而非目的，不应被政治力扭曲为操弄工具。国民党"本土化"是现代政党政治发展、政党机制自我完善的必然要求，与政党的性质、路线、理念并无绝对关联；"台独"则是激进分裂势力的政治目标，二者是两个不同层面的议题。二是"国民党本土化不等于独台化"。"独台"虽不以建立"台湾共和国"为目标，但坚持"两岸分裂分治"立场，声称"中华民国在台湾是一个主权独立的国家"，亦被称为"B 型台独"。"国民党本土化"与"独台化"的共同点是都坚持"成为台湾"，但前者是在政党机制层面，后者是在政治理念层面。三是"国民党本土化不等于去中国化"。国民党"本土化"是开放包容的而不是封闭拒斥的，是认同自己而不是否定他者，"本土化不是去中化，也不是跟中国大陆对立，本土化就是草根化的意思"[3]，"台湾应当推动的是有包容性、有自信心的台湾人主体意识"[4]，正确的做法是如何更加"贴近台湾、成为台湾"，而不是如何"去中国化、去全球化"，因此不应纳入"排斥中华民国""拒绝终极统一"等内容，也不应以此为评判标准。我们不能将国民党"本土化"与"台独"挂钩，也坚决反对切割两岸连接的任何做法。

二、国民党"本土化"历史脉络

国民党自逃台伊始就面临"本土化"的现实问题，主要经历了"以我为主""入乡随俗"和"落地生根"三个阶段，由最初"身在曹营心在汉"的"过客主义"，逐渐转变为"适应台湾、融入台湾"的"偏安主义"，并最终走向"服务台湾、成为台湾"的"本土主义"。

（一）蒋介石时期

早在"2·28 事件"后，蒋介石就曾指示台湾省主席陈诚"多方引用台湾学识较优、资望素高的人士参加政府，并应特别培植台湾有为青年"[5]。1949 年国民党逃台后，通过不断吸收台籍党员来扩大社会基础，先是在 1950 年党务改造运动中推行"生根政策"，然后在 1961 年八届四中全会上首度产生两名台籍中央委员，再后于 1969 年全面革新运动中鼓励外省老人退休并大力启用台籍新人。蒋介石时期从人事角度打开了国民党"本土化"的阈口，但仍处于探索和奠基阶段，各项限制仍然相当严格，象征意义大于实际意义。

（二）蒋经国时期

国民党真正实行"本土化"是始于蒋经国时期，主要包括三个方面：一是提拔台籍优秀人才出任中央党部各部门主管及县市党部主委，如任命李焕为中央组工会主任；增加台籍人士在中常会的比例，至1976年"十一大"时达33%；大力吸收台籍党员，变为以台湾人为主体的政党。[6] 二是对整个政策制订的方针与处理两岸关系总格局的出发点转向台湾[7]，"开始由一个全国性政党退变为台湾的地区性政党"[8]。三是在扎根本土、经营台湾、"台人治台"的同时，仍然坚持一个中国原则，仍以国家统一为最终目标[9]。

（三）李登辉时期

国民党"本土化"沦为政争工具，并逐渐走上"台湾国民党化"和"台独化"歧路。一是排斥"非主流派"，在党代表、中央委员和中常委等职位及各级机构安插台籍亲信，在1988年"十三大"时台籍人士在党代表和中常委均占过半席次。二是认为民主化的动力和目标就是"本土化"，批评"国民党是外来政权"，提出"台湾优先""建立新中原"主张，强化"新台湾人""台湾生命共同体"理念，积极建构"台湾主体意识"，主张"认同台湾"。三是两岸关系定位逐渐背离一个中国原则、走向"特殊国与国关系"，在文化教育领域刻意推动闽南语教学、通用拼音、《认识台湾》教科书、本土历史等"去中国化"政策。

（四）连战时期

国民党对遭扭曲的"本土化"拨乱反正，提出"在地化""建设性本土化"路线，强调国民党应成为"既是台湾人又是中国人的政党"。2000年6月国民党"十五大临全会"修订党章，将"建设台湾为人本、安全、优质的社会"与"实现'中华民国'为自由、民主、均富和统一的'国家'"并列为奋斗目标。2001年7月，黄大洲在国民党中常会报告《论本土化的真谛》中指出，"本土化"应坚持"政治架构安排必须反映本土社会结构，经社资源分配必须顾及本土社会需求"的理性思维；连战特别提出"建设性的本土化路线"，强调"本土化"不能等同于"狭隘的族群区别""反外省""去中国化"。2004年"大选"落败后，国民党提出"在地化"新论述，主张建立"多元融合的新台湾"，以取代被严重扭曲为"闽南族群化""去中国化"的"本土化";并提出"'中华民国'自 1912 年以来就是一个'独立自主的国家',今天的'中华民国'已和台湾合为一体"。

（五）马英九时期

主要包括三个方面:一是强调台湾认同,称台湾是移民社会,来者不分先后都是台湾人,各族群共同创造了特有的"台湾精神""台湾价值"及"具有台湾特色的中华文化";所谓的"外来政权"是假议题,通过民主选举产生的就是"本土政权",国民党已经与台湾高度连成一体。二是侧重公共治理,主张在淡化统"独"争议基础上追求良性政党政治,按照"以台湾为主、对人民有利"原则关注经济民生,推动社会进步。三是尊重民主原则,主张在"中华民国宪法"架构下,"台湾的前途由台湾人民决定",甚至提出"台湾前途选项开放论""两岸和平协议须经公投"等较激进言论。[10]

（六）朱立伦时期

2015 年初朱立伦接任党主席,主要任务是应对 2014 年"九合一"变局、备战 2016"大选",在"本土化"方面着墨不深,仅有三点应激性操作:一是主张两岸"求同尊异","检讨两岸交流所产生的社会心理层面的冲击以及公平正义的分配疑虑"[11]。二是撤换"外省派"洪秀柱的"大选"提名,批评其"与国民党长期以来的主张有所落差,与台湾主流民意有所偏离"[12]。三是拉拢本土势力,大量提名以王金平为首的"本土派"参选"立委"。

三、国民党"本土化"最新发展

近年来,两岸关系、岛内政局、社情民意、国际环境都发生了翻天覆地的变化,国民党的"本土化"呼声也随之持续高涨,产生了一些不同以往的新动向。

（一）国民党"本土化"升温的背景及原因

一是国民党"和解路线"在"两岸敌对、陆强台弱"格局下受到的误解疑虑不断增加。近年来大陆综合实力快速发展、国际影响力持续攀升,导致两岸实力差距越来越大。但两岸迄今尚未签署和平协议,台湾在与大陆互动中越来越自卑、越来越恐惧，以致对两岸交流过快会损害"台湾自主性"的担忧不断增强，这使国民党开放合作的两岸和解路线逐渐陷入被动局面。加之国民党在两岸交流中确实存在"过程不透明""利益不均沾"等问题，甚至成为"太阳花学运"爆发的重要借口。国民党在无力引导民意的情况下，不得不向民意靠拢以自清，试图通过"本土化"证明"爱台湾"。

二是"台湾本土化"与"国民党本土化"进程持续发展的内在要求。近年来"台湾主体意识"持续高涨，"台湾人认同"已单独过半、比例高达60.6%，远远超过持"既是台湾人也是中国人的双重认同"的32.5%及持"中国人认同"的3.5%，就连支持"台独"的比例也高达23.9%。[13]"台湾本土化"在过去几十年快速发展，目前已经到了进行阶段性总结并跃升为"台湾共识"的新阶段。在新的"本土化"进程中，国民党自身也需要进一步"本土化"，来适应外部环境的变化及内部调整的要求。

三是岛内政党竞争、选举操作及党内权力斗争的现实压力。长期以来，国民党"亲陆偏统"、民进党"亲台偏独"印象根深蒂固，两党均将中间选民视为争夺对象。2008年以来两岸关系和平发展取得巨大成就，民进党认识到"台独是死胡同"，不得不向"中华民国""维持现状"靠拢。这在客观上部分破解了国民党"两岸牌"优势，对其构成巨大压力。特别是在2016"大选"的最高政治下，民进党不断"抹红"国民党，使其左支右绌。国民党认为必须向民进党占据先天优势的"本土化"靠拢，才能以攻为守扳回一局。另外，国民党内的权力斗争也放大了路线分歧。王金平为将"司法关说案"引向"马王政争"，大力召集"本土派"对抗马英九；洪秀柱在2016"大选"抛出"一中同表"等改见，打破外省与本土的平衡，激发"本土派"自保和围攻。

（二）当前各方对国民党"本土化"的基本看法

岛内各界对国民党在"认同台湾、贴近民意、深耕基层、草根经营、活化体制、培养青年"等方面的"本土化"改革具有共识，分歧主要在政党定位、理念宗旨、价值认同、大陆政策等方面。

一是国民党"本土派"主张"彻底摆脱一中包袱，全面贴近台湾主体性"。该群体以地方派系、中南部县市议员、农渔会系统、闽南族群、乡村中下阶层等为主体，以王金平为灵魂人物，台面上要角包括现任"立委"许毓仁、曾铭宗、黄昭顺、张丽善、徐榛蔚、林德福、林为洲、颜宽恒、卢秀燕、江启臣、王惠美；卸任"立委"陈根德、卢嘉辰、廖正井、李庆华、翁重钧、张嘉郡、江硕平、张庆忠；代理党主席黄敏惠、中常委林荣德、前国民党发言人杨伟中等；台中"红派"廖了以、台中"黑派"颜清标、云林张荣味、花莲傅崐萁；农渔会系统林文瑞等；高雄市议员陆淑美、台北市议员锺小平等。其主张包括：一是政治定位坚持"中华民国就是台澎金马"[14]，通过"切割大陆连接"摆脱"外省原罪"。二是政党名称"中国国民党"改为"中华国民党"[15]"国民党""台湾国民党"，筹组"台湾国民党联盟"[16]，通过"去除中国标签"消除民众对其"外来政权"的误解和"追求统一"的疑虑。三是台湾前途走"认同以台湾为主的'中华民国'"的"华独"[17]"独台"[18]"偏安"[19]路线，通过"'中华民国'台湾化、台湾国家化"维持"'中华民国'在台湾的政治实体"地位。四是两岸交流要"对等尊严、公开透明、惠及基层"，摆脱"倾中卖台"标签。五是坚决反对"一中同表"，防止"国民党走向新党化"。另外，选后新生代徐巧芯、李正皓、曾文培、侯佳龄、萧敬严、江怡臻等发起成立的"草协联盟"也可归为"本土派"，他们要求"针对两岸路线进行公开辩论"，提出"国民党应成为以台湾为主体为首要的政党，我们是'中华民国'的国民，是台湾人"的"'中华民国'本土论述"[20]。亲民党也可归入蓝营"本土派"。

二是国民党"外省派"主张"立足台湾、胸怀大陆、放眼世界"。该群体以军公教系统、党内元老、党务主管、政务系统、北部及外岛、外省及客家族群、企业财团、都会中上阶层为主体，以马英九、洪秀柱、连战、吴伯雄等为灵魂人物，台面上要角包括现任"立委"吴志扬、蒋万安、李彦秀、蒋乃辛、费鸿泰、赖士葆、吕玉玲、陈超明、徐志荣、杨镇浯、陈雪生；卸任"立委"蔡正元、邱毅、林鸿池、费鸿泰、赖士葆、吴育升等；党内元老连战、吴伯雄、郝柏村、胡志强；亲马党政人士王郁琦、罗志强、曾永权等。其主张包括：一是政治定位尽管有"一中各表、一国两区"[21]"一中同表、整个中国"[22]"求一中架构之同、存一中涵义之异"[23]"一个中国架构"[24]等歧见，但都坚持"中华民国宪法""九二共识"，反对"两个中国""一中一台""台湾独立"。二是政党名称的"中国"指"中华民国"不应去掉，"国民党作为创建中华民国的政党，当然必须成为'中华民国宪法'坚定的捍卫者"[25]。三是身份认同"台湾人"，"不管先来后到，认同这片土地就是台湾人"[26]；同时也认为"两岸人民都属于中华民族，都是炎黄子孙，共享相同血缘、历史跟文化"[27]。四是台湾前途"掌握在台湾2300万人民手中，在'中华民国宪法'架构下，由台湾人民自己来决定"[28]。五是两岸交流坚决反对"闭锁对立"思维，坚定推动"和平发展、合作双赢"路线。新党也可归入蓝营"外省派"。

三是国民党"中间派"主张"坚持但虚化'一中神主牌'、充实并倒向'台湾主体性'"。该群体以本省籍当权派、经济理性支持者、少数民族族群、参与两岸交流的本土工商业者、中部地区、小城镇阶层为主体,以吴敦义、朱立伦为灵魂人物,台面上要角包括现任"立委"柯志恩、陈宜民、林丽蝉、王育敏、罗明才、陈学圣、马文君、许淑华、郑天财、廖国栋、孔文吉、简东明;有选举历练的外省籍郝龙斌等;本省籍大佬高育仁等。若按照"本土 vs 非本土"二分法,"中间派"基本可划入"外省派"。其主张包括:一是不否认"中华民国""九二共识",甚至公开认同"两岸同属一中"[29]。二是重点论述"台湾主体性",认为"求同存异"应调整为"求同尊异""存同求异","要对得起台湾人"[30]。三是两岸交流要提升品质,"检讨过去两岸经济交流分配的公平正义及对社会心理层面冲击"[31]。

四是民进党主张国民党必须处理"外来政权、倾中卖台"问题。民进党自认为是正宗正统的本土政党,其所定义的"本土化"理应成为国民党改造的目标和方向。具体包括:一是全面"去中国化""去中华民国化""将中华民国台湾化、台独化"[32],认同"中华民国就是台湾",彻底割断两岸的政治及法理连接,改名为"台湾国民党"。二是坚持台湾"主权",放弃"九二共识",不承认"两岸同属一中",认同"两国论"的政治定位。三是"坚持依循普遍民意,坚持遵循民主原则,坚持确保台湾人民对于未来的选择权"[33]。

五是社会民意期待国民党"认同主体意识、提升两岸品质"。岛内社会主流民意对国民党"本土化"的要求并不像民进党那样苛刻偏激,具体包括:一是回应民众"恐中拒统"民意,认同"台湾主体意识",坚持台湾人身份认同[34]。二是坚持"中华民国"及"宪法",不排斥"中华民族、中华文化"[35]。三是两岸交流要把握节奏、"不能太快"[36],重点检讨"黑箱化""权贵化""财团化"等问题。

(三)当前国民党"本土化"的主要特点

一是延续性,基本符合长期以来国民党"本土化"的大方向,与过去脉络一脉相承。二是应激性,2014年"九合一"及2016"二合一"两次严重败选,是刺激"本土化"沉渣再起的直接原因。三是盲目性,表现出一定的民粹性和"病急乱投医"心态,甚至附和绿营说法、萌生抛弃两岸优势的自断手脚想法。四是激进性,在改党名方面有较强呼声,而且不限于传统"本土派",也包括很多新生代。五是权斗性,路线讨论与"马王政争""大选"、党主席改选交织,被操弄成国民党内"本土派 vs 非本土派""主流 vs 非主流"[37]"正统国民党 vs 台湾国民党"[38]"世俗派 vs 基本教义派"[39]之争以及国民两党"倾中卖台 vs 拒中爱台"[40]的陷阱，"除了自我标榜和抹黑对手，没有任何正面意义"[41]。六是虚假性，各方公认"本土化是假议题"，所谓"本土""倾中""急统"等都是"党同伐异的标签""空有名称而无理论及操作型定义的概念"[42]。

四、国民党"本土化"前景走向

国民党"本土化"能发展到何种程度，不仅取决于党内"本土派"与"非本土派"间的拉锯及妥协，还受到民进党、岛内民意、大陆及两岸关系制约，其最终结果也将对岛内政局和两岸关系产生重大影响。

（一）国民党"本土化"能走多远？

国民党走向"本土化"是顺应"台湾主体意识"、健全政党体制、适应选举政治的必然要求，但也面临诸多掣肘，不会滑向"台独"或"独台"歧路。一是"社会主流民意"虽然"恐中拒统"，但更"忧独怕战"，希望国民党继续扮演"牵制台独、维系和平、推动交流、创造红利"的主要力量。二是民进党具有本土先天优势，国民党无论如何都无法取得对台湾忠诚度的优势地位[43]，但若抛却"两岸牌"，只会"偷鸡不成蚀把米"。三是岛内政局无论如何变迁都会存在"亲台湾 vs 亲大陆""侧重主权尊严 vs 关心和平经济"的两股力量，国民党若走上"李登辉路线"，只会造成"台联化""泡沫化"[44]，并被新党、亲民党等取代。四是国民党惨败主因是内政经济，而非绿营所污蔑的"亲中卖台"，"台独"已成为死胡同和民进党的毒药，国民党更无须将其视为再起药方。五是国民党"本土派"向来是利益结合体，缺乏论述能力，加之此次选战又遭重创，缺乏政治实力和道德制高点；相比之下，洪秀柱、黄复兴党部等"外省派"更具战斗力。

（二）国民党"本土化"走向何方？

3月26日党主席选举结果将对国民党"本土化"走向产生重大影响，目前看洪秀柱当选几率很大，但基于团结才能再起的认知，及"本土派"借助"立法院"和地方派系制衡的现实，洪秀柱就算当选也不大可能带领国民党走向"新党化"。预估国民党"本土化"将采取"深化本土的耕耘，以丰厚国民党所承继之'中华民国在台湾'的内涵"[45]道路，走向"坚守'中华民国'表征""贴近台湾主体性""支持两岸和平发展"的"三位一体"架构，并包括七个具体面向：一是政党属性定位为"信奉中华民国、认同台湾主体"的本土政党。继续供奉"中华民国神主牌"，捍卫"中华民国及其宪法"，坚持国民党是1912年创建"中华民国"的政党，不更改"中国国民党"名称；但更强调"中华民国在台湾的存在事实""认同以台湾为主的中华民国""成为以台湾为主体为首要的政党"。前者为虚，是符号、招牌，后者为实，是本质、实体，由过去"立足台湾、胸怀大陆"调整为"与大陆藕断丝连、对台湾交心立命"。二是价值理念坚持"三民主义服务台湾"。找回孙中山的创党精神，将"三民主义"在台湾发扬光大，特别是专注于"民权""民生"领域，发挥财经优势，建设"民有、民治、民享"的台湾。三是身份认同主张"既是台湾人，又属于中华民族"。反对操弄省籍、分裂族群，主张"都是台湾人"；不公开接受政治性较高的"中国人"身份，但明确坚持"两岸人民同属中华民族，都是炎黄子孙，拥有共同的血缘、历史与文化""'台湾精神'丰富了中华文化的深层内涵"。四是台湾前途坚持"由2300万人民依据中华民国宪法决定"。既强调台湾人民的自由选择权，又设下"依据中华民国宪法"的前提，主张"中华民国的前途与台湾的未来掌握在我们2300万人的手中"，"台湾的未来，一定要由台湾2300万人民，依据中华民国宪法来决定"。五是大陆政策坚持"宪法架构、一国两区"。主张"两岸关系是国共内战的延续""中华民国宪法是处理两岸关系的最高指导原则""两岸不是国与国的关系，而是地区关系"，是"一个中华民国、两个地区"，反对"两个中国""一中一台""台湾独立"；主张"中华民国是一个主权独立国家，台湾是我们安身立命的家园"，但不会滑向民进党"台湾是主权独立的国家，现在的名字叫中华民国"的"事实台独"。六是两岸交流主张"交流合作、普惠基层"。反对"闭关锁国"、制造对立，支持开放合作、互利双赢，主张在"一中各表"基础上，推动两岸关系和平发展；反对"台独"挑衅和"武力恫吓"，主张维护台海和平、创造和平红利、造福民众福祉；积极提升两岸交流品质，检讨"黑箱化""权贵化""财团化"等问题。七是政党体制加强"深耕基层、贴近民意、活化体制、培养青年"。改革老人政治，扫除宫廷文化，摆脱陈旧思维，清理党产包袱，健全基层组织，善用地方派系并引导其转型；降低党主席参选门槛，推动地方党部主委直选，拉近党意与民意、中央党意与基层党意的距离；制定深耕计划，培养青年人才，推动世代交替，放手让年轻人到艰困选区长期蹲点经营。在黄复兴党部基础上，加强吸纳岛内各群体各阶层入党，拓展群众基础。

（三）国民党"本土化"有何影响？

在团结再起的最大共识下，国民党务实推动"本土化"将产生如下影响：一是有助国民党健全体制、东山再起。国民党在改革体制、深耕基层等方面的一系列"本土化"举措，将对其吸引基层回流、争取社会认同、增强政党战斗力产生积极影响。二是加剧蔡英文执政压力。国民党加速"本土化"使民进党失去"抹红"的着力点，经济、民生将成为选民关注的焦点，民进党只要无法交出基本的施政成绩单就可能再度被轮替。三是不会冲击两岸关系。国民党"本土路线"与"开放政策"并行不悖，国共双方将在"九二共识"基础上继续致力于推动两岸关系、提升交流品质、夯实和平基础。

注释：

[1] 徐家勇：《马英九主导下的国民党本土化论述研究》，厦门大学硕士论文，2012 年 6 月。

[2] 陈孔立：《台湾政治的省籍—族群—本土化研究模式》，《台湾研究集刊》，2002 年第 2 期。

[3] 《蔡东杰：国民党本土化不是去中国化》，台湾《中央日报网络报》，2016 年 2 月 3 日。

[4] 《包容的台湾主体意识不排除中国大陆》，台湾《中国时报》，2016 年 2 月 23 日。

[5] 邱腾伟：《蒋经国与政治本土化》，台湾《人文与社会学报》第 2 卷第 5 期，2010 年 1 月。

[6] 孙代尧：《台湾威权体制及其转型研究》，中国社会科学出版社，2003 年 8 月。

[7] 李强：《"台湾化""本土化"政策之我见》，《台湾研究集刊》，1990 年第 1 期。

[8] 张文彬、周自豪：《蒋经国执政时期的"革新保台"政策分析》，《党史博采》，2005 年第 9 期。

[9] 徐家勇：《马英九主导下的国民党本土化论述研究》，厦门大学硕士论文，2012 年 6 月。

[10] 徐家勇：《马英九主导下的国民党本土化论述研究》，厦门大学硕士论文，2012 年 6 月。

[11] 《朱立伦公布国民党九项中心任务包括两岸关系》，香港中评网，2015 年 3 月 5 日。

[12] 《朱立伦：洪两岸政策偏离台湾主流民意》，香港中评网，2015 年 10 月 7 日。

[13] 《创新高 "国人"逾 6 成自认是台湾人》，台湾《中国时报》，2015 年 1 月 26 日。

[14] 《党内青年邀对话 柱缺席挨批》，《自由时报》，2016 年 2 月 21 日。

[15] 《国民党党名要改成啥？锺小平说是这个》，台湾《自由时报》，2016 年 1 月 22 日。

[16] 《本土大老串联 组台湾国民党联盟》，台湾《台湾日报》，2015 年 9 月 28 日。

[17] 《党内青年邀对话 柱缺席挨批》，《自由时报》，2016 年 2 月 21 日。

[18] 《陈建仲：两岸关系进入绿红角力的新时代》，台湾《中央日报网络报》，2016 年 2 月 6 日。

[19] 谢大宁：《国民党何去何从》，美国《星岛日报》，2016 年 1 月 29 日。

[20] 《蓝营新生代组草协联盟 徐巧芯：请不要低估我们的决心》，台湾《番新闻》，2016 年 1 月 19 日。

[21] 《台陆委会：两岸定位是"一国两区"》，多维新闻网，2015 年 2 月 5 日。

[22] 《洪秀柱关于两岸政治论述的说帖（全文）》，《台湾中央日报网络报》，台湾 2015 年 5 月 2 日。

[23]《连习会 连战提两岸16字原则》，台湾《联合报》，2013年2月25日。

[24]《吴习会 吴伯雄首度提"一中架构"》，台湾《联合报》，2013年6月14日。

[25]《洪秀柱：拿香跟拜是国民党惨败原因》，台湾《中央日报网络报》，2016年2月21日。

[26]《洪秀柱、陈学圣出席开放联盟论坛 吁党改造》，台湾《中国时报》，2016年2月19日。

[27]《马英九："宪法"架构下推动大陆政策》，台湾《中央日报网络报》，2013年2月29日。

[28]《陆委会：台湾未来2300万人决定》，台湾《自由时报》，2014年6月11日。

[29]《朱立伦重申九二共识 提出"两岸同属一中"》，台湾《苹果日报》，2015年5月4日。

[30]《问"中华民国"是台湾？李新：笨蛋！》，台湾《中国时报》，2016年2月29日。

[31]《检讨两岸关系 朱立伦：行稳致远》，台湾《中国时报》，2015年1月19日。

[32]《蔡英文为"中华民国""换心变脸"？》，台湾《联合报》，2016年2月25日。

[33]《蔡英文：九二历史事实 推动两岸关系》，台湾《自由时报》，2016年1月21日。

[34]《新台湾"国策"智库民调 八成五民众自认台湾人》，台湾《台湾时报》，2015年12月31日。

[35]《台湾竞争力论坛民调：九成台湾人认同中华民族》，香港《中国评论网》，2013年2月27日。

[36]《认两岸交流太快的居多》，台湾《中国时报》，2009年10月19日。

[37]《国民党魁补选 主流vs.非主流？》，台湾《联合报》，2016年2月23日。

[38]《正统国民党与台湾国民党》，台湾《台湾时报》，2016年1月7日。

[39]《国民党主席之争 他认为是"世俗派"对"基本教义派"》，台湾《自由时报》，2016年1月31日。

[40]《不应掉入本土非本土二元论述陷阱》，台湾《中国时报》，2016年2月24日。

[41]《什么是本土派？》，台湾《中国时报》，2016年2月2日。

[42]《什么是本土派？》，台湾《中国时报》，2016年2月2日。

[43]《"去中国"国民党准备唱安魂曲》，台湾《中国时报》，2016年1月23日。

[44]《分析拿掉"中国"的下场 邱毅预测国民党未来》，台湾《自由时报》，2016年1月22日。

[45]《笨蛋，洪加黄才是答案》，台湾《联合报》，2016年2月1日。

"不当党产条例"的立法攻防、未来 走向及影响

中国社会科学院台湾研究所　陈咏江

2016 年，民进党重返执政并首度掌控"立法院"绝大多数席次后，已可完全掌控议事主导权和议案表决，欲强行推动"不当党产处理条例"，以期斩断国民党"金脉"，削弱其社会基础。总体看，国、民两党未来将围绕"不当党产处理条例"等相关立法展开激烈角力。虽然党产最终难逃被清算命运，但以什么样的方式以及在多大程度上解决党产问题却意义大不一样。随着党产清理进程的深入，势将加速国民党的政党转型步伐，也会强烈冲击国民党的生存发展。

一、国民两党围绕"不当党产条例"立法进行 攻防的焦点

对民进党而言，长期以来，党产问题是其打击国民党、转移矛盾焦点、谋取选票的"提款机"。陈水扁时期，碍于蓝大绿小的"立法院"格局，"政党法"及"政党不当财产取得条例"无法获得讨论通过的机会，民进党乃透过"行政院"下辖"法务部"调查并移送"监察院"清查，另一方面有意阻挠国民党主动清理党产，以配合政治局势方便议题炒作。马英九上台后，民进党更是没有能力对国民党党产进行处置，"政党法"累计被挡 275 次。2016 年"大选"后，民进党在"立法院"实现单独过半，将党产法案列为优先议题，誓要将国民党党产做尽可能彻底的清理。因此，民进党的攻防重点不仅是规范政党财产的"政党法"，更侧重于专门针对国民党的"不当党产取得条例"。

对国民党而言，国民党历经连战、马英九党主席任内清理党产工作，目前主体部分仅剩下已经交付信托、确定标售的中央投资公司（2010 年初一分为二，

有争议的资产约 60 到 70 亿元新台币切割成立欣裕台公司，剩下的约 170 亿新台币无争议资产另成立欣光华公司），已经基本符合形式法治原则。正如吴敦义所言，"当年自转账挪用或捐赠所得到的党产，目前 99% 都已经回赠完毕，唯一剩下的中投公司尝试标售 7 次有 5 次流标，并非国民党本意"。面对"立法院"格局改变以及大环境不利于国民党的劣势，国民党挡不住民进党关于"政党法"与"不当党产取得条例"的提案，采取以拖待变的策略，提出"政党财产监督管理条例草案'作为"不当党产取得条例"的对案，坚守形式合法的底线，也为处置党产争取时间。

双方争议的焦点在于要不要进行特别针对国民党的特殊"立法"，如何判断何谓不当党产，由谁来主张由谁来举证，如何看待信托收入，要不要设置专门的机构并赋予其特殊权力来调查处置不当党产，要不要设置特殊严格的罚则。具体而言，争议焦点如下表：

政党法、不当党产取得条例与国民党版政党财产监督管理条例草案的不同及影响		
争议焦点	政党法	不当党产取得条例	政党财产监督管理条例草案
法治精神	形式法治原则，意味着国民党党产基本合法	实质法治原则，特别立法，不受追诉期限限制，意味着绝大多数国民党党产不合法	形式法治原则，允许就争议党产提出异议
规范对象	所有政党	点名戒严前成立政党针对国民党意味极强	所有政党
合法收入	仅限于党费、政治献金、政党补助金及其孳息，为宣传理念或宣传活动所为出版、宣传品销售或权利授予、让与所得	同	同
营利事业	政党不得经营或投资营利事业	同	同
不动产	不得购置不动产，但供办公使用之处所例外	同	同，无论如何，国民党得提前开始处理不动产

		按次处罚＋连续罚、加倍处罚，直接认定为违法，强制介入执行，国民党被迫公开党产细目	
罚则	按次处罚		无特殊规定
信托	政党经营或投资营利事业两年内无法转让，应予 6 个月内信托；信托所得收益不得用于经营或投资营利事业，如信托期间有合理转让条件应转让	信托无用	本条例施行前投资或经营事业，应于 2 年内转让或信托，信托条件相对宽松
举证责任	无	国民党自己举证证明其取得财产符合政党本质及民主法治原则，否则推定为不当党产	举证责任在权利人，而权利人大多已不存在，国民党可保留绝大部分党产。
专门监督执行机关	无	政党财产调查及管理委员会，有权调查认定不当党产，代为执行返还国库，若照此，国民党可能负债累累甚至破产	"监察院"。过去监委曾检视国民党党产，认为有问题的部分国民党已经处理得很干净。现任监委由马英九任命，任期到 2020 年。
特别规定	无	生效后禁止处分不当党产；有效期 5 年	无

由此可见，双方主要在"不当党产处理条例"与"政党财产监督管理条例草案"上针锋相对：

一是要不要以特别法的形式。"不当党产处理条例"依据实质法治原则，特别立法，不受追诉期限制，意味着绝大多数国民党党产不合法，甚至已经出售的党产也会面临被追讨命运。国民党提出的"政党财产监督管理条例草案"依据形式法治原则，允许就争议党产提出异议，但不会溯及既往，意味着国民党党产基本合法。

二是改革规范的对象。前者点名戒严前成立政党，针对国民党意味极强。后者则是针对所有政党，一视同仁。需要指出的是，二者都规定政党不得经营或投资营利事业，不得购置办公使用之处的不动产，这意味着国民党将提前开始着力处理不动产。

三是如何认定不当党产。前者要求国民党自己举证证明其取得财产符合政党本质及民主法治原则，否则推定为不当党产，即便信托出去也可被认定为不当党产。后者规定举证责任在权利人，而权利人大多已不存在，国民党可保留绝大部分党产，且允许信托方式处理财产。

四是附随组织是否纳入。前者对于在威权统治时期属于国民党外围组织且依靠没有法源的收入运作，但已经成为独立法人多年的"救国团"、妇联会等组织，纳入追讨范围，后者则不予追究。

五是监督执行机构的规定。前者要设立独立的政党财产调查及管理委员会，规划设在"行政院"下，实行单独的编制与预算，有权调查认定不当党产，代为强制执行返还"国库"，若照此，国民党可能负债累累甚至破产。后者坚持现行的监督体系下运作，归口"监察院"监督执行，而过去监委曾检视国民党党产，认为有问题的部分国民党已经处理得很干净，且现任监委由马英九任命，任期到2020年，对国民党相对有利。

此外，"不当党产处理条例"还规定法案生效后就禁止处分不当党产，国民党需要公开党产细目，对于不公开、不配合调查的行为可以连续处罚、加倍处罚，甚至直接认定为违法。而"政党财产监督管理条例草案"则没有这些严苛的规定。

二、国民党可以应对的手段

在"立法院"内，国民党可以有以下应对手段：

一是在"内政委员会"斗争。由于民进党已掌控"立法院"多数，所以国民党再也无法将法案卡在"程序委员会"，法案将直接进入"内政委员会"审议。本届"内政委员会"召集委员由民进党的陈其迈与国民党的黄昭顺担任，召委有排案权，可以掌握法案审查顺序、会议时间及进度。具体法案由哪个召委负责排案需要两个召委共同协商，国民党可在协商中争抢排案权，若抢不过来也可以利用协商机会拖延排案。[1]

二是"朝野"协商。根据议事规则，各委员会审查议案遇有争议时，主席得裁决进行协商。虽然现任"立法院长"苏嘉全是民进党籍，但为避免分歧太大引发国民党报复性提案拖延议事，在"院长中立化"氛围下，按照惯例一般会同意进入"朝野"协商程序。按照"立法院"内规，协商结果必须各党团签字后生效，才能进入二、三读程序，如果破局，往往是继续协商。除非苏嘉全修改内规，严格按照"立法院职权行使法"的规定，"朝野协商一个月无法达成共识，由院会定期处理"。

三是技术性杯葛、霸占主席台。院会的定期处理意味着议事日程的重新排定，并不是马上就能进入表决环节，议案延宕已不只一个月时间。而变更议事日程仍存在协商的空间，若民进党想提前强行表决，国民党可提出大量变更议程案进行拖延。比如："台联党"先前不愿让国民党前"立委"张庆忠主持"两岸协议监督条例"审查，遂提出349项变更议程案，而依照"立法院"表决效率看，一案的表决时间为三四分钟，349案将花上近20个小时，让当时在场的国民党"立委"直接离席。或者，国民党"立委"可以在任何一个审议环节采取霸占主席台的方式，让议程中止，直接造成拖延议事的效果。

四是冗长发言。即便拖过一段时间后，院会开始讨论"不当党产处理条例"，但该案预期由"内政""财政""司法法制"等3个委员会联席审查，涉及的讨论事项极为广泛，国民党可充分利用每一次发言机会进行质疑、拖延。虽然"立法院长"有权决定停止讨论，进入表决环节，但若无法在该会期完成审查，新会期将重新排案，冗长发言的拖延作用还是不可忽视。

五是复议。即便法案进入二、三读，国民党仍能提出"复议"进行拖延。根据"立法院议事规则"规定，只要是原案议决时出席的"立委"，且无发言反对过原议决案，在累积20人以上的联署后就能提出"复议"。比如：民进党曾以"复议"的方式反对国民党"立委"张庆忠主审"两岸协议监督条例"。

在"立法院"的战场外，"释宪"也是国民党可以运用的一种手段。由于"不当党产处理条例"的内容与现行法律体系有诸多不一致甚至冲突之处，国民党可以通过"释宪"予以废止。如果民进党在5月20日地区领导人正式交接以前就顺利通过"不当党产处理条例"，那么地区领导人马英九或者"行政院"、新北市等都可以直接申请"释宪"。虽然国民党"立委"席次不足总数1/3，但若国民党党产在"不当党产处理条例"通过后，因该法实施而受到损害，也可以提出"释宪"。由于"司法院"大法官都是马英九任命，实行任期保障制度，多数任期可到下次"大选"前，且实行合议审判、多数决的方式"释宪"，"不当党产处理条例"很可能在通过后最终被判"违宪"，反倒让国民党党产起死回生。

三、"不当党产条例"立法的可能走向

一是完全民进党版的严格立法。如果按照民进党所提"不当党产处理条例"，则国民党将陷入遍地烽火的境地，遭遇"党产归零联盟"等民间社团的不断举报，甚至日据时期的"皇民化"家族后裔都会拿着当年的地契向国民党追讨党产。而政党财产调查及管理委员会将如影随形施压国民党，不断要求其提供财产细目及来源，举证证明其合法性，不断开出罚单，罚款可能都远远超过财产本身；不经司法程序就直接判定国民党某些财产违法，甚至会出现正在办公的国民党地方党部工作人员突然遭遇场地搜查，被要求强制搬离的窘境。对国民党而言，显然找不到足够证据证明其大部分党产是合法的，无法证明的部分只能上缴，但追讨者要求返还的财产却必须给，看似拥有庞大党产的国民党可能转而成为负债最多的政党。目前看，通过的可能性极小。

二是国民党版的宽松立法。如果按照"政党法"以及国民党版本的"政党财产监督管理条例草案"，基本确定将在现行体制下调查党产，已经信托的中投公司可以继续信托下去，主动来追讨党产的权利人将寥寥无几，且难以举证，"监察院"的调查也难有进展，目前国民党的绝大部分财产都可以保留下来，只是部分不是用作办公的不动产需要处理，财产需要公布更详细。要出现这种情况，需要等民进党当局施政问题频发，拖到下届"立委"改选且国民党重新掌握多数才有可能。

三是采用"中间版"的"立法"。由于民进党版的"不当党产处理条例"与现行法律体系格格不入，且政治清算的意味太过浓厚，要逐条全部通过机会很小。而国民党版的"政党财产监督管理条例草案"只是"自清条款"，如同"党产不归还条例"，民进党绝不会就此结案。因此，现在双方的版本如同各自喊价，最终二者的妥协、结合最有可能。

四、"不当党产条例"立法可导致的处理情形

具体而言，依据可能性由大到小，处理情形包括几个层次：

其一，国民党能够保留最基本的政党收入而不至于破产，因为两党政治格局仍然符合岛内主流民意，国民党岛内第二大党的地位尚未受到挑战。其二，可能基于人道主义考虑保留党工退休费用，因为民进党也无法面对国民党大批党工"老无所养"带来的政治冲击，但金额多少、如何计算会有争议。其三，如果成立独立的政党财产调查及管理委员会，设在"立法院"或者"总统府"的可能性更大，因为设在"行政院"下面将面临行政权干预司法体系，违反"五权分立"的原则，涉嫌"违宪"。其四，"转型正义"可能遭遇"转型代

价"问题，国民党党产在台湾威权体制转型过程中发挥过不可替代的正面作用，要国民党单独承受历史共业不符合大多数中间选民的认知，由此，认定"不当"的起算时间至少要在解严以后，甚至可以退到 2000 年首次政党轮替开始。其五，党产信托的形式未必受到挑战，但信托收益可能会被冻结，因为每年高达 10 亿的股息收入是民进党最为忌惮的，也是国民党庞大党产有违政党公平竞争的关键所在。其六，如果社会氛围持续不利于国民党，国民党可能赶在法案表决前，主动将已公开党产扣除党工人事费用后捐做公益，以划下追讨党产停损点，并掌握主动权，保留足够充裕的人事费用。

五、"不当党产条例"立法对国民党的长期影响

以立法形式处理国民党党产问题，既有利于国民党摆脱"原罪"，往现代政党转型，也给国民党在日趋激烈的岛内政党竞争中提出生存与发展的挑战。

（一）符合现代政党政治发展方向

一是重塑国民党形象。按照现代政党政治运行规则，党职不是公职，党产不是公产，政党只是人民团体，依靠公民提供给养。[2] 政党作为社会中的政治性团体，其经费来源于社会是一般常态，因为这样可以使政党活动不至于脱离选民，从而保障政党利益表达和沟通功能的实现；政党经费的另一种来源是公共财政补贴，这是因为现代选举耗资巨大，为提升政党选举水平减少利益集团影响，让候选人可以将节省下来的这部分成本投入到其他与选民沟通的事宜中去。[3] 纵观国民党党产清理的历程，实际上就是摆脱"黑金政治"阴影、重塑政党形象的过程。

二是催促国民党转型。曾几何时，国民党能够凭借威权统治地位，依靠庞大党产在各类选举中"一掷千金"。随着时代的变化及党产的不断萎缩，国民党过去所依赖的政党与选举运作模式难以为继，国民党也逐渐体会到"缺兵少粮"的痛苦，面临向选举型政党转型的压力也越来越大，需要更多的依赖政党理念、发掘政治诉求甚至重塑政党价值，迫使国民党主动的进行一系列党务改革。

（二）政党发展面临新的挑战

转型从来不是一蹴而就的，对国民党而言，蜕变成选举型政党将面临旧的动员模式失灵、新的动员模式尚缺乏根基等瓶颈。

一是加速地方基层组织的溃散。国民党党务系统庞大，地方组织绵密，除了各级地方党部外，还有专注深蓝群体的黄复兴党部以及遍布全台各地的民众服务社。尤其是民众服务社，长期以来通过救济乡里、服务乡民，发挥着联络感情、维系关系的作用。而民众服务社的场地依赖国民党的不动产或兼价的租约，服务依靠专职党工维系。随着国民党党产处理的不断深化，国民党党工不断缩减，如今已到每个服务社仅1名党工的程度，有争议的不动产被大量捐赠或处理，廉价租约到期后也难以维系，一些年久失修或因灾受损的服务社被废弃拆除。照此发展下去，国民党的基层党务系统将空洞化，逐渐失去其组织优势。

二是传统的组织动员模式失灵。国民党以往的选举动员模式，往往是由线到面，通过"党部—桩脚—选民"的方式实现。桩脚不仅在选举时要负责拉票，在平时更必须经营好既有的人际关系网络，通过替民众排解纠纷、融通人事、邀请有声望的政治人物参加民众的婚丧嫁娶活动等方式服务选民。这些活动需要大量的时间与金钱投入，是政党单凭党工的力量所无法实现的。党部需要在平时就与桩脚建立利益输送关系，以各种名义赞助桩脚的活动，国民党庞大的党产是维系这一党员模式的关键。随着党产清理造成的党部空洞化及与桩脚利益的疏离化，国民党的组织战只会徒有其表。

三是党的凝聚力进一步下滑，加速分裂与出走动因。在现行国民党本制下，国民党主席通过掌握提名权及"立委"补助款两项权力来协调人事提名，维持党的团结。如果没有党产，党主席的权威就会降低，在优势选区候选人脱党参选的可能性就会增加。党主席与党内实力派的关系将失去重要的缓冲，如果发生矛盾就容易造成分裂与出走。

四是地方派系向绿营倒戈。在中南部地区，无论是选民结构还是意识形态，国民党都处于绝对劣势，长期以来依靠地方派系抵抗民进党的政治蚕食。而地方派系生存发展的关键在于通过掌握农会、水利会、渔会、乡镇市公所、村里长等基层行政系统与自治经济组织形成恩庇侍从体制，以熟人社会下的利益共生关系实现选举动员。地方派系必须依靠持续的利益输送才能维持，每逢选举更会花掉大笔的金钱并欠下大量的人情，因此每当大环境不利时地方派系总会倾向避战以保存实力，或者狮子大开口向党中央要经费。随着绿营长期掌握中南部县市执政权以及对国民党地方派系的分化拉拢，许多经营吃力的地方派系已有意带枪投靠绿营。如果国民党再失去党产，地方派系将加速倒向绿营。

五是将加速国民党的"本土化"。由于党产失血让国民党的地方组织凝聚力下降，动员的方式将更依赖候选人的在地化经营与参选理念的竞争，地方民意的影响力就会凸显，在台湾社会整体浅绿化的背景下，国民党内"本土派"的声量会放大，从而倒逼国民党加速"台湾化""本土化"。

注释：

[1] 目前，"立法院内政委员会"关于该环节的攻防已经结束，确定由民进党"立委"陈其迈排案主控法案进度。

[2] 叶海波：《政党法律性质的学理之争》，《岭南学刊》2008 年第 1 期。

[3] Anthony Corrado,Paying for Presidents:Public Financing in National Election,New York:The Twentieth Century Fund Press,1993,p.62.

试析 2008 年以来民进党的政党意识形态调整

解放军外国语学院　温良谦

2008 年以来民进党转型为人所关注，而民进党转型内容广泛，包含"台独"路线转型、动员模式转型、组织结构转型等多方面内容。本文拟从民进党的政党意识形态出发，在前人研究的基础上，提出民进党政党意识形态的分析框架，并在简要回顾民进党政党意识形态演变的基础上，归纳民进党 2008 年以来政党意识形态的变化，分析其原因及困境。

一、民进党政党意识形态的形成

（一）政党意识形态的定义、结构及分析框架

学界对政党意识形态的定义研究颇多。例如，王长江认为"政党意识形态是政党对社会发展、政党追求的目标以及政党自身的行为的合理化进行辩护而形成的一套思想理论体系"。[1] 刘红凛认为政党意识形态"是一个政党所代表的一个阶级的意识形态的集中反映，就是一个政党所持的'主义'，是一个政党的世界观、价值观、政治理念、政治情感的集中反映，是政党的行动指南，其中核心的是政党的政治立场和价值观"。[2] 余科杰则认为政党意识形态是"为政党及其所代表的阶级进行辩护的思想意识，是政党的成员对周围世界以及政党本身的认知体系，是一个政党的党员们共同具有的认识、思想、信仰、价值等，也是该政党政治纲领、方针政策、行为准则、价值取向的思想理论基础"。[3] 刘琳琳则指出："政党意识形态是指政党为了动员和整合更多的社会力量，来夺取或者巩固执政地位以及为其自身行为进行合理化辩护而形成的一套包括施改纲领、价值观念、道德规范等在内的思想体系。"[4] 尽管上述定义在政党意识形态

上的外延方面认知略有不同，但都认为政党意识形态是政党在长期实践中形成的一个思想体系，其包含了政治价值、理论体系、道德规范等方面的内容。

对于政党意识形态结构的研究，学界的意见则较为统一。靳呈伟在考查了学界对政党意识形态的定义后指出政党意识形态"外延上也基本能为认知—解释、价值—信仰、目标—策略三个层面所涵盖"。[5]刘学申等认为"根据文本内容的不同，政党意识形态在其结构上往往包括'主义'和'纲领'两个方面"。[6]余科杰认为政党意识形态结构则包括哲学的最高层次、思想信仰层次和政治纲领层次。[7]韩向东则提出政党意识形态是由价值理想、理论学说以及政策主张三个层次构成的更为开放的、不断发展的观念体系。[8]

参考上述对政党意识形态的定义及其结构功能划分，本文认为应当从价值与理想以及认知与解释两个维度解释分析民进党的政党意识形态。其中价值与理想是指"主义"层次的意识形态，是指引政党发展的根本性价值，是政党进行价值选择的依据，其主要通过政党的党章等正式纲领性文件体现。从认知与解释方面而言，国内学者何怀远指出："认知—解释层面是意识形态中对其基本理念进行理论说明的内容。"[9]对于政党而言，政党意识形态在认知与解释层面上指的就是政党对所处现实环境的认知，是在特定的历史时期内对价值与理想的具体诠释，体现为政党的施政纲领、竞选纲领、政策主张等。从动态的角度而言，价值与理想作为一个政党的核心理念，其发展变化较为缓慢；而作为对价值与理想的补充，认知与解释则是多变的，在不同的历史条件下，政党可以通过对认知与解释不断诠释其价值与理想。

（二）民进党政党意识形态的确立

对于民进党意识形态的研究学界早已有了探索，一般比较流行的看法认为民进党政党意识形态由两方面的内容所构成，一方面是自由主义，另一方面则是"台独"意识形态。[10]本文认为民进党政党意识形态在价值与理想层面就凸出体现为"台独"意识形态和自由主义意识形态；在认知与解释层面则表现为不同时期对"台独""民主""本土"等价值论述的不同解释。其中以"台独"意识形态和自由主义为代表的价值与理想伴随着民进党的发展，尽管其在民进党党内的主导性有变化，但至今仍是民进党的主要意识形态，这构成了民进党意识形态中相对稳定的一部分；而以"台独""民主""本土"等论述为代表的认知与解释则由于时代的变迁，民进党则在不同时期赋予不同的内涵，这构成了民进党意识形态中变化的一部分。总体而言，对 2008 年以前民进党的政党意识形态的演变可做如下归纳。

1. 价值与理想层次

如上文所述，民进党的价值与理想是"台独"与自由主义，但是在民进党建立之后这两大意识形态的地位和位置发生过一次位移，这次大的变革发生在1991 年民进党"台独"党纲的制定。民进党是在反对国民党一党专制的大背景下成立的，其当时的主要诉求在于争取自由民主权利，尽管其在 1986 年党纲制定时已经将"住民自决论"写入党纲，但当时争取民主权利是民进党党内的较大共识。然而 1991 年"台独"党纲修订，民进党将"建立'主权独立自主'的'台湾共和国'"作为党纲，这标志着"台独"意识形态成为民进党的一大主流意识形态。在此之后，民进党曾 5 次对党纲进行修订和补充，但均未废止"台独党纲"，党纲中仍以"台独"作为主要诉求，这表现出"台独"作为民进党的意识形态早已固化，而自由主义的政治价值则始终处于"隐性"地位，是民进党谋求"台独"的工具。

2. 认知与解释

在确立了两大意识形态后，民进党对这两大意识形态的具体解释也经历了变化。

在"台独"的阐释上，民进党从党纲和具体政策两方面对其进行了多次修订。在党纲方面，上文所提及的民进党党纲修订中，有多次对"台独"内涵进行了重新诠释。比较令人关注的一次是在 1996 年台湾地区领导人选举失利之后，民进党为了获得 2000 年台湾地区领导人选举的胜利，尽管坚持"台独"，但做出策略性调整，于 1999 年通过了"台湾前途决议文"，间接承认了"中华民国"，这被认为是民进党在"台独"问题上的一大转折。另一次是在 2007 年，民进党提出"正常国家决议文"，提出要使"台湾成为正常国家"。而在具体政策上民进党对"台独"的解释可谓繁多，尤其是在陈水扁执政时期，抛出了"一边一国论""以台湾名义加入了联合国"等解释，使得民进党在"台独"的认知与解释上越来越激进。

"本土"作为民进党价值论述中的一个核心价值，最初提出是为反对国民党专制。其刻意强调省籍区隔，将国民党等同于"外省人政权"，通过诉诸"二·二八"事件等操作，挑动本省人与外省人的对立，从而达到政党自身的目的。而在陈水扁执政之后，民进党继续以"本土"作为筹码，大打"悲情牌"和"本土牌"，特别是在弊案曝光后，仍以"本土"论述己为辩护，成为其掩盖贪腐问题、转移民众注意力的一大法宝。正如有学者所指出的"当扁口口声声'阿扁可以倒、台湾不能倒时',本土、爱台湾已成为贪腐的护身符"。[11]

"民主"作为一个普世价值,最初民进党以民主为口号,组织民众向国民党争取权利。在向国民党争取"民主"权利的过程中,民进党尽管由"体制外路线"走向"体制内路线",但"民主"仍是向国民党争夺政权的一大招牌。在民进党的民主诉求的作用下,20世纪90年代台湾政治体制发生重大变革,实现了地区领导人直接选举产生等变革。而在民进党执政之后,其民主价值不断流失。从党内民主来看,陈水扁为核心的"九人决策小组"掌握大权,原有的党内政治生态被破坏;而在台湾社会,民进党将民主诉诸民粹,造成台湾社会的撕裂。

除此之外,"清廉"也是民进党建党之后的一个主要价值论述,针对的是国民党的"黑金政治"。然而,在民进党执政之后,随着陈水扁弊案的不断曝光,清廉价值论述受到致命性打击。正如有学者指出的,"从陈水扁家族爆出的弊案群来看,民进党高层贪污弊案牵涉的金额触目惊心,寻租手法匪夷所思,实实在在显示了民进党当权人物所谓的'清廉'诉求已经基本破产。"[12]

二、2008年以来民进党意识形态的变化

随着民进党在2008年台湾地区领导人选举以及"中央"民意代表选举中的惨痛失败,民进党转型的呼声高涨。在陈水扁执政的八年期间,由于陈水扁执意推动"台独"且弊案缠身,这不仅仅使民进党"绿色执政,品质保证"的口号沦为笑柄,同时也使得原以"清廉、本土、爱乡土"著称的民进党主流价值出现缺失,这使得民进党在价值认同上产生了混乱。2008年以来,民进党在转型过程中也对意识形态进行了微调,这种微调主要反映在认知与解释层面,而在价值与理想层面,民进党则没有放弃其固有的"台独"主张和自由主义的价值追求。

(一)价值与理想层次

在价值与理想层次,民进党在2008年之后并未做出彻底的调整。从意识形态的构成来看,民进党仍然维持着"台独"意识形态和自由主义的意识形态;从两大意识形态的地位来看,"台独"意识形态仍是民进党的主导意识形态,自由主义的意识形态仍处于从属地位。但需要指出的是,在此阶段民进党曾经出现过"冻结台独党纲"的主张,尽管最后并未实现,但这从侧面说明"台独"

意识形态在民进党政党意识形态中的地位有所降低。另一方面，民进党自由主义意识形态在此时期有所回归，民进党对自由主义旗帜下的"民主""本土"等主流价值论述进行了新的构建，这将在下文说明。

（二）认知与解释层面

这一时期民进党对意识形态的认知与解释层面的构建，可以从以"十年政纲"、蔡英文竞选政见等一系列政策表述得以体现。

在"台独"问题上，民进党在此时期对其"台独"主张进行了一系列新的解释，这较之陈水扁时期更加富有弹性。在"十年政纲"中，民进党明确提出了"和而不同，和而求同"的主张，而在 2016 年台湾地区领导人竞选前，蔡英文在两岸问题上则提出了"维持现状说"，并承诺建立"一致性、可预测且可持续的两岸关系"。同时，在苏贞昌担任党主席期间，恢复设立"中国事务部"，设立"中国事务委员会"，并通过"对中政策检讨会议"对其大陆政策进行探讨。然而，与此同时，民进党仍然否认"九二共识"，企图以"九二精神""九二会谈"替代"九二共识"，在 ECFA、服贸等涉及两岸关系发展的问题上进行杯葛，这显示出其"台独"意识形态调整的不彻底性。

在"本土"价值论述的问题上，随着台湾社会的变化，传统的本土论述已经不符合时代的需求，民进党在这一时期在延续"台湾主体性"的基础上淡化本省人与外省人的区隔。

在"十年政纲"中，民进党提出要秉持"多元而对话""多样而交流"的族群政策，主张"超越'四大族群'的概念，确立'民主、本土、多元的文化价值'"。在苏贞昌担任党主席之后发行的民进党网站上的宣传手册则明确提出"台湾是台湾人的台湾、台湾是所有的台湾人的台湾、台湾是世世代代的台湾"。而对"台湾是所有人的台湾"，则强调"不管先来后到，不管年龄、性别、族群、信仰"。[13]蔡英文在 2016 年选举的竞选过程中，分别就客家政策、少数民族政策以及新移民政策提出了政见。例如，蔡英文曾表示："会代表政府，向原住民族道歉。原住民族在台湾历史上受到的压迫和剥夺，是一段无法抹灭的历史，历史虽然已经过去，但它的影响直到今日都还存在。"[14]在客家政策上其提出将"客家语言"作为"国家语言"进入公共领域的主张，在移民政策上则提出了扩大福利范围、推动"母国"学历认证等主张。纵观民进党在'本土'问题上的论述，尽管其不再强调省籍矛盾，但仍然突出的强调"台湾主体意识"，意图抹去中华文化在台湾的主体地位，突出强调文化的多元。正如林冈教授在对民进党"十年政纲"的评述中所指出的:"这里所强调的对多元族群的包容和平等相待,所围绕的核心是'共享本土',将不同族群(包括外省人)的观念,内化为台湾的'国家记忆',具有'包容性台独'的意味。"[15]

在"民主"问题上,2008年以来民进党则一直强调"参与式民主"以及政府的透明问题。

在"十年政纲"中,"人民参与的民主深化"被写入政纲,同时其提出了"多元民主""永续民主""民主治理"等概念,"主张将民主落实于治理中保障人权,建立多元价值的参与式民主机制,进行符合公益与正义的资源分配,确立透明的决策过程"。[16]蔡英文2015年在美国智库"战略与国际研究中心"发表演讲时就明确表示,民进党打造"亚洲新价值的典范"主要内容之一,便是"参与式民主",强调"这些强大的动能进入决策程序,并且随时接受公众监督,政府就会更有效率且更能响应民意"。[17]与此同时,蔡英文在其高雄后援会成立大会上所做的"五大改革"的讲话中,也多次强调了民主与公开。例如,在推动行政机构效能的改革部分,其强调要提升行政机构的沟通能力,尤其强调行政机构的透明程度,并指出:"未来的政府,要做到信息公开;我愿意跟在野党分享信息,破除黑箱,因为我坚信,信息越是透明,决策就会越贴近人民。"[18]在"国会改革"部分,蔡英文则明确"国会中立化""实行联立制"等主张。

除了民主、本土之外,民进党在此时期对正义和公平的价值论述颇多,并对其主张的正义与公平的内涵进行了较为深入的解读。

在"十年政纲"中,民进党便明确提出台湾面临的分配不均的问题,并将"公平正义"作为"十年政纲"的一个核心理念,强调要"对弱者、对有需要的家庭、对年轻的世代,提供更完善的照顾与协助,积极去体现所得、居住、土地、环境,乃至于世代之间的正义"。[19]与此同时,蔡英文同时将"公平互助的社会"作为"十年政纲"的主轴之一,并强调社会保险的公平性和永续性、居住正义等内容。在蔡英文做出的"五大改革"政见中有两个议题明确提到了"正义":一是"世代正义",二是"转型正义"。在"世代正义"部分其主要强调当前年轻群体的住房、薪金、就业等问题,在"转型正义"上其强调不能忘记"二·二八事件"和"白色恐怖",并不点名指责国民党的党产和修改"课纲"的行为。

三、民进党政党意识形态转型的原因

政党意识形态对于政党而言有着重要的意义，其是政党的灵魂，因而不到迫不得已的时候政党不会调整其意识形态。理查德·克罗斯曼认为："要说服一个民主政党放弃其主要原则之一可能是罕有的，而且这个党也从来不会尝试抛弃它的主要深化。"[20] 但是意识形态是由经济基础决定的，政党所面临的经济基础的改变、政治现实的改变都会使得政党调整其意识形态。国内学者王长江指出："在客观实际不断发生变化的情况下，意识形态要想纹丝不动是不可能的。……在意识形态调整方面，也是实用主义取向的政党比较容易做到这一点。"[21] 民进党固然以追求"台独"作为核心理念，但在本质上仍是一个选举型政党，根本目的在于获得政权，故而在行为方式上表现有较强的实用主义色彩，对政党意识形态进行微调，对于民进党来说是可能的。就民进党意识形态而言，可以从下列三个方面进行分析。

（一）凝聚党内力量的需要

刘红凛指出："政党意识形态是一种黏合剂，可以使本阶级、本政党作为一个统一体来行动增强合力、影响力与战斗力。"[22] 2008 年选举失利后的民进党正处于一个主流价值论述缺失的阶段，党内面临着权力分配、路线调整、意识形态调整的困境，在这一特殊时期，民进党必须对其主流价值论述进行重构，以凝聚党内人心士气。特别是对原来依靠反国民党和"台独"意识形态凝聚而来的民进党而言，竞选的失败、陈水扁弊案的爆发意味着其凝聚党内核心价值的解体，在这样的情况下寻求新的价值论述以巩固党内力量成为一项急迫的任务。

（二）重新进行"合法化"诠释的需要

"所谓政党意识形态的合法性诠释功能，就是指政党意识形态能够为政党进行活动的正当性或正统性进行说明，能够在最大程度上诠释政党行为是合理的和符合道义的。"[23] 原有的"民主""清廉""本土"的价值论述对于反抗国民党一党专制，争取自由权利而言无疑是具有进步意义的。然而，陈水扁执政八年期间的拙劣表现却使得这些价值论述的合法性丧失。在清廉上原本攻击国民党"黑金政治"的民进党却出现了陈水扁弊案等一系列贪腐案件，自身清廉的形象毁于一旦；在本土论述上其肆意挑动省籍对立，制造族群仇恨，引起社会反感；在民主上则是对内派系共治的政治生态被摧毁，扁系独大，对外不断推行民粹主义路线。经过执政的八年，民进党"绿色执政，品质保证"的口号沦为空谈，在这样的情况下，民进党要重新唤起民众对其的支持，使其政治价值的追求披上"合理""合法"的外衣，民进党就必须对意识形态论述做出一定程度的调整。

（三）因应岛内政治生态变化的需要

经济基础决定上层建筑，社会存在决定社会意识。民进党政党意识形态的演变也跟台湾岛内社会环境的变化有着直接的联系。一是民众对两岸关系认知的改变。陈水扁执政时期两岸关系高度对立，而2008年以后两岸关系实现了和平发展的局面，这符合台湾民众的期待。而为了争取选民的支持，以图东山再起，民进党必须对其"台独"意识形态进行务实调整。在"本土"问题上，由于随着时代的推移，外省人第二代、第三代的成长，使得省籍之间的区隔已并不明显，同时族群撕裂的政治现实也引发了岛内民众的反感，在此情况下民进党必须改变原有简单的"爱民进党就是爱台湾"的价值论述，寻求一个更为包容的价值论述。在"民主"问题上，随着台湾民众的不断成熟，原有的民粹式民主已逐渐为民众所抛弃，正如蔡英文所指出的，"完全对抗在反对运动初期是有正当性的，因为当时的威权政权拒绝民主，也没有民意基础……如果继续以对抗来凝聚政党实力，就不容易扩大支持"。[24]因而，在此阶段民进党将民主聚焦于"参与式民主"，并着重强调行政信息和决策的公开，针对国民党的"黑箱操作"展开针锋相对的斗争。

四、民进党政党意识形态调整的困境

民进党在意识形态调整上取得了一定的进展，但是由于多种原因的限制，民进党在意识形态调整上仍面临着极大困境。

（一）难以摆脱"台独"意识形态的桎梏

如前所述，民进党在2008年之后对其意识形态进行了调整，但这些调整主要集中在认知与解释的层面，在价值与理想的层次上"台独"意识形态仍然是主体，"民主""本土"等自由主义旗帜下的价值论述仍然是为"台独"意识形态和构建"台湾主体意识"服务的。一是"台独"党纲仍然存在。党纲作为一个政党的纲领，是观察政党意识形态变化的标杆。但从 2008 年到现在，民进党未对党纲进行修订，也未通过类似文件对党纲加以诠释，这充分说明民进党并未放弃"台独"意识形态。二是企图利用"民主""本土"等主流价值继续为其推行"台独"铺路。例如，在"参与式民主"的旗号下，在"反黑箱操作"的旗号下，民进党背后鼓动青年学生发起"反服贸学运"，阻挠《两岸服务贸易协议》通过，并推动订立"两岸协议监督条例"，这在本质上就是以民主之名，行"台独"之实。在"本土"的论述上，民进党强调族群的融合，强调"多元文化"，表面上看似为了构建族群的平等，但实质上是想以族群平等为借口，淡化中华文化在台湾社会中的地位与作用，强调台湾与大陆的不同，以此推行隐性"台独"。

民进党之所以在"台独"意识形态调整上陷入进退维谷的境地，主要原因在于对政党意识形态的危机判断。王长江指出，政党意识形态危机有两种情况："一是，明明需要对意识形态进行调整，政党却视而不见，思想僵化，丧失了意识形态调整的机遇；二是，在调整过程中变化幅度过大，造成对政党原有意识形态的否定，从而否定了政党赖以存在的基础。"民进党在"台独"意识形态上的困境更多的来源于第二种。"台独"意识形态作为民进党存在已久的意识形态，其在维系党内关系、争夺深绿民众的支持上有着重要的作用，一旦放弃"台独"意识形态，很可能造成政党的分裂以及部分选民的流失，这将大大降低民进党的政党竞争力。但与此同，民进党也认识到"台独"意识形态是其执政的掣肘，因而在具体的认知与解释层面上，民进党进行了新的解释。

（二）反体制性的"隐性"意识形态仍然存在

有学者指出："政党除了'显性'的意识形态，还有诸如政党的文化、价值或气质等'隐性'的意识形态。"[25]反体制作为一种未见诸正式纲领与政策的意识形态只能在民进党的行为模式中体现出来。反体制的意识形态一直存在于民进党的意识形态之中，尽管 2008 年以来这种反体制的意识形态在民进党行为中已越来越少，但是仍不时出现。例如，在民进党下台之初，民进党便组织围攻赴台访问的海协会会长陈云林；在 ECFA 签署前后，民进党也大力反对，组织抗议活动；最为典型的莫过于民进党在两岸服贸协议签订之后，鼓动和支持青年发动"反服贸学运"。民进党这些举动除了受其"台独"意识形态支使外，以反体制为代表的民进党隐性意识形态是其产生的一个重要原因。一方面，反体制作为民进党长期形成的政治特征，在短时期内难以抹去；但在另一方面，民进党建党不足 30 年，在部分议题上处理能力仍然有限，因此只能通过诉诸为反而反的政策论述，将自己与其他政党进行区隔，从而争取选民。

　　总体而言，民进党的政党意识形态在 2008 年以来发生了一定程度的积极变化，特别是在自由主义价值的论述上，民进党进行了较为积极的调整，使之更加符合民进党与台湾社会的需求；但与此同时，民进党仍然顽固坚持"台独"意识形态，以"民主"和"本土"作为推行"台独"的工具。在未来一段时间内，民进党的政党意识形态在价值与理想层面仍然会以"台独"意识形态主导，但自由主义的成分将会上升；而在价值与认知的层面，随着两岸关系的向前发展，民进党在"台独"价值论述上会表现更为务实的态度，而在"民主""本土"等主流价值的论述上，民进党将基本维持现有的论述。

注释：

[1] 王长江：《政党论》，北京：人民出版社，2009 年版，第 82 页。

[2] 刘红凛：《论政党意识形态》，载《山东师范大学学报（人文社会科学版）》，2007 年第 5 期。

[3] 余科杰：《论政党意识形态结构特征及其功能作用》，载《新视野》，2007 年第 5 期。

[4] 刘琳琳：《网络文化兴起与政党意识形态建设》，北京：中共中央党校硕士学位论文，2013 年，第 1 页。

[5] 靳呈伟：《政党意识形态的变革》，载《中国延安干部学院学报》，2011 年第 1 期。

[6] 刘学申、李峻：《论政党意识形态的结构、功能及其局限性》，载《湖北行政学院学报》，2015 年第 6 期。

[7] 余科杰：《论政党意识形态结构特征及其功能作用》，载《新视野》，2007 年第 5 期。

[8] 参看韩向东：《政党意识形态研究》。昆明：昆明理工大学硕士学位论文，2011 年，第 24 页。

[9] 何怀远：《意识形态的内在结构浅论》，载《江苏行政学院学报》，2001 年第 2 期。

[10] 目前大陆学者对于民进党政党意识形态的研究主要集中于三篇文章：一是鞠海涛的《民进党意识形态及其理论基础》（载《台湾研究》，2002 年第 4 期），二是刘国深的《民进党意识形态析论》（载《台湾研究集刊》，2004 年第 3 期），三是林劲的《民进党意识形态的基本特征分析》（载《台湾研究》，2010 年第 5 期）。这三篇文章均认为民进党的政党意识形态构成复杂，既有"台独"分离主义，又有自由民主意识（现代自由主义）。此外，陈星所著的《民进党结构行为研究》和《民进党权力结构与变迁研究》两本专著中也均有专门章节提及民进党的政治价值。

[11] 陈星：《民进党权力结构与变迁研究》，北京：九州出版社，2012 年，第 149 页。

[12] 陈星：《民进党权力结构与变迁研究》，北京：九州出版社，2012 年，第 147—148 页。

[13] 民进党：《民进党简介》，民进党官网，http://www.dpp.org.tw/upload/history/2014030714439_link.pdf，访问时间 2016 年 2 月 4 日。

[14] 蔡英文：《五大政治改革——高雄后援会成立大会致词》，蔡英文竞选官网，http://iing.tw/posts/51，2015 年 8 月 16 日，访问时间 2016 年 2 月 4 日。

[15] 林冈：《台湾地区政党政治研究——以社会分歧与选举制度为分析视角》，北京：中国社会科学

出版社，2014 年，第 247 页。

[16] 林冈：《台湾地区政党政治研究——以社会分歧与选举制度为分析视角》，北京：中国社会科学出版社，2014 年，第 248 页。

[17] 蔡英文：《台湾迎向挑战——打造亚洲新价值的典范》，蔡英文竞选官网，http://iing.tw/posts/21，2015 年 6 月 3 日，访问时间 2016 年 2 月 4 日。

[18] 蔡英文：《五大政治改革——高雄后援会成立大会致词》，蔡英文竞选官网，http://iing.tw/posts/51，2015 年 8 月 16 日，访问时间 2016 年 2 月 4 日。

[19] 民进党：《十年政纲总纲》，民进党官网，http://www.dpp.org.tw/policy.php?data_type="十年政纲"总纲，访问时间 2016 年 2 月 4 日

[20] 王长江：《政党论》，北京：人民出版社，2009 年版，第 102 页。

[21] 王长江：《政党论》，北京：人民出版社，2009 年版，第 102 页。

[22] 刘红凛：《论政党意识形态》，载《山东师范大学学报（人文社会科学版)》，2007 年第 5 期。

[23] 刘学申、李峻：《论政党意识形态的结构、功能及其局限性》，载《湖北行政学院学报》，2015 年第 6 期。

[24] 陈星：《民进党权力结构与变迁研究》，北京·九州出版社，2012，第 191 页。

[25] 刘学申、李峻：《论政党意识形态的结构、功能及其局限性》，载《湖北行政学院学报》，2015 年第 6 期。

民进党与"时代力量"的合作与冲突

海南台湾研究会　邬恒利

一、时代力量的崛起

目前，在台湾注册成立的政党超过 200 个，但在现实政治中，主要是在选举中发挥作用的政党不多，从台湾的历届选举来看，能够发挥较大影响力的政党包括亲民党、新党、"台联党"等。2016 年台湾两次选举，积极参加竞选的政党也为数众多，包括"时代力量"、"社会民主党"（其后与绿党结盟成立"社会民主党联盟"）、"民国党"、信心希望联盟、新党、中华统一促进党等 13 个党，最引人瞩目的就是"时代力量"。在此次"立委"选举中，"时代力量"拿下了 5 席"立委"（包括 3 席区域"立委"和 2 席不分区"立委"），一举成为"立法院"仅次于国民党和民进党的第三大党。

"时代力量"的前身是成立于 2014 年 3 月、由前民进党主席林义雄推动成立的"公民组合"。该团体理念是追求平等、正义及环境永续的社会环境，希望人人都能实现自我价值，人民可以自主决定所有重要公共事务。2015 年初，因为在"立委"提名方式及不分区席次分配方式上产生分歧，"公民组合"分裂成两个政党，也就是现在"时代力量"和"社会民主党"。

2015 年 1 月 25 日，"时代力量"正式组党。闪灵乐团主唱林昶佐、司法改革基金会前执行长林峰正、前公民组合成员林世煜、曾威凯、邱显智、郭少宗、吴逸骏、林郁容、叶湘怡、刘笙汇等人，当天召开记者会宣布成立"时代力量"，由林昶佐担任创党政党负责人、初代建党工程队总队长。2015 年 5 月台湾"中央研究院"前研究员黄国昌加入后担任代理总队长，并于 2015 年 9 月 13 日当选为主席团执行主席。

"时代力量"实行集体领导的组织架构，党员通过网络直选出的由 7 人组成的主席团、再加上 4 名政策委员会和 4 名工作委员会委员共 15 人组成。2015
年 9 月 8 日至 11 日，"时代力量"通过网络进行了第一届党主席团的选举，在
9 名候选人当中，推选黄国昌等 7 人为主席团成员。在这次选举中有效党员人
数 770 人，实际参与投票的人数为 427 人，投票率为 55.5%。按照"时代力量"
自己的说法，这种组织架构能够去除过去传统政党威权式的做法。

在 2016 年台湾地区"立委"选举中，"时代力量"取得了 3 席区域"立委"，
并跨过 5% 的不分区"立委"政党分配门槛，得票 6.1%，获得 2 席不分区"立
委"，一共占据 5 席"立委"，成为仅次于民进党和国民党的第三大党。当选区
域"立委"的分别是黄国昌、林昶佐和洪慈庸 3 人，他们均是"时代力量"的
明星人物。

二、"时代力量"崛起的原因简析

在这两次选举过程中，"时代力量"之所以能异军突起，主要有以下原因：

（一）台湾民众对国、民两大党的不满。国民党执政 8 年，虽取得一些政
绩，但在绿营的刻意打压和抹黑下，背上了沉重的执政包袱，特别是执政期间
经济发展缓慢，薪资倒退，物价上涨，失业率居高不下，贫富差距拉大，民众
不满情绪高涨。而民进党在野 8 年，表现平平，提不出吸引人的政策主张，依
然是意识形态挂帅，"逢中必反"，逢马必反，为反而反，一味地进行政治恶斗，
从国民党的执政不佳中攫取政治利益；而且拒不承认"九二共识"，大陆政策短
板突出，不少民众对之不放心、不满意。岛内希望超越蓝绿恶斗的中间选民不
断增多，使得"时代力量"、亲民党等小党的政党票得以跨过 5% 门槛。

（二）岛内风起云涌的学生运动和社会运动对"时代力量"等第三势力的兴
起起到了推波助澜的作用。近年来，台湾岛内学运、社运风起云涌，其中比较
典型有 2013 年 7 月爆发的台陆军士兵洪仲丘退伍前被整致死案，在岛内激起强
烈反响，引发 10 余万（主办者称有 25 万）"白衫军"齐聚凯达格兰大道集会
游行，向当局及军方表达强烈不满与抗议；2014 年 3 月爆发的"太阳花学运"，
学生们占领"立法院"议事机构 20 余天，其间在凯达格兰大道发起了一场 10
多万人参加的大型集会游行活动；2015 年 7 月爆发的"反课纲微调"运动，复
制"太阳花学运"，部分中学生翻墙入室，闯入台"教育部"办公大楼。这些学
运和社运活动极大地刺激了广大青年、特别是年轻学生的政治热情，他们通过
学运和社运的平台，表达自己的政见主张，提升自身的政治地位和影响力，进

而向岛内政坛进军。这次当选"立委"的黄国昌、林昶佐、洪慈庸，主要就是依托学运和社运起家，可以说，没有学运和社运，"时代力量"就不可能有今天的政治能见度和影响力，更不可能一跃成为第三大党。

（三）受到"柯文哲现象"的鼓舞。在 2014 年底的"九合一"选举中，柯文哲的竞选团队，有意识地将无党籍的柯文哲塑造成为第三势力的代表和化身，突出柯文哲的中间色彩，积极扮演中道公正力量，利用岛内民众对蓝、绿政治恶斗的强烈不满情绪，设法争取浅蓝、浅绿以及中间选民的支持，一举击败了拥有众多政治资源的国民党候选人连胜文，拿下了具有象征意义的台北市，柯文哲也成了岛内第三势力兴起的标志性人物。柯文哲的成功，坚定了"时代力量"等其他第三势力的信心，对他们积极投身"立委"选战起到了巨大的鼓舞和示范作用。

（四）广大年轻选民的支持。2016 年的两次选举，年轻选民，特别是多达 129 万的"首投族"被认为是决定选举结果的关键因素。而"首投族"由于进入社会时间短，政治意识观念较淡，政党认同度较低，看问题注意从自己的直观感受出发，容易受到外界影响，更易产生"分裂投票"，即"总统"、"立委"、政党三种选票投给完全不一样的政党。从这次大选看，青年选民"总统"票虽多投给蔡英文，但政党票则较集中投给新兴第三势力小党——"时代力量"，这也是民进党和国民党的政党票均低于"总统"票的原因，也是"时代力量"取得 5 席"立委"、成为第三大党的重要原因。

（五）新媒体的巨大动员能量。2013 年的"洪仲丘案"，一个名不见经传、力量非常有限的民间团体，却能在短短几日，通过网络动员到 10 余万人为洪仲丘送行。2014 年"九合一"选举中，柯文哲竞选团队充分利用网络新媒体，在蓝营的根据地台北市一举打败了拥有众多政治资源的连胜文，使得网络新媒体真正成为岛内政党开展政治动员的利器。成立时间不长的"时代力量"在此次"立委"选举中能够取得不错战绩，一定程度上要归功于新媒体的巨大动员能量。虽然"时代力量"的有效党员人数才 700 余人，但是在其 Facebook（脸书）上"时代之友"达 4.8 万多人，点赞数超过 11 万个，可见新媒体的巨大扩散作用。

三、民进党与"时代力量"的合作与冲突

（一）民进党与"时代力量"在理念上的共识与冲突

在政治色彩上，民进党和"时代力量"同属绿营，在意识形态方面有很多共同点，但民进党作为一个大党，在竞选过程中为了吸引广大中间选民，在政治色彩上会向中间靠拢；而"时代力量"作为一个小党，鲜明的政治色彩能够帮助它吸引选民的注意，从而导致民进党与"时代力量"在政治理念上既有共识也有冲突，具体表现在：

第一，都反对国民党。民进党本身就是作为国民党的反对党产生的，一直都将国民党作为对手看待。而"时代力量"则将国民党视为"亲中卖台"的威权残余，认为国民党未能归还党产给民众是对台湾民主价值的破坏。黄国昌加入"时代力量"时，声称目标之一是要"加速中国国民党的淘汰"。他在接受媒体采访时说："为了台湾未来的发展，我们的目标是要消减国民党，或是彻底将其边缘化。"在政治上都反对国民党，这是民进党与"时代力量'进行合作的基础。

第二，都强调改革，但程度不一。民进党在竞选过程中提出了一系列的改革措施，重点包括推动"宪改"、降低"公投"门槛、进行"国会"改革、调整教科书内容、进行经济产业升级等。而"时代力量"在竞选期间提出的政见和承诺是："人民作主的新政治、专业透明的新'国会'、实现正义的新司法、新生的转型正义、永续的绿能发展、开放的多元文化。"时代力量也强调进行改革，包括"宪改""废除考试院和监察院""扩充人权清单""公民权下修十八岁"等。提倡改革，这是民进党和"时代力量"作为在野党共同的主张。但是相较于民进党，"时代力量"的主张更加激进，比如关于"国会"改革，民进党认为应将不分区"立委"的分配门槛由5%降至3%，而"时代力量"则主张提高不分区"立委"名额，取消5%的席次分配门槛，并采用"开放名单"制度，由人民直接决定不分区"立委"排名，这些理想化的主张在现实的政治利益斗争中很难实现。

第三，目标都是"台独"，但表现不一。"推动台湾国家地位正常化"，既是民进党的党纲，也是"时代力量"的党纲。民进党的"台独"党纲一日不变，民进党的"台独"性质感不会改变。而"时代力量"的黄国昌就公开宣称，"追求台湾国家正常化"是"时代力量"的"创党 DNA"。虽然民进党与"时代力量"的"创党 DNA"相似，但是在这两次选举过程中，两党的表现却有很大不

同。民进党和蔡英文在两岸关系上强调的是"维持现状",在现有的"中华民国"的宪法框架下进行两岸交流。因此,虽然民进没有放弃"台独"的目标,但是在具体的政策以及公开场合已不再将"台独"作为目标推行。而"时代力量"则公开表示,未来将推动全方位"宪政改革"、废除"两岸人民关系条例"、以台湾的名义参与"国际活动"和加入"国际组织",与建立正常的"外交"关系等五项工作以推动"台湾国家地位正常化"。虽然有相似的DNA,但是表现迥异,这也是由两党不同的政治利益决定的。民进党是希望获得包括广大中间选民的支持,成为执政党。"时代力量"只为争取一部分选民的支持获得"立委"席次,因此表现各异。

第四,民进党主张两岸交流,"时代力量"则反对两岸交流。民进党和蔡英文多次强调,要维持与大陆的交流、合作,对于马当局与大陆签署的诸多两岸协议概括承受。"时代力量"则一味反"中",黄国昌批评马英九与大陆交往的过程中,大多数经济成果实际上是被两岸的政商集团"吞噬",批评马英九从不考虑台湾"主体性",一味贯彻"倾中政策"。林昶佐在接受"美国之声"访问时说,"政府认为依靠中国才能帮助台湾的经济,但我们不这样认为"。这也是民进党作为准执政党与"时代力量"作为在野党的区别。

(二)民进党与时代力量在政治实践中的合作和冲突

民进党与"时代力量"在政治利益以及政治理念上,既有共识也有分歧,这就决定了在政治实践上民进党与"时代力量"既合作又冲突的关系。民进党与"时代力量"的合作主要体现在"总统"和区域"立委"选举上:在"总统"选举上,"时代力量"没有推出自己的候选人,而且明确表态支持蔡英文,同时也利用蔡英文拉抬自己的"立委"选情。在区域"立委"上,"时代力量"的黄国昌、洪慈庸以及林昶佐均获得了民进党和蔡英文的大力支持,吸引了不少"绿票"。比如,在台北市林昶佐选前的造势晚会上,民进党大佬谢长廷、游锡堃纷纷站台拉票,柯文哲也到场助兴,蔡英文也与林昶佐一起拍竞选文宣;在台中,民进党籍的市长林佳龙甚至担任洪慈庸竞选总部的主委;至于黄国昌,更是民进党点名礼遇的人物,苏贞昌、苏嘉全、赖清德、郑文灿、林佳龙等民进党知名人物都曾为其助选。

民进党与"时代力量"的冲突,主要体现在争夺不分区"立委"席次即政党票上。为了实现全面执政,在"立法院"单独过半,民进党与"时代力量"在政党票部分,采取的是"兄弟登山、各自努力"策略。在选战的最后时刻,民进党发现支持蔡英文的选民约有三成的政党票将改投"时代力量",使得民进党的不分区"立委"安全名单,从原本预估 16 席,下降到 13 席,可能影响民进党的"国会"过半。因此,民进党在选战的最后关头,几乎每一场活动都高喊"不要分票、配票",政党票要投民进党。例如,1 月 10 日蔡英文在台南造势拉票时强调,民进党不分区"立委"名单有最好的人选,跟其他政党比较,她有信心是第一名,请支持者"不要配票,集中选票,一定要投给民进党!"同一天,民进党"副总统"候选人陈建仁在新北市扫街拜票时也呼吁,民进党不分区"立委"非常优秀,希望支持者可以把政党票集中给民进党,让民进党可以分配到更多的"立委"席次,在"国会"可以过半,这样改革才有可能成功,不要把政党票给小党。可见,为了争夺政党票,在最后关头民进党采取了公开压制"时代力量"的做法。

因此,民进党与"时代力量"的合作与冲突,归根结底都是基于各自的利益考虑。民进党之所以能够全力支持三位"时代力量"的"立委"候选人,主要原因是因为这些选区基本盘都是蓝大于绿,民进党在该选区没有强有力的候选人,不如礼让给"时代力量",换取"时代力量"的支持,并在选民心中树立良好的政治形象。但如果损害到民进党的利益,则毫不让步。比如,在新竹市的"立委"选举中,民进党的柯建铭对上了"时代力量"的邱显智,柯建铭身为民进党"立法院"的党团总召,在"立法院"内发挥着重要作用,因此民进党毫不退让,蔡英文多次到新竹市为柯建铭站台,最后柯建铭在蔡英文和民进党的全力支持下顺利当选,而"时代力量"的候选人邱显智则铩羽而归。

四、"时代力量"的未来发展及其与民进党的关系走向

(一)"时代力量"具有生存的空间,但难以成长为一个能与国、民两党相抗衡的大党

第一,"时代力量"具有生存的空间。首先,台湾存在"时代力量"这种激进政党生存的土壤。从政治理念来看,"时代力量"是持"激进台独"理念的政党。根据台湾历年的民调数据,赞成"急独"、持"激进台独"理念的台湾民众不但没有减少,而且有上升的趋势,特别是很多台湾青年都持"激进的台独主张"。"时代力量"主要是因为这些青年人的支持而成为第三大党,可见激进的"台独"主张仍有比较广泛的民意基础。其次,台湾的选举制度给了小党生存的空间。台湾除了区域"立委",还有不分区"立委",区域"立委"按照简单多

数的选举制度选出，比较有利于大党；不分区"立委"是按照政党得票数的比例分配，只要过了5%的政党分配门槛就能分到"立委"席次。下调政党分配门槛已经成为民众共识，这将为"时代力量"这种小党提供更大的生存空间。

第二，"时代力量"难以成长为一个大党。一是在政治理念和政策上，"时代力量"与民进党基本一致，容易被民进党掩盖。从上述民进党与"时代力量"在政治理念上的共识与冲突中可以看到，"时代力量"在政治理念和政策上基本上与民进党雷同，只是有些政策更加激进、更加理想化而已。在民进党这样一个大党的光环下，"时代力量"很容易被掩盖。二是激进党的色彩难以吸引大多数选民。如前所述，"时代力量"的政治理念和政策比较激进，这是"时代力量"为了提高自己的辨识度，吸引目标选民的方式，但这种方式也就注定了"时代力量"只能吸引到自己所针对的目标选民。在目前的台湾社会，持有这种激进立场的选民毕竟只占少数，这就决定了像"时代力量"持有激进立场的政党只能成为小党。三是"时代力量"的成功离不开民进党的大力协助。如前所述，在选举过程中，民进党给予了"时代力量"很大的帮助，特别是在区域"立委"上礼让"时代力量"，民进党的头面人物纷纷为"时代力量"的候选人站台，为"时代力量"凝聚绿营选票。虽然如果民进党推出自己的候选人不一定会赢，但是肯定会分散绿营的选票，"时代力量"可能就不会取得这么好的成绩。所以，"时代力量"的成功不是完全依靠自己的实力，很大程度上得益于民进党的帮助，"时代力量"也难以依靠自己的实力发展壮大。

（二）"时代力量"与民进党的仍将是既合作又竞争的关系，但合作是主流

从政治属性、政策主张和政治实践来看，"时代力量"与民进党有着很多共同的主张和利益，存在很大的合作空间。但"时代力量"作为独立的政党，势必要在选民面前表现出自己的独立性。因此可以预见，未来"时代力量"与民进党仍将是既合作又竞争的关系，但是合作是主流。正如"时代力量"副主席林峰正所说："'时代力量'跟民进党，应该合作又竞争的关系。在面对选民，时代力量要以更加进步的理念，以及更崭新的方式与选民互动，努力了解民众的需求，这一点是相互竞争的。然而未来不管是在'国会'或是任何议题上，面对好的法案就共同推动、合作；若有立场不同的地方，就好好辩论，好好监督。"比如，在"总统职务交接条例"的推进上，民进党和"时代力量"都推出了自己党团版本的交接条例，内容上大体一致，都强调地区领导人职务交接的

法制化,要缩短交接时间、限制过渡期间地区领导人的权力,以及禁止地区领导人与大陆签署重大协议等。但时代力量也有自己主张,主要是在"立法院"内设立正副地区领导人交接监督委员会,增强"立法院"对过渡期间行政机关的监督权力,其实也是为"时代力量"提供监督行政机关的抓手,增强"时代力量"的影响力,但没有民进党的支持此项提议难以实现。

"时代力量"与民进党这种既合作又竞争的关系,可能会对民进党的政策调整产生一定的制约作用。如台湾"立法院"新会期开议,民进党和"时代力量"都将"两岸协议监督条例"列为优先法案,民进党从维持两岸关系现状、缓和与大陆关系的现实利益出发,主张将之前版本的"两国论"内容改为以"中华民国的宪政体制"为依据;"时代力量"则坚持民间版内容。面对"时代力量"大肆宣扬的"两国论"和"台湾主体性",民进党不大可能做出与大陆和解的更进一步的调整,从而在一定程度上限制了民进党的政策调整空间。虽然这也可能是一出"双簧戏",即由"时代力量"充当民进党的"马前卒",民进党通过让"时代力量'提出比较激进的主张,从而显示自己的主张比较温和理性,博取选民和大陆的理解与支持,最后让民进党的政策顺利过关。这也可能成为未来民进党与"时代力量"进行合作的一种常见方式。

参考文献:

[1]   西莫·马丁·李普赛特:《共识与冲突》,上海人民出版社,2011年10月第1版。

[2]   拉尔森主编:《政治学理论与方法》,上海人民出版社,2006年8月第1版。

[3]   新华网、中评网、华夏经纬网、中国台湾网等有关报道。

民进党重新主政面临的
国际局势及其对外政策取向

中国社会科学院台湾研究所　刘国奋

近几年，世界经济、政治和安全形势出现较多变化，国际安全问题频发，其给世界各国和地区带来更多不确定的因素。在这样的形势下，2016 年台湾迎来新一轮"政党轮替"。由于民进党至今仍不放弃"台独"理念，蔡英文当局会采取何种大陆政策和对外政策，将对两岸关系乃至亚太地区和平稳定产生某些影响。本文从世界和亚太地区政治、经济和安全局势分析入手，探讨蔡英文当局对外政策取向及其将对两岸关系关产生的影响，以排除障碍，寻找推动两岸关系和平发展的动力。

一、错综复杂的国际与亚太局势

对世界许多国家和地区而言，今年无疑是一个不同寻常的年份：世界经济还未走出 2008 年美国金融危机带来的低速增长期，各相关国家围绕产业升级、贸易规则的制订和金融资本的管理等问题展开新一轮较量；自美国于 21 世纪初实行反恐以来，国际恐怖活动非但没有被遏制，反而蔓延到欧洲一些国家；在多地发生恐怖袭击事件后，欧洲国家收紧了难民政策，反恐和难民政策对某些欧洲国家的政局产生重大影响；中东地区的热点在增多，由原来的巴以冲突，发展到伊拉克、利比亚、埃及、叙利亚等国。而在亚太地区，政治、经济和安全形势并不乐观：包括美国在内的许多亚太国家和地区进行领导人选举，其对外政策的选择与改变必然会影响到地区乃至世界的和平与稳定；围绕东海、南海地区的领土与领海的主权与权益之争，使该地区的和平稳定遭受较大挑战。作者认为，在世界多地并不太平的形势下，是将世界和相关地区（包括台海地区）导向和平稳定还是冲突动荡，相关国家和地区责任重大，有两个方面值得观察。

（一）世界经贸关系进入一个新的节点，是合理化经贸规则还是独享经贸主控权，美国的角色不容忽视

一是全球化与贸易保护主义之争让世界经贸关系更为脆弱，这一争论已深入到美国的总统竞选中。众所周知，20 世纪 80 年代末以来，美国一直是全球化进程的领导者。然而，美国领导阶层并没能领导和管理好统一的世界经济，相反，总是出尔反尔，让世界经贸规则失去公平、公正性。近些年来，反全球化浪潮在世界各地兴起，美国也不例外。有分析认为，从 2016 年美国总统竞选情况反映出，"已几乎没有美国人认为，全球化会强化美国经济。"[1] 有分析认为，2016 年美国总统选举，不管特朗普是输是赢，"都撼动了整个政治体系，引入了一种强有力的新论调，在民族主义和全球主义之间开辟了一个新的分歧点，而这种分歧在近期不大可能消失。对于美国的全球主义精英而言，这是一个全新的时代"。[2]

二是新一轮区域经贸整合竞争由美国力推 TPP 拉开序幕，美国的目标就是要掌握全球经贸规则的编写。由于中国大陆这些年经济实力不断提升，其经济总量逐渐接近美国。加之，中国大陆自 2013 年推出"一带一路"战略以来，强调"一带一路"相关国家和地区要打造互利共赢的"利益共同体"和共同发展繁荣的"命运共同体"，这一战略已经赢得了 70 多个国家和组织的支持与参与，形成了具有广泛影响的国际合作框架。与此同时，美国也加大对"跨太平洋伙伴关系协定"的推动力度。2016 年 2 月，在美国主导下 12 个亚太国家签署了《跨太平洋伙伴关系协定》。美国前总统奥巴马为促使国会通过《跨太平洋伙伴关系协定》，在《华盛顿邮报》发表文章称，应当由美国及其盟友书写世界贸易规则，而不能允许以中国为首的任何其他国家这么做。[3] 奥巴马的说辞显示出做惯了超级大国美国的霸道作风，美国要极力争夺世界经贸规则制定的主控权，不让中国等其他国家主导，而这种经贸规则话语权的争夺战只会让世界经贸关系增加更多的不可控因素。

（二）亚太地区关系复杂，是注重经贸发展还是突出领土和海洋权益纠纷，美、日国家的搅局让亚太地区军事因素日显吃重

美国推行"亚太再平衡"战略给亚太地区投入不稳定因素。以领土、领海

权益纠纷为起爆点，亚太地区关系更加复杂。在美日同盟继续保持、美国国力下降转而要求日本承担更多的防务安全责任的情况下，日本提升军事力量的目标比以往任何时期更易达成。所以，日本近几年追随美国"亚太再平衡"战略，在东北亚、东南亚和南亚等地频繁活动，企图形成对华包围圈。不管这种围堵目标能否达成，新一轮围堵中国的战略在推进中，日本成为推行这一战略的急先锋。日本企图在美国"亚太再平衡"战略中通过扮演"冲锋队"角色，积极在中国周边国家活动，竭力渲染"中国威胁"，挑起或插手东海、南海问题，以进一步突破战后体制的束缚。近些年，日本利用自身的经济和军事实力，领导人频繁出访东南亚国家，并取得了一些效果。例如：越南总理阮春福对日本媒体表示，日本作为地区大国，应当为问题的和平解决发挥作用，期待日本进一步介入（南海问题）。[4] 日本还加大对菲律宾的军事援助，出租军机给菲律宾，以提高其监视南海能力对抗中国。而这一出租行动成为日本根据"防卫装备转移三原则"，首次向海外出租成品飞机，也是日本为使菲律宾新总统延续前任的对华政策所做的布局。[5]

美国"亚太再平衡"战略的推行，使得军事因素在亚太地区关系中日益突显。最为明显而直接的结果是，军火买卖活动增加，相关国家增加了军费开支。过去十年里，亚洲成为全球武器销售增长最快的地区。根据斯德哥尔摩国际和平研究所公布的武器销售数据显示，2005—2009 年亚洲武器进口增长了 37%，2010—2014 年亚洲武器进口总量占全球的 48%。美国则通过军售对亚洲施加影响，并控制其武器市场。[6] 亚洲的这种情况令爱好和平的人们担忧，世界各国和地区发展的首选目标应是经济的发展和人民生活水平的提高，而不是过多地将金钱、资源等用于军事消耗上。而美国以所谓"航行自由"为由，进一步激化南海问题，对亚太地区的经济繁荣发展和区域和平稳定相当不利。

二、蔡英文当局对外政策的可能取向

我们可以从台湾的内外环境、蔡英文的理念取所和其"就职演说"等，得出今后一段时间蔡英文当局对外政策的几个取向。

（一）在大陆政策与对外政策关系上以后者为重

蔡英文在李登辉时期就显示出不认同一个中国的政治立场，她参与了"两国论"的起草，在陈水扁时期她多次为"台独"辩护。在参加地区领导人竞选时，她不承认"九二共识"，当选后她更不会承认"九二共识"。因此，她的"就职演说"不提"九二共识"是意料中的，企图以"九二会谈的历史事实"和"求同存异的共同认知"等模糊用词来糊弄大陆和国际社会。迫于内外形势压力，蔡英文在大陆政策上会以"维持两岸现状""维护和平稳定"为所谓的政策目标，但在实际做法上仍然回避"九二共识"这个实质问题。

马英九当局在处理大陆政策和对外政策的关系上，奉行"大陆政策高于对外政策"的政策路线，通过与大陆建立以坚持"九二共识"、反对"台独"的政治互信为基础，改变陈水扁时期的"烽火外交"做法，推出"活路外交"，让台湾地区有更多机会参与国际组织和国际社会活动。蔡英文则相反，她早就不满马英九的"活路外交"政策，会将"外交政策"位阶置于大陆政策之上。她在"就职演说"中声称，"如果台湾不善用自己的实力和筹码，积极参与区域事务，不但将会变得无足轻重，甚至可能被边缘化，丧失对于未来的自主权"。相较于20年前，台湾与大陆的实力对比已下降很多，其GDP已从占大陆的五分之一变为二十分之一，与此同时，台湾手中的筹码也越来越少。蔡英文所言的"实力与筹码"，可能最让美国为首的西方国家认可的是所谓的"台湾民主"。所以，在"就职演说"中蔡英文表示，"会继续深化与包括美国、日本、欧洲在内的友好民主国家的关系，在共同的价值基础上，推动全方位的合作"，而不是选择"继续深化"与大陆的关系。因此，蔡英文当局为以所谓捍卫台湾的"主权与民主原则"，在国际组织和"邦交国"等问题上择机与大陆展开周旋，以"共同的价值基础"获得美国、日本和欧洲民主国家支持的同时，在台湾民众面前展现其所谓的"积极与主动"维护台湾的"主权与权益"的形象。[7]

（二）奉行不同于马英九当局的对外政策路线

2008年以来，马英九的"活路外交"政策让台湾在国际社会的活动范围逐渐扩大。台湾与"邦交国"关系趋于稳定，台湾不再为争夺"邦交国"而搞"金钱外交"，台湾的"护照免签"国家和地区从54个增加到164个，台湾以观察员身份参加了世界卫生大会，等等。然而，蔡英文对马英九的"活路外交"却很不满，2015年底在台湾竞选活动期间，蔡英文多次批评马英九的"外交休兵"政策，认为"这造成外交人员不知为谁而战、为何而战，导致维持外交关系要看中国大陆的脸色"。她声称，民进党的"外交"态度"是积极的"，要与所有的"有邦交"和"无邦交"的国家，"去做一个实质的交往，做一个实质的联结"。蔡英文的此番言论立即遭到国民党的反驳，质疑蔡英文是要恢复陈水扁时期的"烽火外交"。[8]

自今年初民进党在"大选"获胜以来，岛内"台独"分子和民进党人士以多种方式进一步推动"去中国化"和"台独"活动，例如：民进党"立委"提案要求废除在学校、公务单位悬挂孙中山遗像的规定；针对"公民投票法修正草案"进行审议，民进党"立法院党团"要求降低"公投"门槛，并且"将领土变更纳入公投法之范围"；民进党在"立法院"推动"撤销课纲微调"的提案，等等。蔡英文常把"尊重台湾民意和民主原则"挂在嘴边，在大陆政策和对外政策上，她有可能会利用甚至塑造所谓的"台湾民意"与大陆相对抗。尤其是涉外事务问题上，岛内"民粹"情绪最易被挑起，比如，2016年台湾选举前的"周子瑜道歉事件"，经由台湾媒体渲染发酵，起到了影响台湾民众投票的作用。

蔡英文在"就职演说"中一再提及"台湾民主"与"台湾民意"。由此可以预见，在选择一条不同于马英九时期的对外政策路线的指导下，蔡英文会在对外活动上视情况利用"台湾民意"，以便在"国际"社会活动中与大陆进行较量。比如，在台湾参与世界卫生大会问题上，针对台湾收到的邀请函注记前提是要遵守"一中"原则，一部分"台独"人士以"应坚持主权原则"为由，表示不接受"一中"原则，要台湾参加世卫大会的代表进行"抗议"。对此，蔡英文如何处理类似国际组织与国际活动问题，我们将拭目以待。由于民进党重新上台执政，岛内"台独"势力再度活跃，加之蔡英文当局的理念和政策路线，今后两岸在国际的斗争与冲突将会增多。

（三）推行不同于马英九当局的对外经济战略

在台湾对外经济发展道路问题上，民进党一直持"从国际走向大陆"的主张，即通过发展与外国的经贸关系、参与区域经济整合等，壮大台湾经济实力，然后再与大陆发展经济联系。这与马英九当局所持的"从大陆走向世界"的主张有很大不同，后者是主张先搭上大陆高速发展快车，与大陆发展好经贸关系，再经由大陆参与区域经济整合活动。正因为蔡英文要推行"从国际走向大陆"甚至是"离开大陆"的经济战略，她在"就职演说"中称，台湾要"告别以往过于依赖单一市场的现象"，即是指大陆。蔡英文在"5·20"讲话中还声称，要以"强化经济的活力与自主性"为目标，"积极参与多边及双边经济合作及自由贸易谈判，包括TPP和RCEP"，并提出"推动新南向政策"，试图把马英九时期密切的两岸经贸关系往回拉。长期以来，囿于政治因素，台湾有关方面无视大陆经济对于台湾的重要性，不时对两岸经贸关系的发展踩刹车。蔡英文的"新南向政策"和"告别以往过于依赖单一市场的现象"的宣示，无疑是又一次对两岸经贸踩刹车。

早在前几年，民进党就对马英九的十年内加入《跨太平洋伙伴关系协定》（TPP）的说法很不满意，要求马英九当局尽快采取行动加入 TPP，从而迫使后者加快相关准备活动，2015 年年底马英九曾表示台湾要在两年内加入 TPP。2016 年 2 月 4 日，美国、日本、澳大利亚、文莱、加拿大、智利、马来西亚、墨西哥、新西兰、秘鲁、新加坡和越南 12 个国家在奥克兰正式签署了"跨太平洋伙伴关系协定"（TPP）协议。就蔡英文当局的意愿而言，是希望通过加入美国主导的 TPP 和以东南亚为主导的《区域全面经济伙伴关系》（RCEP）来解决台湾的经济难题[9]，尤其是前者。5 月 22 日，蔡英文在会见到访的美国国会议员团时表示，台湾将积极争取加入"跨太平洋伙伴协议"（TPP）第二轮协商。然而，由于谋求进入以美国为主导的"跨太平洋伙伴关系协定"这一过程还有较长一段时间，蔡英文当局只好把"新南向政策"放在较为优先推动的位置。早在 2015 年竞选活动期，蔡英文就提出要推动"新南向政策"。前不久，她已决定成立"南向政策办公室"，由台湾前"外交部长"黄志芳担任该"办公室主任"。将"南向政策办公室"由"总统府"直接管辖，可见蔡英文对推动"新南向政策"的重视。蔡英文在其演讲中提到台湾参与区域整合问题，其"新南向政策"目标之一是加入"区域全面经济伙伴关系"。

（四）企图配合美、日的亚太战略对大陆进行某种制约

蔡英文件深知不承认"九二共识"后果严重，与大陆的关系必然会出现某种程度的麻烦，所以尽量与美国、日本靠近。因此在对美国、日本的关系上，蔡英文当局会比马英九当局更倚重这两个国家。我们从蔡英文当选到"5·20"上台这段时期美国某些官员的表态可以看出，蔡英文搞些"创造性模糊"的说辞，与美国进行沟通，暂时起到了一些让美国放心的作用。

从长远的目标来看，蔡英文当局会期待在美国、日本的对华战略中扮演某种角色。不过，由于美国、日本两个国家的历史、与台湾的关系及其国际地位的不同，与这两个国家的交往，蔡英文当局会有不同的方法和期待目标。对美国，蔡英文当局的政策目标是，继续寻求美国在政治、经济、对外关系和军售等方面广泛支持的同时，希冀在美国的对华制约战略中发挥某种作用，借以达成其既定的战略目标。此外，在美国有不少亲民进党团体，比如"台湾人公共

事务会"（FAPA）等，这些团体经常在美国搞"院外活动"，今年4月美国众议院外交委员会通过第88号共同决议案，重申"与台湾关系法"及"对台六项保证"同为美台关系之"基石"，这与 PAPA 的活动有关。众议院通过的这项提案，是美国国会首次将对台"六项保证"列入议案内容，被蔡英文认为对台"深具意义"。[10] 由于蔡英文本人很亲日以及蔡英文当局对外政策的需要，日本的角色会比马英九时期更加吃重。最近，蔡英文任命谢长廷为"驻日代表"，除了谢长廷曾留学日本的背景，其以民进党前主席的身份被派驻日本，显示出蔡英文对日本的重视。蔡英文当局会通过谢长廷展开包括"政党外交"在内的种种活动，谋求台、日多重关系的提升。总体而言，蔡英文当局会以"共同的民主价值"为基础，积极谋求与美国、日本等西方民主国家靠近，包括配合美、日的亚太战略对大陆进行某种制约，以求在政治、经济、军事、对外关系等方面与西方国家建立更为紧密的类似"同盟的关系"。

三、对两岸关系的影响及大陆的相关策略措施

（一）两岸关系呈现停滞与倒退状况，由热转冷

台湾是岛屿型经济体，腹地狭窄，资源有限，必须靠与外界交流交往才能保持经济的竞争优势。但要解决台湾目前的经济与社会问题，有必要处理好两个方面的问题：一是"走出去"，即参加包括大陆在内的区域经济整合，但对台湾来说，如何整合既是一个重大的经济问题，更是一个复杂的政治问题。二是"请进来"，即吸引包括大陆在内的资本入岛投资，而不是对陆资进行种种限制。[11] 然而，我们从蔡英文的"就职演说"中观察到，蔡英文当局将"走出去"寄托于加入 TPP 和 RCEP。但台湾要加入这两个区域经贸整合体系有相当的难度，均不可能一蹴而就。而在"请进来"问题上，在马英九时期陆资入岛就被民进党要求严格审查、管制，如今民进党上台，陆资入岛更不会被大幅松绑。此外，更糟的是，由于忧心民进党上台两岸关系不稳，2016年台湾资金外流现象严重。据有关报道显示，2016年第一季台湾金融账净流出的金融高达189亿美元。该报道分析认为，除了台湾的税制不合理，"因两岸关系仍会低荡一段时日"，"资金外流恐会加速"。[12] 即便如此，蔡英文当局仍将奉行与大陆相对疏离的政策路线。

由于蔡英文"5·20"讲话回避"九二共识"，两岸关系的政治互信基础不太稳固。蔡英文在其"就职演说"中表示，不依赖单一市场（即指大陆），似乎是

为分散市场风险，但主观意愿是不让台湾在经贸关系上与大陆结合得太紧密。由于蔡英文当局奉行不同于马英九当局的大陆政策，不仅会影响到两岸经济关系的扩大和深化，而且会使两岸在处理相关政治议题和对外关系等敏感问题上缺少互信基础和游刃空间。两岸关系由热转冷势头在"反服贸运动"以来已经显现，民进党上台执政后控制"立法院"多数议席，依其一贯的"逢中必反"的政治立场，在两岸关系上会扮演往回拉的角色，并在岛内采取进一步"去中国化"的举动。因此，在今后一段时期内，两岸关系正式走入冷和期，并且将面临停滞甚至倒退的风险。

（二）寻找推动两岸关系和平发展的动力：大陆的相关策略措施

在大陆综合实力大为提升的情况下，大陆对台湾问题的处理，除了要坚持原则立场、有高度的自信外，还必须做具体细致的工作。

1. 坚持"九二共识"、反对"台独"的政治原则立场不动摇。蔡英文的"就职演讲"回避了"九二共识"，仅谈到"1992年两岸两会会谈的历史事与求同存异的共同认知"，看似展现善意，但却绵里藏针，其通篇讲话传达出多重信息：一是以所谓"多元化"对"单一化"，减轻对大陆市场的依赖，意则是疏离大陆。二是高举"台湾民主"大旗，声称要"促成内部和解"，"凝聚共识，形成一致对外的立场"，今后蔡英文当局会以"台湾民意"与大陆周旋，亦即一致对付大陆。三是将两岸关系置于"区域和平与集体安全一环"，试图与美国、日本"同盟关系"靠近。四是提出"重建原民史观"，不排除其通过台湾少数民族历史的追溯，从所谓的源头搞历史的、文化的"台独"。由此可见，大陆必须坚定不移地坚持"九二共识"、反对"台独"的政治立场，提高警惕，防止蔡英文当局在岛内搞渐进的"文化台独"活动。

2. 梳理两岸经贸交流问题，尤其是对惠台政策要进行统一评估。不能否认，经过多年的两岸经贸交流，两岸经贸关系已相当密切，两岸民众从中获得不少好处。然而，由于李登辉、陈水扁时期留下来的对两岸经贸往来的有关限制性法规条文和政策措施没能完全消除；过去若干年中，因民进党和"台独"人士的钳制和踩刹车，两岸经贸关系发展仍存在相当多的障碍，其发展仍处于不平衡、不对称及其对大陆的不公平的状态。仅如本人在《两岸关系发展二十年之省思》一文中所言：两岸经贸关系尽管有较大进展，并已开始步入深水区，但这一关系发展还不平衡；两岸经贸等关系的相互依赖程度在加深，但两岸民众的思想价值观仍存在较多分歧，台湾民众的离心倾向仍未被止住。也有不少研究认为，两岸的经济联系的密切的同时，支持两岸关系和平发展的台湾民众虽逐渐增多，但并没有使其有效转化为自己是"中国人"的身份认同。由于部分民进党人士和"台独"分子的歪曲宣传，大陆的惠台政策和让利政策的预期效果被打了折扣。一方面，台湾民众认为他们没有获利；另一方面，台湾民众认为被大陆"恩赐"而感到心中不爽。因此，大陆必须全盘检讨惠台政策，做出必要的、适当的调整。否则，大陆实行惠台政策，不仅台湾民众"始终无感"，而且被岛内"台独"分子和民进党人士利用，作为反对大陆的素材。

3. 展开全方位、多层次民间文化交流，构筑两岸民众共同的历史记忆。从蔡英文的就职演说中多次提到"台湾民主"，并在解释"既有政治基础"时，其中一点即是"台湾民主原则及普遍民意"，可见其以台湾民意对付大陆的思维相当明确。针对民进党和"台独"分子积极推进"文化台独"，废除"课纲微调"，继续对台湾学生进行"独化教育"。大陆有必要展开全方位、多层次民间文化交流，构筑两岸民众共同的历史记忆。比如，在文化教育方面，两岸可以设立共同的教师节，合编教科书，合作办学；在历史方面，两岸可以共编抗战史，共写民国史，等等。文化和历史的导正是极其重要的方面，尤其是历史教科书必须符合历史史实，以阻断"台独意识"对台湾青少年的进一步毒化。通过各种形式的两岸文化交流活动，加深两岸民众尤其是青年学生间的情感，更多地创造两岸人民的共同记忆。

对于台湾来说，在涉及与大陆关系的议题上，持相对中肯的立场来处理相关问题是维护和扩大两岸关系和平稳定发展的重要一环。在 20 世纪六七十年代，台湾经济与美国、日本相联系，创下了经济高速发展的奇迹。如今，时势已发生了较大的变化，大陆综合实力大为提升，其"一带一路"战略的提出，已获得较多支持，形成了具有广泛影响的国际合作框架，并不断的前进。如果蔡英文当局能摆脱"台独"和"反中"思维的影响，不以"大陆的对外政经阴谋"论来看待"一带一路"战略及其建设，则对台湾经济和两岸关系和平发展是极为有利的。加之，美国、日本联合对东海和南海问题进行挑事，美国曾要求马英九当局放弃在南海问题上所持的"十一段线"的主张，但被拒绝。两岸能否协办维护老祖宗留下的领土、领海资产，蔡英文当局的态度至关重要。如果两岸能在"九二共识"、反对"台独"政治基础上有共同的认识，则两岸民众的福祉和中华民族的伟大复兴将指日可待。

注释：

[1] 伊恩·布雷默：《应该对"美国第一"的观点进行讨论》，日本《经济新闻》，2016 年 4 月 18 日。

[2] 罗伯特·W·梅里：《2016 年特朗普与希拉里之战是民族主义与全球主义之战》，美国《国家利益》双月刊网站，2016 年 5 月 14 日。

[3] 贝拉克·奥巴马：《＜跨太平洋伙伴关系协定＞将令美国而非中国引领全球贸易之路》，美国《华盛顿邮报》网站，2016 年 5 月 2 日。

[4] 《越总理期待日本进一步介入南海》，日本《东京新闻》，2016 年 5 月 15 日。

[5] 《日本将向菲律宾出租教练机》，日本《产经新闻》2016 年 5 月 3 日。

[6] 《谁在武装亚洲？》，英国《生存》双月刊 2015 年第 4 / 5 期。

[7] 本文所引用的蔡英文"就职演说"的相关内容参见台湾《联合报》2016 年 5 月 20 日。

[8] 《胡志强："烽火外交""邦交国"恐剩个位数》，台湾《中时电子报》，2015 年 12 月 28 日；《出席产业论坛 蔡英文：当选后不会毁掉产业》，台湾民视新闻网，2015 年 12 月 29 日。

[9] RCEP 由东盟十国发起，邀请中国、日本、韩国、澳大利亚、新西兰、印度共同参加（即"10+6"）。

[10] 台湾"总统府"网站，2016 年 5 月 22 日。

[11] 刘国奋：《"一带一路"战略与两岸关系的发展》，2015 年 11 月参加在广西桂林举办的"一带一路与两岸"学术会议之论文。

[12] 《小英能解决资金外流？谢金河看衰》，台湾《中时电子报》，2016 年 5 月 22 日。

[13] 刘国奋：《两岸关系发展二十年之省思》，《台湾研究》2015 年第 2 期。

蔡英文当局南海政策：
政策立场、基本特征及影响因素

上海国际问题研究院　严安林

2016 年 5 月 20 日，蔡英文正式就任台湾地区领导人后，在民进党"台独"意识形态的制约下，拒不承认"九二共识"，从而使两岸关系和平发展面临严峻挑战。同时，民进党当局在南海问题上到底持什么样的政策立场，包括对于菲律宾非法提出的所谓"南海仲裁案"的立场与态度，不仅成为衡量蔡英文当局两岸政策与对外政策立场的重要指标，而且也是影响两岸关系的重要因素。

一、民进党在南海问题上的既有政策立场

2008 年失去政权后，民进党就将"海洋战略"作为其政策主张的重要组成部分。2014 年下半年以来，民进党海洋政策逐渐清晰化，特别是 2014 年 12 月 5 日由民进党新境界文教基金会发表的"'国防'政策蓝皮书"第 8 号报告中，正式提出"人道救助"与"灾害防救"的主张。该主张明确表示，如果民进党执政，将成立"亚太人道救援平台"，把南沙太平岛建成海外人道救援与灾害防救的前置基地。[1]民进党南海政策的主张及特征主要表现在：

其一：主打"海洋战略"，展现治理能力。民进党多次声称台湾是"海洋国家"，并将"海洋立国"纳入其主要政见中。蔡英文在"十年政纲"中称，台湾要"从世界走向中国"，其依据是要台湾"向四海拓展"。在 2014 年地方选举中，民进党在高雄、澎湖等地打出了"港湾经济""海洋城市文化"等口号，提出要以海洋能源、渔业等为城市治理的重点。胜选后，蔡英文又提出修订"国防法"，要求赋予"国军"执行海外人道救援与灾害防救更完备的法律授权。

其二：提出有别于马英九当局的南海政策主张，尤其突出与大陆主张的区

别。马英九当局无论是在南海还是东海问题上都采取较为积极的政策主张；但民进党在南海问题上极少提"主权"，以避免其主张与大陆类似，始终强调海洋资源开发、人道救援，极力避开敏感的政治议题。民进党还在多个场合强调以《联合国海洋公约》处理相关争议，尤其以批评大陆、敦促大陆遵守《联合国海洋公约》为要旨。多位绿营人士主张对南海问题"须思考联合国海洋法公约中有关领海的各种主张，尤其是海洋法公约第 121 条"。[2] 这一条所定义"岛屿"必须是海水涨潮时仍然露出海面的自然陆地。如果只是被海水淹没的岩礁，不能维持人类居住或者其本身的经济生活，就不应该有专属经济区或者大陆礁层，只能有 12 海里的领海。民进党"'国防'政策蓝皮书"第 8 号中的主张，实质上为美、日在南海的立足提供方便。正是在这样的政策基调基础上，蔡英文在纽约和一群中国问题专家会谈时，当被问及民进党南海政策基本原则时就表示依照国际法、国际海洋法公约相关规定处理。[3] 2015 年 10 月 28 日，蔡英文表示："南海问题民进党立场很清楚，第一，各方都需要依据《海洋法》跟《联合国海洋法公约》提出主张；第二，各国都有共同义务，要维持航行跟飞行自由的权利；第三，民进党也非常期待，各方再有不同立场跟争议，都能坐下来好好谈谈，'以和平手段处理南海争议'。"南海争议应按照国际法相关规定以主张各自立场，各国都有共同责任，维持该地区的自由航行跟飞行权利。[4]

其三：采取直接或间接的表达方式以支持美、日立场。美方提出了"南海冻结三行动"后，曾多次游说台方接受或响应该提议。美国安全中心亚太安全事务资深主任克罗宁（Patrick Cronin）以"美台关系非比寻常"，建议当时马英九当局"大胆宣布延后在太平岛上进行基础建设"。曾任"驻台代表"的司徒文呼吁，"台湾应该认真考虑放弃以九段线为界对南中国海的主权主张"。美方对南海的"关切"为民进党提供了"端牛肉"的机会。民进党前"国安会副秘书长"、前"立委"张旭成在台湾"安保协会"主办的一个国际研讨会上表示，依据国际法，"九段线跟现在的台湾政府没有关系"，"民进党执政后会考虑放弃目前对几乎整个南中国海声称拥有主权的主张"。张的说法虽未经民进党明确证实，但已显现民进党试图通过改变南海政策吸引美国关注的端倪。曾任陈水扁当局"国防部副部长"的柯承亨也表示：民进党正在思考是否要放弃台湾当局以现有的断续线为界线对南海主权的主张，公开承认民进党正在在南海问题上做内部检讨。蔡英文在美国国际与战略研究中心（CSIS）所做的以《台湾迎向挑战——打造亚洲新价值的典范》演讲中，频繁提出与"友好国家强化军事合作关系"，"台湾应继续充当美国可信赖的伙伴"，"持续强化台美军事合作"，甚至接过日本首相安倍提出的"积极和平主义"口号，提出"积极和平的外交作为"，并提及 2014 年美国国务卿希拉里"很善意地提醒我们"，如果台湾失去经济独立性，将会变得脆弱易受伤害。

其四：南海政策核心要旨在不弃守太平岛。蔡英文在访问美国前曾宣布绝对不会放弃太平岛。但这只能说明民进党内部确实有不少人主张放弃太平岛，而不是昭示蔡英文在太平岛主权上有多少坚持。而且，蔡英文强调不放弃太平岛，恰恰昭示了蔡英文与民进党的思维取向是有可能放弃南海"U 型线"，只保留太平岛。2015 年 5 月 26 日，蔡英文在嘉南药理大学演讲时回应记者提问其对马英九《南海和平倡议》的看法时表示："我们不会放弃太平岛的主权"，称民进党对于南海主权的主张，应该依照国际法处理，尤其是联合国海洋法公约，"我们坚持以理性的手段处理"，再三强调、主张与坚持在公海上的自由航行权，"不接受任何挑衅的行为"。其实，蔡英文的语义明显偏向美、日的说法，因此有媒体质疑蔡英文是否"只要太平岛，放弃整个南海"？[5]

二、影响蔡英文当局南海政策动向的基本因素

蔡英文上台后，民进党当局在海洋问题上与美、日站在一边将可能是必然趋势与政策选择，在南海政策上可能采取迎合与符合美国亚太战略与政策的做法。这主要是由亚太海洋形势趋紧，美、日对民进党施压及民进党自身内外政策所决定的。

其一：民进党推行"亲美"与"友日"政策的需要。蔡英文上台后，民进党的对外政策将是"靠美""联日""南向""西守"，事实上采取"亲美"路线，而不是马英九当局所实施的"亲美"与"和陆"的平衡策略，也不是"政治安全靠美国、经济发展靠中国（大陆）"的"政经分离"策略。这是因为：一方面，民进党认为马英九 8 年来的两岸政策是"倾中"，不仅让台湾经济丧失自主性，而且产生"政治倾中"危险，必须给予制止。因为，台湾社会主流民意是既要发展，更要"主权"与尊严。台湾的生存与"主权"高于经济利益，这是"太阳花运动"发生的缘由，也是马英九支持度走低的根本。民进党认为基于维护"主权"利益与回应主流民意需要，上台后当然要纠正马英九"倾中"的错误政策。加上民进党内部的主流意见评估是：未来若干年内中国大陆与美国之间战略层面冲突的持续上升将是"新常态"，加上美国与日本的"战略抗中"已经成型，这不仅表现在东海与南海争议，而且贯穿于中国大陆推动的"一带一

路"战略之中。民进党认为，只有坚定地站在美国与日本一边，才能获得自身的"安全"，才能获得美、日的支持。台湾有学者指出："民进党最重视的是美国的政策，台湾民意呼吁蔡英文登太平岛，美国不准，她一定不敢去。"[6]另一方面，"亲美"政治路线在台湾社会中市场不小，有一定的民意基础。

其二：美、日在南海问题上对台湾民进党当局压力不小。马英九当政期间，美方就要求台方说清南海U型线的法理依据。如2014年9月13日，"美国在台协会"前台北处长司徒文公开提出：美国重返亚洲的目的当然是为了中国；认为九段线不合理，也不符合国际法规范，更被国际社会认为可笑及愚蠢。他建议台湾应认真考虑放弃九段线的南海主权主张，改以实际控制的太平岛基准，他宣称经济海域应向外延伸200海里，改用国际法规范提出领土主张。[7]美方的政策行为，表面上是要台湾的当政者说清楚，背地里意思是要台湾"放弃对南海诸岛的主权主张"。[8]蔡英文上台后，美方在南海问题上对台湾当局的压力依然存在，特别是在南海纷争不断上升的情况下，来自华盛顿的压力是"亲美"的蔡英文当局不得不需要认真给予考虑的。因此，有台湾学者提出：蔡英文上台后，"非常可能采取唯美国马首是瞻的外交政策，很难不让人担忧她会对'中华民国'的'十一段线'或'U型线'加以澄清，而在明知故犯的情况下破坏两岸现状"。[9]当然，民进党上台后在南海政策的调整中也会面临两难：一方面美国要其放弃南海多数岛礁及历史水域的"主权"主张；另一方面基于现实利益，民进党也不敢违背台湾主流民意而放弃东沙岛和太平岛。从而，民进党可能会在主张拥有太平岛"主权"的基础上明确表达与美国（或美支持的其他国家，如菲律宾等）进行合作的政策。如果这样，不仅两岸海洋冲突将有可能爆发乃至升级，并必然对两岸关系产生"蝴蝶效应"，而且对大陆的南海维权产生负面影响。南沙群岛，特别是其中台湾所控制的太平岛，位于南华水道与中央水道交接点旁边，处于南华水道最重要的位置。台湾与美国、日本及菲律宾等形成的合作与合力，势必不利于中国大陆在南海维权的战略态势。

其三：民进党基于"台独"与"抗中"政策的需要。在"台独"依然是民进党内部"神主牌"、排斥两岸走向统一依然是民进党内部主流政治倾向的双重因素影响下，大陆及其发展、政策都将依然被民进党当局视为"威胁"，从而大陆任何捍卫国家主权与海洋权益的政策、主张与行为，都将被民进党视为不能与其一样的"异类"。在南海政策立场上，民进党内部不少人都有主张调整马英九当局原先政策立场的意见，即民进党的南海政策立场，既不能与马英九当局的政策立场一样，更不能与大陆的政策主张类似，以免给外界"两岸联手"的感觉。虽然蔡英文核心幕僚吴钊燮曾表示对"U 型线"的表态民进党内部尚无结论，但民进党内部不少人认为，所有"主权"主张要立基于国际海洋法，民进党没有反对和放弃历史性权利的主张，更重要的是立基于国际海洋法的规范。由此可见，正是民进党长期的意识形态与民进党内部的极端"台独"势力的牵制，将是蔡英文当局在南海政策上采取不同于马英九当局、也不同于大陆南海政策主张的重要影响因素。

三、蔡英文当局对"南海仲裁案"的政策立场

（一）菲律宾推动"南海仲裁案"闹剧

2013 年 1 月 22 日，菲律宾依据《联合国海洋法公约》第 15 部分第 287 条与附件 7 之规定，片面启动针对中国的关于南海海洋管辖权争端的强制仲裁程序。在中国政府声明拒绝接受及参与这一程序的情况下，仲裁庭在 2015 年 10 月 29 日宣判对此案件的管辖权成立，并在同年 11 月完成实质问题阶段的开庭审理。虽然中国行使第 298 条赋予的排除权，正当地否定仲裁法庭的仲裁权，但仲裁法庭为了扩张自身对主权国家的管辖权，决定受理这桩实质是领土争端的案件。

应该指出，这是一场菲律宾精心策划、试图瓦解中国对于南海的法律主张与该主张的合法性、特别是"U 型线"的法律战。菲律宾试图努力证明中国的南海主张系以"U 型线"或"九段线"为界限的权利主张超过《联合国海洋法公约》所允许的范围，意在通过挑战中国所主张的南海"九段线"及历史性权利主张，试图瓦解中国政府在南海纷争中的立场与主张。

2016 年 7 月 12 日，由美国一手策划、菲律宾出钱的"南海仲裁案"结论出笼。要点包括：一是仲裁庭对菲律宾和中国双方涉及南海的历史性权利和海洋权利渊源的争端具有管辖权；二是中国对"九段线"内海洋区域的资源主张历史性权利没有法律依据；三是即使中国曾在某种程度上对南中国海水域的资源享有历史性权利，这些权利也已经在与《联合国海洋法公约》关于专属经济区的规定不一致的范围内而不复存在；四是尽管历史上中国以及其他国家的航海者和渔民利用了南中国海的岛屿，但并没有证据显示历史上中国对该水域或其资源拥有排他性的控制权。

仲裁结论昭示着出笼前人们所预料与指出的："仲裁案""完全是一个由美国鼓动操纵、菲律宾挑头、仲裁庭客观上予以配合的针对中国的一个'局'"；[10]

是配合美国亚太战略的一着棋；是美国在南海地区"拥有国家利益"；美方目的在于干预中国与邻国的南海争议以制衡中国。

中国大陆立场是不接受、不参与、不承认，因为这个问题关系到中国国家核心利益、国际形象及民族感情，由此开展一系列的外交斗争、舆论斗争、法理斗争与海上维权斗争。习近平总书记表示："中国在南海的领土主权和海洋权益在任何情况下不受所谓菲律宾南海仲裁案裁决的影响。中国不接受任何基于该仲裁裁决的主张和行动。中国一贯维护国际法治以及公平和正义，坚持走和平发展道路。中国坚定致力于维护南海和平稳定，致力于同直接有关的当事国在尊重历史事实的基础上，根据国际法，通过谈判协商和平解决有关争议。"[1]

（二）民进党当局对"南海仲裁案"基本政策立场

"仲裁案"结论出笼后，民进党当局即由"总统府""外交部"与"内政部"、陆委会分别发表不同的声明，三天后又由"立法院"四个党团联合发表"'立法院'朝野党团对于南海仲裁案共同声明"等五份文件。之后，蔡英文在接受美国《华盛顿邮报》专访中又提到南海问题。综合民进党当局若干政策文件，在南海问题上大体确立如下的政策立场：

其一：不承认"南海仲裁案"结论。因为台湾方面没有"被邀请参与"，也没有"被征询"，从而"绝不接受"，也不认为"仲裁案"结论具有"法律拘束力"。2016 年 7 月 12 日，"仲裁案"结论出笼当天，民进党当局发表《"中华民国政府"对"南海仲裁案"之立场》，提出有关菲律宾依照《联合国海洋法公约》所提起的仲裁只是"判断"；强调"'中华民国'对南海诸岛及其相关海域享有国际法及海洋法上之权利。本案仲裁庭于审理过程中，并未正式邀请'中华民国'参与仲裁程序，也从未征询我方意见。现在，相关仲裁判断，尤其对太平岛的认定，已经严重损及我南海诸岛及其相关海域之权利，我们在此郑重表示，我们绝不接受，也主张此仲裁判断对'中华民国'不具法律拘束力"。2016 年 7 月，蔡英文接受美国《华盛顿邮报》专访时再次强调："这个仲裁的决定有损于台湾的利益，所以我们不能够接受，我们也认为这个裁判对台湾没有法律约束力。"蔡英文所提出的理由有三：一在台湾方面是一个重要的利益相关方，但是没有被邀请参与整个仲裁的程序。二是对于"仲裁案"中被称为"中国台湾当局"（"The Taiwan Authority of China"）不能接受。三是太平岛在"裁决"中被认为是一个"礁"而不是"岛"，"这是违反我们长期以来的主张，我们也认为它确实是一个岛。"

其二：强调南海诸岛及其相关海域"主权"属于"中华民国"。提出"我们再次重申，南海诸岛及其相关海域主权属于'中华民国'所有，这是'中华民国'的立场与坚持，我们绝对会捍卫'国家'的'领土'与'主权'，也不让任何损害我'国家'利益的情形发生"。

其三：主张南海争端应该透过多边协商和平解决。不仅主张和平、协商解决，而且强调共同促进南海区域和平稳定的重要性，称"我们主张，关于南海的争议，应该透过多边的协商，共谋争端的和平解决。我们也愿在平等协商之基础上，与相关国家共同促进南海区域之和平与稳定"。

（三）民进党当局南海政策立场的特点

其一：民进党当局虽然坚持对南海的"主权"主张，但不直接强调"11 段线"或"U 型线"，以区别于马英九当局既有南海政策立场，也凸显与大陆南海政策立场的不同。民进党当局"内政部"与陆委会的两份声明都提到了 1947 年国民政府公布的《南海诸岛位置图》，据以主张领有南海"主权"，隐约突出"11段线"（或称"U 型线"），但不是直接说明"11 段线"。其用意是给大陆看的，包括蔡英文当局"内政部长"登岛[12] 等，都凸显不是"外交"作为，而是对内事务的实际管理，"目的就在避免造成'两岸一致'是形象，以凸显台湾的主体性"。[13] 台湾局的声明强调，"南海诸岛及其相关海域'主权'属于中华民国所有"，没有提出法理依据"11 段线"，甚至没有提及《南海诸岛位置图》。

其二：民进党当局虽然强调对南海诸岛的"主权"，却没有提出"历史性水域"的主张。不仅"总统府"声明不提，而且"外交部"与陆委会都故意忽略这一历史事实与固有主张。为此，台湾学者一针见血地指出，民进党回避"11段线"与历史性水域的议题，"摆明是要与中国大陆切割"。[14] 著名国际法专家熊玠认为，"中国对南海的声索，主要建立在'历史水域'原理之上"。[15] 事实上，菲律宾所提出的海洋法公约没有"历史水域"的理由并不成立，因为固然公约中找不到"历史水域"文字而给予肯定，但事实上，公约中也找不出否定中国"历史水域"的文字规定，所以，由此而否定中国所提出的"历史水域"也是没有法律依据的。特别是公约的序言中有明文告诫，即"本公约未予规定事项，应继续以一般国际法的规则和原则为准据"。[16]

其三：民进党当局虽然没有放弃对南海诸岛的主权主张，却强调与"仲裁案"无关的航行与飞越自由，特别是过于强调国际法与海洋法公约，不凸显中国人民对南海的长期开发，明显是向美国交心。吴钊燮在美国表示，"民进党政府不会放弃太平岛，也无意放弃'11 段线'是主权声索，但支持航行自由"，认为所有当事国的主权声索都必须符合国际法。[17]"台湾的主张不只是基于占领太平岛，国际法庭作出的裁决也应当是主张的基础。台湾有当年'中华民国''11 段线'主张的档案，应当有助于决定台湾是否还拥有'11 段线'的主张。不过任何南海主权主张都要基于国际法和联合国海洋法公约。至于档案的公开，需要与各方磋商后，谨慎做出决定，但不排除公开的可能"。蔡英文在2016 年 1 月 16 日国际记者会中表示，钓鱼台"主权"属于台湾；南海方面，"我方主张有主权"，"未来应依照国际法，来处理相关主权主张"，"我们赞成保有飞行、航海的自由，反对如何引起紧张的事情"。[18]蔡英文表示，民进党的立场一向很清楚，也就是"坚持南海的主权、确保航行自由"。同时民进党也主张，"相关的争议应该要根据国际法及海洋法公约来进行处理，让整个争议以和平的方式来处理"，"台湾身为区域的一分子，有责任共同来维护这个区域的和平及稳定"。[19]针对媒体报道大陆在西沙永兴岛部署飞弹问题，蔡英文于 2016 年 2 月 17 日出席第 9 届"立法委员"研习营时表示：南海是一个各方关注的区域，尤其是南海主权问题已经呈现紧张态势，各方应和平解决。[20]2016 年 7 月 19 日蔡英文召开"国安"高层会议，提出处理南海问题的四个基本原则：一是依照国际法与海洋法公约和平方式解决；二是台湾应纳入多方争端解决机制；三是相关国家有义务维护南海航行和飞越自由；四是搁置争议、共同开发处理南海争端，在平等协商基础上，保护并共同开发南海资源。蔡英文接受《华盛顿邮报》专访中再度强调这样的主张：一是有关南海争端应该依据国际法与海洋法，包括《联合国海洋法公约》，用和平的方式来解决；二是台湾应该要纳入多方争端解决的机制；三是在这个地区的相关国家与地区有义务维护南海的航行与飞越自由；四是主张以"搁置争议、共同开发"方式处理南海争议。

其四：民进党当局虽然不敢放弃南海诸岛主权，但采取的政策举措"虚多实少"，虚与委蛇，甚至对渔民自发地捍卫南海主权的行为给予打击，以太平岛是"军事管制区"为由不让渔民登岛。2016 年 1 月 28 日，马英九登陆太平岛时，民进党"中国事务部"主任赵天麟当日称，马英九选择一个无法负责的行为，登太平岛回来后，台湾要承担国际责任，认为新当局"也要承担"，对于马英九登岛，"民进党不接受，予以谴责"。当天记者问蔡英文就任后是否登太平岛，蔡英文没有回应。[21]赵天麟表示，台湾纵使"国际地位"再怎么艰困，都要考量国际社会和谐，"目前南海议题敏感，冲突一触即发"，马英九是"看守总统"，"不应有这种举措"。[22] 2016 年 7 月 19 日，蔡英文当局提出五个作为：一是捍卫渔权，确保渔民作业安全；二是多方协商，请"外交部"和相关国家加强对话沟通；三是科学合作，请科技"部会"开放科研名额，由相关"部会"邀请国际学者到太平岛进行地质、地震、气象、气候变迁等科研；四是人道救援，请"外交部"和相关国际组织合作，让太平岛成为人道救援中心及运补基地；五是鼓励海洋法研究人才，强化"国家"因应国际法律议题时的能量。上述这些所谓政策举措实际上能够落实的并不多。

注释：

[1] 周思宇："民进党国防蓝皮书：太平岛作为人道救援基地"，台湾《自由时报》，2014 年 12 月 6 日，A6 版。

[2] 周慧如：《南海主权，岂可放弃》，台湾《工商时报》，2015 年 6 月 25 日，第 3 版。

[3] 周慧如：《南海主权，岂可放弃》，台湾《工商时报》，2015 年 6 月 25 日，第 3 版。

[4] 黄忠荣：《蔡与美同调，促对谈解决争议》，台湾《旺报》，2015 年 10 月 29 日，A5 版。

[5] 李中邦：《美日会透过蔡英文染指太平岛》，台湾《观察》杂志，2015 年 7 月号，总第 23 期，第 21 页。

[6] 赵国材语，《观察论坛——南海仲裁案对亚太情势及两岸关系的影响》，台湾《观察》杂志，2016 年 8 月，总第 36 期，第 26 页。

[7] 舒子榕：《美重返亚洲，当然是为了中国》，台湾《中国时报》，2014 年 9 月 14 日，A12 版。

[8] 周慧如：《南海主权，岂可放弃》，台湾《工商时报》，2015 年 6 月 25 日，第 3 版。

[9] 陈一新：《蔡英文南海主张，破坏现状》，台湾《中国时报》，2015 年 6 月 26 日，A17 版。

[10] 国纪平：《究竟谁在破坏国际法——菲律宾南海仲裁案事实与法理辨析》，《人民日报》，2016 年 7 月 11 日，第 3 版。

[11] 李伟红：《习近平会见欧洲理事会主席图斯克和欧盟委员会主席容克》，《人民日报》，2016 年 7 月 13 日，第 1 版。

[12] 2016 年 8 月 16 日，民进党当局"内政部长"叶俊荣与"海巡署署长"李仲威不声不张地登上太平岛，给南沙医院挂牌"南沙二号"。

[13] "社论：《细节中的魔鬼：蔡英文借南海仲裁挑衅两岸关系》，台湾《远望》月刊，2016 年 8 月号，第 6 页。

[14] 王冠雄语，《观察论坛——南海仲裁案对亚太情势及两岸关系的影响》，台湾《观察》杂志，2016 年 8 月，总第 36 期，第 26 页。

[15] 熊玠：《"南海争议仲裁"：看看谁更讲法理》，《解放日报》，2016 年 8 月 30 日，第 9 版。

[16] 熊玠：《"南海争议仲裁"：看看谁更讲法理》，《解放日报》，2016 年 8 月 30 日，第 9 版。

[17] 曹郁芬：《吴钊燮：回顾九二历史，秉持求同存异》，台湾《自由时报》，2016 年 1 月 21 日，A2 版。

[18] 管婺媛：《蔡：寻求对等尊严的两岸关系》，台湾《中国时报》，2016 年 1 月 17 日，A4 版。

[19] 黄忠荣：《民进党谴责马，小英未回应》，台湾《旺报》，2016 年 1 月 29 日，A3 版。

[20] 蔡浩祥：《避刺激陆，蔡吁和平解决南海问题》，台湾《旺报》，2016年2月13日，A2版。

[21] 黄忠荣：《民进党谴责马，小英未回应》，台湾《旺报》，2016年1月29日，A3版。

[22] 黄忠荣：《民进党谴责马，小英未回应》，台湾《旺报》，2016年1月29日，A3版。

蔡英文上台后台湾对外布局的策略转型与大陆的危机管控

中国社会科学院台湾研究所 钟厚涛

2016 年 1 月 16 日，台湾举行自 1996 年首次"直选"以来的第六次地区领导人选举，民进党候选人蔡英文以超过对手 300 余万票的巨大优势，顺利赢得选举。5 月 20 日蔡英文正式上台后，将重新调整台湾的对外战略布局，推行柔性"台独"路线，不断侵蚀一个中国原则的基本底线。面对台湾"国际活动空间"问题出现的新形势与新挑战，大陆如何妥善因应，找出化解之道，确保既能最大限度地维护国际社会对于一个中国框架的共同认知，又能将可能的负面冲击降到最低水平，这是当下需要认真思考的重大课题。

一、蔡英文对外政策的战略调整

1949 年蒋介石集团退踞台湾以后，台湾当局就一直在对外关系问题上大做文章。[1]蔡英文上台后，短时间内将以岛内经济发展和社会民生议题为主，不敢在涉外议题上做出挑衅性动作。但长远来看，作为一名理念型"台独"分子，蔡英文不会根本放弃"台独"冲动，极有可能调整战略，寻求新的世界定位，借助国际场合来壮大"台独"势力：

（一）在布局上，由马英九时期的"从中国大陆走向世界"变为"由世界走向中国大陆"

为有意疏离大陆，减少与大陆的经济连接，蔡英文一直主张"从世界走向中国大陆"，反对两岸签署经济合作框架协议（ECFA），为此还与主张"从中国大陆走向世界"的马英九于 2010 年 4 月 25 日进行过激烈辩论。蔡英文上台后，将会放弃马英九时期政策，全面落实其长期坚持的"从世界走向中国大陆"观念，企图跳过或回避大陆，优先考虑与世界其他国家和地区洽签办议。

在2016"大选"政见发表会和辩论会上，蔡英文多次抛出"新南向政策"，[2]主张台湾应该强化与东南亚国家的经济关联，与这些国家早日签署自由贸易协定（FTA）或经济合作协议（ECA）。目前台湾已经完成了与印度尼西亚、印度、马来亚、泰国和菲律宾签署FTA/ECA的可行性研究，蔡英文势必会依据相关前期研究成果，加速与这些国家的谈判，力求早日达成协议。值得注意的是，蔡英文谋求签署FTA/ECA，不是一个单纯的经济问题，背后隐藏着复杂的政经交织，不排除其是想借经济合作来扩大对外关系，甚至是制造"两个中国"或"一中一台"。

在竞选期间，蔡英文还多次表示，为避免台湾在经济全球化和区域一体化进程中被边缘化的命运，未来会全力谋求加入由美国主导的、具有某种遏制大陆意味的跨太平洋伙伴关系协议（TPP）。与对待TPP态度形成鲜明对比的是，在整个2016年"大选"期间，蔡英文一直有意回避是否要加入由大陆主导的区域全面经济伙伴关系协议（RCEP），也不愿意告诉外界是否支持亚投行和"一带一路"建设。其实，就岛内经济发展的客观需求来看，台湾应该优先考虑加入RCEP，然后再寻求加入TPP。因为如果不能加入RCEP，台湾GDP将下降2.61%，而不加入TPP，台湾GDP仅下降0.19%。[3]但出于对大陆与美日的政治角力和双向平衡等因素考量，马英九时期对于TPP和RCEP的政策是"双轨并进，同步参与"。但蔡英文着重强调TPP却刻意忽视RCEP的态度反差，明显呈现出靠拢美日、疏远大陆的态势。

（二）在位阶上，由马英九时期的"将两岸关系置于台湾对外关系之上"变为"将台湾对外关系置于两岸关系之上"

台湾是中国的一个重要组成部分，但目前又与大陆处于特殊的分离状态，具有一定的"国际活动空间"，因而如何处理两岸关系与台湾对外关系之间的位阶问题，一直是岛内高层决策者颇为纠结的难题，也呈现出不同的声音。例如，台湾前"外交部长"钱复认为，台湾应将两岸关系置于对外关系之上。而钱复的继任者蒋孝严则提出相反意见，认为台湾应将两岸关系置于对外关系之下。

虽然各方争论不已，但从历史角度观察，却有一定规律可循。纵观60余年来台湾当局对外活动的主张演变与行为变迁，可以发现，两岸关系相对和缓时期，台湾当局会将两岸关系的位阶置于对外关系之上；两岸关系紧张对峙之时，台湾当局则会反向操作，把对外关系的位阶置于两岸关系之上。马英九执政时期，"将两岸关系的位阶放在对外关系之上，为了避免两岸冲突，希望两岸能在对外领域进行'休兵'"。[4]但未来蔡英文上台后，整体思路可能是将对外关系置于两岸关系之上，在国际场合全方位拓展活动空间，以此来对两岸关系进行战略疏离。

（三）在策略上，由马英九时期的"活路外交"转向"柔性台独外交"

2008年马英九上台后，提出了颇有创意的"活路外交"政策，其中既有"灵活处理、活泛应对"的内涵，也有为台湾"寻找活路、寻找出路"的意味。马英九当局"活路外交"最终目的虽然是要为台湾寻求以"国际法主体身份"加入"国际空间"，争取成为国际舞台上的一个"独立政治实体"，进而凸显台湾的"事实存在"，维持台湾在国际社会的能见度，加深国际社会对于台湾的认知和了解。但马英九当局坚持"九二共识"，坚持"两岸同属一中"，较少在国际场合制造事端，两岸达成了基本的政治互信，这也为台湾获得较大的"国际活动空间"提供了基本条件。然而，对于马英九的这一重要创举，以蔡英文为主席的民进党却将"活路外交"抨击成"死路外交"，将"外交休兵"污名化为"外交休克"，认为是在"矮化台湾主权"。未来蔡英文在"台独"思想的驱动下，会将陈水扁时期的"烽火外交"看成是正资产而非负资产，重新加以复活。不过相较于陈水扁时期盲目冲撞一个中国原则底线，蔡英文的对外路线应该会更加柔性，更具弹性，更富迷惑性和欺骗性，可以将之称为"烽火外交"的2.0版本。

二、蔡英文战术转变的四个基本面向

整体而言，蔡英文时期的对外政策与马英九时期相比，呈现出鲜明的相异性和变化性，二者相似性和连续性较小。蔡英文不但在对外战略上进行关键调整，在具体战术上也将做出四种明显的模式转变：

（一）由马英九时期的"亲美友日和陆"转变为"倚美联日抗陆"

在美日相对衰落、中国大陆日益崛起的背景下，台湾当局无可回避地会面临一种安全困境，是继续追随美日还是选择与大陆合作，成为台湾两难选择。

马英九从现实主义逻辑出发，奉行"亲美友日和陆"对外政策，在美国、日本和大陆之间力图维持"等距接触"，进而实现台美、台日及两岸关系三重提升。蔡英文上台后，则放弃马英九时期的相对平衡策略，推行"倚美联日抗陆"政策，大幅提升美日在台湾对外布局中的功能和角色，企图挟美日自重，将美日看成对抗大陆的最大靠山，自觉充当美日遏华马前卒，寻求被深度纳入"美日同盟"战略，干扰中美新型大国关系的构建。

蔡英文之所以诉者向美日靠拢，是因为她认为美日希望加大对于台海问题的介入力度，希望通过打"台湾牌"来强化对中国大陆的牵制力度。蔡英文深知，美国视台湾为"重要的经济安全伙伴"，奥巴马宣称台湾是"美国的重要反恐盟友"。在美国不断深化实施"亚太再平衡"战略背景下，需要进一步巩固台湾在美国"第一岛链"中牵制大陆"反介入与区域封锁"的关键节点作用，不断强化台湾在美国亚太战略布局中的棋子角色。未来蔡英文会以允许美国含有瘦肉精的猪肉进口等方式为筹码，要求美国纵容自己从事"台独施政"，提升美台双方往来人员层级，与台签署"投资协定"之类的经济合作协议，实质支持台湾加入 TPP，[5] 宣布对台军售，支持台湾加入只有主权国家才能加入的政府间国际组织等。[6]

与此同时，蔡英文还会强化对日沟通。2015 年 10 月访日期间，蔡英文就曾与日本首相安倍有过密室会谈，或许已经在东海、南海、台日经济协议等方面向日本做出了妥协。未来上台后，蔡英文会以更加积极的方式，协助日本在岛内扶持代理人，并以此为筹码进一步强化岛内的亲日氛围为手段，要求日本利用"美日安保条约"将台湾纳入美日同盟，向美国宣称"日本是帮助美国协防台湾的最主要纽带"，因而日本应该强化与台湾的军事交流，台日关系至少要接近如同美日澳的"实质准同盟关系"。蔡英文还期待日本国会能够仿效美国，推动出台日本版"与台湾关系法"，并向台湾出售防御性武器，至少是出售部分先进武器的关键技术或图纸。

台湾与美日之间具有长期绵密的政经关系，蔡英文上台后，在三方各有所需的情况下，台湾与美日关系将更趋密切。未来如果两岸陷入"外交争夺战"，无论真实原因如何，美日都会认为是中国大陆在打压台湾，因而可能会通过对台军售等方式，对蔡英文当局进行所谓的"补偿"。这就意味着，蔡英文上台后，对于台湾"国际活动空间"问题，不仅两岸之间会发生激烈博弈，中美、中日甚至中欧之间都有可能发生摩擦和对抗。事实上，目前欧盟正在与台湾洽签投资协议，而且自 2008 年以来，欧盟及欧洲议会共发表或通过 29 次"友台"

声明或决议。这表明欧盟对于台湾的介入力度正在加深。所有这些都将让亚太地区甚至全球的地缘政治更加复杂。

（二）由马英九时期的"固邦而不拓邦"转向"既固邦又拓邦"

台湾目前共有 22 个"邦交国"，其中拉丁美洲 12 个，大洋洲 6 个，非洲 3 个，欧洲 1 个。[7] 马英九上台之前，台湾当局为了拓展"国际活动空间"，一直在与大陆强力对抗，竭力寻求建立新的"邦交国"。马英九上台之后，主动提出"外交休兵"战术，即不再与大陆"互挖墙角"，也不寻求建立新的"邦交国"，但也不会放弃原有"邦交国"。2008 年 5 月 20 日，马英九在其"就职演讲"中提出，"两岸不论在台湾海峡或在国际社会，都应该和解休兵，并在国际组织及活动中相互协助、彼此尊重。两岸人民同属中华民族，本应各尽所能，齐头并进，共同贡献国际社会，而非恶性竞争，虚耗资源"，[8] 这就是"外交休兵"的初步内涵，其重要内容之一是不再就"邦交国"议题与大陆进行对抗。2008 年 6 月 2 日，台"外交部长"欧鸿炼在记者会上则更为明确地表示，"争取新'邦交国'将不再是我们优先作为"，同时"在外交休兵的前提下，未来'外交部'不会把资源用在争取新的'邦交国'"。马英九的这一做法，具有革故鼎新的意味，被誉为是台湾对外关系史上"最重大的外交转折"。[9]

出于为"台独"势力拓展"国际活动空间"的需要，蔡英文上台后，将完全放弃马英九"外交休兵"和"正义外交"战术，转而重新启用李登辉和陈水扁时期"烽火攻防"和"金援外交"，对各个"邦交国"进行高额援助甚至对部分政要直接撒钱，私下贿赂，因为这种做法效率更快，效果也更明显，短期内更能稳住这些"邦交国"与台湾的关系。同时还有可能通过金钱援助等方式与大陆争抢"邦交国"，挖大陆的"墙角"。

由于蔡英文上台后将会采用既"固邦"又"拓邦"的战术，迫使大陆也只能随之起舞，两岸有可能在拉美等地区再次展开角逐，其激烈程度不会亚于陈水扁时期。不过，目前大陆已经通过"中非合作论坛""太平洋岛国论坛""中拉合作论坛"等方式，与非洲、太平洋地区以及拉丁美洲地区各个国家，包括几乎所有的台湾"邦交国"，都建立了密切联系。部分台湾"邦交国"如梵蒂冈、洪都拉斯、萨尔瓦多、尼加拉瓜以及台湾前"邦交国"冈比亚等，都多次提出与我们建交。但大陆出于维护两岸关系和平发展大局出发，在过去八年中，没有接受任何国家建交的提议。而在部分台湾"邦交国"与台"断交"后，大陆也没有与之建交，冈比亚即为典型案例。[10] 蔡英文上台后，若不接受一个中国原则，大陆没有必要继续与台保持"外交休兵"默契，反而宜顺其自然，顺水推舟，根据台湾"邦交国"的意愿，借力使力，择机与部分国家建交，实现关系正常化，大幅压缩台湾"邦交国"版图。如此一来，势将引发"多米诺骨牌"效应，蔡英文当局或将面临雪崩式"断交"浪潮，甚至"邦交国"数量最后被完全清零。

（三）在政府间国际组织问题上，由马英九时期的两岸协商转为两岸对抗

马英九时期，台湾在加入国际组织方面取得了一定进展，但都是在两岸协商的前提下所做的暂时性和特例性安排，只是具体个案，并未形成一种模式和惯例。未来如果两岸协商难以为继，这种特殊安排将不复存在。[11] 与此同时，大陆还将在一定程度上解决历史遗留问题。台湾当局被驱逐出联合国之后，[12]退出了多数的政府间国际组织，但并未完全退出部分非政治性的政府间国际组织，如世界动物卫生组织、国际种子试验协会等，这些都属于历史遗留问题。对于这些台湾已经参与的政府间国际组织问题，大陆可能会对依据台湾参与相关国际组织的名称、身份等，采取一定的退场清理机制。需要说明的是，由于台湾是中国的一部分，不具有任何主权意义，无权加入只有主权国家才能加入的政府间国际组织，因而大陆阻止台湾加入这些政府间国际组织，具有充分的正当性和合理性。

但面对大陆的适度收缩甚至全面清场，蔡英文势必会强烈反弹，采取多种措施予以抵制。

首先是全力谋求加入新的政府间国际组织。蔡英文上台后，可能会继续寻求加入"国际刑警组织""联合国气候变化框架公约"等政府间国际组织，[13]大陆或将依据"存量压缩、增量杜绝"原则，强力阻止，全面封杀，绝不允许台湾再参与任何新的只有主权国家才能参与的国际组织，避免民进党当局"借船出海""借壳上市"，为"台独"势力扩大"国际活动空间"。届时，两岸的冲突或将进一步加剧。

其次是强力巩固台湾明显是以违背一个中国原则名称参与的政府间国际组织。目前台湾以"中华民国"（"Republic of China"，"R. China"），台湾（"中华民国"）[Taiwan（"ROC"）]，中国（China），中国（台湾）[China（Taiwan）]，台湾（Taiwan）等名义参与了多个政府间国际组织。[14] 对于这类台湾明显以违背一个中国原则参与的国际组织，大陆或将尽可能地采取措施，避免其利用这

些场合继续扩大"两个中国"或"一中一台"的印象。而蔡英文也不会"坐以待毙",反而可能会主动出击,提前对大陆做出防范。

再次是积极维护台湾以相对模糊名称参与的政府间国际组织。这些名称主要有,"中华台湾"(Chinese Taiwan),"中华台北"(Chinese Taipei)以及"台澎金马单独地区"(Separate Territory of Taiwan,Penghu,Kinmen and Matsu)等。目前台湾以"中华台北"(Chinese Taipei)名义参与政府间国际组织最多,高达37个,主要有国际奥委会、亚太经合组织、世界卫生大会、国际民航组织等。台湾采用"中华台北(Chinese Taipei)"名义,主要意图是以"中华"偷换"中国",以"Chinese"偷换"China",虽然并不完全违背"一中"原则,却具有较强的模糊性,大陆可以对台湾在这些国际组织中的活动进行适当收紧,如降低台湾代表的层级,等等。而蔡英文则不会束手就范,反而有可能通过拉高与会层级等方式,表示抗议。

另外,对于那些以符合一个中国原则名称身份参与的政府间国际组织,蔡英文也不会轻易放弃。这些名称主要有,中国台湾(Taiwan of China),中国台北(Taipei of China 或 Taipei,China)等,这些名称本身就表明台湾是中国的一部分,就其本质而言,和"中国香港"(Hongkong,China)属于同一类型,因而不会造成"两个中国"或"一中一台"。台湾以中国台北名称参与的国际组织主要有,亚洲开发银行、欧洲复兴开发银行、美洲开发银行等等。对于这类组织,大陆可放可收,蔡英文则不会轻易放手。

(四)构建"全面外交",谋求参与更多国际非政府组织

马英九执政时期,放弃李登辉和陈水扁时期"重返联合国"的挑衅行为,转而谋求"有意义地"参与一些经济性、功能性、专业性和事务性的政府间国际组织,并取得了显著成绩。2008年12月,台湾以"台澎金马单独关税区"身份加入WTO下的政府采购协定(GPA)。2009年之后台湾连续七年以"中华台北"名义、观察员身份加入世界卫生大会(WHA)。2013年台湾又以"中华台北"名义、"客人"身份首次参加"国际民航组织"(ICAO)大会。整体来看,在马英九任内,台湾新增参与或提升参与政府间国际组织10个。目前台湾已在37个国际组织拥有完全会员地位,在21个国际组织拥有观察员地位。[15]

但蔡英文上台后,在其拒绝接受一个中国原则、两岸政治互信严重不足的情况下,台湾谋求参与政府间国际组织的难度将大幅增加。[16]在这一背景下,蔡英文当局有可能会转而寻求加入非政府组织,加大对于国际非政府组织

（INGO）的参与力度。蔡英文之所以会将INGO作为自己对外布局的重心，其他原因有：

首先，可将台湾民众推向对抗大陆的第一线。蔡英文力推加入INGO，可将岛内民众及民间团体推上两岸竞争的前沿，以民众的名义侵蚀国际社会的"一中框架"，逼迫大陆必须正面应对台湾的所谓"民意"，而蔡英文当局则可以躲在幕后，坐享其成。

其次，INGO具有广阔的空间。根据国际协会联盟（UIA）发布的《国际组织年鉴》，截止到2015年1月，全世界共有各类国际组织和机构6万8千多个，其中非政府组织和机构有5万个。[17]而台湾参与的国际非政府组织有近3000个。显然，台湾参与INGO的数量仅占全球INGO数量的6%左右，未来还有很大的拓展空间。蔡英文当局势必会在这方面有所企图，将参与INGO作为"全民外交"战略的重要一环，重点领域有非传统安全、人道救援、国际反恐等等，因为这些领域更具有迷惑性，更容易争得其他国家和地区的认可和支持。例如，根据美国战略暨国际研究中心资深研究员葛来仪（Bonnie Glaser）的研究，目前美国、日本、加拿大、澳大利亚、许多欧盟国家甚至韩国都高度支持台湾参与INGO。[18]

再次，这是民进党执政时的一贯传统。2000年，陈水扁上台后不久，就在"外交部"增设"非政府组织国际事务委员会"，在行政和财政上增加对于台湾非政府组织参与INGO的扶持力度，力推"全民外交"，希望借此来展现台湾的"国际能见度"。这也导致在这一时期，台湾参与INGO的数量开始大幅增长。2000年台湾参与INGO的数量为1000个，2003年则迅速增至2074个，目前已经接近3000个。

另外，蔡英文或许还认为，大陆会在这一问题上保持适度弹性。在蔡英文看来，INGO问题与台湾民意特别是许多精英民间人士的态度息息相关，大陆为避免岛内民众情绪过于反弹，在坚持一个中国原则的前提下，或将采取"官民分离、区别对待"的方式处理台湾参与INGO问题，同意通过台湾参与个别INGO，[19]这将为台湾参与INGO留下许多操作空间。

三、对岛内政局和两岸关系的深度影响

蔡英文上台后，将以一种权谋意识而非战略意识来处理对外关系，重拾野蛮冲撞路线，挑衅一个中国原则的基本底线。同时，蔡英文当局还可能弱化对于东海、南海的"主权"宣称,并与国际社会上的"藏独""疆独""港独""蒙独"等分裂势力相互勾结,对大陆维护国家主权和领土完整构成严峻挑战。美日等国有可能顺势而为,加大对于台湾的支持力度,并借机强化对大陆的牵制。

(一)台湾社会受"台独"意识蛊惑的可能性上升

台湾是一个选举社会,一切以民意为核心导向。蔡英文作为一个资深政客,不但懂得顺从民意,而且善于操弄民意,在台湾对外关系问题上,尤其如此。蔡英文未来可能会朝与大陆更加对立方向操弄台湾民意。

一是岛内民意强烈反弹,对大陆不满情绪被进一步挑动。蔡英文上台后,在对外关系议题上,有可能会以三种手法来操弄民意。

首先是制造心理落差。蔡英文会通过"金援外交""烽火外交"等方式,拉高岛内民众对于"国际活动空间"的期待,而一旦客观现实与心理期待落差过大,台湾民众自然就会产生强烈的挫折感,蔡英文则可以借机煽动民众对于大陆的敌视态度,将矛头直指大陆,抹黑大陆是造成台湾"国际活动空间"被不断压缩的"幕后黑手"。

其次是倒置因果。例如,在台湾"邦交国"问题上,由于台湾与大陆之间实力悬殊过多,台湾处于非对称的竞争结构,台湾"邦交国"出于现实利益考量,大多不愿继续维持与台湾"邦交"关系。但蔡英文当局会转嫁矛盾,声称是大陆主动出击去挖台湾"邦交国",才导致这些"邦交国"与台湾"断交"。这显然是一种蓄意抹黑和颠倒因果。

再次是塑造悲情。台湾民众一直谋求"对等、有尊严"地参与"国际活动空间",[20] 这与岛内民众对于大陆的态度之间,也息息相关。[21] 如果停止让台湾继续参与相关国际活动,蔡英文势必会主打"悲情牌",制造"亚细亚孤儿"和"国际弃婴"的悲情氛围,这在岛内很容易引发民众共鸣,引起不必要的风波,加深岛内民众对于大陆的无谓猜忌,引发台湾民众情绪波动,对大陆产生一定的抵触不满情绪,加速台湾"去中国化"步伐。[22]

二是对"中华民国"(背后是中国)的认同度出现下降。许多台湾民众特别是深蓝民众认为,"中华民国"并非只是一种政治幻象,只有维持一定数量的"邦交国",才能证明和凸显"中华民国"的事实存在和合法性。如果台湾"邦交国"数量下降甚至被归零,那么这些民众对于"中华民国"的认同将被大打折扣,随之而来的是,台湾隶属于中国的"合法性纽带"也将更加脆弱,对于中国的认同感也将同步下降。[23] 1997年台"外交部长"蒋孝严就提出,如果

"中华民国"的"邦交国"版图萎缩至 20 个以下,"中华民国"的"国际人格"将面临严重危机,就有可能为"台湾独立"找到合法理由。如此就出现了一个结构性悖论,台湾只是中国一部分,不具备维持"邦交国"的资格,与台湾"邦交国""断交",是大势所趋,也可以有效避免"台独"势力借机操弄,但这可能会同步导致部分台湾民众对于"中华民国"(背后其实是中国)的"家国"认同出现下降,[24]并进一步加剧台湾民众对于中国人身份归属的深层危机。[25]

三是"台独"势力可能会铤而走险。大陆在台湾"国际活动空间"问题上保持适度压力,目的之一是要以此为抓手,冲击蔡英文的执政绩效,使其民意支持度逐渐损耗殆尽,迫使蔡英文在两岸政策上逐渐向大陆靠拢。但如果大陆力道过猛,则会削弱蔡英文两岸政策调整的意愿和幅度,更有甚者,蔡英文当局受到刺激后,不但不会往大陆期待的方向调整,反而可能铤而走险,朝"台独"方向迈进。2002 年瑙鲁与中国建交后不久,陈水扁就抛出了"一边一国论",对一个中国原则提出了公然挑衅。李义虎认为,大陆与瑙鲁建交至少是直接刺激"一边一国论出笼"的事态性因素之一。[26]此外,如果台湾在"国际活动空间"受阻,民进党势必会以之为口实,借题发挥,把台湾在国际社会上被边缘化的原因归咎于大陆的"强力打压",并通过操弄"民粹"来制造台湾正在面临"国际生存危机"的假象,借以拉拢民众,重新凝聚深绿支持者,扩大"台独"阵容。

(二)两岸关系与台湾对外关系将陷入恶性循环

整体而言,两岸关系的发展态势对于台湾的"国际活动空间"问题具有重要的决定性作用。李登辉、陈水扁时期,两岸关系动荡不安,台湾当局主要诉求是由"事实独立"走向"法理台独",实施"正名运动",推行"烽火外交",意在突破一个中国的基本架构,这也严重激化了两岸在国际社会的对立与斗争。马英九时期,由于两岸具有一定的政治互信,双方在台湾"国际活动空间"问题上的尖锐矛盾有所纾解。但未来两岸政治互信如果不复存在,双方在这一问题上非常有可能陷入新一轮的对抗。

显然,如果两岸关系能够继续维持和平发展,则双方在互相协商的基础上,就可以妥善解决实际存在的问题,两岸关系与台湾"国际活动空间"也将呈现良性循环的态势。对此,马英九曾称,"两岸关系改善有益于台湾国际空间的拓展,台湾"国际空间"的拓展,又将增强台湾深化两岸关系的意愿和信心,形成良性循环"。[27]

　　蔡英文当局则会改变上述的良性循环，大打"国际活动空间"牌，双向操作，两面下注，多方渔利。如果图谋能够成功，则可以借此宣扬政绩，展现民进党执政的能力和合法性，为2020年"大选"时狂打"政绩牌"累积资本。同时还可以借助这些国际空间，来进一步强化和巩固两岸分离状态，为进一步走向"台独"奠定基础。如果图谋失败，则可以塑造悲情氛围，争取国际社会对于"台独"分裂势力的同情和支持。同时还可以在岛内煽动民粹，抹黑大陆，进一步挑起台湾民众对于大陆的不满情绪。所以对蔡英文而言，"国际活动空间"问题，完全是一个"进可攻、退可守"、旱涝保收的问题，无论最终结果如何，都能够从中谋利。

　　蔡英文上台后一旦做出非理性行为，挑战一个中国原则，大陆势必不会袖手旁观，而是选择强力出手，采取务实有效的处理方案，全面围堵"台独外交"，压缩"台独"的"国际活动空间"，让蔡英文当局的"外交"成本、"外交"风险和"外交"损失远远大于受益，逼迫蔡英文回归到理性务实的路线上来。

　　显然，蔡英文强力推行拓展"国际活动空间"的结果，将使两岸重新陷入"外交争夺战"或拉锯战，两岸关系也将随之逐渐僵化甚至跌至谷底。如果两岸关系动荡不安，台湾的"国际活动空间"问题则不可能取得实质性突破，这一问题作为两岸关系最大矛盾之一的地位将更加凸显。[28]如此，两岸关系与台湾"国际活动空间"或将陷入恶性循环的复杂态势。

（三）对维护中国总体安全战略构成负面干扰

　　目前，全球大国在亚太地区的权势较量正在逐渐白热化。蔡英文上台后，大陆的周边环境将更趋复杂，特别是东海、南海议题将面临新的不确定性。蔡英文在东海、南海问题上向来态度模糊，立场摇摆，在自身意愿不足再加上美日双重施压的因素影响下，蔡将更加自我限缩，不再继续宣示"东海、南海自古以来就是中国的固有领土"，也将实质放弃对于南海断续线的坚持，反而声称应该依据《联合国海洋法公约》来处理相关争议，或者直接承认日本对于钓鱼岛的实际管辖权。蔡英文此举将造成东海、南海、台海"三海联动"的困局，不但将使两岸失去联手保护东海、南海的可行性，而且将使大陆在捍卫东海、南海主权时面临一定的历史基础困境和法理依据困境。此外，"台独"势力还有可能与"藏独""疆独"等分裂势力加强勾结。此外，香港社运分子也将继续赴台蹿访，向民进党寻求经验和经费支持。[29]如此，大陆维护总体安全战略的处境将更加艰难，维护中国战略机遇期的内外环境也更趋复杂。

（四）中国大陆在处理台湾"国际活动空间"问题上将面临新的挑战

台湾"国际活动空间"问题，既涉及台湾在国际法上的地位，又攸关大陆政治底线。面对蔡英文上台后即将调整对外政策的新变局，大陆自然会居安思危，深入评估涉台外交新形势的紧迫性和严峻性，改变原有的工作模式，采取新的视角重新审视相关问题。

首先，大陆是以目的论还是以工具论的视角来处理这一问题？如果是从目的论的角度，则应该利用民进党上台的机会，彻底解决台湾"邦交国"问题，全面压缩台湾在国际政府间组织的参与范围，将一个中国原则更加深入地落至实处，而在这一过程中，根本无须考虑蔡英文当局的反应。如果是以工具论的角度，就需要把处理台湾"国际活动空间"问题看成调控和撬动蔡英文两岸政策的一个重要杠杆和筹码，同步考虑蔡英文的反应，如果蔡英文最后愿意接受一个中国原则，则大陆可以继续保持一定的弹性和张力。

其次，大陆是有限收缩还是全面封杀台湾"国际活动空间"？在马英九时期，饶戈平提出，"实事求是地说，现阶段台湾'国际活动空间'的适度解决，只能是一种策略性、权宜性解决，而不可能是根本性、整体性解决"。[30] 在国民党执政时期，大陆选择的是策略性、权宜性解决，而到了民进党执政时期，大陆是否可以对之进行根本性、整体性解决？

再次，大陆选择主动出击还是被动回应台湾"国际活动空间"即将出现的新形势与新变化？在李登辉、陈水扁时期，大陆更多的是被动回应。蔡英文上台后，大陆不可能会像当年陈水扁时期那样，主要是被动应付。蔡英文上台后如果不早日接受以一个中国原则为核心内涵的"九二共识"，大陆是否会选择牢牢把握主动权和主导权，为自己预留出最大限度的政治空间和主动权，做出一个前瞻性和全局性的战略安排。

此外，还有一个重要变数是，台湾"邦交国"是否会两面下注，坐地起价？在李登辉、陈水扁时期，两岸曾经一度陷入"外交争夺战"，双方展开了激烈的零和博弈。在这一过程中，经常发生一些台湾"邦交国"坐地起价、两面渔利的现象。[31] 未来蔡英文上台后，台湾部分"邦交国"是否会故技重施，通过一种摇摆的姿态来向两岸同时索利？另外，值得点出的是，目前全世界还有5个国家，[32] 既未与大陆建交，也未与台湾建交，未来蔡英文当局是否会不惜重金与这些国家"建交"，需要大陆保持高度警惕。

面对这些复杂的问题，大陆应该早做顶层设计，制定总体目标，然后由各执行部门针对具体问题早做预案，重新控制主导权，强化对于台湾"国际活动空间"问题的可控性,保持合理的政治节奏和时间间隔,灵活、务实、有效地处理相关问题,博取更多的政治筹码。

结语

台湾"国际活动空间"问题涉及范围广泛,情况复杂,难度巨大,大陆一以贯之的政策就是以一个中国原则为基础,对之做出合情合理的妥善安排。这一政策不会因为岛内政党轮替而发生改变,也不会只是将之限定于某一特定政党。未来蔡英文当局要想在台湾对外关系上继续维持甚至有所突破,唯一的密钥就是在一个中国原则的基础上处理好两岸关系。如台湾学者蔡政修所言,"若无北京的善意,台湾的国际困境将很难改善"。[32] 岛内民众对此也有广泛的认知,2011 年 6 月台陆委会民调显示,63.7% 的受访者认为,两岸关系改善有助于扩大台湾"国际活动空间"。普通民众都能有如此明确的认知,蔡英文自然也不会不知,否则就是"装睡的人怎么也叫不醒"。只要民进党当局未来能够接受一个中国原则,那么两岸依然有可能通过共同协商,来为台湾的"国际活动空间"问题找出新的因应之道。

注释:

[1] 按:蒋介石时期,台湾当局以"汉贼不两立"的对立性和排他性思维,与大陆就中国在国际上的代表权问题展开了激烈斗争。蒋经国和李登辉时期,台湾当局力推"实质外交"和"务实外交",主要目的是在台湾实力相对式微的情况下,放弃与大陆进行殊死较量,转而谋求务实有效地扩大台湾的"国际活动空间"。陈水扁时期则大搞"烽火外交",不断冲撞一个中国原则的基本底线,导致台湾对外活动空间迅速收缩。马英九时期则启用"活路外交"政策,以两岸政治互信为基础,以相对理性务实的方式,为台湾打开了新的契机,取得了较多实质性进展。

[2] 按:蔡英文之所以将之称为"新南向政策",是因为李登辉时期曾推行过"南向政策",后来被证明根本不具可行性,只能以失败告终。现在的"新南向"政策也只不过是蔡英文是为自己所开的一张"空头支票",未来如何落实,仍有待观察。

[3] 杜巧霞、叶长城:《TPP 与 RCEP 区域整合对台湾之影响与因应》,载《经济前瞻》(台湾)2013 年第 1 期,第 48 页。

[4] 蔡明彦:《"外交休兵"的本益分析》,载《新社会》(台湾)2008 年第 12 期,第 6 页。

[5] Dan Blumenthal, "5 Faculty Assumptions about Taiwan", http://foreignpolicy.com/2014/02/12/5-faulty-assumptions-about-taiwan/ 钟厚涛:《浅析美国对于台湾加入 TPP 的政策走向及其影响》,《台湾研究》2015 年第 3 期,第 53 页。

[6] 按:李登辉时期曾图谋"重返联合国",陈水扁时期则追求"以台湾名义加入联合国和国际组

织"，其本质都是要在国际社会制造"两个中国"或"一中一台"。由于参与联合国的图谋屡屡失败，台湾当局改变战术，有意先期加入联合国下属组织，以此为将来加入联合国奠定基础，而世界卫生大会即是其重要考虑目标之一。据钱文荣透露，台湾之所以谋求加入世界卫生组织（WHO），最初即是因为受到了美国前联合国协会秘书长爱德华·勒克（Edward Luck）的建议。（转引自：张春：《美国思想库与一个中国政策》，上海：上海人民出版社 2007 年版，第 98 页。）WHO 是联合国的一个专门机构，1945 年成立，接受所有主权国家成为其正式成员国（full membership），也接受一些非自治的地区成为其非正式的会员（associate membership）。WHO 的领导机构是世界卫生大会（World Health Assembly，简称 WHA），每年举行一次大会。1972 年 5 月 9 日至 26 日召开的世界卫生大会 WHA25.1 号决议案上，把中华人民共和国政府作为中国的唯一合法代表，并将蒋介石的代表从世界卫生组织中立刻驱逐出去。1997 年台湾首次提出希望以"观察员"身份"加入"WHO，此后，台湾当局每年都怂恿其"友邦"向 WHO 提交邀请"中华民国"以"观察员"身份参加 WHO 的提案，但均以失败告终。在多次闯关失败之后，台湾当局开始调整思路。2002 年 4 月，台湾当局决定以"台澎金马公共卫生实体"（Public Health Entity of Taiwan, Penghu, Kinmen and Matsu）的弹性名称申请参与 WHO，但最终只能以失败告终。而在台湾当局不断申请加入 WHO 的过程中，美国一直对其给予了强力支持。1998 年 6 月 30 日，虽然美国总统克林顿明确表示，"不支持台湾加入任何必须由主权国家才能参加的国际组织"（《克林顿公开重申对台"三不"承诺》，《人民日报》1998 年 7 月 1 日一版），但后来克林顿的行为却完全违反了其最初的承诺。例如，1999 年 11 月 23 日，克林顿签署美国公法（P.L.106—137），首次为美国支持台湾加入 WHO 提供了"法律依据"。2002 年 4 月 4 日，小布什签署 2739 号法案，支持台湾以"观察员"身份参加世界卫生组织；次年，美国卫生部长托马斯·汤普森（Thomas Thompson）在世界卫生组织大会上发表言论，强烈支持台湾参加大会。

[7] 按：分别是拉美地区的巴拿马、尼加拉瓜、洪都拉斯、萨尔瓦多、危地马拉、伯利兹、海地、多米尼加、圣基茨和尼维斯、圣卢西亚、圣文森特和格林纳丁斯、巴拉圭；大洋洲的帕劳、马绍尔群岛、基里巴斯、瑙鲁、所罗门群岛、图瓦卢；非洲的布基纳法索、圣多美和普林西比、斯威士兰；以及欧洲的梵蒂冈。值得一提的是，梵蒂冈虽然是与台湾"建交"，但其官方网站显示，它仍然坚持一个中国政策。

[8] 马英九在 2008 年 5 月 20 日"就职演说"，《中国时报》（台湾）2008 年 5 月 21 日。

[9] 《"外交休兵"内容没说清》，《联合报》（台湾）2008 年 8 月 24 日。

[10] 按：2013 年，冈比亚与台湾"断交"后，台"外交部长"林永乐坦诚，冈台之所以"断交"，主要是因为受到冈比亚总统贾梅个人意志的主导，加上台湾拒绝了冈比亚提出的财政援助，因而对台湾心存不满，与大陆完全无关。事实上，在冈比亚与台湾"断交"后至今，大陆完全有机会和有能力与之建交，但大陆出于两岸的基本默契和对两岸关系的通盘考虑出发，并没有与冈比亚建交。2008 年 6 月 2 日，台"外交部长"欧鸿炼曾表示，"如果台湾的'邦交国'与台湾断交，台湾会准备接受并看大陆是否与其建交，由此就可以知道大陆是否真的具有善意给予台湾较大的国际空间"。冈比亚事件证明，大陆对台湾的"国际活动空间"问题的确具有重大的善意。

[11] 按：例如，大陆应该明确说明坚持一个中国原则是台湾继续参与世界卫生大会的前提和基础。2009 年，台湾以"中华台北"名义、观察员身份加入世界卫生大会（WHA）。2016 年 5 月 23

日，第 69 届 WHA 将在瑞士日内瓦召开。届时，大陆宜通过记者会等形式对外明确说明，台湾加入 WHA 议题是中国内政问题，属于两岸自己的事务，需要两岸自行协商。如果两岸丧失以一个中国原则为核心的政治基础，缺乏深入的沟通交流，未来大陆将不再继续支持 WHA 向台湾发送邀请函。再例如，大陆应尽力阻止台湾继续参加"国际民航组织"大会。2013 年台湾以"中华台北"名义、"客人"身份首次参加"国际民航组织"（ICAO）大会。2016 年 9 月，ICAO 将举行下次大会。在此之前，大陆应该利用 ICAO 秘书长为中国人的优势条件，尽力阻止台湾继续参加 ICAO 大会。若由于美国强烈支持台湾导致大陆阻止难度过大，大陆应全力要求降低台湾参会的层级，并尽力避免其参会时大搞与其他国家的"外交"。此外，大陆还应降低台湾参与"亚太经合组织"（APEC）的官员层级。2001 年台湾以"中华台北"名义、"地区经济体"身份加入"亚太经合组织"。2008 年以来，由于两岸政治互信不断增强，台湾地区前副领导人连战、萧万长等都曾多次率团与会，台陆委会主委等也曾随团出席。未来大陆宜积极介入，降低台湾出席人员层级，要求台湾只能由"经济部长"级官员率团参加，坚决杜绝由前"副总统""总统府资政""总统代表""总统顾问"等人率团。同时，大陆也应积极备案，防范台湾方面借机与美国国务卿、日本首相等高层领导人举行会谈。

[12] 按：值得注意的是，由于特殊的历史原因以及修改程序的困难，《联合国宪章》第五章第二十三条中英文文本至今仍然都还有"中华民国"字样，未来如果条件允许的话，大陆应推动对之进行早日修改。

[13] 按：目前美国正在积极支持台湾加入"国际刑警组织"，不但民间学者积极鼓噪，众议院也已经通过正式决议，未来如果该决议在参议院获得通过，且获得总统签字授权的话，将成为美国的一项正式法律。台湾加入"国际刑警组织"的图谋，也将获得更为坚实的依靠。

[14] 按：其中，以"中华民国"（Republic of China, R. China）名义参加的国际组织有 8 个，分别为亚洲生产力组织、亚非农村发展组织、亚太粮食肥料技术中心、亚蔬—世界蔬菜中心、中美洲议会、中美洲银行、中美洲暨加勒比海盆地国会议长论坛、中美洲统合体。以台湾（"中华民国"）[Taiwan（"ROC"]参与的国际组织有 5 个，分别为中美洲军事会议、世界选举机构协会，国际医药品稽查协约组织、亚太地区追讨犯罪所得机构网络、亚洲选举管理协会。以台湾（Taiwan）名义参与的国际组织有 6 个，分别为国际种子检验协会、亚洲科技合作协会、艾格蒙联盟国际反洗钱组织、南部蓝鳍金枪鱼养护委员会、国际竞争网络、国际政府资讯科技理事会。

[15] http://www.mofa.gov.tw/igo/cp.aspx?n=DED5DAB0D6C7BED6 上网时间：2016 年 1 月 23 日。
按：从理论上来讲，世界卫生大会等应该是只有主权国家才能参与的国际组织，因而大陆与台湾之间在理论上存在着一个非此即彼的零和博弈结构。但大陆在经过务实弹性处理之后，妥善解决了台湾的参与问题，对台湾参与国际活动空间问题释放了巨大善意，也实现了大陆和台湾之间的双赢结果。遗憾的是，由于马英九当局担忧被民进党"抹红"攻击，对于大陆释放的善意不敢进行充分的正面宣传，因而台湾民众对于大陆的善意一直认识不足，相对无感。

[16] 按：台湾无法进入，原因并非大陆有意刁难，从中作梗，而是台湾根本就不具备参加的资格，因为台湾不是一个"主权国家"，只是中国的一部分。

[17] Union of International Organizations, Yearbook of International Organizations, http://www.uia.org/yearbook 上网时间：2016 年 1 月 23 日。

[18] Bonnie S. Glaser, "Taiwan's Quest for Greater Participation in the International Community",

http://csis.org/publication/taiwans-quest-greater-participation-international-community 上网时间：2016 年 1 月 23 日。

[19] 按：值得注意的是，即使大陆同意台湾加入个别 INGO，但会确保台湾是以"中国台湾"（Taiwan, China）、"中国台北"（Taipei, China）或"中华台北"（Chinese Taipei）等名义加入，而不是以"中华民国"（Republic of China）或"台湾"（Taiwan）等名义，更不可能搞一揽子计划，只能坚持"个案处理，循序渐进，单一解决，逐年申请"原则，防止被"台独"分子"坐享其成"，把台湾已经参与的国际组织力当作推行"台独"分裂行径的国际舞台，在国际社会上制造"两个中国"或"一中一台"。大陆还会确保台湾参与 INGO 问题可控可道，一旦发现台湾图谋不轨，利用国际场合制造事端，则随时可以启动退场机制，让台湾对于某一 INGO 的参与退回原点。

[20] 按：马英九曾表示，1971 年台湾当局被联合国驱逐，与 1985 年《马关条约》台湾被割让和 1947 年"二二八事件"，构成了台湾民众悲情的三大根源。由此可以在一定程度上反映出，台湾民众对于被国际社会认可的心理期待。各项民调对此也有所显示，例如，1998 年 9 月，台"中华欧亚学会"民调显示，91.8% 的民众认为台湾应该"加入国际组织，扩展台湾生存空间"。2000 年台"外交部"民调显示，40% 以上的台湾民众认为应该优先考虑台湾的"国际地位"。2004 年 5 月台"外交部"民调显示，89.1% 的台湾民众认为，台湾"争取在国际社会平等的地位与尊严是重要的"。

[21] 按：例如，2003 年高达 70.9% 的台湾民众认为大陆对台湾不友善，台湾陆委会认为主要原因是"与非典时期中国大陆在世界卫生组织打压台湾有关"。

[22] 按：值得一提的是，目前在学术界存在着一种颇具吊诡意味的质问，即为何两岸关系和平发展的程度越是不断深化，台湾民众对于大陆的恐惧心理反而不断增长？其实，这一问题本身就值得质疑。事实上，岛内"恐中反中"情绪不断滋长，这是由多种原因造成的。一是因为李登辉、陈水扁时期曾长期推行'台独'教育，导致部分台湾民众对于国家和民族的认同出现错乱；二是因为台湾综合实力与大陆综合实力之间的差距越来越大，在"你好大我好怕"的心理驱动下，部分台湾民众对于大陆的"恐惧情绪"自然与日增长。因而可以看到，造成台湾民众'恐中反中'情绪的原因是多方面的，而且是极其复杂的。而两岸关系和平发展虽然在一定程度上可以化解和打消台湾民众对于大陆的仇视心理，但这种正能量的推动作用可能远远没有"台独教育"等的负能量的破坏作用更强。因而才直接导致，虽然两岸关系和平发展不断深化，但岛内民众对于大陆的敌对心理却并未随之下降，反而有所上升。所以，两岸关系和平发展与岛内"恐中反中"情绪的蔓延之间，并没有必然的联系，不能将二者混为一谈。

[23] 按：从历史来看，台湾'邦交国'数量呈现明显的下降态势，1969 年高达 68 个，1971 年为 62 个，1972 年联合国恢复中华人民共和国的合法席位后，台湾'邦交国'的数量更是大幅下滑，仅剩 42 个，1987 年为 23 个，1996 年为 30 个，2008 年为 23 个，现在为 22 个。这些国家大多面积狭小、人口较少，经济总量有限，因而台湾与这些'邦交国'的关系往往是象征意义大于实质意义。因而，其实如果民进党不加操弄的话，台湾民众对于"邦交国"与其"断交"的问题应该不会反弹过大。因为很多台湾民众都认为，台湾的"邦交国"都是"黑、小、穷"，台湾与其维持"邦交"关系，意义有限，反而经常被这些国家勒索绑架，因而不如与其直接"断交"，这样可以省去一大笔的外援费用，若将这些费用保留在台湾，也可以更好地发展岛内的经济民生。但是，如果民进党刻意操作的话，台湾民众对于与"邦交国""断交"议题的关

注度就会马上提升，而且在民进党的误导下，会被认为是大陆在挖台湾"邦交国"的墙角，这自然就会刺激台湾民众对于大陆的不满情绪。

[24] 按：一个典型的案例是，第二次台海危机期间，大陆完全有能力攻占金门和马祖，但考虑到金马和马祖距离大陆更近，而距离台湾本岛则相对较远，因而金马和马祖也就构成了台湾与大陆地理连接的重要纽带。如台湾失去了金马和马祖，就会变成一个游离于大陆之外的孤岛，而这对台湾民众对于中国的认同将会带来不利因素。因而当时的大陆领导人通盘考虑之后，决定不去攻占金门和马祖，而是让台湾继续保留这一与大陆之间的纽带，其主要目的就是维持台湾对于中国的认同。

[25] 按：1997年9月，台陆委会民调显示，认同自我为"台湾人"的民众为36%，首次超过自我认同为"既是台湾人也是中国人"的比例（34.8%），此后台湾民众对于"台湾人"的认同比例逐渐拉高，随之而来的则是对"中国人"身份认同明显下跌。

[26] 李义虎：《台湾的"国际空间"问题》，《国际政治研究》2012年第2期，第8页。

[27] 陈秀玲：《马：拓展国际有助深化两岸关系》，《中国时报》（台湾）2010年3月24日。

[28] 黄嘉树：《未来四年两岸关系面临的矛盾与挑战》，《北京大学学报》2012年第5期，第130页。

[29] 按：事实上，早在2013年，前民进党主席施明德就曾邀请香港"占中"发起人朱耀明、工党主席李卓人和"真普选联盟"召集人郑宇硕等赴台"取经"，向其传授街头暴力抗争的经验。在相关"占中"事件发生后，蔡英文等人，也都公开为其站台，并怂恿台湾青年学生到香港协助挑衅滋事。

[30] 饶戈平：《对台湾"国际空间"问题的思考》，《北京大学学报》2012年第5期，第135页。

[31] 按：例如，瑙鲁曾2002年7月23日与台湾"断交"，并以寻求经济援助为借口向大陆提出"建交"提议，在阴谋失败之后，又于2005年5月14日与台湾"建交"。

[32] 按：这五个国家分别是不丹、冈比亚、马耳他骑士团、科索沃、阿拉伯撒哈拉民主共和国。

[33] 蔡政修：《"一个中国"原则与台湾的国际空间：以民进党政府参与联合国的策略为例（2000-2008）》，《全球政治评论》（台湾）第41期（2013年1月）。按：台湾学者裘兆琳在《"我国"参与世界卫生组织之策略演变与美国角色（1997-2009）》（载台湾《欧美研究》2010年第2期）一文中也有相似的观点。

妈祖文化在台湾
与东南亚的传播路径与效应研究
——文献资料与田野调查的视角

中共福建省委党校暨闽台关系研究中心　廖中武

妈祖文化是以妈祖信仰为核心的一种文化价值取向，即是一种生活状况，也包含了一种精神价值。在中国民间信仰的众多神祇中，妈祖信仰历史悠久，拥有广泛的信众，如今遍布许多国家与地区，在社会生活中可以给人们以信仰和期盼的心理能用，同时从另一方面能增进国家和民族的凝聚力，提升国家和民族的软实力，有助于祖国统一与和平发展。

一、妈祖文化的起源与政府行为

"庙宇是物质形态的，但它的分布和它的扩散过程将告诉我们关于这个信仰的传播区域和传播过程的某些信息。"[1]庙宇往往成为一种信仰或宗教的场所，也是信众聚集表达信仰与心愿的地方，通过对庙宇数量的形成与分布可以梳理出妈祖信仰的起源与分布。"据《莆田宗教志》截至1990年的不完全统计，全世界现今有2520座妈祖庙。其中，中国2346座，包括台湾827座，香港56座，澳门3座。另外，在日本、新加坡、马来西亚、印度尼西亚、菲律宾、美国、巴西甚至南非等地区都有妈祖庙的分布。在大陆，妈祖庙分布在从最南端的西沙群岛到北方的内蒙古通辽，从东南沿海的海港到西南内陆的云南会泽这样辽阔的区域内。"[2]正是因为妈祖信众在全世界有2亿多人，妈祖庙宇数以千计，对当地的社会、文化、经济乃至政治都有了一定的影响。因此，从历史源头去探究妈祖文化是如何发生、发展与强大的，有助于弄清楚妈祖文化的传播力量。

从历史文献看，《白塘李氏族谱》中的《圣墩祖庙重建顺济庙记》(作于北宋绍兴二十年，即公元1150年)，是已知有关妈祖记载的文献最早的一篇。[3]

文献记载了妈祖庙在经过一百年后随湄洲岛渔民和海商传播到莆田涵江的历史故事和记录，这标志着经过一百年后妈祖信仰走出湄洲岛，传播到福建沿海陆地。此后，以在莆田涵江圣墩修建神女祠为源头，"妈祖显灵的传说不胫而走，且越传越神、越传越远，从莆田传到了福州、泉州、漳州，又从福建传到了广东、浙江、江苏、山东等地，凡商船到达之处，都有妈祖信仰，人们称妈祖为'通宝神女''护航女神''有祈必应'，且灵验无比"。[4]妈祖文化的确立与传播起于宋朝，而宋朝由于陆路交通中断，更加重视海运，由于海运船员和商人对妈祖的信仰，使得北宋开始，朝廷开始重视和传播妈祖信仰，从嘉熙三年（公元 1239 年）起，宋王朝对妈祖的褒封都是针对当时杭州的良山祠，很好地说明了妈祖信仰与航运的密切联系。在北宋，通过海路出使海外，一些事件又促使妈祖信仰得以确立起来。宋宣和五年（公元 1123 年），给事中路允迪出使高丽返朝，奏称在海上遭遇风浪时，得到妈祖的保佑，宋徽宗遂下诏特赐圣墩庙号为"顺济"，这是"妈祖显灵"护航而首次得到了朝廷的封号赐额。

南宋时期，随着全国政治、经济、文化中心的南移，偏安临安的南宋朝廷，想凭借妈祖神力，发挥水上优势，固守江南、护国安邦，于是开始屡屡晋封妈祖。妈祖逐渐取代了其他海神成为各地航海者普遍崇拜的偶像，其神职体系也因此被重新构建。

元代的妈祖信仰，增加了儒家忠孝的色彩，得到了士大夫的支持。尽管元朝统治者最崇信佛教，很少给民间诸神封号，然而，元世祖忽必烈还是授予妈祖"护国明著天妃"的封号，使得妈祖在众神中脱颖而出。

明代，明太祖赐予妈祖的封号是"孝顺纯正浮济感应圣妃"，永乐七年，朝廷赐予的封号是"护国庇民妙灵昭应弘仁善济天妃"。明朝最大的海运活动为郑和带领庞大的船队七下西洋，"郑和宣称在海上屡得'天妃神显灵应，默伽佑相'。为此永乐皇帝下令，在湄洲、长乐、太仓、南京以及北京建天妃庙宇，还亲自写了《南京弘仁普济天妃宫碑》的碑文，以表彰天妃的'功德'"。[5]

清初，万正色率兵攻占厦门和施琅进军台湾，均言得到了妈祖神灵的庇护。以福建莆田的平海天后宫为例，该天后宫（国家级文物保护单位）创建于宋咸平二年（公元 999 年），是全世界最古老、保存最完整的宋代宫殿式原构妈祖行宫，是世界第一座妈祖分灵庙。清康熙二十一年福建水师集结于平海卫，待机进剿台湾。因干旱缺水，将士士气低落，此时施琅将军诚心祈求妈祖显灵庇佑，传说掘枯井后妈祖显灵，"涌泉济师"，解了守军之困。而后在澎湖海战中，妈祖又一次显灵，调遣"千里眼""顺风耳"两将军率天兵天将参战。在海战危急时，妈祖再次显灵，"涨水助战"，化险为夷，使得施琅军旗开得胜。收复台湾前，施琅将军把平海天后宫妈祖神像恭请在旗舰上，庇佑护航。登岛后把妈祖神像供奉在台南大天后宫，成为开台的首尊妈祖金身。康熙二十二年，施琅回朝奏请清政府，重修平海天后宫，重塑妈祖金身，施琅亲笔写下"师泉"石碑、撰写传颂妈祖显灵赐水的《师泉井记》（至今该贴刻石碑保存完好），成为清政府收复台湾、统一祖国的历史见证。康熙二十三年 (1684 年)，清廷赐封妈祖为"护国庇民妙灵昭应仁慈天后"，妈祖的封号由此达到了"天后"这一最高的层次。此外，清政府还郑重下令把祭祀天后定为朝廷和地方官府的一种典礼，从而将妈祖信仰逐步推向了最高潮。

从以上历史资料可以看出，正是由于历代朝廷对水（海）运的需要，而水（海）运发展历程中，由于对海洋和水域等大自然的信仰，产生了对具有保护和救难需要的妈祖崇拜，朝廷根据这些需要对妈祖信仰加以推崇，反而进一步推动了妈祖信仰的传播和崇拜，因此历经数百年，妈祖成为中国特有的海运保护女神，也渐次形成妈祖文化。

二、台湾妈祖文化的传播路径与效应分析

（一）妈祖文化在台湾的传播路径

在台湾这个不大的地方，究竟有多少妈祖庙和妈祖信众呢？先看看一些专家的研究。大陆学者陈光荣研究了清朝时期台湾的妈祖庙，提出清朝年间台湾岛内"平均一万二千人就有一座妈祖庙。在清朝统治的 232 年内，台湾共兴建了 220 座妈祖庙，几乎每一年建一座"。[6] 如今在台湾有多少妈祖庙和妈祖信众？大陆学者陈宜安在 2003 年研究后提出，"仅台湾一地，妈祖宫庙就有四五百座，信徒则有 1400 多万人"。[7] 大陆学者陈美霞提出另一组数据："妈祖信仰随移民足迹而扩大，如今台湾妈祖宫庙已达五百多座，三分之二以上的台湾民众信奉妈祖。"[8] 台湾成功大学历史系石万寿教授著《台湾的妈祖信仰》写道："现在世界各地有妈祖庙近 4000 座，信众达 2 亿人之多。台湾岛就有大小妈祖庙 1000 多座，信众 1600 多万人。"[9] "据统计，台湾自大陆分香的妈祖宫庙超过 2000 座，信众多达 1600 多万人，占台湾人口的三分之二"。[10] "台湾的妈祖庙、天妃宫形成了从南向北分布，台南市的天后宫、云林县的北港朝天宫、彰北市的南瑶宫、台中县的大甲镇澜宫等，构成了一条妈祖信仰中心线。其中北港镇朝天宫最为宏伟壮观，庙中供奉的妈祖神像是湄州祖庙的妈祖分身像，故

此，朝天宫是台湾妈祖庙的'宗庙'，'分灵'遍布台湾，香火极为旺盛，为全台之冠，并且朝天宫的妈祖至今已分灵到世界26个国家和地区"。[11]

明清海禁，泉州港衰落，大批民众为了生计过台湾、下南洋，妈祖信仰也随着商人和移民的足迹更为广泛地传播。在台湾，由泉州天后宫分灵而来的称"温陵妈"。早期福建移民渡海，交通工具简陋，海上形势恶劣，其艰辛与危险非言语能表达。因而人们需要有某种精神上的寄托，借助某种超自然的力量保护自己。第一批移民去台湾开荒时，船上就安放着妈祖海神像，身上带着妈祖的护身符。移民到台湾后的第一件事就是给妈祖建庙，感谢她一路护航，保佑他们平安到达。他们把大陆的妈祖信仰带到台湾。由此可见，台湾的妈祖庙都是大陆传播和移植过去的，它们都不过是湄洲妈祖的分身、分灵、分香，属于妈祖的分支分系。"泉州籍垦民到台湾安家落户，经济稍微宽裕就建立妈祖庙；泉州人把所建的庙宇称为'温陵妈祖庙'；同安人所建的妈祖庙称为'银同妈祖庙'，他们尊称妈祖为'温陵妈'和'银同妈'。妈祖庙的兴建，传播了妈祖信仰和妈祖文化，也反映了台湾地区的经济文化自明末的落后状态走上进一步的繁荣和发展"。[12]

据另一大陆学者研究，认为台湾的妈祖庙主要分布在台湾岛的南部，其中，台南市15座，台南县66座，高雄市13座，高雄县60座。在台湾，规模最大、香火最盛的是全台妈祖"总庙"——云林县北港镇的朝天宫，传说康熙三十三年（1694年），由福建的傅姓人带着湄洲妈祖像来此而建。该庙占地2000平方米，每年从正月十五日开始就有香客和进香团前来朝拜，到妈祖诞日那天香客最多，人数可高达10万。北港朝天宫中还备有妈祖的分身像，目前已"分灵"到台湾各地和世界上20多个国家和地区。[13]

由于妈祖信仰和妈祖文化在台湾的普及，台湾民众也多是以福建、广东移民后裔组成的群体，笔者以此考究妈祖文化在台湾的传播路径。史载："北宋初，北方流民入莆田湄洲沿岸，林默（即妈祖）造木排渡难民往澎湖定居求食。"[14]由于古代渡海需要凭借风力，这则史料说明，妈祖庙和妈祖信仰是先落户在澎湖的，因为澎湖往往是古代渡海去台湾的中转站。闽人渡海迁播台湾，第一落脚点往往选择在台湾南部，这也可以解释在台湾妈祖庙为啥主要分布在台湾岛的南部，而迁居台湾的第一个落脚点选择在云林县北港镇，同样可以解释为在台湾，规模最大、香火最盛的妈祖庙是全台妈祖"总庙"——云林县北港镇的朝天宫。

（二）妈祖文化在台湾的传播效应

"日据时代，日寇为奴化台湾同胞，后期实行日用品配给制度，用作胁迫台湾同胞更名改姓，借以摧毁台胞之民族意识，期达同化为大和民族之目的。"[15]日本人企图毁灭各种庙宇，以摧毁台湾人的民间信仰。"台湾人民冒着严厉处罚的危险，将部分神像藏匿他处，对各种神明仍按时祭祀，祭祖、敬天、拜神明的信念和热忱不曾稍改和稍减。"[16]这些从台湾的文学作品亦有反映，在《海神家族》这部文学作品中，"揭示了三代台湾人不同的认同困境"。"林母的妈祖信仰不仅仅是宗教信仰，也代表着精神层面的国族认同，仪式、习俗等传统文化与国族认同有着内在的联系"。[17]"妈祖庇佑了一代又一代的台湾人，不管是外婆从日式信仰到妈祖信仰的转化，还是我'把妈祖还原为人'的信仰方式，故事中人人都从妈祖信仰这一传统中感受文化中国"。[18]因此，就连日本当局也不得不承认："本岛人的民族意识问题，关键在于汉民族系统。汉民族向来以五千年的传统民族文化为荣，民族意识牢不可破。属于此一民族系统的本岛人，虽已改隶40多年，至今风俗、习惯、语言、信仰等各方面却仍然沿袭旧貌。"[19]

在大陆学者王秀华看来："台湾民众的妈祖朝拜热潮，推动了台湾当局进一步解除直航禁令，并最终实现两岸'三通'。妈祖信仰成为维系两岸血肉亲情的纽带和增进两岸民族情感的桥梁。"[20]自1987年以来，"每年都有10万左右台湾民众前来湄洲谒祖进香，迄今湄洲岛共接待台湾信众100多万人次"。[21]20世纪80年代台湾当局还对大陆采取"不接触、不谈判、不妥协"的"三不政策"，正是这种不可阻挡的宗教信仰和热忱，使得台湾民众冲破重重阻碍，推动两岸"三通"的实现，这种力量不是政治势力能左右的，可以说连政治当局都不得不顺从这种民意，从而为两岸交流打开紧闭的大门。以笔者在台湾的田野调查情况看，不管在台北文山区景美路的妈祖庙还是宜兰苏澳港的妈祖庙，抑或是彰化普天宫，上至朝政要员、下至村妇市民，更遑论出海远洋、渡洋经商的商人，对妈祖的崇拜无不发自内心，显现出在台湾，不论官商士卓，莫不敬拜妈祖的一种社会风习，这根本不是哪种势力能左右的改变的社会心理。

从这些历史史料和两岸民众对妈祖信仰的崇拜可以看出，正是由于对于海神妈祖的崇拜和敬畏，妈祖文化在台湾具有不可估量的影响。

三、以妈祖文化为介质推动两岸民意融合

妈祖祖祠已经成为人类学家所说的"寓意丰富的纽带象征，它们将领袖与

被领导者、高贵者与低贱者维系在一起，共同生活于这个社会世界之中"。[22]在祭典过程中，人们等级之间、社会地位之间的差异消失了，他们之间的相互依赖、相互认同的关系凸显了。不仅"显示了自己的团结"，而且在"建立一种绵绵不断，一种永恒"。[23]

在妈祖信仰最普及的台湾，妈祖庙成为兼具宗教、经济、文化、娱乐和社交等功能，许多妈祖庙乐于回馈社会，出资兴建医院、图书馆、社区活动中心等社会公益事业，使妈祖信仰的文化内涵愈加突出。[24]大陆学者陶思炎引用台湾学者的观点："妈祖神庙的普遍流传，祭典的香火鼎盛，蔚为台湾民间信仰的主流文化，成为现实社会中神恩最为浩大的神明。"[25]金门有18家妈祖宫庙和众多妈祖信众，由于距离较近，经常赴湄洲妈祖庙谒祖进香，开展两地文化交流。

1997年1月24日至5月5日，湄洲妈祖金身巡台湾100天，驻跸18个县市35个宫庙，受到台湾1000多万人次的顶礼膜拜，成为海峡两岸规模最大、影响最为深远的一次民间交往。[26]莆田湄洲的妈祖诞生地，在台湾同胞看来才是正宗和本源。因而，他们自然要来大陆追根寻源，认宗认祖。……来莆田湄洲参加并通过妈祖祭典仪式，就是要取得一种身份认同（即文化认同，Culture Identity）。正如庄孔韶教授在《银翅》里所指出的，"中国人的自我实现与宗族集体的认同精神（集体意志之实现）需要互相依赖。保持宗族制度及其理念是族群和个人整合的最重要基础"。[27]自1986年莆田举办首次学术研讨会以来，大陆先后在莆田、深圳、泉州、厦门、天津、上海等地举办16次研讨会或论坛，而台湾举办过5次，澳门举办过3次，平均每年超过一次。[28]这些研讨会或论坛对于研究和传播妈祖文化具有积极作用，能进一步扩大对妈祖文化和妈祖信仰的研究和传播，也有利于两岸及港澳加强交流与合作，打破隔阂、迸发思想，对于繁荣中华文化起到推动作用。

从上述情况看，妈祖文化无疑对两岸统一与融合具有积极作用。

四、对新形势下弘扬妈祖文化、助力新"海丝"的思考

由于福建从历史上和地缘、血缘上具有对台和侨乡优势，所以中央政府赋予福建以建设自贸区和21世纪海上丝绸之路核心区的重任，从2015年至今，连续给了福建以政策优势，福建省委、省政府积极响应并部署，研究出台了《福建省21世纪海上丝绸之路核心区建设方案》（下称方案）中，明确提出"深

入贯彻落实《愿景与行动》提出的相关倡议和行动，加快建设 21 世纪海上丝绸之路核心区，有利于进一步发挥福建比较优势，提升开放型经济发展水平，加快科学发展跨越发展；有利于扩大闽台交流合作，增进两岸同胞情谊与共同利益，促进两岸关系和平发展；有利于深化我国与东盟等海上丝绸之路沿线国家和地区的区域合作，打造带动腹地发展的海上合作战略支点，为实现共同繁荣发展作出贡献"。[29] 方案还提出 "支持台资企业参与福建港口建设，密切与台湾地区的海上运输合作，共同打造环台湾海峡港口群和航运中心。支持福建企业与沿线国家和地区的台资企业加强合作，携手共同拓展东盟等国际市场。完善海上安全执法合作机制，共同打造稳定、畅通的海上丝绸之路"。[30] 这两段文字清楚表明，今后福建在对台和东盟各国联系与合作的意义、方式和目的等，也由此可以判读在未来很长一段时间内，福建将进一步密切与台湾、东南亚的关系，加强企业之间的合作，打通物流环节，促进区域经济一体化进程，发挥出福建的优势和潜力。

福建的对台和侨乡优势如国内报道："侨、台优势是福建省建设海丝核心区的独特优势，目前旅居世界各地的闽籍华侨华人达 1580 万人，其中约 80% 集中在东南亚，达 1250 多万人；台湾同胞有 80% 祖籍福建，闽台两地与东南亚地区习俗相似、文化趋同，民间交流量大、面广，无论是 '请进来'，还是 '走出去' 都有天然的优势和氛围。"[31] 在 2015 年 3 月，经国务院授权，国家发改委、外交部、商务部发布《推动共建丝绸之路经济带和 21 世纪海上丝绸之路的愿景与行动》(以下简称《愿景与行动》)，明确提出支持福建建设 21 世纪海上丝绸之路核心区。《愿景与行动》已明确提出：为台湾地区参与 "一带一路" 建设作出妥善安排。[32] 这些信息都反映出中央政府的战略部署和广阔视野。

目前，菲律宾华侨华人约达 140 余万人，其中 80% 以上的祖籍地是福建，以晋江、南安、惠安、永春、厦门和泉州等地为主。[33] 华侨华人不仅给菲律宾人民带去中国的先进生产工具和耕作技术，而且也把中国的优秀传统文化传播到菲律宾，妈祖信仰即为其中之一。[34] 菲律宾华侨华人对妈祖是非常虔诚崇拜的。这除了从他们创建的妈祖庙宇之多及奉祀的妈祖神像之众可见一斑外，还可以从他们为妈祖举行的庆典等活动中进一步得到佐证。例如，上述马尼拉马拉本的福海宫每逢妈祖诞辰及忌辰，必定隆重地举行庆典，并请南国剧团演戏数天。描东岸市的妈祖天后宫每当此时也同样举行庆祝活动，并请高甲戏剧团演出。菲律宾华人学者洪玉华在介绍描东岸市妈祖信仰时说："妈祖在菲律宾的香火可说是很盛的。每年妈祖圣诞，总有数以千计的香客从四方五路，不远百里，专程会集到描东岸市参加庆典。"[35]他们对妈祖信仰的虔诚程度于此就不言而喻了。

菲律宾华侨于1572年在描东牙示省达亚社建造起第一座妈祖庙。此后，妈祖庙即在菲律宾各地陆续建造起来，至20世纪60年代全菲共有妈祖庙100多座。大陆学者李天锡通过分析认为：（1）菲律宾第一座妈祖庙当为福建晋江华侨所创建。（2）华侨把描东牙示省达亚社天主教堂中一尊菲人供奉的天主教女神当作妈祖来奉祀，是西班牙殖民当局因迫于无奈而默许的。（3）妈祖信仰在密切海峡两岸联系，促进祖国统一大业早日实现的过程中必将发挥一定的桥梁作用。[36]另有大陆学者对于妈祖信仰在菲律宾能如此得到当地华侨华人的崇拜和信奉，这么认为："在早期华侨社会，华侨在国内得不到政府保护（有时甚至遭受排斥）、国外受到欺凌压榨的情况下，除了团结奋斗以外，民间信仰就是他们的主要精神支柱。菲律宾华侨华人对妈祖如此虔信，妈祖在他们精神上的支撑作用是可以想见的。因此，妈祖信仰必定在菲律宾华侨华人社会的形成发展过程中发挥过巨大的作用。"[37]菲律宾的妈祖文化和妈祖信仰能得到当地民众和政府的认可，也与中国人和中国文化的包容性有关，有学者就这么观察到妈祖文化的在地化："活动时就出现了多种宗教文化习俗大混杂的现象：既烧香点烛，抽签问卦，祭祀烧金，又请天主教神父主持弥撒；既向妈祖连敬三天传统中国戏，又在庆典的最后一晚举行天主教式的花车游街；宫中丝竹之乐悠扬，花车游街，西乐队开路；善男信女在宫中写香烛钱，神父也收教会的弥撒钱；签书（按：当为"签诗"之误）写的是华文，神父讲的是菲语英语，等等。"[38]这些活动充分证明了妈祖文化的包容性和融合性，与其他宗教如天主教和睦相处，共同为当地民众服务。

新加坡的天福宫坐落在市区的牛车水（即唐人街）内，由早期迁居新加坡的华人建造，已经成为新加坡最古老的庙宇之一。建造时宫内的花岗石柱和木祭台等都是从中国福建运去，神像也是于1840年从中国运去。"马来西亚的天后宫，迄今仍以'会馆庙宇结合体结构'居多。……发挥了传统传承，凝聚宗乡亲的积极作用"。[39]"除了庙宇，当时的妈祖信仰和妈祖文化传播，所依靠的显然还有更重要的媒介，那就是：透过传统戏剧上演和电影播映等方式，让妈祖神迹传说更为广泛地流传开来。""吉兰丹的妈祖善信，特别是经商者深信把庙里请回来的金龟或金牌收存商店内，将给他们带来财气"。[40]

"根据历史基础、经贸合作以及人文交流现状等情况，福建省21世纪海上丝绸之路核心区建设重点合作方向是打造从福建沿海港口南下，过南海，经马六甲海峡向西至印度洋，延伸至欧洲的西线合作走廊；从福建沿海港口南下，过南海，经印度尼西亚抵达南太平洋的南线合作走廊；同时，结合福建与东北亚传统合作伙伴的合作基础，积极打造从福建沿海港口北上，经韩国、日本，延伸至俄罗斯远东和北美地区的北线合作走廊"。[41]"构建两岸携手建设 21 世纪海上丝绸之路的开放新格局。发挥莆田、宁德深水港口优势和妈祖文化、陈靖姑文化等纽带作用，拓展与海上丝绸之路沿线国家和地区的经贸合作和民间信俗交流，促进经贸人文融合发展"。[42] 正是妈祖文化具有爱好和平与亲和的品相，是中国海洋文化的重要精神产品和价值体现，也是中华民族的一种精神品质，在"海上丝绸之路"交往中有其不可或缺的价值与意义，使得我国在推行"海上丝绸之路"减少了被误解的成分，增加了信任与了解，将成为"海上丝绸之路"的形象大使，展现我国爱好和平与亲和的形象，也是对世界文化宝库也提供了一份有益的榜样。

美国哈佛大学教授约瑟夫·奈将综合国力分为硬实力与软实力两种形态。硬实力是指看得见、摸得着的物质力量；软实力所指的就是精神力量，包括政治力、文化力、外交力等软要素。两者既紧密联系，又互相区别。它们不是简单的加减关系，而是相辅相成、相互制约和协调。笔者认为，在今后的中国发展过程中，既要强调硬实力的打造，同样也不能忽略软实力的塑造和输出，而中国自有的海运女神妈祖及其信仰，就是中国在 21 世纪海上丝绸之路建设中不可忽略的文化软实力，要积极地发掘并输出，展现中国的综合国力。

对于如何运用好妈祖文化资源，发挥妈祖文化在社会、经济、政治等方面的作用。国内学者胡荔香也做了研究，笔者赞成并引用她的观点，主要是从社会、经济、政治等方面来观察。在社会意义方面，胡荔香认为：（1）有利于社会道德的建设；（2）促进信仰文化的传播与交流。在经济意义方面，可以：（1）较大幅度增加旅游收入（"妈祖信仰作为一种独特的文化形态，已形成重要的文化旅游资源，产生了巨大的社会效益和经济效益"[43]）；（2）有利于招商引资，促进相关产业发展。在政治意义方面，胡荔香提出：妈祖信仰本身具有的强大的亲和力，民众由对妈祖的"神"的依赖和崇拜而渴望祖国统一。妈祖信仰文化活动本身也提供了两岸之间的交流的绝好机会。在浓浓的信仰氛围中，人们诚心相待，多方面全方位交流，共话团圆。

注释：

[1] 郑衡泌 . 妈祖信仰传播和分布的历史地理过程分析 [D]. 福建师范大学 2006 年硕士学位论文：14.

[2] 郑衡泌 . 妈祖信仰传播和分布的历史地理过程分析 [D]. 福建师范大学 2006 年硕士学位论文：14.

[3] （宋）廖鹏飞 . 圣墩祖庙重建顺济庙记 .《白塘李氏族谱》，转引自蒋维铁 . 妈祖文献资料 . 福州：福建人民出版社 ,1990.

[4] 蔡天新 . 古丝绸之路的妈祖文化传播及其现实意义 [J]. 世界宗教文化 .2015(06)：51—52.

[5] 蔡少卿 . 中国民间信仰的特点与社会功能——以关帝、观音和妈祖为例 [J]. 江苏大学学报 (社会科学版).2004(04)：34.

[6] 陈光荣 . 寻根揽胜兴化府，福州：海风出版社，2000 年版，第 97 页。

[7] 陈宜安 . 试论妈祖信仰的文化纽带作用 [J]. 世界宗教研究 .2003(03)：109.

[8] 陈美霞 . 从民俗描摹到国族认同——当代台湾小说中妈祖书写的变迁 [J]. 福建论坛 (人文社会科学版).2012(05)：140.

[9] 石万寿 : 台湾的妈祖信仰 [M]. 台北：台原出版社，2000 年版，第 193 页。

[10] 陈启庆 . 福建妈祖信仰的新特点及对台湾的影响 [J]. 莆田学院学报 ,2005,(3).

[11] 蔡泰山 . 妈祖与海洋文化发展的关系 [J]. 中国海洋大学学报 ,2005(2).

[12] 田真 . 论海峡两岸的妈祖文化 [J]. 北京航空航天大学学报 (社会科学版).2003(S1)：79.

[13] 田真 . 论海峡两岸的妈祖文化 [J]. 北京航空航天大学学报 (社会科学版).2003(S1)：79.

[14] 石万寿 . 台湾的妈祖信仰 [M]. 台北：台原出版社 ,2000 年版第 193 页。

[15] 陶思炎 . 妈祖信仰略论 [J]. 东南大学学报 (哲学社会科学版).2007(05)：96.

[16] 陈光荣 . 寻根揽胜兴化府 [M]. 福州：海风出版社，2000 年版，第 85 页。

[17] 汪毅夫 . 闽台历史社会与民俗文化 [M]. 厦门：鹭江出版社，2000 年版，第 202 页。

[18] 陈宜安 . 试论妈祖信仰的文化纽带作用 [J]. 世界宗教研究 .2003(03)：112—113。

[19] 陈美霞 . 从民俗描摹到国族认同——当代台湾小说中妈祖书写的变迁 [J]. 福建论坛 (人文社会科学版).2012(05)：143.

[20] 陈美霞 . 从民俗描摹到国族认同——当代台湾小说中妈祖书写的变迁 [J]. 福建论坛 (人文社会科学版).2012(05)：143.

[21] 陈宜安 . 试论妈祖信仰的文化纽带作用 [J]. 世界宗教研究 .2003(03)：112—113.

[22] 维克多·特纳主编，庆典 [M]. 方永德等译，上海文艺出版社，1993 年版，第 338 页。

[23] 蒋维铁 . 妈祖文化热的再认识 [J]. 东南学术，2004（增刊）. 转引自王秀华 . 妈祖文化与海峡两岸民间信仰 [J]. 经济与社会发展 .2008（11）：137.

[24] 维克多·特纳主编，方永德等译 . 庆典 [M]. 上海：上海文艺出版社，1993 年版，第 338 页。

[25] 安德烈·比尔基埃等，袁树仁等译 . 家庭史（第 2 卷）[M]. 上海：三联书店，1998 年版，第 748 页。

[26] 韩芳 . 一奶同胞共计弘扬妈祖文化 [J]. 台声，2006(11). 转引自王秀华 . 妈祖文化与海峡两岸民间信仰 [J]. 经济与社会发展 .2008(11).

[27] 陶思炎 . 妈祖信仰略论 [J]. 东南大学学报 (哲学社会科学版).2007(05)：96. 转引自郑志明 . 神明的由来·台湾篇 [M].（台湾）南华管理学院 1998 年印 .

[28] 陈宜安 . 试论妈祖信仰的文化纽带作用 [J]. 世界宗教研究 .2003(03)：111.

[29] 庄孔韶 . 银翅 [M]. 上海：三联书店，2000 年版，第 277 页。

[30] 王秀华 . 妈祖文化与海峡两岸民间信仰 [J]. 经济与社会发展 .2008(11)：137.

[31] 《福建省 21 世纪海上丝绸之路核心区建设方案》福建省政府网 .http://www.fujian.gov.cn/xw/ztzl/
sczl/zcwj/201601/t20160117_1131771.htm

[32] 《福建省 21 世纪海上丝绸之路核心区建设方案》福建省政府网 .http://www.fujian.gov.cn/xw/ztzl/
sczl/zcwj/201601/t20160117_1131771.htm

[33] 《福建 21 世纪海上丝绸之路核心区建设方案出炉》新华网 .http://news.xinhuanet.com/house/
fz/2015-11-17/c_1117161690.htm

[34] 《福建 21 世纪海上丝绸之路核心区建设方案出炉》新华网 .http://news.xinhuanet.com/house/
fz/2015-11-17/c_1117161690.htm

[35] 赵和曼主编 . 东南亚手册 [M]. 南宁：广西人民出版社，2000 年版，第 608 页。

[36] 李天锡 . 试析菲律宾华侨华人的妈祖信仰 [J]. 宗教学研究 .2010（01）：136.

[37] 洪玉华：《宗教的融合——描东岸的妈祖和 KAY-SASAY》，《融合——菲律宾华人》第 237 页，
菲律宾华裔青年联合会编，1990 年 8 月 28 日马尼拉。

[38] 李天锡 . 试析菲律宾华侨华人的妈祖信仰 [J]. 宗教学研究 .2010（01）：136.

[39] 李天锡 . 试析菲律宾华侨华人的妈祖信仰 [J]. 宗教学研究 .2010（01）：137.

[40] 洪玉华：《宗教的融合——描东岸的妈祖和 KAY-SASAY》，《融合——菲律宾华人》第 236 页，
菲律宾华裔青年联合会编，1990 年 8 月 28 日马尼拉。转引自李天锡 . 试析菲律宾华侨华人的
妈祖信仰 [J]. 宗教学研究 .2010(01)：139.

[41] 苏庆华 . 妈祖信仰的发展轨迹和传播——以马、新两国为例 [J]. 华侨大学学报（哲学社会科学
版）.2012（01）：15.

[42] 苏庆华 . 妈祖信仰的发展轨迹和传播——以马、新两国为例 [J]. 华侨大学学报（哲学社会科学
版）.2012（01）：15.

[43] 《福建省 21 世纪海上丝绸之路核心区建设方案》福建省政府网 .http://www.fujian.gov.cn/xw/ztzl/
sczl/zcwj/201601/t20160117_1131771.htm

[44] 《福建省 21 世纪海上丝绸之路核心区建设方案》福建省政府网 .http://www.fujian.gov.cr/xw/ztzl/
sczl/zcwj/201601/t20160117_1131771.htm

[45] 胡荔香 . 试论闽台地区妈祖信仰文化旅游资源开发 [J]. 亚太经济 .2003(03)：76.

2008 年以来台湾青年政治参与的新特点

厦门大学台湾研究院法律研究所　季　烨

2008 年以来，两岸关系摆脱了陈水扁执政时期动荡不安的状态，并在"九二共识"的基础上迎来了和平发展的新时期。但与此同时，台湾社会内部的社会运动也日益频发并不断升级。尤其值得重视的是，无论是 2008 年的"野草莓运动"，还是 2010 年的"反大埔征地抗争"，直至后来的颇有登峰造极之势的 2014 年"反服贸运动"，台湾青年都没有缺席，而是充当了主力军甚至先导者的角色。甚至有观点认为，台湾青年高涨的政治热情直接带动了 2014 年底台湾"九合一"选举的投票率，并成为影响决定选情的重要力量。

政治参与是"平民试图影响政策的活动"，[1] 是公民及联合体为影响社会资源和利益分配而从事的与政府决策有关的各种政治行为，主要包括投票、选举、社会运动和主动接触等参与方式。[2] 可见，社会运动是台湾青年政治参与的重要途径。在统"独"争议无处不在的台湾社会，台湾青年参与社会运动更折射出其对于两岸关系历史、现状和未来的立场。与此同时，2008 年以来参与台湾社会运动的青年更具有独特的成长背景，被誉为"新世代"的他们经历了台湾社会政治的变迁，省籍族群意识淡薄，同时还经受了网络新时代的洗礼，信息获取更加现代化与多元化。因此，分析他们在晚近社会运动中的非典型性角色，并反思其若干误区，对于两岸关系的未来走向具有重要意义。

一、台湾青年政治参与的特点

（一）参与议题的社会化

20 个世纪 80 年代，伴随着国民党威权统治的裂解和政治民主化的浪潮，台湾的社会运动迅速兴起，青年学生和知识分子也成为其中的重要力量。尽管不乏环保、劳工、农民、反雏妓等领域的集体抗争，但就整体态势和核心目标而言，这一时期的社会运动主要集中于政治领域，组织化程度较高，其共同目标主要是挑战权力拥有者或对抗政治权威，一般采取集会、游行、示威等战略或战术。尤其是"野百合学运"，掀起了台湾 40 年来的第一次大规模学生运动，展现了青年大学生对"国大代表"要求扩权延任的极度愤慨，甚至直接催生了"国是会议"，对台湾废除"动员戡乱体制"、回归"宪政"体制起到了关键性的推动作用。[3]

但随着民主政治框架的建立和体制内改良的稳步推进，台湾地区围绕政治权力的社会运动的频度和强度均有所减弱。伴随着全球化浪潮的推动和反全球化运动的发展，岛内的社会运动发生了新的变化，呈现出全球性"新社会运动"的共性特征，集中体现在后现代社会中出现的新的社会矛盾和社会冲突，如学生运动、反核抗议运动、同性恋权利保护、妇女权益权利、动物权利、生态运动等。[4]

2008 年以来，上述特征表现得尤为明显，如 2010—2011 年的"反国光石化运动"，即是为了反对马英九当局关于国光石化落户彰化县的决定，这项仅一期投资就逾 6000 亿新台币（超 1300 亿人民币）的庞大石化产业计划，前后争议长达六年。但在 2010 年下半年，一群关心农村议题的年轻人成立"青年反国光石化联盟"，这个涵盖了岛内 30 多所高校和研究所的联盟成了运动主力，拥有选举投票权的大学生成了 2010 年 11 月 13 日爆发的万人大游行这一标志性事件的中坚力量。[5] 2012 至 2013 年连续两次反对"核四"的大游行，也凸显了台湾地区环境保护和社会发展之间的尖锐矛盾。2012 年的"文林苑拆迁事件"和 2013 年的"反大埔征地抗争再续"，则是聚焦少数人权利保护问题，台湾部分政治学相关系所学生甚至发表《政治人宣言》以示对拆迁行为的抗议。在"反服贸运动""洪仲丘事件"及"反核四运动"中，青年学生都在其中扮演了重要角色，逐渐开始成为台湾新社会运动的先锋队和主力军。[6]

（二）参与过程的自主化

在早期的台湾政治参与活动中，不论是体制内的投票、选举，还是体制外的游行、示威、静坐请愿等，其组织动员过程基本都是通过造势演讲、扫街拜票、基层走访等途径来实现。从运动发起一方的角度来看，由于政治参与的情绪化和不确定性，青年人在社会运动中并未受到充分重视，而是被认为具有天生的"政治冷漠"倾向；从运动参与方的角度看，传统的政治动员往往诉诸

"人情"甚至"悲情"的手法，难以获得青年人的共鸣。

与上述传统运作模式截然不同的是，晚近台湾青年的政治参与呈现出明显的自主化倾向，并首先表现为台湾青年政治参与意识的觉醒。自 20 世纪 90 年代末开始，面对政治转型之后的经济衰败、政党恶斗等问题，台湾青年深感失望与悲观，在政治心态上开始积极关注社会公义，渴求变革，并从对自身利益的关注进一步拓展至对社会公益的关心。以"洪仲丘事件"为例，在 2013 年 7 月初台湾地区陆军装甲 542 旅下士洪仲丘受虐死亡事件发生后，39 位互不相识的年轻人自发组织了"公民 1985 行动联盟"，希望让事件真相出炉，并且要求"国军"改革，屏除以往的陋习及潜规则。其发起的"白衫军运动"甚至一度宣称突破 25 万人以上参加。在 2014 年 3 月 18 日发生的"反服贸运动"中，200 多名学生毫无预警地狂奔立法机构，强行进入议场并霸占长达 24 天之久。

与此同时，网络新媒体的普及也为台湾青年自主性的政治参与起到了不可或缺的作用。与传统的人或者广播、电话等大众媒体相较而言，Facebook、Line、PTT 论坛等网络新媒体具有使用门槛低、传播速度快、覆盖范围广等特点。一方面，青年人开始更为积极自主地使用网络新媒体，作为社会运动的新的动员媒介。而这些媒介的受众恰恰帮助组织方行程了一个简捷高效、反应迅速的非正式社会关系网络，成为参与社会运动的主体力量。另一方面，青年人还善于利用新媒体作为其社会运动的宣传平台，进一步扩大社会影响。在"太阳花学运"中，占据立法机构的青年学生和场外力量相互配合，通过 Facebook、PTT 等推出"太阳花学运网站"，内容包括学运现场录音视频、文字实况转播、英文文字记录以及海外媒体的报道等，并诉求"全球资讯零时差"，号召海外台湾学生支持。

台湾青年政治参与自主性的提升，也进一步促成了台湾政治人物选举策略的转换，出现了从传统的面对面的"悲情"动员到新兴的基于网络的"快乐"选举的模式转变，其核心便是瞄准青年人这一庞大人口数量的特殊群体。这种转变发端于 20 世纪 90 年代的台北都市型选举，但因互联网技术尚不发达而未形成规模。新世纪以来，这种转变的节奏明显加快。在最近的"九合一"选举中，名为无党籍政治"素人"的柯文哲当选台北市市长离不开"婉君"的支持，其竞选团队充分利用网络资源传播参选人的政见、具体政策，交换信息，展开讨论辩论、扩大宣传、博取认同，甚至进一步外溢至青年以外的群体，有效地塑造了社会舆论和整体氛围。

（三）参与结果的脱序化

应当承认，社会运动在很大程度上便是通过体制外努力改变现行决策的行为，因此很难以较高的秩序标准加以衡量。然而，在法治社会下，任何社会运动都应维持基本的底线，即符合法治的要求。与此相悖，晚近台湾青年参与社会运动日益脱序，甚至充斥暴力。

仍以"洪仲丘事件"为例，洪仲丘在禁闭期间遭到大规模体能训练后猝死，除了引发军队高层"地震"之外，更是经由"公民 1985 行动联盟"点燃了 8 月 3 日的 25 万民大游行。针对强大的民间压力，台湾立法机构旋即于 8 月 6 日通过"军事检察法"的修改，和平时期军人犯罪回归一般司法机关，全由一般司法机关追诉、审理。然而，这种仓促修法即便是顺应了所谓的民意，也是值得商榷的。台湾再生受刑人服务中心社长董念台即认为，该联盟利用洪仲丘死亡煽动群众从事冲突运动，"立法院"仓促修法，未来可能会导致军队无法训练。一位台湾军方人士也表示，"军中也有不少人反对这样做，一些将军开始担心将来的队伍不好带了"，"军中人权抬头，导致服从命令这些价值很可能混乱，以后长官不太敢管那些不好管的人，当年台湾教育改革废除体罚，导致台湾教育的道德滑坡，现在轮到军队了"。[7]

再以"太阳花学运"为例，起初青年学生从"反服贸"到"反黑箱"，从"退回服贸，重启谈判"到"逐条审议"，甚至夹杂"反中"的口号，其诉求摇摆不定。即便认为国民党籍"民意代表"张庆忠的"黑箱三十秒"对于处理两岸服贸协议有所不当，但这似乎并不足以成为台湾青年霸占立法机构、冲击行政机构的理由，在现行法律框架下，仍有足够的空间实现青年学生的合法诉求（包括立法机构的二读程序，立法机构对行政命令的纠正程序等）。但青年学生却动辄一知半解地诉诸"公民不服从"的理论，不愿意从体制内寻求救济途径，而是热衷于通过体制外的运动实现自己的理想。殊不知，这种体制外的运动除了加剧了社会的动荡不安和矛盾冲突之外，并没有从实质上解决问题。

诚然，从表面上看，台湾青年在这些社会运动中的多数时候都展现了较高的个人素养，诸如提倡和平参与、事后有秩序地退场，然而，这种对"秩序"的表面的、有形的遵守，无法掩饰对台湾社会深层次秩序的冲击。绕开应有的足够的体制内制度和程序，动辄以民意为幌子诉诸体制外的自力救济，这本身便是超越了法治的应有之义，长此以往，制度的公信力便荡然无存。

二、台湾青年政治参与的成因

（一）台湾社会的"左倾"氛围

"左"与"右"的实质是在"公平"与"效率"之间的选择。如果说二战之后福利国家政策的确立是"由于时事确实艰难，战后的福利制度对某些最低限度的公平或者公正是一种保障……是为摆脱战前几年里的绝望与玩世不恭而跨出的第一步"（托尼·朱特语），那么20世纪80年代伊始，被后人称为"灵魂伴侣"的英国首相撒切尔夫人与美国总统里根就是运用新保守主义，向世界再次展示了自由市场、减少干预、放松管制所带来的无穷活力。[8] 在随后的20年里，世界贸易组织的建立更是标志着自由化浪潮达到了一个巅峰，而1999年11月在APEC部长级会议期间如影随形的抗议声浪则见证着"左倾"政策的重新来临。在这一新的浪潮中，奥巴马2007年以"Change We Can Believe In"为口号，在普及医疗保险、停止减税政策以及住房援助计划等方面表现出了明显的"左倾"立场，并最终登上美国总统大位；英国5月进行的议会选举则围绕全民健保、税收政策等民生议题展开激烈争夺；以"阿拉伯之春""占领华尔街"为代表的社会运动席卷全球，参与者高举"公平正义"标语，痛斥"1%的人攫取了99%的财富"。[9]

台湾则同样受到上述全球气候的影响。自20世纪70年代实现经济起飞以来，台湾已经逐渐远离了"钱淹脚目"的黄金时代。由于认同争议的持续、政党恶斗的蔓延以及泛政治化的经济决策，使得步入后现代社会的台湾在经济发展方面日益乏力。传统产业转型升级艰难，新兴产业成长不如预期，岛内产业"空洞化"并与全球产业链分工日益脱节，财富分配不均的矛盾日益凸显，青年人实际薪水不增反降，反商、反权贵的呼声日益高涨。亨廷顿认为，经济成长率和政治动乱之间的关系因经济水平发展水平不同而变化：经济发展水平低，两者成正相关；经济发展水平中等，两者之间无明显关系；经济发展水平高，两者之间成负相关。[10] 这一理论判断在今年来的台湾频发的社会运动中得到了验证。

也正是在此背景下，2012年"大选"中，在野的民进党企图不再主打省籍、族群议题等认同牌，而是主动提出并主导ECFA负面效应论，贫富差距扩大，高失业率，军工教调薪、租税改革、工作贫穷、无薪假、老农津贴等基于公平分配的民生议题，体现了以阶级和民生问题为主的选举路线。[11] 2015年4月15日，蔡英文获得民进党提名参选2016年台湾地区领导人后，在题为"找回自信、点亮台湾"的参选声明中，也多次提到分配不均、失业率高、公平分配、公平税制等的话语。这些都表明，台湾社会的整体左倾氛围，已经成为主要政党不可忽视的重要议题，当然也成为台湾青年热衷于社会运动的主要动力和土壤。

（二）台湾青年独特的成长经历

当前，台湾青年政治参与除了与其整体社会氛围不可分割之外，还基于其独特的成长经历。

第一，民主转型与反权威的惯性。从自然属性上看，年轻人是"天生的反对党"，具有叛逆的基因，富有理想，充满激情，敢作敢为，不计代价当然也无所谓失去。老一代认为，自己的生存是受到体制保护……对年轻人来说，威胁个人自由和生命的最大元凶则是原有义务保护他们（指老一代）的体制。[12] "凡是在没有祖辈人或祖辈人失去控制的地方，年轻人便会堂而皇之地蔑视成年人的标准，或采取不同于他们的态度"。[13] 而当前台湾的新世代更是伴随着台湾的政治民主化浪潮而成长的，耳濡目染各种以公义为名的体制内和体制外的抗争运动，使得他们更具强烈的美好想象、批判意识和行为冲动。在不懂得"法"为何物之前，他们便熟稔于"恶法非法"和"公民不服从"的习惯性反驳。生理属性和社会养成的结合，使得台湾青年很容易因为突发事件而迅速集结，以"趋左"的激进政治运动形式表达青年世代对权威的反叛，对体制的抗争。

第二，"去中国化"教育与国家认同缺失。值得注意的是，2008 年以来的若干影响巨大的社会运动都与两岸关系出现了挂钩的倾向：一些社会运动因两岸交往而爆发，而另一些运动虽是岛内孤立事件，实则若隐若现地体现了台湾青年对大陆的排斥。例如，2014 年的"太阳花学运"名为"反黑箱"，实际上便是为了反对两岸服贸协议的生效而爆发。而 2012 年的因"反媒体垄断运动"表面上是反对旺中并购案，反对媒体垄断，维护新闻自由，背后却由舆论暗指大陆资本控制台湾媒体。

大陆或两岸关系在台湾社会运动中"躺着也中枪"，除了政党的恶意引导之外，还在于长期以来台湾青年接受的"去中国化"教育。他们经历了李扁时期推行"本土化"，修改历史教科书（将中国史被纳入世界史），实行闽南语教学与通用拼音等一系列"去中国化"和"台独"政策环境，对大陆和中国的观念更加淡漠。在诸如"中国人"还是"台湾人"之类不符逻辑的追问中，选择"台湾人"作为答案不仅是安全而无争议的，也是情感的自然流露和生活的自然法则。他们一再被动接受在军事安全、对外关系甚至体育比赛等非政治场合下"大陆欺负打压台湾"的负面信息，而没有了主动认知大陆发展变化的兴趣，"强国人"的称呼所暗含的，除了不屑不满，更是消极回避。他们习惯于民主、人权等政治话语，具有高度的自信和认同，将大陆的社会体制简单等同于他们早已走过的"威权世代"，这种民主的"优越"使得大陆更加难以亲近。

正因为如此，虽然这一时期的青年人没有历史包袱，但也缺乏历史感情，绝大多数人在绝大多数时期都与大陆呈现出"临床隔离"的状态。对于台湾的生存和发展而言，大陆因素所具有的威胁性似乎要远远大于所带来的机会。在反服贸运动中，2008年以来两岸经贸交流所集聚的"防中""反中""恐中"心理得到了集中释放，大陆对台湾的让利被认为是"吞并"台湾，瓦解"台湾主体性"。参加学运的台湾青年激烈批评马当局"冒进"、"亲中"的两岸政策，无论是"反黑箱""反自由贸易"，还是"反服贸"，都充斥着排斥中国、敌视大陆的态度与言论。

（三）政党势力的引导与煽动

当大陆人士指出近期台湾社会运动中若隐若现的政党背景和政治倾向时，一些台湾人士却不以为然。以"太阳花学运"为例，大陆学者一针见血地指出，这场运动是"一场以学生为先锋或主体，以反服贸为借口和幌子，由民进党操弄的一场反对马英九的一个社会运动"。但民进党却不以为然，他们一再声称民进党只是运动的"参与者"而非"领导者"，是"反映民意"而非"煽动民意"。也有一些"中立"人士认为，"太阳花不是民进党策动的"，"民进党执政又下野之后，面对许多社运场合，不是缺乏着力点，就是置身事外"。这显然低估了民进党的"贡献"，也高估了社会运动团体，尤其是其领导层的能量。

在"太阳花学运"中，所谓"民间版""两岸协议监督条例"中直接塞进了凸显"两国论"的政治诉求，政治意识形态显性化。在领导力量上，民进党民意代表管碧玲、叶宜津、段宜康及"台联党"民意代表周倪安等人，在学运发生当晚以"保护学生安全"为由，让警察无法驱离学生，进而让学生顺利占领立法机构。苏贞昌、蔡英文、谢长廷、游锡堃、吕秀莲等重要人物多次到现场为学生加油打气，提供各种物质支持。深度介入学运的所谓社团组织包括"黑色岛国青年阵线""台湾教授协会""台湾农村阵线联盟""绿色公民行动联盟"等，均是活跃在台湾社会各种政治活动中的极端"台独"组织。身为学运"九人决策小组"成员，林飞帆、陈为廷等学生与民进党或蔡英文存在千丝万缕的

"师承"关系，甚至毫不讳言"台独"主张。[14]但在 2014 年 3 月 30 日"反服贸运动"走上凯道的那天，"学运领袖"陈为廷与林飞帆分别做了两次长篇演讲，并把重点摆在如何阻止"中国"对"台湾"的"并吞"上，"反黑箱"的诉求被完全抛弃。更有甚者，2014 年 3 月 27 日"台独"大佬史明进入议场，声援学生的举动，献唱《台湾'独立军'进行曲》。[15]"学运"甚至被视为一个"台湾民族国家形成的某种征兆"。[16]

在"反核"议题上，民进党同样存在自身的政治算计，绝非简单地回应民意。事实上，高举"反核"大旗的民进党在自己执政的八年中，也是进退失据：从最初的强令停止兴建核四到后面又下令续建核四。但在野的民进党却摇身一变成为"反核"急先锋，其实质是继续掀起"反马"风潮，在台湾社会营造起唱衰国民党执政的民意氛围。这种政治"豪赌"完全背离了实质的能源诉求和核能安全诉求，刻意误导和操弄民意的意图相当明显。更有甚者，民进党还希望以此撬动对现行"公投法"的修改，降低"公投"门槛，进而利用"公投"议题来拉抬选情和冲撞两岸关系。这种深层次的算计显然是单纯的"反核"参与者所无法想象的。

事实上，在民进党时期担任当局官员的亲绿学者曾明确表示，民进党和蔡英文也曾试图吸收公民团体和社会力量"为我所用"，但"洪仲丘事件"所展示的巨大能量，使得他们望而却步，不得不退求其次，转而寻求'借用'民意。这种策略转变与其说是民进党放弃了对社会运动的主导权，不如说是其更加精致、巧妙地改变了对公民社会，尤其是青年政治参与活动的领导方式，从"前台"隐身"幕后"，从民进党单枪匹马直面大众，转变为为公民团体提供人才支持、资金支持和策略支持。由此观之，如果仅仅用"参与者"来定位民进党在社会运动的身份和角色，民进党显然是过于"自谦"，社运人士则无疑是过于"自负"了。

三、台湾青年政治参与的反思

社会运动是一把"双刃剑"，它既能反映民意，纠正不当决策，但也需要耗费巨大的成本。虽然多数情况下的台湾社会运动都仅涉及台湾的内部事务，但对大陆而言，台湾的内部事务与两岸关系无法完全割裂。因此，台湾青年在社会运动中的表现，往往成为观察未来两岸关系发展走向的一个指标。在此过程中，责任、理性和尊重应当成为反思青年政治参与的关键词，唯有如此，青年才能成为两岸关系和平发展的建设性力量。

第一，青年在参与两岸事务时应更具责任意识。青年通常被认为是"早晨八九点钟的太阳"，预示着社会进步的希望。不可否认，以青年为主体的社会运动（如"野百合学运"等）成为台湾民主化进程的重要推手。也正是因为如此，在两岸关系发展的过程中，青年人承担着无可回避的责任。新世代的台湾青年虽然没有历史包袱，但也面临着认同方面的空白。一个基本的认知是，大陆对于台湾而言是不可否认、无可回避、不可忽视，也无法跳脱或超越的客观存在，这种内在关联不仅是历史、地理和血缘方面的，更是现实、法理和未来的。也正是基于这种内在关联，青年人才更应该摒弃隔离乃至敌视的错误立场，正视客观存在，排除历史包袱，主动增进了解，从而确保两岸关系和平发展的正确方向。

第二，青年在参与两岸事务时应更具理性思维。青年的政治参与是民主的产物，只有在民主体制下，有效的政治参与才成为可能。但与投票等体制内活动相较而言，社会运动更具发起的盲目性、过程的不确定性和结果的破坏性。因此，青年参与社会运动本质上是一个利益衡量的问题，其代价需要由全民来买单，尤需理性判断。在长期以来的"反中"教育下，两岸交往中的理性难能可贵。例如，两岸经贸交往对于台湾的利弊本是一个客观事实，但台湾"中研院"吴乃德组织的一项调查却显示，这个问题的答案却受到先验政治立场的制约：认同自己是"中国民族"的受访者有 88.9% 认同两岸经济密切对于台湾经济发展有帮助或帮助很大，但认同自己是"台湾民族"的受访者却有 41.1% 表示不以为然。可见，认同观影响了利益观，主观性盖过了经济理性。[17]

这种"信者恒信，不信者恒不信"的结果在对两岸服贸协议的评价中同样存在。6 月 28 日，两岸服贸协议签署不到一周，台湾指标民调公司即于 6 月 28 日发布民调显示，仅有 24.9% 的民众认为签署服贸协议对台湾是利大于弊，47.4% 的民众则表示是弊大于利。[18] 但 8 月 20 日旺旺中时民调中心完成的另一份民调则显示，仅有 57% 的台湾民众知道两岸要签署服贸协议，其中只有 27% 的人表示对协议内容略有所知，43% 的人完全不知道此事。而且，在坦承不知道协议内容的民众中，有 28% 支持，却有高达 43% 反对。[19] 换言之，越不知道协议内容的民众中反对的比例越高。是"民意"在反对，是媒体在渲染，还是少数政党在炒作？答案不言自明。也正因为如此，青年对两岸事务的参与更应回归独立思考和专业辩论。

第三，青年在参与两岸事务时应更具尊重意识。对台湾青年而言，应学会换位思考，反求诸己，认识大陆推进两岸关系和平发展的善意和诚意，正面看待大陆的成绩，尊重对方的道路选择。在经济议题泛政治化的台湾社会，大陆动辄得咎——对台湾让利，将被视为"统战"；对台湾的要价，则被视为不对等的"施压"。一些台湾青年矢口否认台湾政党政治的弊病，却对大陆的社会体制抱有刻板印象；他们否认大陆改革开放以来的经济建设成绩，而是简单地归咎于所谓"权贵资本主义"，并将其延伸至两岸经济交往中，将两岸正常的经贸交往因不对等开放而产生的红利分配问题，进一步异化为两岸经贸往来造就了大批权贵，将大陆描述成台湾权贵的"帮凶"和所谓"核心价值"的冲击者。林林总总，都是缺乏尊重精神的体现。而对大陆而言，不应简单地将那些参与"太阳花学运"的台湾青年视为"反中者"，更不应呼应蔡英文之流将"台独"视为台湾青年的"天然成分"，而应以包容的态度倾听台湾青年在参与社会运动中流露出的"刺耳"的声音，设身处地地思考其身处的社会环境和教育背景，了解台湾民众，尤其是青年面对两岸实力对比的结构性变化、面对两岸交流交往的巨大冲击、面对自身发展空间受限而产生的焦虑、"恐中"情绪，持之以恒地扎实推进两岸青年交流。

注释：

[1] [美]塞缪尔·亨廷顿、琼·纳尔逊著，汪晓寿、吴志华、项继权译：《难以抉择——发展中国家的政治参与》，1989 年，华夏出版社，第 12、13 页。

[2] 景跃进、张小劲：《政治学原理》，中国人民大学出版社 2006 年版，第 278 页。

[3] 林冈著：《台湾政治转型和两岸关系的演变》，九州出版社 2010 年版，第 38—39 页。

[4] 周穗明：《新社会运动和未来社会主义》，载《欧洲》1997 年第 5 期，第 73 页。

[5] 孟登科：《台湾民意如何扳倒"国光石化"》，《南方周末》2011-05-23。

[6] "太阳花学运"中，据台北大学社会系关于"太阳花学运"静坐参与者的人群年龄结构调查样本发现，年龄最高的是 83 岁，最小的是 10 岁，平均年龄是 28 岁，学生样本的平均年龄是 22 岁，社会人士则为 35 岁。调查以十岁分为一组，发现 20—29 岁所占比例最高，达 66.8%；以五岁分为一组，发现 20—24 岁这组占 44.5%，为数最多，25—29 岁占 22.3%，次高。陈婉琪：《谁来"学运"？太阳花学运静坐参与者的基本人口图像》，http://twstreetcorner.org/2014/06/30/chenwanchi-2/。

[7] 马军：《洪仲丘案引发检讨军事检审系统台湾修改军检法效果待观察》，《法制日报》2013 年 8 月 13 日。

[8] 任敬飞：《左翼思潮影响下的台湾社会》，第二届两岸学子论坛论文集，第 35 页。

[9] 任敬飞：《左翼思潮影响下的台湾社会》，第二届两岸学子论坛论文集，第 36 页。

[10] 塞缪尔·P·亨廷顿：《变化社会中的政治秩序》，上海世纪出版集团 2008 年版，第 4 页。

[11] 郑振清：《台湾贫富分化与民进党"中间偏左"路线演变 2008—2012》，《台湾研究》2012 年第

3 期，第 35 页。

[12] 张永杰、程远忠：《第四代人》，东方出版社 1988 年版，第 5 页。

[13] [美] 玛格丽特·米德：《代沟》，曾胡译，光明日报出版社 1988 年版，第 52 页。

[14] 张文生：《"太阳花学运"表现出"极独化"倾向》，华广网 http://www.chbcnet.com/pl/content/2014-04/08/content_815397.htm，2014 年 4 月 8 日。

[15] 史明：《有青年人打拼，台湾前途有希望》，.http://news.ltn.com.tw/news/politics/breakingnews/976772。

[16] 吴叡人：《台湾"民族国家"形成的征兆》，http://news.ltn.com.tw/news/politics/paper/862973/print。

[17] 郑振清：《台湾新世代社会运动中的"认同政治"与"阶级政治"》，《全国台研会"青年、发展、融合"论文集》，第 369 页。

[18] 《民调：两岸服贸协议 4 成 7 民众认为弊大于利》（中评社台北 6 月 28 日电）。

[19] 《民调：两岸服贸协议 逾六成民众盼马苏辩论》（中评社台北 8 月 23 日电）。

台湾青年世代政治参与特征研究

——以 2016 年台湾"大选"为视角

华南农业大学马克思主义学院　李仕燕

2016 年台湾"大选"是台湾地区自 1996 年实现领导人直选以来，总投票率最低的一次，仅为 66.27% 左右[1]，但在 20—29 岁的台湾青年选民的投票率却创历史新高，高达 74.5%[2]。如此不相适应的两组数据背后，折射出已开启政治参与进程的青年世代，将成为影响台湾未来政治走向的重要力量。

一、台湾青年的世代政治学界定

世代政治理论是一门致力于研究社会、文化、心理群体的世代的形成原因、发展规律以及代际关系性质、代际互动模式、世代在社会变迁中的作用等问题的理论。[3]美国学者格伦将"年龄"视为世代产生的先天前提，进而将"世代"界定为"特定年份、某个 10 年间或其他时间段内出生的人群"[4]，强调应观察研究对象在某个年龄段与社会身份及其在社会中的处境。格伦相信"随着个体年龄的增长，社会或文化变化的影响作用于他们，这便造成了态度、行为、健康和情感的变化"。[5]

本文立足于探讨青年世代政治参与，在年龄界定上有两个层面的考虑：一是依台湾现行相关法令规定，首次选举与被选举的年龄为 20 周岁，故以 20 周岁为下限较为合适；二是依世代政治理论惯用的分析周期，通常以 10 年为一代，因此上限不超过 30 岁，以 29 周岁为宜。本文以此界定台湾青年世代为 20—29 岁的台湾青年群体。截止到 2015 年 12 月，台湾 20—29 岁的青年人口数量约为 319 万人[6]。

德国文化历史学家 W·狄尔泰认为年龄仅是世代界定的一方面，世代应为一种从质上理解的、同时经历了某些重要历史事件及其影响的人群范畴。[7]因

357

此，对台湾青年世代的界定还应着重于他们的共同生长环境、共同记忆以及共同心理诉求。过去 30 年，台湾社会发生剧烈变迁。人均 GDP 步入中等发达水平，政治民主化进程启动，两岸关系和平发展，给当代台湾青年营造了一个较为舒适的成长环境，主要体现在物质条件与社会氛围两方面：

一方面，台湾经济自 20 世纪 70 年代后期开始起飞，一度跃居亚洲"四小龙"之首。当代台湾青年的父辈正是这一时期成家立业。1985 年至 1999 年，台湾年平均经济增长率为 7.47%，[8] 人均 GDP 折合 1999 年的美元汇率约为 13820 美元。在"望子成龙"的传统观念作用下，辛苦打拼的父辈们竭力为子女提供优厚的物质条件和受教育环境。前者体现在台湾青少年拥有电脑或笔记本电脑（NB）的比例高达 95%，手机持有率确高达 94%[9]，66.1% 青少年拥有智能型手机 [10]，均位居亚洲前列。后者则体现在当前 20—24 岁的台湾青年受高等教育的比例为 77.32%，12.35% 的 25—29 岁青年具有研究所学历 [11]。

另一方面，台湾社会从威权走向民主。1987 年，台湾当局解除戒严，开放老兵返乡探亲，拉开台湾政治民主化的序幕时，现年 29 岁的台湾青年尚未出生。过去 30 年间，台湾历经三次政党轮替，废除了"动员戡乱时期临时条款"，完成了"修宪"与"国会"改选。政治生态从一党独大到蓝绿恶斗。两岸关系从"汪辜会谈"的破冰到民进党执政时的剑拔弩张，再到和平发展。当代台湾青年对威权统治、省籍冲突与两岸关系紧张引发的战争恐慌的记忆甚少，却对和平与繁荣的社会环境习以为常。从小深受民主教育与多元文化的影响，加之见证或参与岛内三次政党轮替，对民主、自由、公平、正义等普世价值观的认同度甚高。

二、2016 年台湾"大选"中的青年世代政治参与

据台"中选会"的数字，2016 年台湾"大选"中 20—30 岁选民为 3186722 人，其中"首投族"为 129 万人 [12]。从选后台湾媒体的民调数据来看，青年世代中投给国民党"朱玄配"不到 1 成。即使是国民党的青年支持者，也大多采取分裂投票，仅将"区域立委"的选票投向认可的国民党候选人 [13]。在无法拓展青年支持者与蓝营铁票生锈的双重夹击下，国民党大败 308 余万票，失去行政与立法的"双主导权"，而青年世代政治参与热情也因此达到前所未有的新高：

（一）公共事务参议度高

梳理自 1996 年以来的历次"大选"，此次"大选"应当是台湾青年世代公共事务参议度最高的一届。主要基于两方面的原因：一方面是利益驱动。美国学者帕特里克·J.孔奇认为政治参与就是"为全国或地方、个人或集体支持或反对国家结构、权威和（或）有关公益分配决策的行动"。[14] 在孔奇看来，利益是推动"素人"实现政治参与的关键因素。因为在民主社会中，通过"投票"选举出符合自身利益取向与期待的候选人，由其兑现竞选承诺，改变现有困境是一种惯有思维，也是台湾社会常有"换人做做看"思想的根源。

当代台湾青年生长在台湾经济"最好的时代"，却在成人后面临台湾产业转型的阵痛期。据台统计部门的数据，大学学历的青年失业率维持在 5.77%，研究所学历的青年失业率维持在 3.18%[15]。即使就业，薪资水平也跟不上物价上涨的速度。过去 10 年间，研究所学历的初任人员薪资从 29281 元新台币缓慢升至 32，269 元新台币，大学学历的初任人员从 26443 元新台币爬至 27，193 元新台币。而专科学历的初任人员从 24023 元新台币只提升不足 300 新台币，仅为 24，304 元新台币。[16] 在 348 万月收入不足 3 万新台币的工薪族中[17]，约有 123 万余人为台湾青年，占全台青年有工作收入者的 61.3%[18]。青年世代上升空间日益狭窄，相对剥夺感与日俱增，"穷忙"与"啃老"从个案变成普遍现象，这种利益分配不均的问题往往是推动青年世代开始从自己的"小确幸"走出来，走向"大社会"的关键动力。

在此次"大选"中，青年世代罕见地持续关注每位候选人的政见，关注与切身利益相关的政策。有两点细节是值得关注的，一是早在"大选"前 3 个月，全台 12 所高校学生会就联合发起"2016 公民返乡专车"活动。在校学生反应积极，且在选前之夜出现一票难求。二是有别于以往选举中候选人推出自传式的政策宣传书难以勾起青年世代购买欲望的传统，此次"大选"中倍受青年世代所推崇的蔡英文于 2015 年 9 月出版的《英派》在上市不到一个月内，就成了台湾畅销书排行榜的前三位[19]。相当多青年世代还在网络上分享心得，相互探讨，对比不同候选人的政见，强化对此次"大选"的自我参与感。

另一方面，各政党为了争取青年世代支持，持续扩大青年参政议政的领域。其中又以旨在走完执政最后一里路的民进党最为抢眼。不管在 2015 年 12 月 17 日在 Facebook 上公布青年政策，还是在 2016 年 1 月 16 日晚当选之夜，蔡英文均选择谈及"世代正义"，并将其列为"五大政见"之首。同时，还借助"小猪胖卡车"与"小猪回乡趣"的活动不断拓展政策传播边际效应。前者集中在都会区，时常在周末召集大量的年轻人共同探讨社会问题；后者则透过配合代表小额募款的"三只小猪"回收竞选经费所衍生出来的一条主要行走在乡镇，触及全岛的青年政策宣讲路线，并与古都木偶戏剧团合作，演出"小猪除三害"的戏码，既影射当前执政者的失败施政，又在戏后由民进党青年部实地走入以青年世代为主的观众人群做政策说明，实现有效政策传播。[20] 如此高频率地关注青年议题成功地吸引了大批急需改变困境的青年世代。而青年世代最终对蔡英文"一边倒"的支持率，既说明青年世代更关注自身利益的价值取向，也间接印证了蔡英文青年竞选策略的成功。

（二）投身政治的人数多

美国政治学家亨廷顿曾对"政治参与"做出二元分类，即"自动参与"与"动员参与"。依照这一分类，大部分青年世代最初都是被"动员参与"到政治活动中的。他们往往因应自身的利益诉求而关注某一个议题或某个候选人，在完成选举或政策落实之后就自行消散，这在以"六年级生"为主体的上一个台湾青年世代中体现得较为明显。但近年来，在所谓的"民主教育"中长大的"七年级生"与"八年级生"们却呈现出越来越多"自动参与"到政治活动中的"新鲜人"。他们从政的理由各不相同，却都打着维护"世代正义"与"扛起责任"口号，相继从政治"素人"转向政治"职人"。尤其在此次"区域立委"选举之中，青年世代直接投身选举的数量比往届"大选"都高，并呈现出"组党发声"与"刺客突袭"两种政治参与模式：

1. "组党发声"：以"时代力量"这一新政党的声势最为浩大。"时代力量"源于近年来影响台湾社会的"洪仲丘事件"与"太阳花学运"。在这两场由台湾青年世代主导的"公民运动"当中，部分当事人与青年领袖并未像过去台湾历次"学运"，如"野百合运动"等通过参与反对党而持续保有政治能量，而是选择大胆组建全新的政党团体来表达其独特的政策诉求。在此次"区域立委"选举中，由于受到民进党的多处礼让，该党几乎以"重兵压境"之势闯入传统蓝营铁票区。在大环境不利国民党以及"时代力量"超高人气的共同作用之下，党主席黄国昌成功战胜国民党资深"立委"李庆华，洪慈庸成功终结基层服务多年的杨琼璎（国民党），林昶佐险胜掌控台北军公教区多年的林郁方（国民党）。再加上，在政党票上的收获，这个才组建不到一年的青年政党已迅速成为立法机构第三党。据台湾智库的民调显示，经过此次"大选"，"时代力量"的政党认同度超越国民党，高达 19.4%，仅次于民进党。[21]

2. "刺客突袭"：在某种程度上，此次"大选"是一场选民求新求变的选举。民众对于老面孔的政治人物早已心生厌恶，这就给青年世代投身选举提供了一个难得的好时机。在蓝绿两大阵营中，均有首次出战"区域立委"的初生牛犊。其中，火速回台参选的蒋万安（国民党）、新北市第1选区的吕孙绫（民民党）以及虽败犹荣的张镕麟（国民党）最值得关注。从理论上讲，现年37岁的蒋万安已步入中年，但考虑到国民党内青黄不接的现状，蒋已属于青年代表。此次返台参选，他先是成功挑战党内原任"立委"罗淑蕾，又在选区中开展各种亲民活动。为人低调、扎实的作风，一改台湾民众对蒋家的不良观感，能够在最短时间内保住国民党在台北市第3选区的席位，实属不易。

同样的还有民进党新任最年轻的"区域立委"吕孙绫。现年27岁的她，虽有民进党"中执委"光环以及父亲吕子昌的加持，但连市议员都没赢过的她，要挑战国民党资深"立委"吴育升，难度系数很大。在完成在野势力整合之后，作为新生代的吕孙绫发挥出强大的年轻能量，到处扫街拜票，大打"乖乖牌"，与在地乡亲"搏感情"，风雨无阻。与近年来被绯闻缠身的吴育升形成鲜明对比，也让原本就处在城乡结合部的新北市第1选区的选民，最终倒向转投吕孙绫。

既然是"刺客"，就会有赢有输。云林县的张镕麟就属于后者。张镕麟的姐姐张嘉郡是上一任的"区域立委"。但国民党在2014年云林县长选举中大败后，就心生退意，宣布不再争取连任。而这一空档几乎让前民进党籍云林县长苏治芬可以轻松得利。在国民党多轮的劝说之下，现年28岁的张镕麟出征，捍卫"张家班"的政治版图。尽管最终年过半百的苏治芬以53.7%获胜，但临时出征的张镕麟也得到42.8%的支持率[22]。若张镕麟的这股支持率，未来能够有效地存续下来，前景仍可期待。

（三）被突发事件煽动快

尽管台湾已进入"民主深化"阶段，但历次台湾"大选"前的突发事件往往总能影响台湾民众的投票意向。如2004年的"两颗子弹"与2012年的"王雪红喊话"均在特殊的时空环境产生过特殊的投票引导作用。而类似的情况再度出现在2016年"大选"的前夕。一名在韩国发展的台湾女孩周子瑜，因其在相关MV中手拿上青天白日旗引发热议。事实上，该视频早在2015年下半年就曾被台湾深绿媒体刻意炒作过，但并未能真正引起岛内民众与大陆网民的关注。

可在此次"大选"前夕，"周子瑜事件"再度因某位台籍明星举报其"台独"而被火速炒作，周子瑜所属韩方公司为自保，随即公布周子瑜的道歉视频灭火。不料，却被台湾相关媒体恶意放大。不明真相的台湾青年世代通过FACEBOOK、推特与LINE等软件相互传播对大陆的"仇恨"，甚至集体自称与周子瑜一样是"台独分子"，形成网络串联，煽动与激发不明真相且最初并未打算去投票的"沉默群体"的投票意愿。这也就解释为何前文所提到的高校返乡专车会在选前之夜一票难求。大量的青年学生在完成期末考试当晚，一边收看着在各大媒体反复重播的"周子瑜道歉视频"，一边冒雨等车，北、中部的上座率均超过九成[23]，甚至有通宵骑机车自行返乡的学生投票大军，气势浩大。

台湾智库副执行长赖怡忠坦承，民进党与蔡英文是"周子瑜事件"的最大受益者[24]。大陆学者于强通过选后的数据分析得出，"周子瑜事件"对国民党选情的打击是致命性的。若没有"周子瑜事件"，国民党可勉强保住38席"立委"，守住立法机构三分之一，但"周子瑜事件"提升了全台青年世代的投票率，更进一步地拉抬了民进党与"时代力量"的候选人的气势，不仅一举击垮国民党原本试图守住立法机构三分之一席位的计划，而且让民进党最终在领导人选举与"立委"选举中获得压倒性的胜利。[25]

三、青年世代政治参与对台湾社会的影响

台湾政治学家胡佛认为："青年人在世界各国的政治发展历程中，一直都扮演着密不可分的重要角色；因青年人是社会中坚知识分子，在任何政治社会变迁中，经常居于推动者的地位，他们的政治态度定向，无疑将会影响整个国家政治现代化的前途。"[26]青年世代作为政治系统的新参与者，其参与政治体制内的各种政治活动的意愿、政治价值观、政治效能感、政治信任度都对政治系统的存续、发展具有重要作用。从这个角度来看，台湾青年世代从过去的政治"边际人"走向关心公共事务，承担社会责任的主人翁是值得肯定的，这也是一个民主社会实现世代交替的关键一步。但与此同时，通过梳理在此次台湾"大选"中台湾青年世代政治参与的特征，还能从中感受到新世代台湾青年对台湾社会的影响正在持续加强：

（一）青年世代对台湾主流民意的影响已日益增强。尤其在统"独"问题上，台湾青年世代的"天然独"与日渐式微的"老人统"之间存在着不可逆的时间偏差。所谓的"天然独"，主要是指生出在台湾"民主化"时代，从小深受陈水扁执政时期改版的教科书教育，认同"台湾是一个主权独立国家"，并将

"台湾人"视为优先身份认同的台湾青年世代。"天然独"源于陈水扁执政时期扭曲的教纲设置，马英九执政 8 年始终没有彻底拨乱反正。据台湾政治大学选举研究中心的持续民调显示，截止到 2015 年 6 月，台湾民众认同自己仅是"台湾人"的比例为 59%，认同自己仅是"中国人"的比例则首次沦为最低，仅为3.3%。如此巨大的落差背后，正是"天然独"的茁壮成长与"老人统"的老人们黯然逝去所形成的鲜明对比。

在此次"大选"之中，两岸政策与统"独"议题原本并不成为焦点。毕竟两岸关系和平发展所带来的和平繁荣红利是惠及两岸民众的，这一点，蔡英文在当选之夜以"积极沟通，不挑衅，不会有意外"就间接默认了。但"周子瑜事件"的出现，却让统"独"议题被人为地操作起来。蔡英文在当选晚间，临时在胜选演讲中加入"不会让任何一个'国民'为他的认同而道歉"一话，成为现场青年世代掌声与欢呼声分贝率的最高点。截至 2016 年 1 月 19 日，该视频在 YouTube 获得了 68193 的点击率和 997 个点赞。而光台湾 TVBS 新闻台，在"大选"当晚同步直播就有 30305 人同时观看 [27]，还不包括其他各大媒体不同的转播方式。

从某种角度来看，"周子瑜事件"是台湾青年世代的一次统"独"测试。而民进党大胜的 308 万票与 310 余万 20—29 岁的青年选民（扣除不到 1 成支持国民党），两个数据之间存在某种程度吻合，折射出过去相对中庸、务实的台湾主流民意开始受到"天然独"的青年世代所冲击，未来前景仍不明朗。

（二）青年参政已开始改变固化的台湾政治生态。此次有不少的青年世代投身选举，大量的资深"立委"纷纷被挑下马，让台湾社会见识到"民主一代"的政治潜力。从积极面来看，青年参政确实给长期陷入蓝绿恶斗的台湾政坛注入了新的活力。他们普遍有较高的学历，甚至留学背景，视野开阔，也敢于承担。相较于资深耕耘的"老立委"，他们更有冲劲。若才能发会得当，将给正处在经济转型与社会转轨的台湾社会提供改革与发展的新希望。

但从消极面来看，不可忽视的是，相当一部分青年世代参政之前并未经过政治历练，甚至只是普通的上班族、摇滚歌手或是学者。他们为人所熟知是基于所谓的"公民运动"，草根性较高，演讲与论述能力一流。尽管可以凝聚人气，却未必能真正适应政治"职人"的游戏规则。台湾的"公民运动"往往被各种美好的理念与人们不明就里的"舶来词"所包装，美好而虚幻。但真正从街头走进立法机构，则完全是另外一回事。有提问题的能力，却无解决问题的办法，是台湾政坛众多曾被捧为"青年才俊"们的通病。更何况台湾政坛还是个"大染缸"。如何能够真正做到洁身自好，提升政治素质，真正为民请命，从而真正改变僵化的政治生态，台湾青年世代的挑战之路才刚刚开始。

（三）青年世代的崛起是台湾社会塑造新的价值取向的开始。此次台湾"大选"是台湾青年世代自2014年"九合一"地方选举后，又一次集体亮相。"大选"结果本身不仅让青年世代彻底实现教训马英九当局的目标，也预示着台湾即将进入新一轮的价值取向塑造期。8年前，以"六年级生"与"七年级前段班"为主体的台湾青年世代也曾用他们的选票将马英九送上台湾地区领导人的"大位"。他们当时的追求是"清廉，不贪腐"和"两岸和平，不要战争"。马英九符合他们的期待，因而倍受当时台湾青年群体的支持。

但8年后，作为享受了两岸和平红利的"民主一代"，他们同样懂得用"选票"来惩罚施政不利的执政当局，也懂得投身公共事务。但他们的视野却比前辈们更加狭隘。大部分20—29岁的台湾青年世代对于涉及台湾利益攸关的两岸关系或所谓的"国际事务"的认知程度却相当薄弱。他们没有"大中华情结"，却会因为台湾的某一个小成绩而沾沾自喜；他们没有"全球视野"，只关心身边的学贷、薪水和房价；他们将"民主"作为口头禅，却常常被突发事件所操弄而失去理性，沦为"民粹"的帮凶；他们缺乏对"九二共识"的真正认知，却习惯将"大陆"称为"中国"，自行隔开两岸之间的血缘关系；他们对大陆知之甚少，却常常在媒体上讽刺大陆的卫生条件与生活水平之低下。

这是一群善于通过塑造假想敌或参照物来实现自我感觉良好的世代。他们所引领的"后物质主义"的价值观对仍是传统中国保守社会的台湾来说是一个全新的体验，也是社会价值观重构的开始。值得注意的是，"后物质主义"是建立在充分的物质条件之上的。而当前台湾青年世代所享有的物质基础是父辈们辛苦打拼下来的，却在台湾经济停滞多年后逐渐被消耗。若新生代青年不能在新一轮的价值观重构与台湾经济转型之间实现平衡，那么光靠政党轮替所带来的瞬间"快感"并不能维持多久。

结 语

青年政治参与是公民社会薪火相传的关键一环。透过青年政治参与可以实现对公权力部门与相关政策的影响，而参与或投身选举就是最典型的政治参与方式。借助2016年台湾"大选"，台湾青年世代已逐渐登上影响台湾社会长远发展走向的历史舞台。

注释：

[1] 台"中选会"2016 年台湾地区领导人选举资料库 http://db.cec.gov.tw/histMain.jsp，2016 年 2 月 1 日查询。

[2] 钟德荣 黄怡菁：《青年投票率 74.5% 补刀终结国民党》，

[3] http://news.tvbs.com.tw/politics/news-636546/，2016 年 1 月 22 日。

[4] 沈杰：《青年、世代与社会变迁》，《中国青年政治学院学报》2010 年第 3 期，第 2 页。

[5] [美]诺瓦尔·D.格伦 著，于嘉 译：《世代分析》（第二版），上海人民出版社，2012 年版，第 5 页。

[6] [美]诺瓦尔·D.格伦 著，于嘉 译：《世代分析》（第二版），上海人民出版社，2012 年版，第 8 页。

[7] 参见台"内政部门"：'内政"统计年报 2015 年人口年龄分配表，http://sowf.moi.gov.tw/stat/year/list.htm，2016 年 1 月 16 日公布。

[8] 沈杰：《青年、世代与社会变迁》，《中国青年政治学院学报》2010 年第 3 期，第 3 页。

[9] 台统计部门'国民所得统计常用资料 (2008SNA)- 年期间，指标与种类"数据表，台统计部门国民所得及经济成长统计数据库，查询时间为 2015 年 3 月 1 日。

[10] 邱思缏：《我青少年 95% 有电脑》，《经济日报》（台），2008 年 4 月 4 日，

[11] http://city.udn.com/54543/2801908#ixzz3ThVXEY3h。

[12] 《沉迷难抬头 青少年被手机绑架》，《台湾立报》，2013 年 5 月 22 日，

[13] http://www.lihpao.com/?action-viewnews-itemid-129684，以及《青少年和家长 都被手机绑架》，《中华日报》，2013 年 5 月 23 日 A03 版。

[14] 台教育部门统计处——重要教育统计资讯"大学校院新生录取人数及录取率"，查询时间：2016 年 2 月 1 日。

[15] 台"中选会"2016 年台湾地区领导人选举资料库 http://db.cec.gov.tw/histMain.jsp，2016 年 2 月 1 日查询。

[16] 钟德荣 黄怡菁：《青年投票率 74.5% 补刀终结国民党》，

[17] http://news.tvbs.com.tw/politics/news-636546/，2016 年 1 月 22 日。

[18] 可参见 [美]帕特里克·J.孔奇：《政治参与概念如何形成定义》，王胜明，范云声译．《国外政治学》1989 年第 4 期。

[19] 台"主计总处""就业与失业查询系统"——《台湾地区教育程度别失业率》。因自 2011 年统计部门才正式将"大学"与"研究所"学历单独统计，故此数年为 2011—2014 年的平均数据，而 2015 年，则需要等本学年完成后才有数据，特此说明。

[20] 参见台劳动部门 2004—2014 年度 6 月发布的前一年"职类别薪资调查报告"，http://www.mol.gov.tw/cht/index.php?code=list&ids=124，查询时间：2015 年 6 月 1 日。

[21] 《348 万人穷忙，月薪不到 3 万》，台湾《自由时报》，2014 年 11 月 28 日。

[22] http://news.ltn.com.tw/news/business/paper/834375。

[23] 台监察部门：《青年失业率调查报告（公布版）》，2014 年 7 月 22 日。

[24] 陶本和：《<英派>上架 3 周蹿升畅销第 2！力压郝明义、李登辉》，

[25] http://www.ettoday.net/news/20151013/579083.htm?feature=88&tab_id=89，2015 年 10 月 13 日。

[26] 《小猪游宁夏，夜市说政策》．民进党新闻舆情部新闻稿，2015 年 12 月 18 日。

[27] 钟德荣 黄怡菁 :《青年投票率 74.5%　补刀终结国民党》,

[28] http://news.tvbs.com.tw/politics/news-636546/,2016 年 1 月 22 日。

[29] 台"中选会"2016 年台湾地区领导人选举资料库 http://db.cec.gov.tw/histMain.jsp,2016 年 2 月 1 日查询。

[30] 杨竣杰、胡清晖、余祥:《2016 选前之夜返乡投票潮 双铁爆满 大学发专车》,

[31] http://www.chinatimes.com/cn/newspapers/20160116000350-260102,2016 年 01 月 16 日。

[32] 钟德荣 黄怡菁:《青年投票率 74.5%　补刀终结国民党》,

[33] http://news.tvbs.com.tw/politics/news-636546/,2016 年 1 月 22 日。

[34] 参见于强公众号:"于强的台湾观察":《周子瑜事件让国民党丢了 3 席"立委"》,2016 年 1 月 24 日。

[35] 胡佛,陈德禹,朱志宏:《权力的价值取向:概念建构的价值与评估》,台湾《社会科学论丛》,1978 年第 27 期,第 3—40 页。

[36] 数据来源:YouTube[EB/OL]https://www.youtube.com/,登录时间:2016 年 1 月 20 日。

赴台陆生发展动态之研究

上海市教科院台湾教育中心　尚红娟　郑柏茹

一、赴台陆生近况

2011 年，台湾地区依据"阶段性、检讨修正、完整配套"及"三限六不"的政策原则首度开放陆生赴台攻读学位。截至 2014 年，修读学位的陆生累计达 5881 人，实际录取比例远低于招生计划的核定人数，缺额率平均在 40% 以上。2013 年开放"二技"院校招生，73 所技术学校计划招生名额 955 人，仅 174 人报名，最终录取 93 人。

表 1　2011-2014 台湾大专校院陆生人数 [1]

年度	2011	2012	2013	2014
正式修读学位陆生	928	1864	3554	5881
大陆研修生	11227	15590	21233	27030

硕博士层次的陆生多倾向于选择台湾大学、政治大学、清华大学和交通大学。台湾大学尤受青睐，历年为陆生的首选之地。2012 年，硕博士计划招生 575 人，报名 659 人，其中九成选报台湾大学，使得过半学校招生落空。学士层次的本科生多倾向于淡江大学、辅仁大学、铭传大学和逢甲大学。"陆联会"综合业务组组长陈顺智表示，根据陆生填志愿规定，每位陆生可选 46 个志愿科系，公立大学只能填 10 个志愿，私立大学可选 36 个。据陆生填志愿科系总数排名，获填最多志愿的学校依序是淡江大学、铭传大学、逢甲大学、中国文化大学，其中淡江大学已蝉联多年冠军，铭传大学从 3 年前排名第六一路冲上第二位。[2]

闽浙粤赴台陆生最多。依实际赴台注册就读陆生的生源省份统计看，福建、浙江、广东三省最多。生源来自浙江、福建者，占总报名人数的三分之二，其中以浙江的 1746 人最多。[3]

陆生就读专业方面，财务金融排第一，其次依序为电气工程、企业管理、外国语文、会计、视觉传播设计、产品设计等。台湾《旺报》报道称，大陆学生选专业时有明显"偏食"现象，2014 年台湾的大学校院前十大陆生最爱志愿，商学院就占了 5 项，外语数年来一直颇受欢迎，设计类也有 3 项进入前十大。根据台湾"陆生联招会"统计，2014 陆生最爱志愿依序是：财金 (9387)、企管 (8051)、电资工程 (7299)、外语 (4372)、会计 (3957)、经济 (3539)、贸易 (3180)、建筑 (3004)、产品设计 (2918)、视觉传达设计 (2832)。(括号内是选填人次)。此外，陆生还明显偏好台湾的老牌私校和公立大学。2014 年台湾高校本科班共 1804 位大陆学生报到，报考老牌私校和公立大学的占 67.7%。[4] 2015 年，台湾大学材料工程系招收 1 人，有 223 人报名；交通大学电子工程系录取 1 人，报名人数达 167 人。[5]

据"陆生联招会"总干事张鸿德介绍，2015 年陆生在报考科系方面，以电机信息、财金、企管 3 大领域最具人气，前两项领域今年报名人数各约 500 人，企管类则有 400 多人报名，这 3 个科系的报名人数就占了总数的 95%。此外，张鸿德也指出，近年来法律和中国语文类科系也吸引不少陆生报考，此现象值得关注 [6]。

表 2　陆生规模、院校专业及生源地 [7]

		2011	2012	2013	2014
硕博士	核定招生人数	653	575（报名人数 659，九成选填台湾大学，过半学校招生落空）	1118	
	最终录取人数	233	310	631	
	缺额率	64%	46%	44%	
	硕士班	205（39 校录取，41 校挂零）	282（81 校录取，47 校挂零）	528（122 校录取，75 校挂零）	
	博士班	28（12 校录取，15 校挂零）	28（28 校录取，14 校挂零）	103（62 校录取，26 校挂零）	

硕博士	录取人数院校排名	台湾大学（56）交通大学（22）台湾清华大学（19人）台湾中山大学（17人）政治大学（15人）	台湾大学（86人）政治大学（42人）台湾清华大学（27人）成功大学（25人）中央大学（16人）辅仁大学（15人）台湾科技大学（14人）台湾交通大学（13人）台湾中山大学（13人）台湾师范大学（9人）。	台湾大学（114人）政治大学（80人）台湾清华大学（61人）成功大学（52人）台湾交通大学（44人）辅仁大学（41人）中央大学（26人）台湾中山大学（24人）台湾科技大学（19人）台湾师范大学（17人），这11校吸纳了该年度录取总数78%的陆生。	台湾大学仍是陆生的最爱，共629人报名，第2到10名依序是政治大学、台湾清华大学、成功大学、交通大学、辅仁大学、台湾师范大学、台湾科技大学、中央大学和东吴大学
学士班（21校挂零）	核定招生人数	1488	1566	1732	
	最终录取人数	742	679	1234	
	缺额率	50%	57%	29%	
	普通大学录取	546	547	1104	
	科技校院（科技大学和技术学院）	196	132	130（首度开放的"二技"招生中，73所技术学校核定招生名额955人，仅174人报名，最终录取93人）	

学士班（21校挂零）	录取人数院校排名	淡江大学（100人）辅仁大学（99人）中国文化大学（92人）铭传大学（88人）中原大学（73人）东海大学（60人）（21校挂零）	辅仁大学（104）逢甲大学（99人）铭传大学（95人）中国文化大学（81人）中原大学（74人）东海大学（59人）静宜大学（45人）淡江大学（45人）世新大学（42人）义守大学（38人）	淡江大学（138人）铭传大学（136人）逢甲大学（116人）辅仁大学（104人）中国文化大学（85人）	
最受青睐专业，依次为：		财务金融、经济、法律、企业管理、大众传播。	电子工程，财务金融、企业管理、法律、中文、经济和大众传播	企业管理、外语、电子工程、建筑、经济和大众传播	最受欢迎的专业是电子工程，共480人填选，第2到10名依序是财务金融、法律、企业管理、中文、经济、大众传播、社会学、心理学和会计。
依实际赴台注册就读陆生的生源省份统计，依次为：		福建（242人）浙江（224人）广东（212人）江苏（83人）北京（83人）上海（74人）	浙江（262人）福建（233人）广东（196人）北京（114人）江苏（78人）上海（68人）	福建（464人）浙江（449人）广东（339人）北京（157人）江苏（125人）辽宁（122人）上海（91人）湖北（75人）	

政策调整			台湾当局在原有的陆生招生限制性政策基础上新增"高考达二本分数线以上学生才得申请赴台"之规定	台当局逐步放宽陆生招生政策，采认学历陆校从41所顶尖的"985"院校增为包含"211工程"院校在内的111所，陆生生源地在原有的北京、上海、浙江、江苏、福建和广东6个省市的基础上又增湖北、辽宁两省，达到8个，还调降报名费并且开放福建和广东18所学校专科应届毕业生赴台就读可授予大学学位的"二技"（两年制技术学院），陆生需参加2014年福建和广东省"专升本"考试，且成绩达标即可申请；至于是否达标则由大陆决定。	2014年2月，台当局宣布今年8月起将开放公立大学学士班招收陆生，每校限额5人。4月，又扩大采认包括北京电影学校在内大18所音乐、艺术、电影院校，合计认可的大陆高校名单达129所。同时，在"限量"方面，之前限制在当年全台招生总额的1%（约2850人），今年目标是倍增为2%（约5700人）。

二、赴台陆生发展动态

自2011年以来，陆生赴台的意愿逐步提升，就读人数逐年攀升，公立大学尤其受青睐。台湾当局在招生政策方面逐步进行调整，扩大"专升本"试点省份、增加招收名额，大陆学历采认的院校从"985"扩大至"211"。"三限六不"中限制的医药，"国安"等相关专业已对陆生开放，本科生的报考范围在私立院校的基础上增加49所公立院校。陆生赴台学习、生活逐步进入轨道，陆生联谊会、陆生会等社团组织在学校陆生辅导会的指导下纷纷成立。

（一）赴台陆生人数逐年攀升，公立大学最受青睐

根据台湾地区 2011—2014 年陆生招生计划与实际报到人数来看，虽然平均 40% 的缺额率居高不下，但缺额率有一个明显的下降趋势。硕博士的缺额率从 64% 逐渐下降为 44%，本科生的缺额率从 50%、57% 下降为 29%。

"陆联会"表示，2015 届大学陆生招生报名人数达 4817 人，再创历史新高。首见所有招生学校共 135 校都有人填志愿。台湾教育主管部门 2011 年起开放私立大学招收陆生，去年起开放公立大学招收陆生，报名人数也从 2013 年的 2711 人增至 4512 人。7 月 6 日，台湾学士班招陆生发榜，总共 115 所学校录取 2024 人。连同之前的硕博士、技校招生人数，2016 年共有 3238 人被台湾高校录取人数创 5 年来新高。[8]

台湾第 5 届大学陆生招生 2 日起分发，"大学校院招收大陆地区学生联合招生委员会"（简称"陆联会"）表示，本届大学陆生招生报名人数达 4817 人，再创历史新高。据报道，台校招收陆生今年已迈入第 5 届，陆生赴台念研究所的人数也逐年攀升。陆生联招会的统计数据显示，2011 年仅 336 名陆生报考台校研究所，而 2012 年成长至 476 人，到了 2013 年再上升到 863 人报名，2014 年的报考人数则首度破千，吸引了 1051 名陆生报考，今年的报考人数再创新高，共有 1512 名陆生报名，成长了 44%。估计其中至少有 1 成是今年将从台湾的大学毕业的陆生，他们选择继续在台湾的研究所深造。[9] "陆联会"总干事张鸿德指出，第一届大学陆生毕业后继续在台湾念书是达成率创新高主因之一。[10]

在学校的选择上，张鸿德指出，由于陆生只能填写 5 个志愿，因此陆生报考多半集中在公立大学，其中又以台湾大学的陆生人数最多，今年报名数更破千人；政治大学则紧追在后，吸引 679 名陆生报考；台湾清华、成功大学分居第 3、4 名，第 5 名则为辅仁大学，而辅大也是今年前 5 大志愿中唯一的私立大学。[11]

（二）陆生招生政策逐步调整，报考院校专业、生源地有所突破

陆生赴台就读意愿很大程度上与台湾当局的政策调整有着一定的关系。台湾高校的医事、"国安"及高科技相关学系依旧对陆生开放。2011 年陆生元年，据台湾《联合报》报道，大陆学生联招会 10 日发布的招生简章上，台大药学系、医学工程所，阳明大学生物医学系、药理所的硕博士班，都明确开放招收陆生。大陆学生赴台求学的"三限六不"，其中一"限"，就是限制领域，包括医事、"国安"及高科技相关学系。此外，针对台湾清华大学的核子工程所招收

陆生,有官员回应,"大陆的核工比我们还厉害。"[12]

以大陆高考二本线为基准。2012 年,台当局在原有的陆生招生限制性政策基础上,又新增"高考达二本分数线以上学生才得申请赴台"规定,当年本科生缺额率达 57%。计划招生 1566 人,实际报到仅有 679 人,不足一半。

承认学历的大陆院校扩大至"211"。鉴于此一招生寒潮,2013 年台当局逐步放宽陆生招生政策,采认学历陆校从 41 所顶尖的"985"院校增为包含"211工程"院校在内的 111 所,陆生生源地在原有的北京、上海、浙江、江苏、福建和广东 6 个省市的基础上又增湖北、辽宁两省,达到 8 个,还调降报名费并且开放福建和广东 13 所学校专科应届毕业生赴台就读可授予大学学位的"二技"(两年制技术学院),陆生需参加 2014 年福建和广东"专升本"考试,且成绩达标即可申请;至于是否达标则由大陆决定。

开放 49 所公立大学招收大陆本科生,台大等王牌专业开放。2014 年台湾"陆联会"公布的学士班招生简章中,首度开放大陆本科招生的 49 所高校名单中,台湾大学、台湾清华大学、台湾中山大学、成功大学、政治大学等知名学校均在其列,每校 5 个名额。台湾大学的电机工程学系、政治大学的国际经营与贸易学系等知名公立大学的王牌专业都对陆生开放。[13]

"专升本"大陆试点省份扩大为 8 个,招生名额增加一半。[14]经两岸有关方面协商决定,自 2016 年起,陆生赴台就读"专升本"从原本的 2 省市 17 校1000 个名额,扩增到 8 省市 67 校 1500 个名额,将新增北京、上海、江苏、浙江、辽宁和湖北等 6 省市,加上已于 2013 年确定的广东和福建,至此试点省份已达到 8 个。

(三)"陆生会""陆生联谊会"等社团组织纷纷成立

随着陆生比例提高,台湾各大专院校的陆生社团也纷纷成立。目前陆生社团的主要活动与功能,对内举办联谊活动、学术讲座;对外能够透过学生会及校友会,与侨生组沟通意见,透过社团反映问题、凝聚共识。公立大学的陆生以硕博士为主,受限于人数,目前成立的学校不多。台湾政治大学去年才成立陆生会。台湾大学第一年就有 52 名陆生,因此陆生会成立较早,该组织的章程、活动等也得到了学校学务处侨生陆生辅导组的指导。目前的陆生社团主要仍以私立大学为主。淡江大学、中国文化大学、辅仁大学、逢甲大学等综合性大学陆生都比较多,陆生之间也会建有联谊组织。逢甲大学土木工程系陆生有200 多名,2012 年建立了陆生联谊会,会费由陆生自筹,经常举办一些春游、团拜等活动，慰藉思乡之情。世新大学本来就有相当多的外籍生，开放学位制陆生就学后，侨生会加入陆生改名为境外会，延续先前的活动和规划，只是多了陆生干部与组织。

三、赴台陆生面临的挑战

台湾当局逐渐突破"三限六不"政策，在开放陆生生源地（所在省市及院校类型），招收专业方面做出了不同程度的调整，相应地提高了陆生赴台就读的意愿。非台湾"公民"，更非"国际生"的待遇，使得陆生的就业遭遇了诸多的现实困境，大陆公权力机构和台湾民间给予积极的协助和干预。与此同时，陆生在台湾院校的学习生活逐渐趋于秩序化，陆生联谊会，陆生社团等学生组织不断完善。长期对抗陆生赴台就读政策的民进党表示考虑将陆生纳入健保范围。而陆生被台湾间谍机关利用、策反情况则远出乎于双方制定政策者意料之外。

尽管大陆方面做了一定的协助和支持，但第一届陆生的就业问题仍然遇到了现实困境，陆生反映出诸多对台湾当局、社会的负面观感，也时时考验着陆生赴台就读政策的持续性。

（一）台湾地区政党轮替使得陆生赴台政策面临严峻考验

2016 年国民党在台湾"大选"中败选，即将执政的民进党一向对陆生赴台政策保持反对态度。政党轮替之后，蔡英文对陆生赴台就学政策的立场，是真正践行此前的诺言，突破"三限六不"，将陆生纳入"健保"范围[15]，还是出台双倍的不利于陆生利益的限制性政策，对陆生，尤其是招陆生的台湾高等院校以及之前双方政策的制定者都是一大考验。目前而言，陆生赴台政策有了更多的不确定性。

（二）陆生就业状况是对两岸政策制定者及台湾高校人才培养质量的重要检验之一

首届赴台攻读学位的陆生虽然是开创了历史，但是还有太多的政策和制度有待完善。不少陆生也会产生"我们在夹缝中求生"的想法。尽管大陆方面已经出台了《人力资源社会保障部、国务院台办、公安部、教育部关于做好赴台陆生回大陆工作有关问题通知》（人社部发〔2014〕44 号），对陆生的就业尽可能给予支持，但是根据现行政策，陆生在台湾完成学业之后必须马上返回大陆，不仅没有实习经验，还"不得留台就业"，"相当于这四年在台湾积累的人脉都用不上"，"忙于往返两岸找工作、交作业等。既错过了很多招聘会，又耗费了大量的精力与财力"。而且相关政策也尚未完善，陆生既不能算作大陆普通的应届毕业生，又不能参照海外留学政策，无法获得就业报到证，也就是派遣证，因此产生了调档难、落户难等问题。面对诸多的现实困境，第一批陆生毕业后能否顺利就业，不仅影响未来台湾继续招收陆生的吸引力，更是对台湾高等教育的重要检验。台"立法委员"陈学圣说，面对开放陆生政策的首批毕业生，除了祝福，更希望他们能带着台湾浓厚的人文力量展翅鹏程。

（三）陆生面临无形政治干扰的挑战

推动开放学生交流是两岸共同努力的方向。"通过青年人的交流增进民间认识和理解，是双方的良好愿望"。但这种愿望被台湾有关部门利用，持续扩充的大陆学生资源反而为其提供了更多"选择"。随着两岸交流加深，大陆赴台学生数量稳步增加，2009年以来，台湾有关部门在岛内针对大陆学生的拉拢、策反活动愈趋活跃。[16]两岸交流是好事，台湾有关部门的做法却背道而驰。

此外，民进党自陈水扁时期就一直在教育领域营造"去中国化"的"台独"意识，倡导"台湾主体性"教育。即将执政的民进党主席蔡英文更是"台独"文化的积极始作俑者。开放陆生赴台本是件双赢互利的事情。陆生到了台湾，体验着两地不同的风土人情，成为大陆人看台湾的一面镜子，也自然成为台湾年轻人近距离看大陆的"样本"。陆生赴台最首要的目的就是求学，应仅限于教育交流，这些学生在年轻纯真的年代不该被掺入复杂的政治因素，更不该成为政治角力的牺牲品。正如国台办发言人范丽青所言，大陆学生赴台就读是两岸关系和平发展的重要成果之一，为在台陆生提供正常的学习生活环境，是台湾方面应尽的责任。但是，在台湾有关部门的经济利诱下，"台独"意识的文化渗透中，赴台就读学位的陆生群体，如何提高戒备有效规避政治干扰，对大陆方面及陆生，尤其是对于刚刚从高中毕业的、没有任何阅历的大一新生而言，都是一大严重的挑战。

（四）陆生在台期间潜移默化的台湾印象及接连发生的"轻生事件"，对陆生赴台政策有着一定的冲击力

对台湾社会与民众的整体印象而言，陆生十分肯定台湾人与人之间互动的态度，例如人情味、商店人员的服务态度、一般民众的基本礼仪、公德心与守

秩序习惯、环保意识等。至于其他，比如一般民众对大陆的了解程度、国际观、社会对外来文化与人民（尤其是国外的有色人种）的接纳程度，陆生表示都比预期还低！对台湾的大学的印象，最受到肯定的是学习条件与资源，其次为校园环境，但多属于硬件方面。对于学习气氛与学习效果，都比预期还差。与台湾同学的互动、课程中的实习机会、上课的讨论气氛、台湾学生的学习动机（努力程度、课堂参与度等）与学习态度（如准时上下课与交作业）、台湾同学的国际观与对大陆的了解等方面，陆生表示都比预期还要差，尤其差的是对大陆充满过时的偏见。[17]

种种低于预期的台湾观感，在与同学家人或是社会媒体的交流中自然而然地流露出不满；加之对其民主自由一知半解的认识，过于自我的解读与误读，并进而用于两岸情形的对比。特别是"互联网+"时代，陆生之间的交流、两岸学生之间的论战等等，通过网络平台的传播与扩散，都会对两岸青年交流合作产生的一定的效应。张逸帆在 Facebook 发表的文章《你们的健保很好，但我从未向你们乞讨》被删除后引发的大论战[18]，以及此次国民党败选，两岸 90 后青年在网络平台的论战，引起两岸官方的表态与关注等事件，足以表明陆生这一青年世代在两岸青年交流中举足轻重的作用。此外，仅仅开放四年的时间，5000 多人的陆生群体，就有来自南京、厦门两地的硕博士生自杀[19]，在整个陆生群体以及有赴台就读意愿的家庭及青年学生中造成的负面影响都是不能低估的。

四、相关政策建议

（一）加强对赴台陆生的跟踪管理研究

台湾方面开放陆生政策至今，无论是学术层面，还是社会媒体的宣传，以及台湾高校自身，陆生始终备受关注。[20]大陆方面学术及实证研究鲜有发现，亟须加强对陆生的跟踪管理研究，以有效积极地应对上述挑战。

（二）推进对陆生就业质量的跟踪调查

2013 年 7 月，首批赴台陆生中有 173 位毕业，其中有 100 多位两年制硕士生。2015 年毕业陆生有 684 名，其中有 349 人报考台湾的研究所，312 人获录取。回大陆攻读硕士者 47 人，至港澳地区攻读硕士者 14 人，至其他国家和地区攻读硕士者 129 人，其他规划者（包括回大陆就业）145 人。[21]铭传大学大陆教育交流处顾问萧耀文认为，这表示陆生来台就读效益显现，像该校首届 68

名大学毕业陆生中，有40位就读研究所，其中14位申请到纽约大学、哥伦比亚大学等名校深造。[22] 对于每一届为数不多的陆生，我们亟须搭建信息共享平台，全面掌握其毕业后动态及就业质量，及时了解存在的瓶颈问题，不断完善就业服务的同时，能够对陆生赴台政策效益做出客观真实的评价。

（三）加强对赴台陆生的思想动态的了解

陆生群体中，尤其是本科生和"专升本"群体，缺乏社会阅历，同时对台湾所谓"民主"社会缺乏真正全面的认识，很容易成为台湾间谍机关或是"台独"势力的引诱目标。因此，我们亟须通过赴台行前辅导会、节假日的联欢活动以及陆生的社团组织活动等，及时了解其思想动态，主动加强沟通，引导其提高戒备，如何积极有效应对媒体的歪曲与误导，端正及坚定其对台湾社会以及两岸关系的正确立场。

（四）加速推进台湾大学院校的排名与评估

今年是台湾高校招收陆生的第4年，招生人数大有成长，但是就4年来陆生政策而言，却发现只有"招生技术"改进，对陆生最想了解的"如何选读校系"，台湾当局所给的信息却严重不足。不少陆生选校、选系要靠自己，包括学长、学姐口碑、自己上网查等方式。有陆生还表示，台湾有些大学和大陆顶尖大学同名，吸引陆生填报，进校才发现这是个"并不美丽的错误"，只好寻求转学。因此，基于陆生政策长远有效的发展，我们亟须出台权威可靠的第三方对台湾大学院校及专业的排名以及评估，为赴台陆生提供真实可行的参考信息。

（五）加强对台湾青年常用的facebook、line等网络平台的了解与应用

陆生赴台后融入台湾社会的主要途径之一，就是网络平台的利用。同时，facebook、line也是台湾青年交流沟通的主要工具。台湾"大选""学运"的发生制造，诸多生活信息的共享都来自于这些平台。前不久发生的《帝吧"远征"facebook》[23]，一场表情包大战的爱国交流就是两岸青年通过网络平台相互了解的最好案例。我们亟须深入了解与熟练掌握，通过这一平台，保持与陆生的互动，同时更多的打通共同语言的渠道。

注释：

[1] 资料来源：台湾教育部门统计处，"陆生联招会"及"侨委会"。大陆研修生包含 6 个月以下及 6 个月以上的短期研修人数。

[2] 《2015 年 4817 名陆生报名台湾高校 再创历史新高》，http://gaokao.eol.cn/taiwan/dongtai/201507/t20150703_1284133.shtml

[3] 访谈时一位福建陆生表示，浙江虽是沿海大省，但本身 985 工程大学只有浙江大学一所，福建也只有厦门大学一所，因此陆生来台意愿高；广东学生因为地域关系，不少去了香港；京、沪、江苏本身优质大学多，成绩好的陆生不是留在本地就是出国；至于湖北、辽宁开放较晚，生源还有待开发。

[4] 《大陆学生赴台选专业"偏食"钟爱财金企管》，中国新闻网，2014 年 07 月 08 日 11:05。

[5] 《大陆赴台读大学人数逐年递增　2015 创 5 年来新高》，《人民日报海外版》，2015-07-08 11:02。

[6] 《中国新闻网大陆学生赴台深造人数创新高》http://www.chinanews.com/tw/2015/04-23/7228221.shtml

[7] 《2011—2014 年台湾地区招收陆生情况》，华夏经纬网，2014-05-16.

[8] 《大陆赴台读大学人数逐年递增，2015 创 5 年来新高》，《人民日报海外版》，2015-07-08 11:02。

[9] 《大陆学生赴台深造人数创新高，多集中在公立大学》，http://www.chinanews.com/tw/2015/04-23/7228221.shtml.

[10] 《陆生硕博班放榜，招生达成率创五年新高》，《新华台湾》，2015 年 5 月 22 日。

[11] 《陆生硕博班放榜，招生达成率创五年新高》，《新华台湾》，2015 年 5 月 22 日。

[12] 《台高校核专业招陆生 官员回应"大陆比我们厉害"》，http://www.chinanews.com/tw/2011/04-11/2963412.shtml.

[13] 《台湾公立名校首招大陆本科 台大等开放王牌专业每校仅 5 人》，《新京报》，发表时间：2014-05-20 13:01:04。

[14] 《陆生赴台就读"专升本"试点身份增至 8 个》，人民网，2015 年 12 月 28 日 09:38。

[15] 《蔡英文支持大陆学生纳保，马英九讽刺其终于开了金口》，中国台湾网，2015-12-08 17:18:58。

[16] 《赴台陆生被策反》，http://news.ifeng.com/a/20141029/42328536_0.shtml。

[17] 相关信息在媒体报道及笔者的访谈中都可见，台湾诸多与陆生相关的实证研究中也体现出这一点，尤其是大一、大二学生对此反映较为明显。

[18] 相关信息详见天涯论坛，http://bbs.tianya.cn/post-worldlook-1594053-1.shtml

[19] 2013 年 3 月台湾辅仁大学首个陆生自杀 http://news.ifeng.com/gundong/detail_2013_03/21/23336763_0.shtml。2014 年 11 月台湾政治大学博士班女陆生宿舍内自杀，http://news.cntv.cn/2014/11/13/ARTI1415835725190338.shtml。

[20] 仅仅围绕"陆生赴台"为关键词的博硕士论文就有 40 余篇。事实上，自陆生赴台正式修读学位之前，台湾学界的相关研究就已经有出现，诸如《我国大学生预期陆生来台就学至生活压力调查研究》，台北教育大学硕士论文，2008；《影响陆生来台就学意愿因素之研究》，高雄大学硕士论文，2009；《陆生来台就读大学院校之拉力因素分析》，台湾政治大学硕士论文，2010 年。而关于陆生赴台政策的研究也曾经成为一大学术热点，诸如《开放陆生来台就读高校之可行性

研究》，金门技术学院硕士论文，2009；《开放陆生来台政策之研究》，台湾政治大学硕士论文，2010 年。《开放陆生来台就学政策——"立法院"之政策论坛》，台北市立教育大学硕士论文，2010 年。《开放陆生来台就学政策之研究——以政策论证为基础》，台北市立教育大学硕士论文，2010 年。此外，就陆生的相关生活、台湾印象等问题展开的研究屡见不鲜。《来台陆生的国族相像与对台观感之研究》，屏东大学硕士论文，2012 年；《陆生来台就读——就学动机、政策涉入程度对就学意愿之研究》，淡江大学硕士论文，2012 年；《陆生来台学习满意度及相关问题之研究》屏东大学硕士论文，2013 年。《陆生来台就学适应情形探究》，淡江大学硕士论文，2013 年。《三国演义：来台陆生的多元中国身份》，台湾大学硕士论文，2013 年。《陆生政策之研究：从民进党派系政治观察》，台湾大学硕士论文，2013 年。《来台陆生交流后的台湾相像》，台湾东吴大学硕士论文，2014。《陆生在台使用脸书与文化适应之研究》，台湾政治大学硕士论文，2014 年。《台湾新媒体及舆论对待陆生的情感倾向研究》，台湾交通大学硕士论文，2015 年。

[21]《首届在台陆生：毕业啦！去哪了？》，人民网－《人民日报》（两岸聚焦），2015 年 07 月 09 日 03:31。

[22]《首届在台陆生：近半留台读研 毕业出路两岸关心》，http://www.chinanews.com/tw/2015/07-09/7394008.shtml。

[23]《帝吧"远征"facebook：一场表情包大战的爱国交流》，http://news.sina.com cn/c/2016-01-22/doc-ifxnurxn9912347.shtml。

试论台湾社会运动的内卷化倾向

上海台湾研究所 刘 亭

自 20 世纪 80 年代以来，台湾的历史进程始终与社会运动结伴而行。包括农民运动、劳工运动、妇女运动、环保运动、老兵返乡运动、"反核"运动、学生运动以及各种集体的自力救济运动等一系列社会抗争运动相继发生。这些社会运动与党外及民进党主导的政治运动相结合，推动了台湾政治和社会的民主化与多元化的转型。2000 年以后，台湾地区的政治、经济、社会结构相对稳定，但仍处于调整的动态，岛内社会运动的动能也不曾减弱或消逝，"牵手护台湾"、"红衫军"倒扁、"野草莓运动"、反媒体垄断运动、"反核"运动、"太阳花学运"、"反课纲运动"等接踵而至。

纵观台湾社会运动发展的轨迹，有大陆学者认为，可以运动的方式、关注的议题及文化价值的不同，以 2000 年为界，分为传统社会运动与新社会运动："随着台湾地区民主政治转型的完成，社会运动的抗议主题、组织形式、关注重点、价值取向等都完全不同于之前的传统社会运动……新社会运动折射出了台湾社会政治转型时期的某些新特征"，[1] "2013 年以来台湾爆发的多起社会运动，与全球性的新社会运动关系密切，其特征、兴起背景、影响等既有全球共性，又具台湾特色"。[2] 有台湾学者把台湾社会运动划分为五阶段：第一阶段（1980—1986 年）：社运的潜伏、萌芽和集结期。第二阶段（1987—1989 年）：社运的勃兴期。在这两阶段，社运对台湾新民主的催生有明显贡献。第三阶段（1990—2000 年）：社运的大抗争、防堵威权主义反扑和制度化期。在这一阶段，社运投入台湾新民主的打造。第四阶段（2000—2008 年）：社运与原盟友民进党当局转向暧昧，被吸纳，抗争力转弱，但多元化、生活化趋强。在这一阶段，社运似乎未能有力地巩固台湾新民主体质。第五阶段（2009—迄今）："第一代社运"再起、再出发，对抗旧威权政权复辟，"第二代社运"持续多样发展，期待共同维护和深化台湾新民主。[3]

　　笔者认为，自 2008 年以后，台湾社会运动的发展呈内卷化之势。运动的门槛变得很低，运动的成本十分低廉，虽然扩大了参与主体的多元性，使每个人更有机会公开表达自己的诉求，却是以拉低社会运动的战略眼光与抗争斗志为代价的，往往导致动能分散、诉求失焦、偏见狭隘，成为嘉年华式的狂欢。传统的政治人物、党派攻斗，仍是台湾选举政治的关键词；公权力部门的公信力降低，却仍保持与社运周旋的能力；喧嚣过后，一切往复如旧。总之，台湾社会运动的形式与频次虽然提升，但对改善台湾民主体质的贡献度趋弱，边际效益递减，呈现内卷化之势。下文将以近年来台湾社会运动的动机、过程及其影响，罗列内卷化倾向的表现，并尝试分析内卷化的结构与外部因素。

一、内卷化理论回顾

　　"内卷化"（involution），又被译为"过密化"。它肇始于康德（Immanuel Kant）、戈登·威泽（Alexander Goldenweiser），由格尔茨（Clifford Geertz）系统化，黄宗智等人将其引入经济分析领域，杜赞奇（Prasenjit Duara）使其政治化。康德在《判断力批判》一书中提出"内卷理论"（involutionstheorie）[4]，其主要含义是内卷、内缠、纠缠不清的事物以及退化复旧等意。人类学家戈登·威泽以内卷化描述这一类文化模式，当达到某种最终形态以后，既没有办法稳定下来，也没有办法使自己转变到新的形态，取而代之的内部的精细和复杂化。格尔茨在《农业的内卷化：印度尼西亚生态变迁的过程》一文中用内卷化的概念研究爪哇的水稻农业，使这一概念在人类学界与社会学界广为知晓，成为一种描述社会文化发展迟缓现象的专用概念。他认为，在殖民地和后殖民地时代的爪哇，农业生产长期以来未曾发展，劳动生产率并未提高，只是不断地重复简单再生产。特别是在土地面积有限的情况下，由于资本的缺乏和行政性的障碍，不仅没有能力剥离增长的劳动力，而且劳动力还不断地进入农业生产的过程，这样就形成了一种劳动力填充型的农业发展模式，致使农业无法实现由"已经普遍存在的集约化农业"向"外向型的农业"转变。后来，内卷化被黄宗智用来解释中国明清时期华北与长江三角洲的小农经济发展，简言之：劳动力的边际报酬递减。杜赞奇在其《文化、权力与国家》一书中提出了"国家政权的内卷化"这一概念，即国家机构不是靠提高旧有或新增机构的效益，而是靠复制或扩大旧有的国家或社会体系，如中国旧有的盈利型经济体制，来扩大其行政职能，最终造成格尔茨所描述的那种内卷化——没有实际发展的增长，经济与社会发展出现停滞的趋势。

二、近年来台湾社会运动的内卷化倾向

1. 社会运动诉求多元化，众口难调，分散动能。岛内社会运动，在台湾街头的抗争文化、公民社会及社会政经环境变化的影响下，在 2008 年以后，逐步朝向两方面演变：一是岛内社会运动的抗议对象多元化。有类似"反核"等针对传统公共议题的；有类似文林、大浦等针对个案维权的；有类似"呛马游行"针对马英九、国民党的；有类似"反服贸"等针对反两岸交流的；等等。二是利益团体诉求的多元化。人权、环保、保育、卫生、妇女儿童、人道、医疗等领域各有公民组织代表，在历次社会运动中扮演着各自的角色。然而，以上多元发展，却逐渐与包容、参与的公民文化相悖而行，公民政治性格中越来越不容异议的对话，反过来阻碍台湾公民社会的发展成熟[5]，限制社会运动的能量。

2. 社会运动泛政治化，诉求失焦，徒增内耗。表面上看，台湾社会运动的参与主体更加多元、关注议题更趋广泛，逐步呈现出"去政党化""去省籍化""去统独化"的趋势；实则真正成气候、成规模的社会运动往往仍与选举政治、两岸关系深深挂钩，岛内社会运动背后价值与意识形态对立的烙印仍若隐若现。首先，近年来各路人马以"搭便车"的心态对待社会运动，最终目的仍是选举考量、利益算计：范云、黄国昌等人自"野百合""太阳花"脱颖而出竞选"立委"；绿营政治大咖在"太阳花"期间争相向学生示好；蓝营高层无法跳脱僵化思维以因应社情民意，一味妥协，最终功败垂成。其次，岛内民粹盛行，社运领袖往往为了拉抬声势、动员民众而采取激进的运动策略，"台独""反中"更容易成为所有社运诉求的脚注，以至 2014 至 2016 年间，更多的公民团体愿意与民进党结盟，采取偏"独"的政治立场，造成公民团体本身诉求的失焦，政策立场的同质化。

3. 偶像崇拜盛行，精英利益至上。个人主义的假设一直是公民社会理论的基石。它假定个人是社会生活的基本单位，公民社会和国家都是为了保护和增进个人的权利和利益而存在的。[6] 但是，近年来台湾社会运动的趋势却是走向个人主义的另一个极端，即偶像崇拜：运动领袖、政治人物的利益得以最大化，政党、民众及台湾的整体利益被瓜分。从"野草莓"到"太阳花"，社会运动仿佛成为一次次"造神运动"，成就的是黄国昌、范云、林飞帆等政治明星；更进一步看,洪耀福、林锦昌、刘建忻、陈俊麟、姚人多等"野百合世代"也都"利益均沾"。然而,"屁股决定脑袋",政治人物一旦上位以后,往往变得"理性务实"。那么,台湾及在这片土地上的人民的发展利益未来何去何从? 还是徘徊在生活正义、土地关怀、存在自由等一些似是而非的后现代概念? 尚不得而知。

另一方面,台湾选举政治的发展,也造成社会上层被精英垄断,社会底层碎片化复制,社会矛盾丛生、社会冲突不断、社会内耗加剧。由于财富、权力、信息等资源分配的悬殊与不公平,精英与大众处于某种紧张对立的状态,仇富心理与歧穷现象普遍存在,也成为近期个别事件导致社会运动的成因的深刻侧写,亦即社会积怨与不满的加深。同时,原子化、碎片化的状态也使得社会大众之间的利益竞争加剧,潜在的矛盾冲突增多。这种社会阶层间、底层内部不断加剧的利益竞争与利益冲突,导致社会内耗增加,使得社会资源无法得到有效整合,缺乏向更高级的社会模式、成熟公民社会过渡所需的信任、合作等社会资本积累,从而加剧内卷化。

4.少数人的暴政。现代民主的精髓在于兼顾多数法则与保障少数人利益,少数群体若权益受损,可以诉诸法院或司法机构的救济。但长久以来,台湾社会运动助长了少数权益挑战多数法则、宽容暴力及挑战法治的风气,对台湾的民主制度是长远伤害。在民粹主义思维的作祟下,岛内的政治人物往往乐见甚至推波助澜所谓的"公民不服从"。"文林苑案"等事件所引发的攻防与讨论即为典型。其二,目前台湾学界、社运界存在有意混淆"公民运动"与"公民不服从"运动之间的概念,既要使其指挥下的各类抗争冠上"公民运动"的名号,显示其合理性与合法性,以便争取更多的群众支持;又要为抗争运动中荒腔走板、暴力抗争的行为辩解,以便那些特殊的"公民"非法、违法的行为得到理解、宽恕,甚至不被追责。

5.制度合法性危机。最突出的是台湾地区的立法机构与行政部门对立日益严重,不仅仅导致了行政与立法的效率不彰,也助长了社会上纵容暴力、同情非法的风气。其次,"立法院"在近几次社会运动中的不作为,暴露出本身缺乏远见与独立思考的能力,或是仍受缚于内部博弈、暗箱操作的旧思维,整体拉低民众对公权力部门的信任。

由此,台湾社会运动的门槛变得很低,运动的成本十分低廉,虽然扩大了参与主体的多元性,使每个人更有机会公开表达自己的诉求,却是以拉低社会运动的战略眼光与抗争斗志为代价的,往往导致动能分散、诉求失焦、偏见狭隘，成为嘉年华式的狂欢。鲜有运动的参与者真真切切明白自己要什么、在做什么，愿意为实现目标坚持不懈。政治明星、党派权斗，仍是台湾选举政治的关键词；公权力部门的公信力降低，却仍保持与社运周旋的能力；喧嚣过后，一切往复如旧。社会运动的形式与频次虽然提升，但对改善台湾民主体制的贡献度趋弱，呈现内卷化之势。

三、造成内卷化的结构约束

（一）政治定位

两岸政治定位是造成台湾社会运动内卷化的最大结构性约束。岛内公民社会的发展无法突破当下两岸政治定位的框架，其完善则有赖于两岸政治定位的突破。在全球化时代，两岸经济不断融合，互动日益密切，逐渐形成你中有我、我中有你的命运共同体，两岸各自的内部问题都可能外溢到对岸，也都有望通过两岸关系的和平与发展得以化解。可以说是合则两利，分则两害。但是，基于当前的现实是，两岸的有形实力已严重不对称，大陆的政经影响力在全球有目共睹，不论在体量还是质量上，都远远超出台湾，因此，两岸关系中的力与反作用力对于两边的影响必然是不同的。同时，台湾要在区域经济整合或全球事务中扮演角色，或台湾民众要扩大国际参与的权利，也都亟须大陆合情合理的安排。因此，在近年岛内的社会运动中，一些政党和政治人物"揣着明白装糊涂"，通过宣扬所谓"本土化"，煽动民粹情绪，谋取政治利益的做法，无异困兽之斗，白白使岛内社会运动成为政治空耗的配套。

（二）体制陷阱

台湾目前实行的选举体制既是早期社会运动的遗产，也是当前社会运动陷入内卷式发展的束缚。其根本困境就在于，它把政治领域看作市场领域，认为公民在政治领域也是理性和自利的，有着自己的偏好结构，并且个人的偏好被看作固定不变的，个体的偏好聚合成集体偏好。公民选举的目的是追求自己功利的最大化，民主的过程就是通过计算个人偏好的总和来决定政治家是否当选或政策是否合适的过程。政党间的竞争也是在聚合不同选民的偏好，政党之间的冲突就是不同选民偏好的冲突，有时某一政党为了获得执政的权力，会故意激化不同选民之间的冲突，从而对社会秩序造成破坏。基于冲突博弈，缺乏公共讨论与合作的选举体制只是将个体的偏好简单地汇集成多数决定，由于仅仅完全依赖于聚合的程序，这样不但不能提升民主的品质，还将产生武断的集体选择，这些选择不是基于对公共利益的考虑，也不可能对公共利益的需要作出合理的说明。这种民主模式还往往会滋生出"选举主义的谬误"和"自由选举的陷阱"。[7]

（三）概化信念

"概化信念"（generalied beliefs）[8]是人们对某个社会问题的归因的共同认识，它与事情本身的真相无甚关联，而是对既有的结构性怨恨和相对剥夺感的凝聚、提升和再造。在当代台湾社会，由于移动社交媒体的普及、手机及互联网使用者较好的受教育背景，使信息传递变得甚为便利、快捷和具有针对性，有条件于瞬间在既有的结构性怨恨的基础上形成"一般化信念"。

2008 年以来，台湾的社会运动诉求表面上呈多元发展，实则泛政治化明显，以煽动民粹为手段，通过"进阶式"运作反马、反两岸关系、反大陆，最终目的是要实现在选举中的换党、换人。而另一方面，台湾经济下行，社会矛盾突出，国民党当局屡屡失策，也造成了民怨积聚，为接二连三的社会运动制造了外部条件。久而久之，台湾社会运动的氛围越发厚实，"对抗即正当、不博不精彩"的运动文化占据上风，民众陷入社会动员的非理性亢奋之中，社会运动的内卷化加剧，由此造成以下后果：一是信息在传播的过程中，经历了磨尖、削平和同化的过滤过程而失真，信者恒信，不信者恒不信，加剧误解和对立。二是正当性的道德震撼开始转向失去正当性的情绪发泄，社会运动从原来的"事出有因"开始转向"于法无据"，深化社会矛盾。三是沉默的螺旋现象发酵，理性失声。社会运动不是为社会寻找方向，而是使社会被"致盲"，民主协商解决问题失去可能。

四、造成内卷化的外部因素

（一）变迁中的价值观

民众普遍社会价值观念的反思与转变决定了社会运动的方向。由于岛内许多传统产业和弱势群体成为全球化的受害者，从而引发台湾民众对全球化及其宣导的价值理念进行反思，开始重温旧有生活方式的美好，不愿以牺牲生活品质为代价去换取经济的发展，进而引发保守主义的回潮。[9]同时，由于台湾经济、政治领域的困境，加之年轻人的成长经历导致其向往简单而自足的生活、不习惯受人管束和政治的影响，小而确定的幸福（"小确幸"）逐渐成为一种主流的社会态度和社会意识。

由此，追求社会公平正义容易引发共鸣，人的自主性、想象力以及雄心壮志在被外界现实压抑后得以反弹，在寻求自我实现的温情之下蕴藏着一股反抗的精神。[10]但同时，这种价值观的变迁，或也自我束缚了理性的空间，或助长了类似"鸵鸟心态"的蔓延，却耽误了台湾的前程，牺牲了多数台湾民众发展的利益。同理，狭隘、偏见、抱残守缺，增加了社会运动的内卷化。

（二）世代交替的困境

台湾近几十年的社会发展不仅使青年一代在经济领域的上升途径受限，而且在政治精英甄补体制上也堕入僵化，选举政治带来的家族化、集团化现象趋于严重，平民子弟出人头地的传说已经越来越不靠谱。[11]帕累托（Vilfredo Pareto）"精英循环论"指出："新的精英通过不停的循环运动，从社会的下层阶级中冒出来，登入上层阶级，在里面发展壮大，随后衰落、被消灭、消失。"[12]而以布迪厄（Pierre Bourdieu）为代表的"精英再生产"理论则认为：贫富可以通过某些载体世代继承，阶层的禀赋能够复制给下一代，上层阶级能够根据自身所拥有的教育和文化的资源优势地位，利用社会和教育体制的不平等而使社会流动的不平等合法化。[13]当下的台湾社会，精英再生产的特征以逐渐显性，依靠家庭背景、子承父业、家族政治、派系政治的情况十分普遍。公民社会组织也难以独善其身，领军人物和骨干的世代交替放缓，极大地限制了其思维与眼界，各种社会运动沦为简单重复，缺乏主旨。

（三）媒体：社运工具的内卷化

台湾选举和媒体文化恶质早已有之，对社会的负面影响自然而然。如今，新媒体的成长并没有触发"鲶鱼效应"而在台湾社会起到"净化"作用；相反，新媒体的某些特征放大了既有的问题。其不完全列举如下：其一，"回声谷效应"。社交网络与即时通讯工具看似开放平台，供多元发声，却往往因为各种"圈子""群组"而容易被操作成"物以类聚、人以群分"的场所，聚合所谓"志同道合者"，更易导致狭隘、偏听。其二，信息易失真。新媒体为了吸引受众，往往有把复杂问题简单化处理的倾向，情绪化的大众容易不明就里"转了再说"，加之人人都可以对获得信息再加工、再传播，受众获得的信息很容易带有偏见。其三，网路平台的便利对于公民政治性格的激烈化犹有带动与模仿效果，破坏式的做法与攻击式的言语更有被正当化为公民参与政治的必要手段之论。简单来说，台湾公民社会中的公民政治性格激烈至暴烈的一面被快速养成，使混淆了社会运动的粗暴与批判、谩骂与监督，造成价值不分。[14] 不完全恰当地说，工具的内卷化，加速了社会运动的内卷化。

注释：

[1] 高艳芳：《台湾地区政治转型下的社会运动分析》，华东师范大学硕士学位论文，2015 年。

[2] 王鸿志：《台湾新社会运动现状、背景及影响》，《中国评论》月刊 2014 年 7 月号。

[3] 萧新煌：《社会运动和社会运动研究的辩证》。何明修、林秀幸主编：《社会运动的年代：晚近二十年来的台湾行动主义》，第Ⅶ、Ⅷ页。转引自张文生：《2008 年以来台湾社会运动的政治化倾向研究》，《台湾研究集刊》，2015 年第 6 期。

[4] 韦森：《斯密动力与布罗代尔钟罩——研究西方世界近代兴起和晚清帝国相对停滞之历史原因的一个可能的新视角》，当代马克思主义经济理论国际研讨会论文集，2006 年 3 月。

[5] 参见：《辛翠玲：台湾，公民社会的胜利？》，独立评论 @ 天下，2014 年 12 月 1 日，http://opinion.cw.com.tw/blog/profile/204/article/2139。

[6] 何增科：《公民社会和第三部门研究导论》，《马克思主义与现实》，2000 年第 1 期。

[7] 许开轶：《解析"台湾民主"的困境》，《当代世界与社会主义》（双月刊），2009 年 4 月。

[8] Smelser, N. J. 1962, Theory of Collective Behavior. New York: Free Press.

[9] 王鸿志：《台湾新社会运动现状、背景及影响》，《中国评论》月刊 2014 年 7 月号。

[10] 李文艺：《"小确幸"心态与两岸关系的民意基础》，《两岸关系》，2015 年第 3 期。

[11] 李文艺：《"小确幸"心态与两岸关系的民意基础》，《两岸关系》，2015 年第 3 期。

[12] 雷蒙·阿隆《社会学主要思潮》，北京：华夏出版社，2000 年，第 312 页。

[13] 布迪厄：《国家精英：名牌大学与群体精神》，杨亚平译，北京：商务印书馆，2004 年，第 454—482 页。

[14] 参见：《辛翠玲：台湾，公民社会的胜利？》，独立评论 @ 天下，2014 年 12 月 1 日，http://opinion.cw.com.tw/blog/profile/204/article/2139。

国家认同：观念、身份、利益

——建构主义视角下台湾民众国家认同研究

中国社会科学院台湾研究所　尹茂祥

认同是两岸关系发展中面临的一个重要现实问题，台湾民众国家认同状况，更攸关两岸关系的深入、持续发展和祖国的和平统一。遗憾的是，虽然近年来两岸在经济、社会、文化等诸领域的交流合作日益频繁，但台湾民众的国家认同仍呈现分离和异化的趋势，"台湾人"认同持续升高，"中国人"认同逐年下降，"维持现状者"成为主流。2016 年民进党上台以来，拒不承认"九二共识"，在很多领域推行"柔性台独"政策，对民众的国家认同产生重大消极影响。本文尝试从建构主义理论的角度，探讨认同与观念、身份、利益的互动关系，在分析台湾民众国家认同的现状与趋势的基础上，提出导正台湾民众国家认同的政策和实践建议。

一、建构主义与国家认同

认同概念最早在心理学领域由奥地利精神分析学家弗洛伊德提出，他认为"认同是个体与他人有情感联系的最初形式，是一个心理过程"。[1] 在国际关系领域，美国学者亚历山大·温特认为，"认同是一个认知过程，在这一过程中自我 - 他者的界限变得模糊起来"。[2] 国家认同则是个政治概念，美国政治学家白鲁恂的经典定义是："国家认同是处于国家决策范围内的人们的态度取向。"[3] 从内涵上看，有学者认为，国家认同指的是"一个人确认自己属于哪个国家以及这个国家是何种国家的心灵活动"，包含血统、文化与政治经济制度单个层面。[4] 也有学者认为，国家认同包括族群认同、文化认同、制度认同三个方面。[5] 本文倾向认为，国家认同是一个国家的公民对自己归属哪个国家的认知以及对该国政治、历史、文化、族群等要素的评价和情感。尽管学界对国家认同的定义不一，但大多包含几个关键因素：一是个人（行为体）对国家（政治共同体）的历史、文化、血统、族群等的归属和认可。二是对规范、秩序、制度等的遵守和维护。三是对共同利益的认可和追求。如此可见，国家认同的内涵不外乎观念、身份、利益三种范畴，正是这三点，成为影响行为体国家认同的核心因素。

考察行为体的观念、身份、利益与国家认同的相互关系，我们有必要借鉴建构主义的观点。在对两岸关系的认知和研究中，有三种基本的国际关系理论：新现实主义、新自由制度主义和建构主义。新现实主义把国家定义为利己的、单一性的国际关系理性行为体，国家的利益和身份完全是内部因素决定的。新自由制度主义重视作为非物质的制度，但其作用取决于制度能够提供的物质回报。简单说，这两种理论都属于理性主义，接受物质主义理论，不承认观念的实质意义。在研究两岸认同这一主观性较强的议题时，多少显得大不从心。与之相对的是，建构主义通过社会学的观点解释国际关系，不否认物质的客观存在，但强调人类关系的结构主要是由共有观念（规范、文化、制度）决定的，行为体和结构互相建构。尤其是，建构主义将认同这一概念引入到国际关系领域，认为行为体在国际社会互动过程中能够形成一定的利益认同，这种认同"可以确定彼此之间的关系与地位，从而影响物质性力量所能产生的作用"。[5]具体说，建构主义的认同观主要有三方面内容：一是行为体主要是通过观念、规范而不是物质、利益建构起身份或者认同，物质、利益只有内化为观念才能对结构产生作用。或者说，"观念与物质性因素并列作为行为的原因"；[7]二是行为体的观念，尤其是共有观念，可以促使集体意识的形成，进而导致国家认同。"观念不仅是指导行动的路线图，还有具有建构功能，可以建构行为体的身份，从而确定行为的利益"；[8]三是行为体的身份或者认同决定着行为体的利益，行为体在利益的驱使下采取某种行为。而行为一旦成为惯例，又可强化对身份的认知。概括说，"观念建构身份，身份决定利益"（参见下图）[9]。因此，在研究两岸认同问题上，建构主义为我们提供了从观念、身份、利益出发解释认同和行为的理论基础。

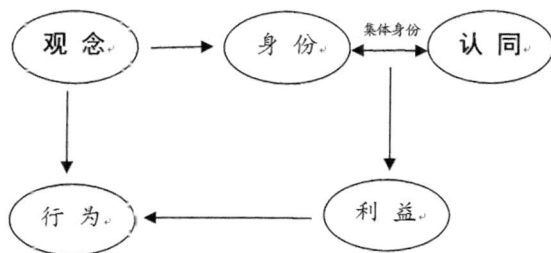

二、台湾分离异化的认同现状

当前，台湾社会在国家认同问题上严重趋向"台湾化"和"现状化"，成为影响两岸关系和平发展和祖国和平统一的重大障碍。

中国认同：异化错位

长期以来，岛内民众在国家认同上趋向两极：认同台湾与认同中国二元对立。不过，自2007年开始，这种双重认同出现下降趋势，"台湾人"认同持续升高，"中国人"认同逐年下降。越年轻、受教育程度越高者，认为两岸是"国与国"关系的比率也越高。据台湾政治大学选举研究中心长期进行的民调显示，1992-2015年的20多年间，自认为是"台湾人"的比例从17.6%增加到59%，自认为是"中国人"的比例从25.5%降到3.3%，自认为"两者皆是"的比例从46.4%降到33.7%，并且这一趋势还在持续。

统"独"倾向：求稳趋"独"

对于未来两岸关系的走向，根据台湾陆委会收集历年来学术机构的民调显示，长期以来，台湾约有80%以上的民众主张广义的维持现状（包括"永远维持现状""维持现状，以后走向独立""维持现状，以后走向统一"以及"维持现状，以后看情形再决定独立或统一"）。另据政治大学选举研究中心调查，对于两岸关系的未来走向，主张广义维持现状的台湾民众仍占绝大多数，主张"台湾独立"与"两岸统一"的都是少数。也即是说，台湾民众在统"独"立场上仍然保持着"两头小、中间大"的橄榄形分布格局。

两岸认知：纠结矛盾

两岸交流近30年，岛内民众对大陆的看法仍较为负面和矛盾。一方面希望加强两岸经贸、文化交流，另一方面对大陆的恐惧和焦虑仍较为强烈，信任与认同不升反降。2014年台湾《旺报》调查发现，62.8%民众对大陆观光客没有好感，比2011年前的52.6%增加10.2个百分点；64.5%对大陆公权力机构没有好感，比2011年的61.8%增加2.7个百分点。台湾陆委会长期民调亦显示，认为大陆对台当局态度不友善的民众，平均比率破50%，最高曾达到64.9%。

三、国家认同：观念

观念的内涵比较宽泛，包含规范、规则、制度、文化习俗、意识形态、习惯、法律等。在建构主义看来，观念是促成社会结构与行为体互动的关键。相对于经济、物资结构，建构主义更注重观念、规范、文化在行为体互动形成利益过程中的作用。行为体通过观念、规范进行相互理解，从而建构起身份或者认同。这一理论很好解释了为何在两岸经贸联系不断密切的情况下，台湾民众的中国认同不升反降的现象。实践证明，经济、利益因素固然是两岸关系发展的重要因素，但不是决定因素，也不会必然导致两岸的统一或"政治一体化"的形成。

建构主义视角下的观念主要指共有观念，也就是文化。当一种文化成为共有观念的时候，它的力量就是巨大的。文化主要指个体通过互动而形成的共有知识或集体知识，包含祖先、宗教、信仰、语言、历史、习俗、道德等。行为体通过一系列的文化符号，界定自己的身份、区分"自我"与"他者"，从而形成特定的共有观念，这种观念不断重复并成为惯例，逐渐内化为文化认同。这种认同一旦形成，就具有较强的稳定性，并会反过来继续影响双方的互动。具体来看，两岸同根同源、血脉相连，也共同继承着中华文化及历史情感，中华文化认同本该成为沟通两岸民众感情的桥梁和纽带。不过，由于海峡两岸长期的分治与对峙，尤其是在意识形态、制度选择等方面的差异，导致两岸之间的文化不仅没有形成稳定的认同，反而有了"大陆意识"和"台湾意识"的差异和对立。不可否认，台湾文化仍是以中华文化尤其是汉文化内涵为本质的，但近代以来台湾地区特殊的历史和社会发展历程，使得台湾文化先后经历了殖民文化与反殖民文化，中华文化复兴与西方文化传入，乡土化、"本土化"发展与"台独"文化的形成，中华文化基因逐步弱化和分化，民众的身份认同和国家认同也趋向异化和多元化。一旦两岸间的历史记忆逐渐模糊，民族和文化差异上的冲突逐步拉大，两岸共同的民族国家认同将越来越难以形成。

四、国家认同：身份

建构主义的一个经典命题是，观念建构身份、身份决定利益。由此观之，身份在行为体与结构的互动过程中处于枢纽和中介的地位。行为体只有在界定了自己的身份、明确自己是谁之后，才能产生利益诉求，进而指导自身的行为。

建构主义的代表者亚历山大·温特认为，身份不是单一的，而是多样的，行为体可以有四种社会意义上的身份：团体身份、类属身份、角色身份、集体身份。其中集体身份即"自我与他者的认同，即自我在与他者的互动过程中，自我与他者的边界逐渐模糊，在交界处产生完全的超越，自我被归入他者"。[10]集体身份认同是一种更高程度的认同，在两岸关系中，如果台湾民众能够将两岸的利益视为自身利益的一部分，形成两岸"命运共同体"的认知，就形成了积极的集体认同，这种认同将使两岸处于更加和平、更加稳定的结构。

集体身份的建构是一个动态演变的过程，变动的核心在于文化观念。由积极文化建构的集体认同将导致积极、合作性的国际关系；反之，将建立消极、敌对性的国际关系。1949年国民党退台后，在岛内推行军事戒严体制，斩断与大陆的一切联系，宣扬消极、反动的"反共复国"政治文化，直接导致两岸长期的隔阂与对立，台湾民众对大陆的敌意、恐惧、不信任，遗留至今。80年代以来，台湾当局宣布解除戒严令，推动政治体制改革，开启了台湾"本土化"和民主化的进程。与此相伴而生的是，岛内社会的政治文化从"三民主义"逐渐转向西方的民主、自由观，民众的"大中国意识"也逐步被"台湾意识"所取代。正如台湾学者郭正亮指出的，"政治自由化、民主化和本土化的附带结果是，'中华民国'的威信消退和台湾文字图腾相对地上升"。[11]其后，李登辉、陈水扁主政台湾的20年间，推行一系列"去中国化"和"文教台独"政策，这种极端消极、分离性的文化，带来的结果就是台湾民众对大陆的排斥和对中国的不认同。2008年国民党重新执政后，两岸在"九二共识"这一共同政治基础上展开经贸、文教、社会各领域的交流与合作，合作共赢成为两岸主流意识和文化氛围，两岸身份也逐步由敌对过渡到合作。由此，两岸关系进入和平、稳定发展的新阶段。可见，不同性质的文化形态，决定两岸不同的身份关系。

五、国家认同：利益

如果说身份规定了行为体的社会属性，利益则解释了行为体各种行为的动机与目的。"没有利益，身份就失去了动因，而没有身份，利益就失去了方向。"[12]所以，利益与身份二者缺一不可。实际上，一向标榜观念重要性的建构主义，也不否认物质利益的客观重要性，只是认为物质利益必须通过观念的作用才能产生实际意义。

温特认为，随着行为体之间认同或者身份的改变，如"敌人—对手—友人"

身份的变换，利益观念亦会随之变化，利益冲突可以转化为利益共享。在两岸关系发展的几十年中，台湾民众的国家认同经历了多次变动、异化，相应的利益追求也发生多次改变，而这种利益追求又反过来在一定程度上影响民众的行为。从 1949 至 1987 年相当长的时期内，海峡两岸长期处于隔离状态，两岸的经济交往及人员交流均处于不正常的冷冻和敌对状态，双方没有利益交集。这种情况下，台湾民众对中国的印象就存留在台当局所宣导的负面认知上，何谈对中国的认同。2008 年以来，两岸进入大交流、大合作、大发展的阶段，尤其是"三通"的实现，不仅给台湾民众带来了极大的经济利益，更拉近了两岸人民的心理距离。实践证明，经贸交流、人员往来等物质利益关系可以在很大程度上提升台湾民众对大陆的好感，甚至是认同度。在大陆投资的台商、中南部农产品业者、观光业者等直接或间接从两岸交流中获利的人群，更有可能认同中国或偏向支持统一。民调显示，认为两岸交流对台湾整体经济发展有利的民众，有近七成认为自己是"中国人"或者"既是台湾人，也是中国人"；而认为两岸交流使台湾整体经济变差的民众，则有八成五认为自己是"台湾人"。同样，认为两岸交流使自身经济状况变好的民众，有 77% 认同自己是"中国人"或者"既是台湾人，也是中国人"；而认为两岸经济交流使自身经济状况变差的民众，有 80% 左右认为自己是"台湾人"。[13] 有台湾青年也承认，两岸交流对两岸年轻人的影响正面远大于负面，"年轻人越早彼此接触，越容易产生真正的理解与信任，越容易彼此包容与相融，越能够发展真正高贵深刻的友情"。[14] 因此，尽管两岸交流难以从根本上化解民众的认同危机，但交流和沟通的确可以化解隔阂，增进感情。从长远看，两岸的交流交往将为重构台湾民众的国家认同创造物质基础和思想基础。

六、几点启示及建议

第一，民众的国家认同绝非天然形成，也非一成不变，完全可以重新建构

建构主义认为，社会状态是可以重新建构的，认同亦可以通过行为体之间的互动来建构。"从历史认同的定义来看，认同是在时间变化中的认同"。[15] 随着时间的推移，认同可在个人的政治学习与社会环境互动中逐渐被化解改变。相较于成年人，青年人的政治思想正处于形成和发展阶段，具有强烈可塑性，其国家认同观是会变化发展的，将随着自身社会阅历的增加及社会政治文化的发展不断被修正。有学者认为，台湾年轻世代对中国虽然缺乏相应的感情，但也没有过分的敌意，因而这种身份认同较具开放性和包容性，"在条件成熟的情况下，不排除将中国视为国家认同的可能性"。[16]

　　当然，建构台湾民众的国家认同是一个长期过程，最终还需要在两岸关系和平发展的进程中逐步实现。近年来，台湾社会在政治生态与社情民意方面出现了波折甚至倒退，成为两岸关系进一步发展的巨大障碍。这非但不是两岸关系和平发展进程的失败，相反正是两岸关系和平发展长期性、艰巨性、复杂性的体现。"台湾社会两岸认同撕裂问题的最终解决之道，还是需要靠两岸关系和平发展。只有通过发展，才能解决这个难题"。[17]为此，就要紧紧把握两岸关系和平发展这一主题，加强双方各领域的交流与合作，不断巩固发展两岸关系和平发展的政治基础、物质基础、社会基础、文化基础，增强两岸同胞对中华民族和国家统一的认同，不断为两岸和平统一创造更多的条件。

第二，培育两岸共有观念（积极文化）是建构民众国家认同的根本因素

　　根据建构主义的理论，观念可以建构行为体的身份或者认同。在两岸关系实践中，对民众国家认同的建构同样必须依赖人的观念的作用。具体来说，就是要通过各种方式，在两岸间塑造一种积极、和平的共有观念，这种观念包含认同中华民族或文化、认同自己是中国人、一个中国或"一国两制"等。

　　一是加强对中华文化和中华民族的认同。两岸同胞同属中华民族，血同缘、书同文、语同声，亘古未变。历史上，中华文化一直是台湾文化的根基，也是台湾社会主流的文化认同。遗憾的是，在分裂势力的"文教台独"和"去中国化"的灌输引导下，中华文化认同已经出现了游离与异化。尤其在当前台湾当局以各种方式搞"实质台独"和"柔性台独"、民众认同短期内难以改变的情况下，加强两岸文化交流、促进文化认同尤显必要。**其一**，两岸交流要注重中华文化的核心价值，多谈易引起共鸣的公平、正义、自由等普世价值观，在维护中华文化和中华民族共性的基础上求同存异、聚同化异，克服形形色色的偏见和误解。**其二**，两岸交流要以和平、合作为方向，以大中华为核心，引导双方共同维护中华民族核心利益，共同思考两岸未来。坚决反对一切违逆、违背中华民族根本利益的观点和行径。**其三**，进一步充实文化交流项目，挖掘更多的文化资源，建立形式多样的文化交流平台。例如，针对台湾青年不了解大陆近现代史、淡化中华文化传统的现象，可在交流中多设计一些寓教于乐的"文化

中国宣讲""中华之旅寻根"等项目，潜移默化影响岛内青年人的历史观、文化观。

二是要建立一种积极的或统一的政治文化。 导正民众的国家认同，除了依靠社会自下而上产生的观念外，还需要两岸的政策制定者，由上而下进行政策调控和教育引导。当前最急迫的则是在意识形态领域对李、扁时期"去中国化"遗毒进行全面的拨乱反正，重新建立一个中国的政治文化论述，如两岸历史、血统的同源性、"两岸一家亲"、两岸共同面对全球化挑战、共圆中华民族伟大复兴的中国梦等等。在当前两岸政治僵局难解、结构性矛盾难以突破的情况下，大陆要正视现实、务实面对、统筹规划、循序渐进，根据形势的发展变化，及时调整工作重心，更加注重基础性和民间性工作，采取更加谨慎和细致的方式方法，既要积极宣导大陆的发展进步及我对台政策，更要恩威并施，明确指出"台独"的危害性、祖国统一的必然性。此外，还应敦促在野后的国民党在两岸议题上继续发挥积极作用，坚决反驳、反击"台独"势力的历史观、文化观，敢于在岛内宣扬"两岸同属一中"的客观事实，塑造"一中""趋统"的政治文化观。

第三，塑造两岸集体身份是建构民众国家认同的关键因素

前文提及，集体身份认同是一种更高程度的认同。在两岸关系实践中，要达到台湾社会对中国的认同或对中国、台湾的"双认同"，集体身份的建构是必不可少的过程。根据温特的建构主义理论，"相互依存、共同命运、同质性和自我约束"，是集体认同形成的主要因素。[18] 当行为体在互动中逐渐产生了相互依存、共同命运、同质性的认识后，在行为上就能够自我约束，减弱利己身份，逐渐建立起以合作和信任为中心的集体身份认同。可见，确立两岸集体身份，本质上就是要在两岸塑造相互依存的"命运共同体"或"行为共同体"意识。

一是培植历史记忆和集体记忆。 认同与记忆密不可分，认同"保持了时间和空间关系的动态一致性，它在个体认同那里表现为记忆"。[19] 因此，在认同的建构中，我们决不可忽视记忆的作用。两岸本应有很多共同的历史记忆和集体记忆，但由于长期隔绝，两岸民众对于历史事实的认知不一，很多地方甚至存在矛盾。如很多台湾民众对大陆1949年之前的历史很熟悉，但对于1949年之后的历史，尤其对于大陆改革开放的发展变化、两岸关系的来龙去脉并不了解。20世纪90年以来，"台独"势力通过修改教科书、宣扬"原民自决"等方式重构社会记忆，刻意制造台湾与大陆的对立，导致民众的台湾认同逐步上升。

两岸双方的历史记忆没有重叠、集体记忆没有形成、新的记忆存在矛盾，这是很多台湾民众难以认同中国的重要原因。因此，两岸交流工作要重视对双方历史记忆的补全和集体记忆的建构。举例来说，两岸可加强在影视作品、自媒体领域的合作，由官方出资牵头，力争出一批反映两岸历史联系的优秀剧目，如台湾的开发史、共同的抗战史、保钓史等，通过这种寓教于乐的方式，潜移默化影响民众的认同。

二是增强两岸"命运共同体"观念。在当今世界全球化不断推进、两岸各项交流日益密切的情况下，两岸已从过去的敌对身份过渡到现在的合作身份，两岸"命运共同体"正逐步形成。当前的关键是，如何将"命运共同体"的现实，转化为民众的切身体认，并进一步内化为"两岸一家亲"的情感理念。2015年5月习近平总书记会见国民党主席朱立伦时，就建设两岸"命运共同体"提出了五点主张，分别从坚持"九二共识"、深化两岸利益融合、增强民族认同、增进政治互信、致力中华民族复兴等方面提出了要求和建议。现阶段，增强两岸民众"命运共同体"意识，应从文化、社会、经济等多方面入手，逐步打造两岸政治互信、经济融合、文化包容的"命运共同体"。**一是**持续推进两岸各领域的交流合作，扩大两岸民众的受益面和获得感。**二是**专门针对台湾中南部基层民众、中小企业、农渔民、青年创业就业等提供更多机会，让两岸同胞真正成为两岸交流的主体。**三是**以中华文化为基础，以民族感情和亲情为内驱力，扩大交流，化解分歧。**四是**搭建传统媒体尤其是新媒体的交流平台，让互动、交流真正成为两岸民众的日常。

第四，厚植两岸共同利益是建构民众国家认同的必要因素

在台湾民众国家认同的建构过程中，利益因素具有观念不可取代的作用。这里的共同利益，既包括两岸交流带给民众的切实的物质利益，也包括大陆的发展、中华民族的伟大复兴，给两岸带来的新机遇和新红利。

一是让两岸同胞真正成为两岸交流的主体并从中受益。前文提及，两岸的交流与合作虽有助于增加了解，减少误会，但短期内无法拉近两岸的政治认同，甚至在交流中，"两岸根深蒂固的差异暴露无遗，反而强化了双方认同的距离"[20]。那么，这是不是意味着交流可有可无？建构主义给了我们否定的答案。相反，我们还应大力加强两岸各领域的交流与合作。"解决两岸问题的最简单方法就是交流"[21]；同样，解决两岸认同问题也必须依靠交流、交流、再交流。在当前两岸关系"冻结"的背景下，持续的交流尤显必要。2016年9月蓝营8

县市长联合参访大陆，并收获"八项礼包"，得到岛内主流民意的肯定。正如俞正声同志所讲，"两岸关系形势越复杂，越需要加强两岸各领域交流"，"台湾各县市可根据自身情况和需求，同大陆各地加强交流合作，充分利用大陆的资源和市场，造福地方民众"。[22]

"两岸关系和平发展的根基在基层，希望在青年"。[23]青少年身上寄托两岸关系的未来。当前，应把交流重点放在深化两岸青年交流交往，鼓励台湾青年来大陆学习、生活、就业及创业上，让台湾青年切实参与、见识大陆经济发展历程，分享政治改革和经济发展红利，以此培养台湾年轻一代对祖国的认同感。

二是大陆要不断增强对两岸关系的话语权和主导权。根据国际关系理论中对建构"和平共同体"的设想，强国的作用主要不是依靠威慑或劝说，而是"凭借一种权威吸引力，即因政治进步、经济发展和安全责任而产生出一种权威磁场，吸引着其他国家'心向往之'，纷纷加入由核心国主导的共同体中"。[24]在台海局势的互动中，大陆要进一步增强综合实力，缩小对美差距，加强对台海局势和周边局势的控制力。随着大陆的综合实力越来越强，两岸的经济社会差距逐步缩小，两岸的生活方式、思维观念将逐渐趋同。伴随大陆崛起带来的巨大辐射力和两岸交流融合衍生的"命运共同体"观念，将给岛内民众带来强大的磁吸效应，一定程度上降低民众追求"独立"的意愿，拉近两岸同胞的认同距离。台湾学者亦认为，"经济因素成为观察中国崛起对台湾民众国家认同影响的最重要变项，大多数民众也倾向认为会增加两岸统一的可能性"。[25]

历史上看，从三国时期吴王孙权派人"浮海求夷洲"，直至清政府在台正式建立行省，两岸之间的交流联系十分有限，岛内民众的国家、民族认同自然无法建立。近代中国积贫积弱，处于落后挨打的局面，更无法有效解决台湾问题。1979 年大陆实行改革开放以来，经济飞速发展，政治社会稳定，综合实力提升，超越日本成为世界第二大经济体。应该说，我们正处于实现中华民族伟大复兴的最好时期，也是历史上最关注台湾、最有能力解决台湾问题的时期。当前，大陆"十三五"规划顺利开局，"一带一路"战略有序推进，亚投行、"丝路基金"及一批沿线项目逐步成熟，不仅为欧亚国家带来了难得的发展机遇，更为两岸交流合作提供了广阔的舞台。两岸同胞应抓住这一千载难逢的历史机遇，一起参与到中华民族伟大复兴的历史进程中。

总之，两岸只要坚守中华文化和传统的共性，两岸"命运共同体"的共有观念不断重复并内化为民众的集体身份认知，就一定可以在中华民族的伟大复兴中建构起共同的国家认同。

注释：

[1] 梁丽萍:《中国人的宗教心理》,北京:社会科学文献出版社,2004 年 12 月。

[2] (美) 亚历山大·温特:《国际政治的社会理论》,秦亚青译,上海人民出版社,2014 年 10 月,第 287 页。

[3] (美) 白鲁恂:《政治发展的诸方面》,波士顿:小布朗出版社,1966.

[4] 张弛:《台湾青年的国家认同现状与重构》,《改革与开放》,2016 年第 13 期。

[5] 刘海潮:《台湾青年的国家认同现状及影响分析》,《中国青年研究》,2016 年第 2 期。

[6] 戴正、张力:《建构主义认同观念的局限》,《人民论坛》2016 年 7 月 1 日。

[7] 秦亚青:《建构主义:思想渊源、理论流派与学识理念》,《国际政治研究》,2006 年第 3 期。

[8] 同上。

[9] 参见亚历山大·温特:《国际政治的社会理论》,秦亚青译,上海人民出版社,2014 年 10 月。

[10] (美国) 亚历山大·温特:《国际政治的社会理论》,秦亚青译,上海人民出版社,2014 年 10 月,第 180—182 页。

[11] 若林正丈:《台湾:分裂国家与民主化》,洪金珠、许佩贤译,台湾新自然主义股份有限公司 2004 年,第 245 页。

[12] (美) 亚历山大·温特:《国际政治的社会理论》,秦亚青译,上海人民出版社,2014 年 10 月,第 290 页。

[13] 陈陆辉、陈映男、王信贤:《经济利益与符号态度:解析台湾认同的动力》,《东吴政治学报》,2012,30 (3) :1—50。

[14] 转引自陈孔立:《"台湾人"群体对中国大陆的刻板印象》,《台湾研究集刊》2012 年第到 3 期。

[15] (荷兰) 克里斯·洛伦兹:《比较历史学理论框架的初步思考》,《山东社会科学》2009 年第 7 期。

[16] 郭艳:《台湾年轻世代国家认同的现状及成因分析》,《台湾研究》2011 年第 3 期。

[17] 《澄清认同迷思,坚定和平发展》,《香港中国评论》,2013 年 1 月号。

[18] (美) 亚历山大·温特:《国际政治的社会理论》,秦亚青译,上海人民出版社,2014 年 10 月,第 370 – 381 页。

[19] 王成兵:《国家认同:当代认同问题研究的新焦点》,《学术论坛》,2010 年第 12 期。

[20] 耿曙、曾于蓁:《中共邀访台湾青年政策的政治影响》,台湾《问题与研究》第 49 卷第 3 期,2010 年 9 月。

[21] 《钟荣吉:解决两岸问题的关键是加强交流》,海峡之声网,2015 年 5 月 20 日,http://www.vos.com.cn/news/2015-05/20/cms857347article.shtml。

[22] 《俞正声会见台湾县市长参访团》,《人民日报海外版》(2016 年 9 月 19 第 01 版)。

[23] 《习近平同马英九会面》,新华网 2015 年 11 月 7 日。http://cpc.people.com.cn/n/2015/1107/c64094-27789290.html。

[24] 郭树勇:《建构主义的"共同体和平论"》,《欧洲》2001 年第 2 期。

[25] 林泉忠:《"中国崛起"对台湾社会国家认同的影响》,台湾"中央研究院"社会科学研究所研讨会论文,2014 年 11 月 5 日。

台湾"公民运动"发展趋势探析

上海市公共关系研究院　卢万伦

　　21世纪以来，随着全球化进程的加剧，国际上的公民运动风起云涌，从"茉莉花革命"到"阿拉伯之春"，到2013年台湾的"洪仲丘事件""太阳花学运"，香港的"占中"以及美国的"弗格森事件"等，大有星火燎原之势。实际上公民运动源远流长，与民间社会、公民社会、公民抗命等表述均是同位概念，皆源于英文Civil Society的翻译，最早是西塞罗为翻译古希腊亚里士多德的政治社群（Koinonia Politike）所创造的名词Societas Civilis，特指一种生活在文明政治共同体下的公民自治，并在公共生活中扮演积极角色的社会活动。基本上伴随着国家诞生的过程，与人类生活中的公共议题形影不离。现在的公民运动是指围绕共同的利益、目的和价值的非强制性集体行为，处于公与私之间的领域，既不属于政府的公共管理，也不属于盈利的私营经济，通常包括诸如慈善团体、非政府组织（NGO）、社区组织、专业协会、工会等为公众利益而行动的组织。

　　自二战以来，台湾在争取民主发展的过程中，"公民运动"力量一直在持续增强，直到蒋经国时代挂动了威权体制的转型，且向制度化发展，最终形成多党政治。当前的台湾"公民运动"主要是指由表面上去政治色彩的群体领导和发起的，通过抗议示威来表达立场与诉求等方式主动参与公共领域事务的社会运动，在组织上虽没有老牌政党严密却很有社会爆发力，也容易被街头运动起家的民进党渗透和利用。尤其是在2016年台湾"大选"中，自诩为台湾"第三势力"的"时代力量"能够在短期内异军突起，说明台湾社情民意和政治生态发生了深刻变化，标志着台湾的"公民运动"正式走上政治舞台，将扮演更加重要的角色。

一、引发台湾"公民运动"的起因分析

台湾爆发"公民运动"的原因是多方面的，是内因和外因、本因和诱因共同作用下的结果，但能跨越蓝绿引发学生世代的普遍共鸣，显然有更深层的因素。从台湾政治与社会深层考察，其根源主要有以下七个方面：

（一）政治版图和制度设计的长期严重二元对立。陈水扁执政8年，台湾社会蓝绿对立的严重程度不断加深，逐渐形成了台湾社会的对抗性文化，"朝野"缺乏政治妥协。再加上台湾立法机构与行政部门相对立，基本体制已由过去的"行政主导"走向"立法权独大"。马英九执政以来，行政与立法两个机构之间的关系始终不睦，加上民进党、王金平的因素，以及立法机构中的"朝野协商"制度，让国民党在立法机构中多席次优势无法发挥立法辅助行政作用，造成大党不敌小党，"总统"不敌"议长"。因此，蓝绿恶斗和立法行政机构的长期二元对立，导致一般民众对政治人物难以信任，寻求第三种途径解决问题的渴望特别强烈。

（二）经济长期低迷，社会矛盾和民众不满情绪不断积累激化，是引发"公民运动"的决定性因素。台湾经济过去为"四小龙"之首，如今则陪在末座，蒋经国主政19年，台湾经济平均成长率9%；"后蒋经国时代"的25年，台湾经济平均成长率只有5.4%；到了马英九第一个任期，只有3.4%的经济成长；近3年来台湾经济成长勉强实现"保2"目标。台湾社会薪资水平大体维系在15年前水平，但物价翻了数倍。特别是青年、大学生就业困难，青年贫困问题突出，起薪只有2万多新台币，这是台湾薪水16年前的水平，相较于大陆在这五年内的薪水大涨6倍，两者差距可见一斑。还有官吏贪腐无能滥权，行政机构公信力丧失，军队弊案丛生，从而导致民众焦虑感日益强烈，整个社会遍地烽火，乱象不断。任何一个公共议题都会成为点燃"公民运动"的导火索，引发民众的不满狂潮。比如"太阳花学运"虽然具有一定偶然性，但台湾矛盾重重的社会不断发生重大"公民运动"则是必然的。

（三）台湾民主化畸形发展，民粹思潮恶性膨胀，是引发"公民运动"最直接、最重要的政治变数。台湾民主化的畸形发展，最明显、最集中地表现为民粹思潮的恶性膨胀。在20多年的民主化进程中，民粹不断绑架作为民主基础的"民意"，频繁自诩为民意化身，动辄把个人或小集团的利益诉求强加于大多数。台湾社会越来越不分是非，媒体鲜有谴责，反而多有赞扬；当局则息事宁人，一再退让，致使玩弄民意的人有恃无恐，更为嚣张。这种"民粹主义"，几乎没有任何协商,一切都以抗争与冲突为解决手段,使得社会撕裂,族群对立,台湾为此付出了高昂代价。比如,95%以上参加者在不知"服贸协议"是什么的情况下,就爆发了"太阳花学运"。

(四)在全球化与"本土化"的冲突中,"台湾主体"意识的增强为"公民运动"的爆发火上浇油。台湾的"公民运动"从反对社会不公,到反对全球化、自由贸易、两岸一体化,有其内在逻辑。"本土化"思潮让台湾民众对两岸力量对比的"陆升台降"充满焦虑感,担心被逐步蚕食鲸吞产业与市场,越来越依赖大陆,在不知不觉中被统一。"公民运动"便是典型反映,参与者对于未来生存困难的共同焦虑,是最大的推动力量,"反服贸"口号其实是假议题,真正问题核心是青年世代对抗中国因素的大对决,是对马英九推动两岸政策走向的大反扑。民进党之所以持坚定反对立场,将两岸经贸问题政治化处理,就是看到了岛内"反中反马"的浓厚氛围,意图一举击溃马的声望和国民党的两岸路线。

(五)岛内"职业社会运动人士"与各种"反中"势力人士结合是促使"公民运动"迅速升级、政治化的幕后推手。"太阳花学运"的突然爆发,其发展节奏分明、组织有效、动作迅速。这绝不是一些媒体和有心人士赞美的那样,"表现了学生的理性和高素质",明显有经验丰富人士的实际指导和训练有素人士的直接组织。这些人多为台湾几所名校社会学研究所的副教授、硕博士研究生,对台湾历次较重大"社会运动"无役不与,有理论,更有丰富的实战经验,人数不多,但能量很大,善于引导、利用民众不满情绪,并能把岛内各种"反中"人士纠合起来,包括"台独""法轮功"以及"民运人士"等。

(六)新媒体和舆论为"公民运动"的爆发和迅速扩大,提供了十分有效的技术支撑。当前的公民运动具有强烈的爆发性,特别是"洪仲丘事件"能迅速集结20多万人,其中网路、脸书、推特、微信、微博等新媒体的支撑作用。若无新媒体支撑,行动既难以突然爆发,也不会迅速发展。台湾新闻媒体数量过多,不仅浪费资源,产生恶性竞争,而且助长社会议题被放大化与极端化。台湾社会由过去"经济治国"发展到"媒体治国"与"社会学者治国",社会多元化加上媒体推波助澜,各种形式社会运动由此泛滥,可以说开始了"社会运动"的一种新模式。[1]

(七)地缘政治中的大国博弈为"公民运动"起到了催化剂作用。台湾"公民运动"后面,处处可见美国、日本等国的影子,起着推波助澜的作用。"太阳花学运"刚刚结束,学运领袖魏扬及黄郁芬便赶赴美国,接受"美国之音"专访。随后,林飞帆等人也受深绿团体"北美洲台湾人教授协会"邀请赴美,发表言论和募款。日本更是直接资助蔡英文与"学运"领袖，曾任职日本外务省的世界和平研究所主任研究员松本太也发文明确表示支持"学运"。

二、台湾"公民运动"的特点及本质

一般意义上，公民运动的阶级本质是中上层人士，有钱有闲，有公共关怀且有参政议政能力，并经常提出自己的价值标准来比照评判社会的缺失，进而与政府互动。但台湾"公民运动"的本质，不能简单用以公、私之间的中产阶级来界定，它既有普遍共性又有独特个性。

（一）台湾"公民运动"的阶级属性是以学生族群为主力先锋，中产阶级和弱势群体为策应支持。近年台湾兴起的"公民运动"，也有中产阶级参与，但不是主导力量，是以学生族群为领导者，把支持弱势群体的情绪，通过煽动中产阶级，转化为社会力量，去帮他们发声、出气，这跟高谈阔论的中上层人士并不相同，也是台湾"公民运动"的独特之处。比如在近期运动中，"黑色岛国青年阵线""反媒体巨兽青年联盟""台湾大学研究生协会""反黑箱服贸行动联盟""台湾守护民主平台"等组织和团体的主体是青年学生，起着领导和发起者的作用；"公民1985行动联盟""地球公民基金会""人本教育文教基金会""台湾教授协会""绿色公民行动联盟""PLURS电音反核阵线"等属于中产阶级的组织；"妇女新知基金会""台湾劳工阵线""台湾人权促进会""台湾农村阵线""台湾亲子共学教育促进会"等主要是弱势群体的组织。

（二）"公民运动"与绿营保持着千丝万缕的联系，实质上是民进党在体制外的"分身"，具有很强的欺骗性。[2]"太阳花学运"后，表面上民进党没有收编"学运"组织，甚至形成竞争关系，还曾出现学生领袖猛烈批评民进党的情况，也标榜不会参与选举，但实际上学生领袖林飞帆、陈为廷等人都是蔡英文的青年军，王云祥、赖品妤更是李登辉办公室主任王燕军和前"立委"赖劲麟的后代。归根结底，岛内"公民运动"的幕后推手是深绿大佬林义雄，实质上是他创造的另一品牌，与民进党同属一个公司，是民进党在体制外的"分身"。从两者的政治诉求来看更清晰，在"台独"理念及对两岸交流的态度上自不待言，甚至在"宪改"问题上也相当默契。蔡英文在"太阳花学运"爆发后惺惺作态宣称："台湾现有的政治体制、选举制度使得民进党在'立法院'长期沦为少数党，'公投'也不可能，代议制民主已经走到尽头，与学运的主张遥相呼应。"[3]可见，蔡英文不断鼓吹所谓"公民路线"的意图，就是故意保持距离，从而在敏感激进议题上为民进党分担压力，吸引火力，争取最大的民意支持，具有很强的迷惑性、欺骗性。

三、台湾公民运动的主要影响

"公民运动"的兴起对台湾的政党政治、社会结构、经济发展，乃至两岸关系走向等各个层面，产生了直接而又深远的影响。主要体现在以下六个方面：

（一）"公民运动"的强大冲击力，直接影响到各政党的转型。让民进党的世代交替提前完成。整场"太阳花运动"皆由80、90后所主导，民进党中生代"立委"，沦为看门的角色，更是让苏贞昌、谢长廷等律师世代离开舞台中心，提前拉开了世代交替的序幕，民进党内让"中生代接班"的呼声日趋强烈。中生代要求老人们退出，也显示民进党中生代的彷徨感，深恐中生代还没出头，就被更年轻一代取代。同时也迫使国、民两党纷纷争取"首投族"，吸纳年轻学生中的优秀分子，补充新鲜血液。

（二）"公民运动"直接影响了台湾当局的决策，让台湾政局更加复杂。"学运"等"公民运动"给国、民两党与台湾政局乃至台湾社会的冲击是不可轻估的，加剧了台湾政局的不稳定。蓝绿矛盾斗争进一步尖锐化，民进党与国民党之间以及国民党内部、民进党内部等各方势力之间因"学运"而扩大了分歧，矛盾、冲突与斗争趋于复杂。民进党更加"逢马必反"，特别是马英九面临执政危机，让他们看到机会，基于2014年"九合一"选举和2016年"大选"需要，不断强化对马英九和国民党的攻击力度。社会更加多元化，导致对政局演变产生实质性的影响。加深行政与立法部门间紧张关系，一方面使得王金平与马英九关系缓和更加困难；另一方面"立法院"在两岸关系中地位提升，随着"两岸协议监督条例"通过，势将提升其在两岸关系中的参与地位及对行政部门推动两岸政策权力的制约。民进党也可全程介入两岸谈判过程，等于扩大了在两岸关系的发言权，实质影响力将大大增加。

（三）"议会政治"正受到网络政治挑战，传统政治格局正在改变，导致岛内政治运作又回到街头路线。民进党从街头起家，开始选举后进入体制内，强调议会路线。"洪仲秋事件"中，发起者通过新媒体发动20多万人上街示威抗议，逼得台湾当局在最短期间修法以回应民意，直接带动了政府的决策。公民运动亦可视为不依靠政党的自我救济，重新回到了街头路线上，改变了传统的政治格局。

（四）"公民运动"扭转了2014年"九合一"选举和2016年"大选"的预期。"公民运动"加剧了国民党内部纷争，王金平与马英九的矛盾斗争公开化；国民党籍"立委"与国民党中央和马英九更加离心离德；冲击国民党的社会形象；国民党推动两岸经济整合路线与两岸和平、和解路线遭遇挫折；社会支持基础特别是青年人对国民党的支持有所减少。"公民运动"充斥着"反马"愤怒，同时沉默民众对马当局处理社会失序过度软弱又不满，重创马英九和国民党，直接导致蓝营接连在2014年"九合一"选举和2016年"大选"全面落败。"公民运动"同时也让民进党两岸政策调整动力不足，凸显出民进党在台湾发展路线上的分歧越发明显，本土意识与"台独"意识有所抬头，调整"台独"路线的动力更加不足，党内务实派受到遏制。

（五）岛内第三势力初步成型，公民社会正促使台湾政治生态走向多党政治。"公民运动"在"九合一"选举中扮演了重要角色，第三势力的得票率超过三成，不仅在台北深蓝选区直接将柯文哲送上市长宝座，还冲击了新北、桃园的选情，进一步表明了以年轻选民为代表的"公民运动"正在发挥巨大的作用，加上年轻世代的崛起，他们对政治的诉求已经不再局限于统"独"，生活环境、政经失序的忧虑，成为他们最关心的话题。对执政党的不满直接促使他们希望通过第三势力的执政来实现他们的政治诉求。2016年"大选"后，岛内传统蓝绿二元政治结构崩解，政治版图重划，政治生态重整，绿大于蓝的局面将进一步形成并得以巩固，第三势力正式登上政治舞台，民意结构演变成"3—4—3"模式，即三成泛蓝，四成泛绿，三成中间选民。

（六）"公民运动"让两岸关系的深化与推进遭遇到曲折。台湾社会运动议题由过去的台湾内部问题转向两岸议题，这既客观地反映出两岸关系和平发展对台湾社会及民众心态的影响在加大加深，也对两岸关系和平发展提出挑战。一是影响台湾经济发展与两岸经济合作。台湾经济发展与两岸经济合作相辅相成，台湾经济不佳，不利于两岸经济合作；两岸经济合作不顺，也无法为台湾经济再发展提供动力。二是延缓两岸经济整合进程与台湾经济全球化参与。无论两岸最终是否将两岸服贸协议审查通过与两岸货贸协议的签署挂钩，因两岸服贸协议审查的困难而客观上给两岸未来签署协议增添了难度，两岸经济合作制度化进程面临挑战，也由此延缓台湾经济参与全球化。三是推迟两岸政治互动进展。"公民运动"不仅使马当局推动两岸关系发展进程受阻，如互设办事机构、修改两岸关系条例等，而且客观上削弱了马英九执政后期推动两岸关系发展动因。四是影响两岸政治对话开启。在两岸经济合作面临如此挑战与艰难情况下，让接任的蔡英文当局对两岸政治对话更加讳莫如深，不利于大陆对处理包括台湾"国际参与"在内的政治对话等作出合情合理安排，从而对两岸关系和平发展的巩固与深化产生负面影响。[4]

四、应对台湾公民运动的对策思考

"公民运动"的兴起，表明台湾又在经历一场新的转型，很多情况出乎意料，说明让利惠台的良好愿望与台湾社会的实际还存在一定落差，对民意的掌握还不够深入清晰。要充分认清对两岸交流交往的长期性、艰巨性、复杂性，突破直接让利等粗糙手法的局限性，针对中下阶层、学生等薄弱环节，有的放矢地开展工作，做深做细做透，尽量减少两岸磨合融合过程中的不契。

（一）求同化异，加强理论建设，增强引导力和吸引力。当前"公民运动"让台湾社会中间偏左的意识形态抬头，公平正义、当家做主是其最直接的诉求。在这种新型社会认同的带动下，连民进党也出现了向公民社会靠拢的"再进步化"和"左转"倾向。民众如何代表自己、行使自己的权利、表达自己的意愿，是当今台湾畸形政党政治的难题。当前台湾社会经济体质孱弱，贫富差距拉大，矛盾重重，陷入全球化困境。而马克思主义的人本、人权思想是最先进的理论学说，其社会发展学说更是确保台湾社会实现公平正义和永续发展的良方。2008年金融危机后，马克思主义经典著作在西方社会的再度盛行便是明证。我们必须要利用好这一法宝，站在意识形态和理论建设的制高点上，加强对其的吸引力和引导力。

（二）拨乱反正，督促台当局加大对"台独"教材修改力度，恢复中华传统文化的熏陶，增强文化认同和向心力。参加公民运动尤其是"学运"的年轻人，主要是在20世纪八九十年代出生，中、小学阶段正是李登辉、陈水扁推动"台独"的高峰期，成长过程接受的是以"两国论"为导向的台湾历史教育，对中国大一统的历史和概念无感，且受"台独"理论影响较重，内心底层已被灌输"恐共"与"反中"情绪。为此，必须设法督促台当局和国民党依照中华民族的历史，作为审定历史教科书的基础，加大对"台独"教材的修改力度，挖出"独"根，培养新一代人的中华民族和"一中"认同观念。

（三）抓住重点，加大对"公民运动"幕后推手和各团体领导者的沟通交流工作。通过"反服贸""反核四"两次运动，事后发现最大收获者无疑是林义雄。他以死讹诈，绑架了台湾，形成了一股巨大势力，依然是民进党乃至整个台湾社会的精神领袖，在统"独"天平上，对未来社会的影响力不可低估。他在宜兰县创办的慈林教育基金会，更是"公民运动"后备军的孵化基地，源源不断地输送新鲜血液。还有，民间司法改革基金会执行长林峰正、台湾农村阵线秘书长蔡培慧以及各大高校社会学研究所的教授等等，可以通过与他们沟通交流，进而争取遏制住学生持续参与运动的势头。

（四）着眼长远，加大青年和学生的交流交往。近年组织过很多两岸青少年交流活动，如夏令营、青年论坛等，提供了交流合作平台，创造了使台湾青年了解大陆发展现状的机会。但是，按照习总书记对两岸青年交流工作提出的新要求，仍需进一步加强。一是深化交流。从泛泛游览逐渐转为专题交流活动，拓展交流管道，提升规模，甚至考虑让全台大学生都有机会到大陆交换两三个月，尤其是每年十几万的新生。二是提供帮助。实际上，台湾一些年轻人是因为对岛内经济现状不满，进而迁怒两岸服贸，可在升学、培训、就业、创业方面给予台湾年轻人更多协助或优惠政策，创造条件，鼓励两岸青年共同创业，打开台湾青年进入大陆市场的机会之窗。三是增强网络世界的交流，打造两岸能共同使用的网络新平台，消除在网络使用习惯方面的差异性，并让年轻人共同经营，消除隔阂，增进交流。

（五）多管齐下，加大行业和非政府组织之间交流互动。针对有关国家，美国每年组织数以万计的访问交流项目，多是由有影响的非政府组织和社会团体一手操办。我们可以借鉴这一做法，多管齐下，虽然大陆还没有正式的非政府组织，但依然可以充分发动各类基金会、扶贫、环保、文化交流、疾病防治等公益性组织，教育、卫生、宗教、农业等传统事业单位，工会、共青团、妇联、学联等传统人民团体，全方位、全领域进行行业对口交流、互动，形成"万舸争流"的生动局面。

（六）新辟蹊径，善于听取不同群体的声音，有重点、有策略地帮扶台湾中下阶层。近年来，在两岸交流中，岛内基本上由国民党、民进党扮演主角，垄断了话语权，也让大陆陷入了二元对立模式，认为对台交往非蓝即绿，觉得只要与他们搞好关系即可，忽略了台湾社会阶层的复杂性、多元性。因此，必须新辟蹊径，跳出蓝绿恶斗的怪圈，善于倾听除了蓝绿以外的台湾民众声音。两岸交流面临新的形势和挑战，不能局限于举办两岸关系高层级议题的论坛和与财团、大企业家等上层社会人士接触，还需要更全面具体、更深入细致，有重点有策略地帮助、如鼓励台湾中下阶层参与到推动两岸关系和平发展的行列中来，享受更多成果。

注释：

[1] 参见顾忠华：《公民运动就是台湾社会改革的推手》，载《新世纪智库论坛》2014 年 3 月第 65 期，第 62—63 页。

[2] 参见张顺：《"反服贸运动"的发展与民进党之间的"纠葛"关系》，载《台湾周刊》2014 年 40 期，第 8—10 页。

[3] 参见曾嬿卿、王柔雅：《蔡英文：下一步就是公民路线》，载《财讯双周刊》2014 年 4 月，第 61 页。

[4] 参见严安林：《台湾"太阳花"运动：性质、根源及其影响探析》，载《台湾研究》，2014 年第 2 期。

论台港民粹主义的独特性
——"他者"想象下的社会撕裂与对抗

中国人民大学国际关系学院政治学系　庄吟茜

台湾和香港的政治发展存在诸多相似之处，其中最突出者即为民粹主义盛行。台湾民粹主义兴起于20世纪80年代末，几乎与民主改革同步。李登辉主政时期，台湾民粹主义与李登辉的个人威权相结合，形成了"民粹威权主义"；[1]陈水扁上台后，台湾民粹主义进一步发酵，成为以制造和炒作敏感议题为主要手段、帮助政治精英获取选票和维持"台湾主体性"的工具；马英九任期内，台湾民粹主义一度在两岸关系和平发展的主旋律下有所沉寂，但2012年的"太阳花学运"使民粹主义再度泛起，并呈现日益高涨的态势。香港民粹主义兴起于2003年的"23条立法风波"，主要诱因是反对派对香港政改进度及中央管治的不满，其出现虽然远远晚于台湾，但发展却十分迅猛。短短十几年间，香港民粹主义已诱发了反皇后码头拆迁、反港珠澳大桥、反广深港高铁和反"国民教育"等一系列社会运动，并最终引爆了2014年的"占中"事件。

作为民粹主义的两个地区案例，台湾和香港的民粹主义具有一般民粹主义的诸多共性，比如强烈的反体制性、政治精英的领导、对直接民主和民意的迷信、对"人民"的道德幻想和美化、简单化倾向与反智主义、非理性与情感至上主义等。但是，台湾和香港所处的独特时空背景也使得两地民粹主义具有不同于一般民粹主义的独特性，这些背景因素包括：遭受过殖民统治、正在进行或已完成区域民主化、经济发展经历了先繁荣后衰退的巨大反差、[2]旁边矗立着一个体量巨大而又与自身关系微妙的"他者"，等等。在独特的时空背景下，台湾和香港民粹主义逐渐演化出三个鲜明特点。

一、反"他者"情绪与"本土化"倾向

民粹主义的矛头通常指向内部的现行体制，比如本国的政党政治、官僚制、政治腐败、代议民主、经济垄断和自由主义市场，[3] 抑或移民、失业者、环境保护主义者和女权主义者等国内要求特殊利益的少数派。[4] 然而，台湾和香港民粹主义的矛头却是双向的，不仅指向内部体制，还指向外部"他者"，而且，对外部"他者"的反对是内部民粹主义矛盾的重要根源之一。[5]

1. "他者"形象的确立与演化

"他者"（the other）通常与"自我"（self）相对，一般用于描述"自我"以外的、与"自我"有某种对照甚至紧张关系的外在主体。[6] 台湾和香港的民粹主义均建立于对"他者"和"他者—自我"对立关系的想象之上，并延伸出强烈的反"他者"情绪。可以说，反对"他者"是台港民粹主义的基本底色。在台湾民粹主义者看来，"他者"是大陆及共产党政权，其不仅在历史上长期与台湾处于敌对状态，而且现在仍不断"打压""矮化"台湾，并试图通过各种"统战阴谋""吞并"台湾；在香港民粹主义者看来，"他者"是内地及中央政府，其在香港回归前曾许诺"一国两制"，现在却"干预香港内部自治事务"，甚至"不断阻挠香港的民主化进程"。

台湾和香港民粹主义语境中的"他者"形象存在五个面向：第一，一脉相承的"他者"形象。台湾和香港的"他者"形象并非在分离势力兴起后才确立，其形成远早于两地的"本土化"进程，且并不因管治者的变化和民主化与否而有本质差异。就台湾而言，大陆作为"他者"的历史可以追溯到日本的"皇民化"教育和"两蒋"时期的反共宣传，"共产主义下的可怜人""外省人"与"中国人"的印象一脉相承；就香港而言，内地作为"他者"的历史可以追溯到20世纪上半期的几次移民浪潮和港英政府的殖民统治，"北方穷亲戚""暴发户"与"蝗虫"的评价一以贯之。第二，人为建构的"他者"形象。虽然两地民粹主义的反"他者"倾向的确有某些现实基础，比如曾遭受过殖民统治、与大陆/内地制度不同且长期分离等，但两地"他者"形象的人为建构因素则更为重要，最典型者就是"同心圆史观"和"正名运动"对台湾的影响，以及"国民教育"缺失和媒体"反中"宣传对香港的影响。第三，由内到外的"他者"形象。台湾学者张钧凯认为，台湾对大陆的定位经历了从"内在他者"到"外在他者"[7] 的转变，即逐渐从"两蒋"时期的"大中国"框架中脱离；[8] 香港情况亦然，虽然目前尚未出现广泛的"去中国化"诉求，但"港独"的出现已经证明了"他者"在香港的外在化。第四，整体性、多层次的"他者"形象。两地民粹主义所反对的"他者"是整体性的，包含人民（即大陆人／内地人）、政治体制（即中国共产党领导下的社会主义制度）和主权国家（即中国）三个层次，三个层次互相渗透、支撑，故而导致了两地民粹主义反"他者"倾向的彻底性。相较而言，虽然欧洲新民粹也具有强烈的反外来移民诉求，并被一些学者称为"民族民粹主义"，[9]但由于其所反对的只是从他国移民到本国的部分民众，具有局部性和单一性，所以并不能算作本文意义上的反"他者"。第五，有选择的"他者"形象。两地民粹主义对大陆／内地的拒斥是建立在对另一个外在主体的"拥抱"之上的，比如美国、日本和英国，因此，即便这些国家对两地的尊重和善意非常有限，但民粹主义者们仍不将它们视为"他者"，反而更加心怀感激。于是，一副颇为讽刺的画面出现了：台湾和香港虽然强烈要求"独立"于大陆／内地，但却依附于外国；对大陆／内地的怨愤愈强，对外国的依赖愈深。"主体性"是用"附庸性"换来的，或者说，根本就是一体两面。[10]

2. 反"他者"思维下的"主权独立"或"完全自治"

"他者"形象四个面向带来的是"他者"形象的不断自我强化，而这种强化又导致了两地民粹主义强烈的反"他者"情绪，几乎"他者"的每一个动作都可以点燃两地的民粹主义之火。2008年后，两岸关系进入和平发展新时期，但台湾却出现了"野草莓学运""反旺中""太阳花学运""反课纲微调""反台胞证改良""反连战国庆观礼"和"反周子瑜道歉"等一系列针对大陆的民粹主义事件。香港民粹主义亦是如此，从反"23条立法"到反"国民教育"，从反"水货客"到"占中"及"港大副校长任命事件"，无不体现出对中央政府和内地民众的拒斥。

对大陆／内地的反对，使台湾和香港部分民众产生了一种"同仇敌忾"的情绪和"抱团取暖"的策略，继而导致了两地民粹主义的"本土化"倾向。[11]然而，两地的"本土化"诉求并不尽相同。在台湾，由于蓝营与大陆存在政权之争（至少在法理上如此），而绿营与大陆存在"主权"之争，因此台湾民粹主义者将自己与大陆视为"敌我关系"，其"本土化"倾向主要体现为对"中华民国（或台湾）主体性"的捍卫和对两岸统一的抗拒，并逐渐发展为"台独"诉求。在香港，虽然民众对中央政府和内地民众有诸多不满，但他们基本认同"一国两制"的政治框架和基本法的权威，很少出现对中国主权的直接挑战，所以，香港民粹主义的"本土化"诉求主要体现为对"香港核心价值"的据守和对中央管治的反感，其将自己与内地视为"异己关系"。因此，虽然一些香港民粹主义者也喊出了"港独"的口号，但其严重性远弱于"台独"，甚至在某种程度上，"港独"只是一个假议题，其真实目是借助"港独"的旗号来吸引眼球，以增加与中央对抗的筹码，而非真正意图"独立建国"。总而言之，台湾民粹主义的"本土化"诉求主要是"主权独立"，而香港民粹主义的"本土化"诉求则主要是"完全自治"，前者是对两岸关系现状的歪曲，后者是对"高度自治"的误解，都建立在强烈的反"他者"情绪之上。

3. 亲/反"他者"划分对左右划分的取代

民粹主义通常将现行体制视为重要仇敌，而体制都有一定的左右色彩，因此民粹主义也往往会有左右偏向。比如，美国民粹主义一般偏左，主要以国有化、税制改革、提高社会福利、打击垄断等为诉求，这主要是因为美国体制偏右；而西欧民粹主义则一般偏右，主要以私有化、减少福利、降低失业救济等为诉求，这主要因为西欧体制偏左。[12] 然而，台湾和香港的民粹主义却并没有明显的左右色彩。在早些年的台湾社会，国民党代表社会中上阶层，民进党代表社会中下阶层，但这个分野目前已有所淡化，而且蓝绿两营都卷入了民粹主义之中。香港"建制派"和反对派虽然都因社会福利和贫富分化问题批评特区政府，但两派在维持香港目前的自由市场上却存在高度共识，民众也普遍认同"综援养懒人"，至今没有哪场香港民粹运动提出过较左的口号。究其原因，除了台湾保留了威权统治时期的政治遗产，历来没有左右之争，以及香港延续了英国殖民时期的自由市场和"积极不干预"传统之外，更深层的原因在于，两地民粹主义更多是因反"他者"而非反体制而存在。两大社会阵营的争斗并非左右之争，而是亲"他者"与反"他者"之争。

二、超越"精英—大众"分野的社会整体撕裂

民粹主义虽然宣称"以民为粹"，但其语境下的"人民"却仅指涉"沉默的大多数"，[13] 即在政治上较为弱势、在经济上较为贫困的草根阶层，因此反对精英是民粹主义的首要特征，或者说民粹主义本身就是"大众的反叛"。[14] 台湾和香港的民粹主义固然也反对精英，比如台湾民粹主义憎恶贪腐、要求清理党产、反对两大政党与大企业家的利益输送；香港民粹主义反对"小圈子选举"，

不满特区政府"偏向"上层经济精英,挑战"中环价值"和"股楼霸权"等。但是,相较于大众对精英的反对,两大社会阵营互斗在两地民粹主义中表现得更为突出,这种互斗突破了"精英—大众"的典型民粹主义分野,而将全体民众放置在了民粹主义战场的两边。

1. 社会的整体撕裂与两极对抗

台湾和香港的民粹主义并非多数大众对少数精英的反抗,而是两个旗鼓相当的社会阵营的对抗;不是金字塔底层对顶层的挑战,而是整个金字塔被自上而下地切割成了两半。换句话说,两地民粹主义所包含的主要矛盾不是纵向矛盾,而是横向矛盾;其阵营的划分也不是按照社会阶层、经济实力和资源占有量,而是按照政治派别、意识形态和身份认同。在台湾,民粹主义战场的两边是蓝营和绿营,并没有哪个阵营被认为代表精英阶层;在香港,民粹主义战场的两边则是建制派与反对派,两营也都覆盖了各个社会阶层。

横向矛盾导致了台湾和香港民粹主义的强烈两极对抗性,进而引发了社会的整体撕裂,具体表现为以下两点:其一,从空间上看,几乎所有民众都被卷入了民粹主义,撕裂与对抗蔓延至每个社会阶层。台湾的大部分民众都有"颜色"立场,构成所谓的"基本盘",中间选民比较少且具有暂时性,一旦面临终极选择时还是会回归基本的统"独"立场。台湾学者张亚中甚至认为,岛内自1994年起就陷入了一场以认同为主题的"民主内战"。[15]目前香港的社会撕裂虽没有台湾严重,但也已出现了"台湾化"[16]的趋势,"全面拥护""民主法治回归""本土自主"和"分离反共"[17]等传统立场分野已逐渐聚合为两大阵营。两地民粹主义的对抗与美国学者福山所说的以党争、利益集团操控国会和过度分权制衡为核心的美式"否决政治"[18]有着本质区别,后者仅局限于政治和政党层面,而前者则贯穿于整个社会。其二,从时间上看,两地民粹主义的撕裂是固化的,因为不同于"真理越辩越明"的理性辩论,带有意识形态偏好的争论总是会越辩越顽固,所以两地社会阵营的划分具有相当的稳定性,而民粹主义也具有相当的持久性。横观两地社会,台湾的蓝绿对抗已延续了近30年,两大阵营成形已久;香港的两大阵营初步形成,但已出现自我固化的趋势。

2. 精英的积极参与和内部分化

虽然民粹主义往往由少数精英所领导,但大部分精英还是被排除在民粹主义之外,仅仅作为民粹主义的讨伐对象。然而,在台湾和香港民粹主义中,精英不但是领导者，而且是重要参与者，因为两地民粹主义并非少数精英操纵大众去反抗多数精英，而是两派精英各自鼓动支持者互相对抗。台湾民粹主义最典型的标志就是"立委"们的"全武行"，政论节目的"名嘴"们则是煽动民意的重要人物。另外，许多学者也与激进的学生运动密切相关。香港"占中"事件的主要发起人戴耀廷和陈健民都是大学教师，朱耀明是牧师，都属于精英知识分子。另据学者统计，"过半数参与'七一游行'的香港人，教育水平是在大专以上，属中产阶级及半专业人士"。[19] 除此之外，两地的许多政客、律师、教师、媒体人士和宗教人士也都活跃在民粹主义浪潮之中。[20] 精英对两极对抗式民粹主义的参与造成了精英内部的分裂。一般的民粹主义可以通过精英对大众的让步而暂时消弭，而台港两地的民粹主义则无法使用这个药方，因为激烈对抗之中的精英互不相让，没有一方愿意首先做出让步，这使得两地的民粹主义在短期内难以平息。

3. 社会的泛政治化和"全天候动员状态"

台湾和香港民粹主义还伴随着社会的泛政治化，这主要表现在两个方面：一是非政治议题的政治化。在两极对抗式的民粹主义社会中，打击对手的最佳方式不是理性讨论，而是"贴标签"和"扣帽子"，只要给对手泼上民粹主义所不容的政治脏水，就能在己方处于劣势的情况下低成本地击倒对手，因此各派都热衷于将非政治议题政治化。在台湾，民粹主义最不能容忍的是"亲中卖台"，所以最便利的武器是"抹红"对手，最坚固的盾牌是"抹绿"自己，是否"爱台湾"成为评判政党政客的最高标准。在香港，建制派与反对派的对抗也被放置在了"民主与反民主"的简化政治框架内。2015 年的区议员选举中，出现了许多毫无基层政治经验的"伞兵"，其当选很大程度上仅仅是因为具有"占中"背景。二是社会大众的"全天候动员状态"。与许多民主社会出现的"政治冷漠"不同，民粹主义喧嚣下的台湾民众对于政治过度关心，对于两岸和民主问题高度敏感，而且出现了政治生活娱乐化、娱乐生活政治化的现象。目前香港的情况虽不及台湾，但也已逐渐向台湾靠近，民众日益从"理性的经济人"变为"非理性的政治人"。

三、极端民主诉求及其对民主政治的绑架

卢梭的人民主权学说和平民民主观是民粹主义的重要思想源泉，[21] 因此，

民粹主义普遍具有强烈的直接民主诉求，反对代议制和政党政治，要求跨过复杂的政治机构和繁文缛节直接行使民主权利。但是，台湾和香港的民粹主义诉求已经超过了直接民主的限度，而成为无节制、无限度的民粹民主，不仅将两地的民主政治逐步推向背离法治和自由的深渊，而且使两地民众陷入集体误判的泥潭。

1. 民主诉求的不断推高

台湾和香港民粹主义的民主诉求总体呈现出一个不断推高、日益极端化的趋势，暗含着一条"间接民主诉求——直接民主诉求——民粹民主诉求"的发展逻辑。20世纪八九十年代，台湾社会的民主诉求主要是间接民主，即要求废除"国大""总统"直选和实行竞争性政党政治；民进党上台后，岛内的民粹主义日益高涨，对"公投"、公民直接监督"五院"、公民团体参政的渴望日益强烈；近年来，台湾的民主诉求进一步极端化，不仅要求降低"公投"门槛、采取公民"制宪"、对"立法院"和"总统"行使超越"宪法"规定的监督权，还要求本应保密或属于技术官僚决定范围之内的政策和立法（尤其是关于两岸的）完全透明化，并因此爆发了一系列以反"黑箱"为名的民粹运动。香港的民主诉求也经历了从废除立法会功能组别到实行行政长官选举"政党提名"和"公民提名"，再到质疑基本法、反对全国人大常委会决定的极端化过程。然而，民主不是人民权力的绝对化，更不是将民主应用于政治生活的各个方面，"西方民主能够运作，不仅仅是因为民主的精英性，更是因为民主的有限性"。[22]在两地民粹主义的裹挟之下，民众的民主诉求不断推高，不仅超越了民主应有的边界，也侵蚀了民主所必需的自由与法治。

2. 民主政治发展的激进化

虽然在一些国家或地区，民粹主义能够起到代议民主"晴雨表"[23]的作用，是大众在民主的完美主义与悲观主义之间、在美好的允诺与不太令人满意的现实之间的一种积极努力。[24]但是在台湾和香港，民粹主义对民主制度和民主化进程的影响则以负面居多。而且这种负面影响不是一时的、有限的，而是在潜移默化中不断改变着民主化路径，形塑着民主体制，最终绑架民主政治。美国学者福山认为，美国已经出现了政治衰败的迹象，这种衰败的主要原因是"法院和政党治国"，即"法治过了头、民主过了头，而国家能力没跟上"。[25]台湾同样存在民主过剩的问题，这主要表现在两方面：其一，对民意的崇拜和神话。

这使得民主政治变为了极端的民意政治，继而又简化为"民调政治"。虽然民调的可信度和代表性均有缺陷，但政治精英还是常常将民调挂在嘴边，仿佛只要获得了几项民调的佐证，就拥有了蔑视一切的合法性。其二，对民粹主义运动的纵容和屈从。近年来，台湾的民粹主义运动（尤其是学生运动）日益频繁，在当局的妥协和让步之下，民粹主义者们尝到了甜头，乐于甚至习惯于用民粹运动逼当局就范。香港所谓的"80后、90后社会运动"亦是风起云涌，而且既有的学运形式似乎已不能满足学生，港大甚至因学联不够激进而宣布退出。然而，所谓多数人的民粹运动其实只反映了少数操纵者的意志，而且日益蜕化为民粹主义者胁迫政府、换取利益的工具。

3. 民众的"选择性失明"与集体误判

按照常理，民主社会存在广阔的理性讨论空间，因此不容易决策失误且有一个"兜底"的止损机制。然而，如果民粹主义泛滥，那么民主制度就会导致民众的"选择性失明"和集体误判。这是因为，集体中存在着"沉默的螺旋"，个体观点会因同伴的赞可而强化，同时，由于惧怕多数人的孤立和报复，少数人不得不选择从众，如此一来，某个鲜明的、被意见领袖鼓吹的、但却错误的观点就很容易在民粹盛行的社会流行。这一现象在台湾体现得尤为明显。在极端的"反中"思维下，感情稀释了理性，愤怒蒙蔽了双眼，只要是有关大陆的事情，岛内民众仿佛就会"选择性失明"，无法做出正确判断。于是，一些有违常识的观点竟然成了主流共识，比如认为两岸不仅在法律人格上而且在政治地位上也"对等""服贸"协议会致使台湾被大陆"吞并"，等等。另外，在巨大的民意压力下，不仅"统派"完全没有生存空间，而且连民进党自己也被俘获，蔡英文当选台湾地区领导人后虽然担心两岸关系"地动山摇"但仍不敢承认"九二共识"就是最佳例证。香港的情况比台湾稍好，但许多民众也轻信了反对派"袋住先就等于袋一世"的说辞，并将与中央对抗视为争取民主的最佳途径，这不能不说是一种集体误判。

四、三个特点的共振与彼此强化

台湾和香港民粹主义的三个特点并非孤立存在，而是互为因果，彼此强化，这一方面使得三个特点日益凸显，另一方面也导致了两地民粹主义的经久不衰。两地民粹主义三个特点的相互关联，主要体现在如下几个方面：

1. 反对"他者"与社会撕裂的相互影响

台湾和香港民粹主义的撕裂性均源于内部不同政治势力对外在"他者"态度的差异，内部撕裂是外部亲"他者"与反"他者"区隔的延续，所以只要对"他者"的想象不消失，两地的社会撕裂就无法愈合。同时，外部差异和内部撕裂相互联动，任何一方出错都会连带另一方受过。于是，两岸之争与蓝绿之争融合，两制之争与建反之争交织，最终导致两地从内到外的彻底撕裂。目前有观点认为，随着"中华民国"日益成为岛内的"最大公约数"，蓝绿之争的焦点将逐渐从两岸问题转向岛内经济民生问题，甚至可能会像欧美国家一样被左右之争取代。然而，台湾所处的外部环境不同于欧美，只要岛内对"他者"的想象继续存在，亲"他者"与反"他者"之争就会继续存在，只是程度有所不同而已。即便两岸统一后，蓝绿之争也很可能延续，因为"一国两制"下台湾与大陆的制度差异依然存在，正如香港目前的情况一样。另外，两地民粹主义的撕裂是意识形态和身份认同的撕裂，具有不可妥协性，很难通过协商、改革或利益交换来缓解，这进一步增强了两地社会撕裂的持久性。

社会撕裂对反"他者"情绪同样具有催化作用，主要表现在两方面：其一，在一个反"他者"的社会，击败对手的最佳方式就是大肆污名化"他者"，并将自己塑造为与"他者"抗争的"本土斗士"，"他者"越丑恶，自己就越悲情、越英勇，这正是台湾绿营和香港反对派的常用手段，也正是两地反"他者"情绪的重要催化剂。其二，社会撕裂造就了一个竞争环境和监督机制，不给任何一方与"他者"和解的机会，谁主动靠近"他者"谁就是"谄媚投敌""出卖人民"，因此斗争双方都不敢轻易与"他者"改善关系。最典型的例证是2015年香港政改方案的表决，虽然反对派中不乏一些温和人士，也对政改方案比较认同，但由于受到舆论的巨大压力，不敢贸然转变态度，最终导致政改方案被否决。[26]

2. 反对"他者"与极端民主诉求的相互影响

反"他者"情绪使台湾和香港民粹主义的民主诉求日益极端化，而且逐渐异变。就民主诉求的极端化而言，台湾绿营和香港反对派为了反对"他者"，不约而同地故意神话民意，将民主约为"民意决定论"，然后躲在民意的盾牌之后攻击"他者"，于是导致了两地民众对民主的误读和对民意的盲目崇拜。其实，台湾并没有那么多"黑箱"，香港也没有所谓的"假普选"，渲染民主危机只是凝聚本土共识对抗"他者"的手段而已，然而民众却信以为真，以为自己珍视的民主正在被剥夺，故而一步步推高民主诉求。就民主诉求的异变而言，台湾和香港民主化是在一国内部的区域民主化，与一般的国家整体民主化非常不同。两地率先建立了民主制度，这急剧地扩大了其与其他地区的差异，进而产生了不同于地区保护主义或普通"乡情"的、带有割据色彩甚至主权诉求的"主体性"认知。因此，台港两地的民主化并非只包含单纯的民主诉求，而是在反"他者"情绪的刺激下产生了双重诉求，即台湾的民主诉求和"主权独立"诉求，以及香港的民主诉求和"完全自治"诉求。在第二诉求的引导下，两地的民主化均偏离了原来的轨道，从而使得两地的民主政治充满异质性和对抗性。

台湾和香港民粹主义的极端民主诉求对反"他者"情绪也有强大的助燃作用。这是因为：其一，两地的民主化本来就与政权本土化同步进行，甚至在某种程度上两者是合一的。台湾民主化就是本省人从外省人手中夺取权力的过程；而香港民主化则先是临近回归时香港人从英国人手中拿回民主权利的过程，回归后又变为要求削弱行政主导体制、取消中央管治、开放更多席位给更具本土色彩的反对派的过程。其二，民意往往是感性的、内向性的、追求归属感的，因此，民主主义很容易滑向地区保护主义、族群主义甚至民族主义。正如美国学者亨廷顿所言，"民主本来就是一个地区化而并非世界化的进程。非西方社会的政治家并非通过显示自己有多么西方化来赢得选票。相反，选举竞争刺激他们把自己的信仰说成是最能吸引大众的东西，那些东西通常具有种族的、民族主义的和宗教的特征"。[27]这不仅解释了台湾和香港民粹主义的反"他者"性，也解释了为何美国总统候选人总在大选时对华态度格外强硬，为何"阿拉伯之春"后伊斯兰政党的势力反而更强。其三，两地的民主化并非与大陆/内地同步，这使得台湾与大陆、香港与内地出现了两个不尽相同的政权合法性来源，每一次选举投票都在凝聚着本土认同，于是两地民众认知中的"民主制度边界"与"国家主权疆域"逐渐重合，民粹主义的反"他者"情绪也日益增强。

3. 极端民主诉求与社会撕裂的相互影响

在民粹主义的极端民主诉求之下，台湾和香港的民主政治都变成了极端民意政治，而由于民意被撕裂为了两半，因此两地都出现了严重的政党恶斗、[28]否决政治甚至民主空转。"虽然在理论上，民主政治体制有利于改革的自我纠正机制，但它也让强大的利益集团能够钻空子，以合法的方式阻挡迫切需要的变革，最终导致整个体制的衰朽"。[29]台湾和香港的情况正是如此。一方面，政党的注意力和资源都耗费在政争上，没有足够的心思和精力去改善经济民生；

另一方面，两地的政治生态批评性有余而建设性不足，两大阵营在立法和政策上互不相让，只要一方支持的另一方就反对，不顾后果的互相拆台，使得"朝野僵局"和"拉布"成为两地政治的重要关键词，而"服贸"、年金改革、加入亚投行和修建高铁等诸多重大事项的表决受到滞阻。最终结果是，政治内耗取代了政治发展，资源浪费置换了资源整合。

两地民粹主义的撕裂性也进一步推高了两地的民主诉求。为了击败对手，台湾和香港的两大社会阵营都自称民主守护者，而为了证明自己比对手更心系人民，两边都争先恐后地赞颂民意，肆无忌惮地开"选举支票"，主动将民主政治向民粹主义的深渊里推。在台湾，几乎一切于己不利的事都会被贴上"不民主"的标签，而一切于己有利的事则会被冠以"民主"的名号，于是就出现了同一件事在两营口中性质完全不同的诡异现象，甚至连"公投"和"修宪"这样的重大事宜也不例外，都能被随意解读和操作。在香港，民主更是"兵家必争之地"，尤其反对派一直试图将中央政府、特区政府和建制派丑化为香港民主化的阻挠者，并一步步抬升民主诉求，甚至要求超出基本法规定、违背全国人大常委会决定的政改方案。可见，民主在很大程度上只是两地政治精英互相对抗的武器而已，民主的标准也由精英们根据对抗需求自行制定。因此，李登辉制定"台独"课纲无需征求民意，马英九"微调课纲"却被攻击为践踏民主；陈水扁中止"国统会"不算"黑箱"，马英九推动"服贸"却是"黑箱"；港英政府在香港实行了一百多年独裁统治被赞开启香港民主化，中央政府在基本法中明定"双普选"并稳步推动香港民主化却是被辱为要"赤化香港"。在精英的操弄下，民众本以为踏上了民主的正途，热情高涨地"山呼民主"，但结果却是一路奔向民粹。

结语

台湾和香港民粹主义的独特性是相对于域外民粹主义而言的，因而本文着重归纳了两地民粹主义的共性，而未过多探讨两者的差异。事实上，台湾和香港的民粹主义存在着很大不同。除了文中已经提到的台湾民粹主义先于香港民粹主义诞生、台湾更反对中国而香港更反对中央政府、台湾民粹主义比香港严重之外，两者的差异还包括台湾民粹主义的威权主义成分更多（尤其在李登辉和陈水扁时期）、香港民粹主义者与内地人的冲突更激烈（相较于台湾民粹主义对大陆人的排斥）、台湾民粹主义已延续到民主化完成之后且政治娱乐化现象更突出，等等。尽管两地的民粹主义存在诸多不同，但其相较于域外民粹主义的独特性更引人注目。这种独特性不仅使两地的民主政治发展陷入泥潭，而且为两岸关系、京港关系的发展埋下了危险的种子。

注释：

[1] "民粹威权主义"的概念源自台湾学者王振寰和钱永祥 1995 年的论文《迈向新国家？民粹主义威权的形成与民主问题》，在文中，作者将李登辉时期的民主政治称为"民粹威权主义"，认为其本质是"直接诉诸民意认可的领袖民主制"。该概念是对李登辉主政时期台湾民粹主义的精辟概括，持有类似观点的还有台湾学者黄光国等人。

[2] 当然，台湾旦在身为"亚洲四小龙"之时就已出现民粹主义，但其程度在经济衰退后更甚，且民众对经济发展的不满成为岛内民粹盛行的重要原因之一。

[3] 林红：《民粹主义——概念、理论与实证》，北京：中央编译出版社，2007：75—81.

[4] 保罗塔·塔格特著，袁明旭译：《民粹主义》，长春：吉林人民出版社，2005:126.

[5] 当然，也有一些民粹主义案例存在对外部"他者"的反对，比如 20 世纪 90 年代极具民粹主义色彩的意大利北方联盟就提出过分离诉求，但总体而言并非多数。

[6] Others 有时也译作"他者"，与"我群"（we-group）相对。"他者"既是一个哲学概念，也是一个人类学概念，还是一个心理学概念，见诸黑格尔、萨义德和拉康等人的著作。

[7] 本文的"他者"指"外部他者"，是就地理意义而言的；而张钧凯所指的"外在他者"是就主权意义而言的。因此，虽然大陆 / 内地一直扮演着台港两地"外部他者"的角色，但在晚近才成为"外在他者"。

[8] 张钧凯：《对台湾而言的中国道路》，《台湾社会研究季刊》，2015(6).

[9] Paul Piccone & Gary Ulmen, "Populism and the New Politics", Telos, Issue 103,1995:5.

[10] 张钧凯：《对台湾而言的中国道路》，《台湾社会研究季刊》，2015(6).

[11] 由于长期与大陆或内地分离，故台湾和香港的本土意识很早就存在，但本土意识的广泛觉醒和"本土化"进程的正式开启则发生在晚近。一般认为，台湾的"本土化"与 20 世纪 80 年代末的民主化同时开始，香港的本土化则发生在 2003 年之后。虽然两地的本土化几乎与民粹主义的兴起同步，但民粹主义却是本土化的重要催化剂，当然，也可以说两者互为因果。

[12] 这里的"左右"主要是指经济层面，如果是在社会层面（一般保守为右，开放为左），那么美国也有很右的民粹主义，比如 20 世纪 60 年代提倡种族隔离的华莱士现象。当然，西欧的民粹主义在社会上可能比经济上更右，因为其包含反对外来移民、反过度环保、重视传统家庭价值等诉求。另外，虽然拉美民粹主义（即庇隆主义）宣称要走"第三条道路"，但其实也偏左，因为其注重经济独立和社会主义，主要支持者为"无衫汉"。

[13] 保罗塔·塔格特著，袁明旭译：《民粹主义》，长春：吉林人民出版社，2005:125.

[14] 奥尔特加·加塞特著，刘训练等译：《大众的反叛》，长春：吉林人民出版社，2004:10.

[15] 张亚中：《两岸需建构共同体来解决认同问题》，台海网，2014-7-11. 网址：http://www.taihainet.com/news/twnews/atq/2014-07-11/1280052.html

[16] 王建民：《香港、台湾政治发展态势之异同》，《统一论坛》，2015(3).

[17] 吕大乐：《香港的尴尬》，评台网，2014-6-23. 网址：http//wp.me/p2VwFC-6Gy.

[18] 福山：《衰败的美利坚》，观察者网，2014-10-12. 网址：http://www.guancha.cn/fu-lang-xi-si-fu-shan/2014_10_12_275200.shtml

[19] 戴耀廷：《香港的宪政之路》，香港：香港中华书局，2010：266.

[20] 值得指出的是，虽然两地精英热衷参与民粹主义，但深刻反思并力图消减民粹主义的也多为精英。

[21] 林红：《民粹主义——概念、理论与实证》，北京：中央编译出版社，2007：98.

[22] 郑永年：《亚洲民主化的吊诡》，共识网，2014-10-11. 网址：http://news.xinhuanet.com/world/2014-10/08/c_127072112.htm。

[23] 保罗塔·塔格特著，袁明旭译：《民粹主义》，长春：吉林人民出版社，2005:156.

[24] Margaret Canovan.Populism.London: Junction, 1981：148.

[25] 福山：《衰败的美利坚》，观察者网，2014-10-12. 网址：http://www.guancha.cn/fu-lang-xi-si-fu-shan/2014_10_12_275200.shtml

[26] 另一个例证是，虽然香港建制派持有维护中央的立场，但在竞争压力下，其在一些事项上也并非与中央保持一致，而且其对特区政府的评判有时甚至比反对派还猛烈。

[27] 缪赛尔·亨廷顿著，周琪等译：《文明的冲突与世界秩序的重建》，北京：新华出版社，2009：75.

[28] 香港虽然目前没有政党法，但许多政治团体无论在名称、组织还是功能上都等同于政党，或者至少可以视为"准政党"。

[29] 福山：《衰败的美利坚》，观察者网，2014-10-12. 网址：http://www.guancha.cn/fu-lang-xi-si-fu-shan/2014_10_12_275200.shtml